Allons au-delà!

LA LANGUE ET LES CULTURES DU MONDE FRANCOPHONE

RICHARD LADD

PEARSON

Boston, Massachusetts   Chandler, Arizona   Glenview, Illinois   Upper Saddle River, New Jersey

For meals, encouragement, pushing, prodding, help, advice, a shoulder, support, friendship, an occasional pumpkin bread and love, this book is dedicated to my mother.

Acknowledgments appear on pages 430–432, which constitute an extension of this copyright page.

ISBN-13:   978-0-13-317953-8
ISBN-10:   0-13-317953-2
3 4 5 6 7 8 9 10 V011 12 11

Table des matières

Préface..ix

Introduction...x

Cartes...xiii

THÈME 1 Les défis mondiaux...1

CHAPITRE 1 Touche pas à mon pote !..2
CONTEXTE : La tolérance
Première lecture Hergé : *Les bijoux de la Castafiore*...5
Deuxième lecture Tahar Ben Jelloun : *Le racisme expliqué à ma fille*........................10
Dans la vie de tous les jours
SOS Racisme : *Nos missions * Nos combats*...17

CHAPITRE 2 Préservons la nature...20
CONTEXTE : L'environnement
Lecture Jacques Prévert : *Soyez polis*...22
Dans la vie de tous les jours
Le recyclage en France : on croule sous les déchets...27

CHAPITRE 3 Couvrez votre toux...30
CONTEXTE : La santé
Lecture Véronique Tadjo : *Le dernier espoir*..32
Dans la vie de tous les jours
Alain Bergeron : *Mineurs et vaccinés*...38

CHAPITRE 4 Liberté, égalité, fraternité...42
CONTEXTE : Les droits de l'être humain
Première lecture Jean-Jacques Rousseau : *Du contrat social*...................................44
Deuxième lecture *La déclaration des droits de l'homme et du citoyen*.......................50
Dans la vie de tous les jours
Écologistes : le meilleur des mondes..57

CHAPITRE 5 Bon appétit ?...60
CONTEXTE : L'alimentation
Première lecture Émile Zola : *Le ventre de Paris*..62
Deuxième lecture Maryse Condé : *Rêves amers*...67
Dans la vie de tous les jours
Une génération « élevée au fromage pasteurisé et au soda ».......................................74
Cantines scolaires : Ce que l'on vous cache..75

CHAPITRE 6 Mourir pour la patrie !...78
CONTEXTE : La paix et la guerre
Premières lectures Arthur Rimbaud : *Le dormeur du val*...80
Paul Éluard : *Liberté*..81
Jacques Prévert : *Familiale*..82
Deuxième lecture Guy Môquet : *La lettre de Guy Môquet*.......................................87
Dans la vie de tous les jours
Connaître MSF...92

Résumons-nous...94

THÈME 2

La science et la technologie 95

CHAPITRE 7 Le génie de l'homme 96
CONTEXTE : Les découvertes et les inventions
La recherche et ses nouvelles frontières
Lecture Birago Diop : *La lance de l'hyène* 98
Dans la vie de tous les jours
Un appareil qui retranscrit du texte en braille consacré au Concours Lépine 107

CHAPITRE 8 Toutes ces inventions technologiques ! 110
CONTEXTE : Les nouveaux moyens de communication
L'avenir de la technologie
La propriété intellectuelle
Lecture Albert Robida et Octave Uzanne : *La fin des livres* 112
Dans la vie de tous les jours
La mauvaise surprise Kindle 122

CHAPITRE 9 Attention ! Ne pas ouvrir ! 124
CONTEXTE : La technologie et ses effets sur la société
Les choix moraux
Lecture Amélie Nothomb : *Acide sulfurique* 126
Dans la vie de tous les jours
Tricher au bac comme un geek 133
Résumons-nous 136

THÈME 3

La vie contemporaine 137

CHAPITRE 10 Cherchez ! Comparez ! Achetez ! 138
CONTEXTE : La publicité et le marketing
Lecture Frédéric Beigbeder : *99 Francs* 140
Dans la vie de tous les jours
    Apple introduit le blocage des publicités dans Safari 146

CHAPITRE 11 Le temple de la famille 150
CONTEXTE : Le logement
Première lecture Christiane Rochefort : *Les petits enfants du siècle* 153
Deuxième lecture Nathalie Sarraute : *L'enfance* 160
Dans la vie de tous les jours
    Qui sont les SDF ? 167

CHAPITRE 12 La coupe du monde... 170
CONTEXTE : Les loisirs et le sport
Lecture Roch Carrier : *Le chandail* 172
Dans la vie de tous les jours
    Les pom-pom girls, nouvelle passion française ? 179

CHAPITRE 13 Au travail ! 182
CONTEXTE : Le monde du travail
Lecture Alphonse Daudet : *Le secret de Maître Cornille* 184
Dans la vie de tous les jours
    Voyage au bout du RER 194

CHAPITRE 14 Une étape importante 196
CONTEXTE : Les rites de passage
Lecture Bernard Dadié : *Le pagne noir* 198
Dans la vie de tous les jours
    « Allô maman, j'ai décroché mon bac... » 206

CHAPITRE 15 Bon voyage ! 208
CONTEXTE : Les voyages
Lecture Montesquieu : *Lettres persanes* 210
Dans la vie de tous les jours
    Jules Verne : *Le tour du monde en 80 jours* 217
Résumons-nous 220

THÈME 4

La quête de soi 221

CHAPITRE 16 T'es né en France, toi ? 222
CONTEXTE : L'aliénation et l'assimilation
Première lecture Gabrielle Roy : *Vincento* 224
Deuxième lecture Azouz Bégag : *Béni ou le paradis privé* 231
Dans la vie de tous les jours
    Immigration — Ces étrangers, élèves modèles 239

CHAPITRE 17 Revenons aux valeurs traditionnelles 242
CONTEXTE : Les croyances et les systèmes de valeurs
Lecture Guy de Maupassant : *Aux champs* 244
Dans la vie de tous les jours
    Azouz Bégag : *Béni ou le paradis privé* 255

CHAPITRE 18 Je parle français, moi ! 258
CONTEXTE : La langue et l'identité
Lecture Jean Arcenaux : *Schizophrénie linguistique* 260
Dans la vie de tous les jours
    Faut-il simplifier l'orthographe ? 266

CHAPITRE 19 Le patriotisme, c'est l'amour des siens 268
CONTEXTE : Le nationalisme et le patriotisme
Lecture Alphonse Daudet : *La dernière classe* 270
Dans la vie de tous les jours
    La République, ses symboles et ses emblèmes 278

Résumons-nous 282

THÉME 5

La famille et la communauté 283

CHAPITRE 20 Gravir l'échelle sociale 284
CONTEXTE : Les rapports sociaux
Lecture Guy de Maupassant : *La parure* 286
Dans la vie de tous les jours
  Azouz Bégag : *Le Gone du Chaâba* 298

CHAPITRE 21 Allons les enfants ! 302
CONTEXTE : L'enfance et l'adolescence
Lecture Sempé & Goscinny : *Le petit Nicolas « On a eu l'inspecteur »* 304
Dans la vie de tous les jours
  Leïla Sebbar : *« Driss » tiré de Shérazade* 313

CHAPITRE 22 Joyeuse fête ! Célébrez ! 316
CONTEXTE : Les coutumes
Lecture Marcel Pagnol : *Le mariage de Manon (tiré de Manon des sources)* 318
Dans la vie de tous les jours
  La Foire de la Sainte-Catherine 325

CHAPITRE 23 La famille, une incroyable richesse 328
CONTEXTE : La famille
Lecture Charles Perrault : *Cendrillon* 330
Dans la vie de tous les jours
  Des enfants adoptés qui s'adaptent bien 339

CHAPITRE 24 Ne me quitte pas 342
CONTEXTE : L'amitié et l'amour
Lecture *La légende de Tristan et Iseult* 344
Dans la vie de tous les jours
  Jacques Prévert : *Pour toi mon amour* 351

Résumons-nous 352

THÉME 6

L'esthétique 353

CHAPITRE 25 Vive la France ! 354
CONTEXTE : Le patrimoine
Lectures François Villon : *L'Épitaphe de Villon ou « Ballade des pendus »* 356
    Pierre de Ronsard : *Mignonne, allons voir si la rose* 359
    Jean de La Fontaine : *Le corbeau et le renard* 361
    Paul Verlaine : *Il pleure dans mon cœur* 363
Dans la vie de tous les jours
    La Réunion, perle de l'humanité 367

CHAPITRE 26 France, mère des arts ! 370
CONTEXTE : L'architecture, les arts visuels, le beau
Lecture Marguerite Yourcenar : *Comment Wang-Fô fut sauvé* 372
Dans la vie de tous les jours
    Jacques Prévert : *Pour faire le portrait d'un oiseau* 380

CHAPITRE 27 La vie en rose 382
CONTEXTE : La musique
Lecture Marguerite Duras : *Moderato cantabile* 384
Dans la vie de tous les jours
    Marion Cotillard : *Piaf réincarné* 395

CHAPITRE 28 Les trois coups 400
CONTEXTE : Les arts du spectacle
Lecture *La Farce de Maître Pathelin* 402
Dans la vie de tous les jours
    Mémorables Misérables 419

Résumons-nous 422

Appendices 423

Sources 430

Préface

O nce upon a time, *Allons au-delà!* was ready for the editors. Then came the new curriculum for the AP French Language and Culture examination. This caused a re-examination of the organization and content of the manuscript. Some texts were deleted with the click of a mouse; others were painstakingly worked upon until they followed the format of this book. Voilà the result: texts by authors ranging from the poet François Villon to the modern novelist Azouz Bégag. From the outset, I wanted to compile together in one volume those old standards that French teachers have been using in advanced courses so that one book would suffice; I also chose to offer some very new pieces of literature that are destined to become classics. A modern anthology of French literature would not be complete without both Guy de Maupassant and Jacques Prévert.

It is my hope that *Allons au-delà!* will be found appropriate for a variety of advanced French courses. No anthology can ever be complete. I had to drop La Bruyère's description of *Giton et Phédon* that I have used for years; selections from Victor Hugo; Richard Guidry's comic yet poignant *Hallo, gamma's fine, an'y'all?*; theatrical scenes from Molière and Ionesco; the terrifying novella by Émile Zola, *l'Innondation*; Leïla Sebbar's love story set against a backdrop of violence, *La jeune fille au balcon*; and the heartbreaking script of Louis Malle's *Au revoir, les enfants*. I list these not as runners-up, but as references so that newer teachers can seek out these longer works for their classes.

As for classes, I need to thank my advanced French classes at Ipswich who, for the past few years, read so many different pieces, worked through the exercises, and told me which activities were lame and which rocked.

I am indebted to many students: William Marks, who was instrumental in the formation of the original manuscript, and Ian Stewart, Evan Plunkett, Sam Perakis, and Thom Josephson for keying, scanning, formatting, collecting information, research and reading from a student perspective. Their assistance was invaluable and I am overwhelmed at their dedication both to me and to this project. My cries for help were answered by my colleagues Susan Killian, Andy Sargent, Debra Dion-Faust, and Maura Fitzsimmons Stone, the latter a science teacher who, in demonstrating reading strategies, showed me that we are all in this business together.

The late Konrad Bieber, with his vast anecdotal knowledge of French literature, instilled in me a love for francophone writings; Eléonore Zimmermann through her keen eye encouraged me to take these writings apart and to ask "Pourquoi ce mot et pas un autre?" Their inspiration led to *Allons au-delà!*

The authors of the spy novels I read always thank their editors profusely. I now understand why. Julianna Nielsen, taskmaster par excellence, poured her soul into this book with her suggestions, corrections, formatting, and keen eye for organization. Without Julianna, *Allons au-delà!* would not exist. Merci!

I am also indebted to the team at Pearson, especially Cathy Wilson whose skilled knowledge of pedagogy, theory, student likes, and teacher needs sent this manuscript down roads not taken. And that has made all the difference. (Thanks to Robert Frost!)

Several years ago, I spoke at ACTFL in Chicago and freely admitted having stolen ideas over the years from colleagues. Helena Curtain reminded me that foreign language teachers don't steal, we share. As I share *Allons au-delà!* with you, please don't be offended if a prompt is a rip-off of yours – remember, my students thought it rocked.

Richard Ladd
Ipswich High School
Halloween 2010

Introduction

*A*llons au-delà! is a program designed specifically for high school students of French at level four or higher. The program provides a thorough discovery of literature in a rich and varied context that includes activities in listening, speaking, and writing, as well as reading. The title *Allons au-delà!* (*Let's take that further!*) stems from the many activities and exercises that fill the text and that ask students to use higher-order thinking skills, to take that extra step, to go "au-delà."

Allons au-delà! follows the curriculum set forth by the College Board for the AP French Language and Culture Examination, incorporating the themes suggested by the College Board documents, and attempting to move students toward the level of linguistic ability recommended by that curriculum.

The text is not solely, however, an "AP book." The activities are varied and graded: that is, they target a wide spectrum of students and abilities.

Allons au-delà! deals primarily with prose fiction spanning centuries of French and francophone literature but concentrates on nineteenth-, twentieth-, and twenty-first-century narratives. Some attention to poetry, theater, essays, magazine and newspaper articles completes the course. The selections are varied and independent, affording teachers the flexibility to select the units that they prefer to cover as appropriate for their students.

The activities are student-centered and keep at the forefront the experiences and interests of modern high school learners. The range of difficulty of the exercises takes into account the wide range of learners found in advanced-level courses and split-level courses found in today's schools. Using the many possibilities found in the text, the teacher can tailor the course to meet the needs of a specific student population.

The four skills of listening, speaking, reading, and writing are carefully integrated. The activities in the text reach far beyond simple comprehension and parlay the basic material into a wealth of learning experiences.

Allons au-delà! offers readings in several genres and on a variety of topics of interest to American high school students. Pre-reading activities whet the appetite and prepare the student for what he or she is about to read. Comprehension activities ensure that the student has understood the reading. The comprehension section titled *Allons au-delà!* takes the student beyond simple comprehension into higher-order thinking of application, synthesis, and evaluation. Vocabulary activities serve to enhance the student's vocabulary using words taken from the reading. Armed thus with the vocabulary, students are better prepared for the speaking and writing activities that follow each reading.

Organization

Allons au-delà! provides a wealth of material designed to engage a wide variety of students in an active learning of the French language. Exercises have been selected for their appropriateness and their profitability for each learner as the student prepares for and reads the selection. Although activities follow a predictable sequence, the exercises vary according to the reading and in order to provide a wide range of learning experiences.

Theme Opener
Each Theme opens with a context-setting photograph, and a series of overarching questions that frame the debate, called *Questions centrales au débat*.

Chapter opener
Readings are introduced via a series of pre-reading activities that encourage students to adjust their schema and to shape constructs with and within their own experiences so that they can infer much more beyond the basic meaning of what is read.

Les questions du chapitre presents the essential questions for the chapter. These derive from the *Questions centrales au débat* found at the beginning of each unit. The teacher might use these questions to whet students' appetites via current events, personal experiences, or other anecdotal means to activate students' thinking on the topic.

Déchiffrons l'image asks students to work with the title page art to predict elements of the story and to activate vocabulary that they are likely to know already. The art will reflect the theme, the setting, or the story itself. This exercise helps the students to activate in their minds those words that are crucial to the understanding of the story and asks students to consider these words in their interpretation of the photo. Teachers could then provide their own photos or ask students to bring in photos to discuss.

Avant la lecture
Stratégies pour la lecture offers the student a different method in each chapter to help get the most out of the reading. Explaining poetry, blocking theater, dealing with rhetorical devices, learning new vocabulary, or outlining, the *stratégies* will make students better readers.

Pour connaître l'auteur presents a succinct biography of the author and a photo or a portrait to help students understand the writer's work in a historical context.

Lecture / Reading
Each reading begins with an advance organizer that reminds us of the specific theme as it relates to the AP Curriculum and tells the student a bit about the reading.

Pendant la lecture offers specific ideas for students to think about as they read the text. These organizers will aid their thinking as they prepare to discuss the text.

Lecture is the actual text. Words and phrases that are unlikely to fall within the scope of the student's knowledge are footnoted. Many words are not glossed and may still remain outside the purview of the student. Students at this level should be quite familiar with monolingual and bilingual dictionaries. Therefore, there is no end vocabulary list.

Readings are taken primarily from twentieth-century authors and include male and female writers from France, Africa, the Maghreb, Canada, and the

Caribbean. Often the work of disparate writers is compared or contrasted, as in selections by Azouz Bégag and Gabrielle Roy, Christiane Rochefort and Nathalie Sarraute.

Although most selections are narrative fiction, theater and poetry as well as media and internet sources complement the course.

Après la lecture

Après la lecture is composed of several elements:

Vérifiez votre compréhension asks basic comprehension questions. Some questions require simple comprehension while others reach into higher levels of the taxonomy.

En y réfléchissant asks questions in a plane of higher order thinking. These questions ask students to *aller au-delà*. The answers to these questions can be prepared for class discussion.

Perspectives culturelles, Comparaisons culturelles and *Approches Transdisciplinaires* bring forward cultural ties, implications, parallels, and differences found in the reading: what makes this text French or francophone ? How does it relate to the student's own culture ? To other disciplines ?

Pour améliorer votre vocabulaire: Mots apparentés, synonymes, antonymes et définitions review the vocabulary from the story using only French via definitions, synonyms, or antonyms.

Allons au-delà

Pour communiquer leads into a variety of post-reading activities that use the literature as a springboard for language use. A variety of exercises encourages students to use their language skills to complete the activities and enhance their skills in speaking and writing.

Écouter asks a series of questions relative to the podcast for the unit. Many podcasts are radio broadcasts, and each treats in a timely fashion the topic of the unit: science, technology, adolescence, or music, for example.

The remainder of the *Pour communiquer* exercises ask students to work together in French to create a product: a "T" chart, a Venn diagram, a poem, a television satire, a music video, a role-play, a debate. Individual exercises ask for short writing assignments or a five-paragraph essay.

Comparer asks students to compare pieces of art, literature, photos, or ideas, encouraging them to make extended comparisons.

Dans la vie de tous les jours

Dans la vie de tous les jours offers shorter reading selections followed by multiple-choice questions that parallel those seen on standardized examinations. Most selections are relatively short and present a non-fiction topic related to the primary text of the unit.

Revenez sur ces questions reprises the *Questions du chapitre* and asks students to reconsider their answers in light of the readings and activities they have completed in the chapter.

At the end of each unit, a final activity, *Résumons-nous*, reviews the overarching questions of the unit *Questions centrales au débat* in a capstone activity for the unit.

Allons au-delà ! is not a haphazard compilation of francophone writings, but a carefully planned anthology aimed at guiding advanced students of French to independent thinking and security of self-expression.

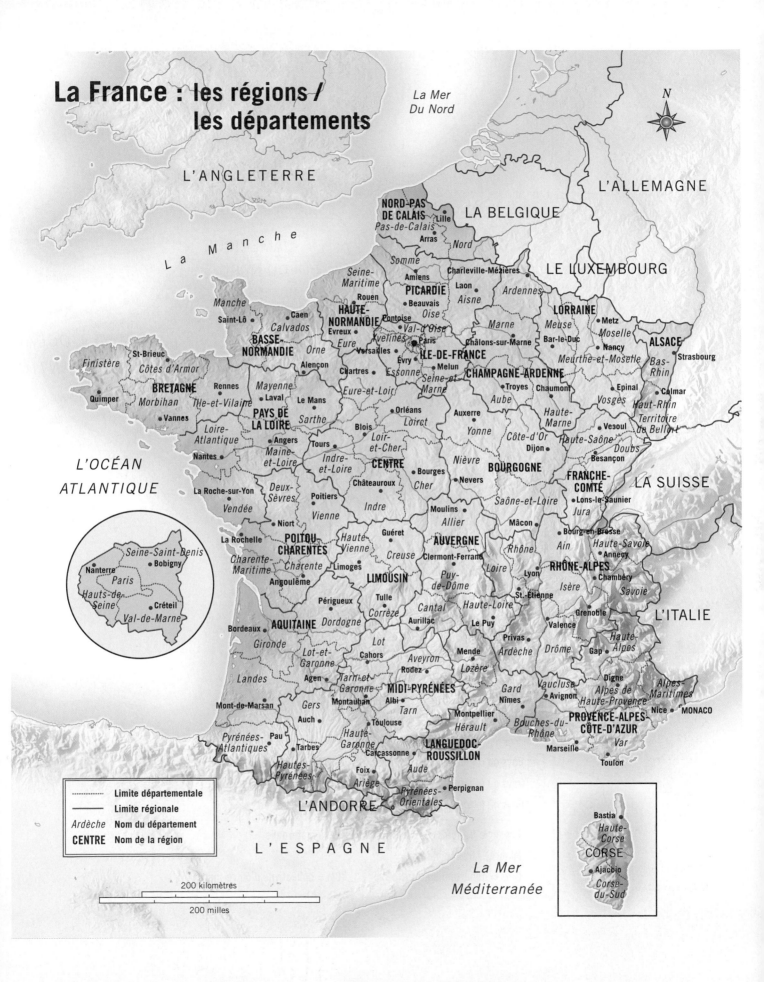

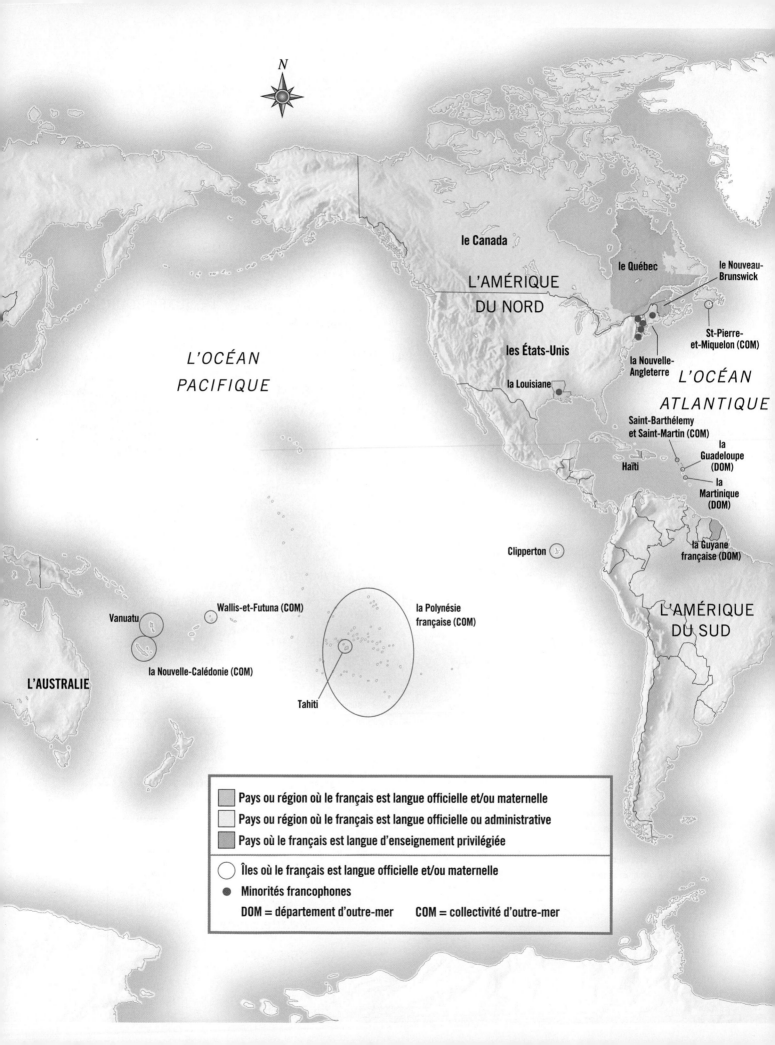

N

le Canada

le Québec

le Nouveau-
Brunswick

L'AMÉRIQUE
DU NORD

les États-Unis

St-Pierre-
et-Miquelon (COM)

la Nouvelle-
Angleterre

L'OCÉAN
ATLANTIQUE

L'OCÉAN
PACIFIQUE

la Louisiane

Saint-Barthélemy
et Saint-Martin (COM)

la
Guadeloupe
(DOM)

Haïti

la
Martinique
(DOM)

Clipperton

la Guyane
française (DOM)

L'AMÉRIQUE
DU SUD

Wallis-et-Futuna (COM)

la Polynésie
française (COM)

Vanuatu

L'AUSTRALIE

la Nouvelle-Calédonie (COM)

Tahiti

Pays ou région où le français est langue officielle et/ou maternelle

Pays ou région où le français est langue officielle ou administrative

Pays où le français est langue d'enseignement privilégiée

◯ Îles où le français est langue officielle et/ou maternelle

● Minorités francophones

DOM = département d'outre-mer   COM = collectivité d'outre-mer

Le monde francophone

Les défis mondiaux

Questions centrales au débat

À la fin de cette unité, vous pourrez répondre à ces questions :

- Quelles questions concernant l'environnement, la politique et la société se posent comme des défis aux peuples du monde d'aujourd'hui ?

- Qu'est-ce qu'il y a à l'origine de ces questions ?

- Quelles sont les solutions possibles à ces défis ?

CHAPITRE 1

Touche pas à mon pote !

Contexte : La tolérance

PREMIÈRE LECTURE Hergé : *Les bijoux de la Castafiore*
DEUXIÈME LECTURE Tahar Ben Jelloun : *Le racisme expliqué à ma fille*

Les questions du chapitre

- Dans quelles circonstances fait-on preuve de tolérance (ou d'intolérance) dans la société d'aujourd'hui ?
- Qu'est-ce qui provoque l'intolérance ?
- Comment pourrait-on promouvoir la tolérance dans notre société ?

Déchiffrons l'image

1. Dans quel pays est-ce qu'on a pris cette photo ? À quelle occasion pensez-vous qu'elle a été prise ? Quelles sont les raisons de la manifestation ?

2. Qui sont les gens sur la photo ? Que font-ils ?

3. Une telle manifestation pourrait-elle avoir lieu aux États-Unis ? Comparez la manifestation de la photo avec une manifestation qui aurait lieu aux États-Unis.

Première lecture

Les bijoux de la Castafiore

Avant la lecture

Stratégie pour la lecture : *Lire une bande dessinée*

En regardant les images d'une bande dessinée avant de lire les textes écrits, vous pouvez prédire ce qui va se passer. Cela vous aide aussi à deviner le sens des mots inconnus. Avant d'aborder ce texte, regardez les images sans lire les « bulles » ou le texte.

1. Quand vous observez les visages, qu'est-ce que vous remarquez ? Dressez une liste d'adjectifs qui décrivent les émotions que montrent les personnages.

2. Analysez la scène. Pouvez-vous dire comment vivent les personnages présentés ? À la fin de la scène, on aperçoit une résidence d'aspect cossu. Préparez une liste de mots (noms et adjectifs) qui décrivent les deux genres d'habitation. Décrivez en quelques phrases ces habitations en insistant sur leurs différences.

3. Que vous apprennent encore ces seules images ? À votre avis, qu'est-ce qui va se passer dans cette histoire ? Discutez de vos idées avec la classe.

Pour connaître l'auteur

Georges Prosper Remi (1907–1983) était un écrivain et dessinateur belge. Plus connu sous le nom d' « Hergé » (créé en reprenant les initiales de ses nom et prénom, R, G), il est connu dans le monde entier grâce au succès de sa bande dessinée et des albums *Tintin*. Chaque aventure aborde un thème différent qui est en général lié à un pays : *Tintin au Tibet, Tintin au Congo, Tintin en Amérique, Tintin au Pays des Soviets*. Après le romancier Georges Simenon, Hergé est l'écrivain belge le plus traduit à l'étranger.

Les défis mondiaux : La tolérance

La bande dessinée, *Tintin,* comprend vingt-quatre aventures. Ses pages témoignent de l'humanisme des personnages et d'un réalisme affirmé qui s'appuient sur des recherches méticuleuses sur les idées, les gens et les lieux. Dans notre sélection, un capitaine de marine endurci (Haddock) fait preuve d'humanité lorsqu'il réagit à la discrimination dont est victime un groupe de personnes (des Roms).

Allez au-delà : La xénophobie

La xénophobie est depuis toujours un des maux de nos sociétés. Ceux que l'on nomme en France les Roms (aussi appelés les Gitans, les Manouches, les Tziganes) sont depuis longtemps victimes de discrimination raciale. Depuis des siècles, ils migrent de pays en pays, de ville en ville. Ils acceptent parfois des travaux provisoires qui leur permettent de poursuivre leur voyage. Ils n'ont pas de domicile fixe et logent le plus souvent dans des caravanes. Leur style de vie, différent des nôtres, conduit parfois certaines personnes à mépriser les Roms et à avoir peur d'eux. La discrimination à leur encontre est fondée sur des stéréotypes : ils sont pauvres et malhonnêtes, pratiquent la divination et la sorcellerie. En 2010, les Français ont violemment réagi lorsque le président Nicolas Sarkozy a décidé d'expulser du territoire français les Roms qui étaient jugés en situation irrégulière.

*« Eh bien !
Mille sabords ! »*

Les bijoux de la Castafiore

Georges Prosper Remi (Hergé)

Pendant la lecture

Suivez bien la conversation et notez les différentes interjections. Vous n'êtes pas obligé de les comprendre toutes. Comparez ces interjections avec celles que l'on trouve dans les bandes dessinées américaines et avec les mots de la langue courante que vous employez à l'oral.

Pendant la lecture

Observez les réactions du Capitaine Haddock et essayez de décider à quel genre d'homme on a affaire.

Pendant la lecture

Cherchez des indications ou des préfigurations de ce qui arrivera plus tard dans l'histoire. Cette stratégie de déduction vous aidera à lire de nombreux textes à l'avenir.

© Hergé/Moulinsart 2010

Après la lecture

Vérifiez votre compréhension

1. Où sont Tintin et le Capitaine Haddock ?
2. Qui rencontrent Tintin et le Capitaine Haddock ?
3. Pourquoi est-ce que la petite fille pleure ?
4. Pourquoi est-ce que le Capitaine Haddock est surpris de voir où habite la petite fille ?
5. Quelle est la réaction du Capitaine Haddock devant ce campement ?
6. Que veut faire la vieille femme ? Pourquoi ?
7. Que suggère le Capitaine Haddock à la famille ? Quelle est la réponse ?
8. Qu'est-ce qu'un *gadjo* ?
9. Que leur offre le capitaine ?
10. Comment le Capitaine Haddock explique-t-il son sentiment de malaise à Tintin ?

En y réfléchissant

1. Identifiez les moments amusants dans cette séquence. Pourquoi sont-ils drôles ? Quel style utilise Hergé pour nous amuser ?
2. Quelles interjections et quels mots de la langue courante relevez-vous dans ces pages ? Pourquoi l'auteur les emploie-t-il ? Comparez ces expressions avec celles qu'on trouve dans les bandes dessinés (BD) américaines. Est-ce qu'elles sont semblables ? Répondent-elles aux mêmes besoins ?
3. Comment est-ce que les images servent à remplir les blancs de l'histoire écrite ? Quels éléments de l'histoire avez-vous découverts grâce aux illustrations ?
4. Quel effet l'opinion du Capitaine Haddock a-t-elle sur le lecteur, étant donné que ces idées viennent d'un personnage d'un naturel grincheux ?

Perspectives culturelles

1. Notez comment les personnages représentent certains stéréotypes, ceux qui s'appliquent aux Roms, et ceux qui s'appliquent aux propriétaires des châteaux. De quelle manière ces idées sont-elles illustrées ? Est-ce que la représentation est directe ou est-elle plus subtile ?
2. Selon le journal *Le Monde*, « Depuis la loi Besson du 5 juillet 2000, chaque commune de plus de 5 000 habitants est tenuc *d'aménager* une

aire d'accueil pour les gens du voyage. » De quelle manière est-ce que vous croyez que cette bande dessinée illustre cette marque de tolérance envers les Roms? Quelle comparaison établit la BD entre le logement des deux groupes de personnages ? Qu'est-ce que la description du Capitaine Haddock ajoute à la vue de l'ensemble ?

3. Par petits groupes, faites du « remue-méninges » : Parmi les peuples exclus (qu'ils soient pauvres, de races ou de religions différentes, etc.) quels traits particuliers provoquent un sentiment de peur chez certains d'entre nous ? À votre avis, pourquoi des groupes, plus que d'autres, sont-ils prédisposés à devenir victimes de discrimination ? Comment agissent ceux qui discriminent ? Quels exemples de discriminations pouvez-vous donner ?

Pour améliorer votre vocabulaire

1. **Mots apparentés :** Trouvez dix mots du texte qui sont apparentés à leurs cousins anglais.

2. **Synonymes :** Trouvez un synonyme pour chaque mot ou chaque expression de la liste. Vous trouverez ces mots dans le texte.

   1. le détritus (p. 6, bande 2, case 2)
   2. les ordures (p. 6, bande 2, case 3)
   3. révoltant (p. 6, bande 4, case 1)

3. **Antonymes :** Trouvez un antonyme pour chaque mot ou expression de la liste. Vous trouverez ces mots dans le texte.

   1. une immondice (p. 5, bande 2, case 3)
   2. remplir (p. 6, bande 2, case 2)
   3. malsain (p. 6, bande 2, case 2)

4. **Définitions :** Associez les mots de la première colonne avec les définitions de la seconde. Vérifiez le contexte dans lequel tous ces mots se trouvent dans le texte.

   1. la racine (p. 5, bande 3, case 2)   a. mâchonner
   2. s'égarer (p. 5, bande 3, case 2)   b. l'origine
   3. ramener (p. 5, bande 3, case 2)   c. prendre avec soi
                                                  d. siffler
                                                  e. se perdre

Deuxième lecture

Le racisme expliqué à ma fille

Avant la lecture

Stratégie pour la lecture : *Le genre du texte*
....

Il est utile de noter, avant de le lire, quel est le genre d'un texte (nouvelle, roman, article, etc.). La lecture ci-dessous se présente sous la forme d'un dialogue, dans lequel une petite fille pose des questions à son père, qui y répond dans un esprit de lucidité et avec des explications claires.

Regardez rapidement le texte ci-dessous. Vous noterez qu'une question courte et simple est suivie d'une réponse plus longue. Plusieurs questions de la petite fille reposent sur un mot dont le père offre la définition dans sa réponse. Il la fait suivre par des exemples.

> —*Dis, Papa, c'est quoi le racisme ?*
>
> —*Le racisme est un comportement assez répandu, commun à toutes les sociétés, devenu, hélas !, banal dans certains pays parce qu'il arrive qu'on ne s'en rende pas compte. Il consiste à se méfier, et même à mépriser, des personnes ayant des caractéristiques physiques et culturelles différentes des nôtres.*

1. Quels sont les avantages de ce genre de texte pour analyser des sujets de nature philosophique qui peuvent être difficiles à comprendre ? Quels en sont les inconvénients ?

2. Est-ce que vous pouvez citer d'autres textes qui utilisent le dialogue pour poser des questions philosophiques ?

« *Dis, Papa, c'est quoi le racisme ?* »

Pour connaître l'auteur

Tahar Ben Jelloun est né en 1944 au Maroc. Il a appris le français dans des écoles bilingues et a obtenu le baccalauréat à l'âge de 19 ans. Soupçonné par le pouvoir marocain d'avoir organisé des manifestations, il séjourne en camp d'internement de l'armée. Il travaille ensuite comme professeur et commence à écrire de la poésie dont le premier recueil est publié en 1971. À cette époque, il déménage à Paris pour poursuivre ses études et travaille au journal *Le Monde*. *L'enfant de sable,* son œuvre la plus connue, traite de la culture arabe dans la société moderne. En 1998, il publie *Le racisme expliqué à ma fille,* livre dans lequel il cherche à faire comprendre les raisons du racisme en France. Ben Jelloun, qui habite Paris, a reçu la Légion d'honneur du Président Sarkozy en 2008.

Les défis mondiaux : La tolérance

Dans cette sélection, l'auteur explique à sa fille de huit ans pourquoi le racisme est à éviter.

Le racisme expliqué à ma fille

Tahar Ben Jelloun

Pendant la lecture

Dressez une liste du vocabulaire et des concepts sociologiques expliqués. Cela vous aidera à comprendre le vocabulaire de ce sujet.

—Dis, Papa, c'est quoi le racisme ?

—Le racisme est un comportement assez répandu, commun à toutes les sociétés, devenu, hélas !, banal dans certains pays parce qu'il arrive qu'on ne s'en rende pas compte. Il consiste à se méfier, et même à mépriser, des personnes ayant des caractéristiques physiques et culturelles différentes des nôtres. 5

—Quand tu dis « commun », tu veux dire normal ?

—Non. Ce n'est pas parce qu'un comportement est courant qu'il est normal. En général, l'homme a tendance à se méfier de quelqu'un de différent de lui, un étranger par exemple ; c'est un comportement aussi ancien que l'être humain ; il est universel. Cela touche tout le monde. 10

—Si ça touche tout le monde, je pourrais être raciste !

—D'abord, la nature spontanée des enfants n'est pas raciste. Un enfant ne naît pas raciste. Si ses parents ou ses proches n'ont pas mis dans sa tête des idées racistes, il n'y a pas de raison pour qu'il le devienne. Si, par exemple, on te fait croire que ceux qui ont la peau blanche sont supérieurs à ceux dont la peau est 15 noire, si tu prends au sérieux cette affirmation, tu pourrais avoir un comportement raciste à l'égard des Noirs.

—C'est quoi être supérieur ?

—C'est, par exemple, croire, du fait qu'on a la peau blanche, qu'on est plus intelligent que quelqu'un dont la peau est d'une autre couleur, noire ou jaune. 20 Autrement dit, les traits physiques du corps humain, qui nous différencient les uns des autres, n'impliquent aucune inégalité.

—Tu crois que je pourrais devenir raciste ?

—Le devenir, c'est possible ; tout dépend de l'éducation que tu auras reçue. Il vaut mieux le savoir et s'empêcher de l'être, autrement dit accepter l'idée 25 que tout enfant ou tout adulte est capable, un jour, d'avoir un sentiment et un comportement de rejet à l'égard de quelqu'un qui ne lui a rien fait mais qui est

différent de lui. Cela arrive souvent. Chacun d'entre nous peut avoir, un jour, un mauvais geste, un mauvais sentiment. On est agacé par un être qui ne nous
30 est pas familier, on pense qu'on est mieux que lui, on a un sentiment soit de supériorité soit d'infériorité par rapport à lui, on le rejette, on ne veut pas de lui comme voisin, encore moins comme ami, simplement parce qu'il s'agit de quelqu'un de différent.

—Différent ?

35 —La différence, c'est le contraire de la ressemblance, de ce qui est identique. La première différence manifeste est le sexe. Un homme se sent différent d'une femme. Et réciproquement. Quand il s'agit de cette différence-là, il y a, en général, attirance.

Par ailleurs celui qu'on appelle « différent » a une autre couleur de peau que
40 nous, parle une autre langue, cuisine autrement que nous, a d'autres coutumes, une autre religion, d'autres façons de vivre, de faire la fête, etc. Il y a la différence qui se manifeste par les apparences physiques (la taille, la couleur de la peau, les traits, le visage, etc.), et puis il y a la différence du comportement, des mentalités, des croyances, etc.

45 —Alors le raciste n'aime pas les langues, les cuisines, les couleurs qui ne sont pas les siennes ?

—Non, pas tout à fait ; un raciste peut aimer et apprendre d'autres langues parce qu'il en a besoin pour son travail ou ses loisirs, mais il peut porter un jugement négatif et injuste sur les peuples qui parlent ces langues. De même,
50 il peut refuser de louer une chambre à un étudiant étranger, vietnamien par exemple, et aimer manger dans des restaurants asiatiques. Le raciste est celui qui pense que tout ce qui est trop différent de lui le menace dans sa tranquillité.

—C'est le raciste qui se sent menacé ?

—Oui, car il a peur de celui qui ne lui ressemble pas. Le raciste est quelqu'un
55 qui souffre d'un complexe d'infériorité ou de supériorité. Cela revient au même puisque son comportement, dans un cas comme dans l'autre, sera du mépris.

—Il a peur ?

—L'être humain a besoin d'être rassuré. Il n'aime pas trop ce qui risque de le déranger dans ses certitudes. Il a tendance à se méfier de ce qui est nouveau.
60 Souvent, on a peur de ce qu'on ne connaît pas. On a peur dans l'obscurité, parce qu'on ne voit pas ce qui pourrait nous arriver quand toutes les lumières sont éteintes. On se sent sans défense face à l'inconnu. On imagine des choses horribles. Sans raison. Ce n'est pas logique. Parfois, il n'y a rien qui justifie la peur, et pourtant on a peur. On a beau se raisonner, on réagit comme si une menace

Pendant la lecture

Notez la précision et la clarté du langage qu'emploie l'auteur quand il explique.

Pendant la lecture

Observez comment chaque phrase mène à la suivante.

réelle existait. Le racisme n'est pas quelque chose de juste ou de raisonnable. 65

—Papa, si le raciste est un homme qui a peur, le chef du parti qui n'aime pas les étrangers doit avoir peur tout le temps. Pourtant, chaque fois qu'il apparaît à la télévision, c'est moi qui ai peur. Il hurle, menace le journaliste et tape sur la table.

—Oui, mais ce chef dont tu parles est un homme politique connu pour son agressivité. Son racisme s'exprime de manière violente. Il communique aux 70 gens mal informés des affirmations fausses pour qu'ils aient peur. Il exploite la peur, parfois réelle, des gens. Par exemple, il leur dit que les immigrés viennent en France pour prendre le travail des Français, toucher les allocations familiales et se faire soigner gratuitement dans les hôpitaux. Ce n'est pas vrai. Les immigrés font souvent les travaux que refusent les Français, payent leurs 75 impôts et côtisent pour la sécurité sociale ; ils ont droit aux soins quand ils tombent malades. Si demain, par malheur, on expulsait tous les immigrés de France l'économie de ce pays s'écroulerait.

—Je comprends. Le raciste a peur sans raison.

—Il a peur de l'étranger, celui qu'il ne connaît pas, surtout si cet étranger est 80 plus pauvre que lui. Il se méfiera plus d'un ouvrier africain que d'un milliardaire américain. Ou mieux encore, quand un émir d'Arabie vient passer des vacances sur la Côte d'Azur, il est accueilli à bras ouverts, parce que celui qu'on accueille, ce n'est pas l'Arabe, mais l'homme riche venu dépenser de l'argent.

Après la lecture

Vérifiez votre compréhension

1. Pourquoi le racisme est-il considéré comme « banal » dans certains pays ?

2. Selon Tahar Ben Jelloun, d'où viennent les idées sur lesquelles repose le racisme ?

3. De qui l'homme a-t-il tendance à se méfier ?

4. Offrez un exemple de « supériorité » des uns par rapport aux autres.

5. Quel est le premier exemple de « différence » ?

6. Comment quelqu'un qui aime les langues étrangères peut-il être raciste ?

7. Que dit Tahar Ben Jelloun des jugements portés ?

8. Qu'est-ce que les racistes imaginent ?

9. Comment, selon le père, le racisme se manifeste-t-il chez les racistes ?

10. Quelle est l'opinion de l'homme politique raciste sur la question de savoir pourquoi les immigrés viennent en France ?

En y réfléchissant

1. De quoi dépend le racisme ? Voyez-vous dans la vie quotidienne des exemples sur lesquels se fonde le racisme ?

2. Quand la jeune fille répond « Si ça touche tout le monde, je pourrais être raciste ! », quelle émotion exprime-t-elle ? Pourquoi ?

3. Quelle est la différence entre « commun » et « normal » ?

4. L'enfant naît-il raciste ? Justifiez votre réponse.

5. Qu'est-ce que le « comportement réfléchi » ?

6. De quoi ou de qui dépend le racisme ? Justifiez votre réponse.

Perspectives culturelles

1. Quelle est l'histoire des immigrés en France ? D'où sont venus les immigrés ? Pourquoi ont-ils quitté leur pays d'origine ? Qu'est-ce que la France leur a offert ? Travaillez par petits groupes pour étudier les vagues d'immigration que la France a connues depuis 1870. Chargez chaque membre du groupe de présenter l'une des vagues d'immigration :

   a. 1870–1880
   b. 1914
   c. l'entre-deux-guerres (1918–1939)
   d. les trente glorieuses (1945–1975)
   e. 1975 jusqu'à aujourd'hui

   Enfin discutez ces informations entre vous. Y a-t-il des questions qui reviennent pour chaque vague d'immigration concernée ? Lesquelles ? À quoi attribuez-vous ce phénomène ?

2. Depuis plusieurs années, il existe en France un débat sur la question du voile, principalement le hijab à l'école publique et accessoirement la burqa dans les administrations publiques, pour les élèves et les femmes de confession musulmane. Le cœur de la question repose sur la notion de laïcité qui est l'une des valeurs de la république (depuis la séparation de l'Eglise et de l'État en 1905). Pour comprendre ce problème, recherchez les idées suivantes :

   a. Les fondements de la « laïcité ».
   b. L'insistance des musulmans sur le port du voile.
   c. Le débat sur le voile depuis plus de vingt ans.

Avec ces renseignements, débattez en classe pour savoir :

a. Si les écoles publiques devraient permettre le port du voile (et des signes religieux, interdits par la loi de 2004).

b. Si cette loi contrevient à la notion de tolérance.

Pour améliorer votre vocabulaire

1. **Mots apparentés** : Trouvez dix mots du texte qui sont apparentés à leurs cousins anglais.

2. **Synonymes** : Trouvez un synonyme pour chaque mot ou chaque expression de la liste. Vous pourrez trouver ces mots dans le texte.

   a. répandu (l. 2)
   b. banal (l. 3)
   c. l'attirance (l. 38)
   d. les certitudes (l. 59)
   e. hurler (l. 68)

3. **Antonymes** : Trouvez un antonyme pour chaque mot ou chaque expression de la liste. Vous pourrez trouver ces mots dans le texte.

   a. réciproquement (l. 37)
   b. déranger (l. 59)
   c. réel (l. 65)
   d. s'écrouler (l. 78)
   e. accueillir (l. 84)

4. **Définitions** : Associez les mots de la première colonne avec les définitions de la seconde. Vérifiez le contexte dans lequel tous ces mots se trouvent dans le texte.

   1. répandu (l. 2)   a. prévenir
   2. banal (l. 3)   b. entretenir
   3. impliquer (l. 22)   c. familier
   4. empêcher (l. 25)   d. tomber
   5. agacé (l. 29)   e. énervé
   6. éteindre (l. 62)   f. suffoquer
   7. justifier (l. 63)   g. bizarre
   8. soigner (l. 74)   h. ordinaire
   9. cotiser (l. 76)   i. contribuer
   10. s'écrouler (l. 78)   j. expliquer
                              k. mêler
                              l. pressé

Allons au-delà

Pour communiquer

A Voir et écouter : La mobilisation en faveur des Roms

Dans cette sélection, il s'agit d'un reportage sur la réaction du public à la décision d'expulser des Roms de France. Regardez la vidéo et répondez aux questions suivantes.

1. Quel genre de personnes est venu manifester en faveur des Roms ?

2. Où est-ce que cette manifestation a lieu ?

3. Quels sont les deux groupes que le président de la république a liés dans son discours ?

4. Qui a réagi contre l'expulsion des Roms ?

5. Dans quelle autre ville parle-t-on, dans ce reportage, d'une manifestation semblable ?

B Jeu de rôle : La tolérance

Travaillez avec un(e) partenaire dans la classe. Imaginez que vous venez d'être témoin d'un incident témoignant d'une situation de discrimination (vous en imaginerez les détails). Dans le dialogue ou le sketch que vous écrivez :

1. Expliquez l'incident que vous avez vu.

2. Parlez de la tolérance et de ce que vous pouvez faire pour promouvoir vos idées et éviter que cet incident se reproduise.

3. Préparez pour le reste de la classe deux questions qui découlent de votre sketch et que vous poserez après l'avoir présenté.

   N.B. Vos questions peuvent être des questions ouvrant à discussion.

4. Présentez votre sketch à la classe.

5. Posez vos questions.

C Débat : Rentrez chez vous !

Travaillez avec un partenaire dans la classe.

1. L'un de vous recherchera le rôle de l'Administration (et des forces de l'ordre) face à l'afflux des Mexicains aux États-Unis.

2. L'autre fera de même en ce qui concerne les Roms en France.

3. Préparez pour le reste de la classe trois ou quatre questions qui portent sur le débat.

   N.B. Vos questions peuvent être des questions ouvrant à discussion.

4. Votre co-équipier et vous présentez vos recherches et ouvrez le débat sur les moyens à utiliser pour résoudre les problèmes évoqués.

5. Posez vos questions et essayez d'amener le reste de la classe à suggérer des solutions à ces problèmes ou, du moins, à montrer comment on peut en avoir une meilleure compréhension.

D Écrire : L'imitation

En imitant le texte de Tahar Ben Jelloun, écrivez un essai dans lequel vous expliquerez à un enfant l'un des éléments qui suivent : *la laïcité, la diversité, la liberté de parole, la tolérance*.

1. Commencez avec une question « Qu'est-ce que… ? ».

2. Puis répondez à cette question par une définition claire et concise.

3. Posez une question basée sur votre définition qui pourra concerner une autre définition, une clarification, un exemple, etc.

4. Puis continuez jusqu'à ce que vous croyiez avoir bien expliqué le thème.

E Recherches sur internet : L'immigration aux États-Unis, en France et au Canada

Travaillez en petits groupes pour préparer une présentation sur l'immigration dans ces trois pays depuis vingt ans.

1. Organisez-vous en trois groupes, chaque groupe examinant l'un des trois pays.

2. Servez-vous d'internet et cherchez quelles sont les nationalités qui ont immigré dans ces pays depuis vingt ans.

3. Présentez vos résultats sous forme de tableau en « camembert ».

4. Grâce à vos recherches, organisez une présentation pour votre classe.

   a. Comparez (dates, chiffres, pays) l'immigration dans les trois pays.

   b. Discutez des tendances, constantes et variables de l'immigration. Quelles conséquences peuvent-elles éventuellement avoir sur le racisme dans le pays ? Est-ce que la discrimination naît de ce racisme ? Qu'en est-il de la tolérance ? Expliquez pourquoi l'un de ces pays peut sembler plus tolérant que les autres ?

   c. Préparez pour le reste de la classe trois ou quatre questions qui portent sur la présentation et que vous poserez à la fin.

   N.B. Vos questions peuvent être des questions ouvrant à discussion.

F Comparer

Qu'est-ce que vous voyez dans ces deux scènes qui illustre l'aspect multiculturel de chacune des deux villes, New York et Paris ? En quoi l'aspect est-il différent ou semblable ? Est-ce qu'il y a un élément auquel vous vous attendiez mais qui n'est pas évoqué par les photos ? De quoi s'agit-il ? Pourquoi pensez-vous qu'il serait évoqué ?

Dites ce qu'évoquent pour vous les personnes sur les photos, s'agissant de la question de la diversité à New-York et à Paris.

Dans la vie de tous les jours

THÈME DU COURS

Les défis mondiaux : La tolérance

Sur la page internet de l'association SOS Racisme, on peut découvrir une explication de sa mission contre la discrimination.

SOS Racisme

Nos missions * Nos combats

Phénomène de mode, feu de paille, construction médiatique,… Que n'a-t-on entendu sur le compte de SOS Racisme depuis sa création en 1984. Mais les faits sont là : SOS Racisme a 25 ans et a démenti
5 les commentaires de ceux qui voulaient – ou espéraient – n'y voir là qu'une réalité passagère.

Peu d'associations peuvent, 25 ans après leur naissance, revendiquer d'être toujours au cœur de l'actualité et des débats. Et pourtant, SOS Racisme,
10 avec des hauts et des bas, n'a jamais cessé, durant toutes ces années, d'initier des sujets de société, d'interpeller, de proposer, de manifester… en se plaçant à chacune de ses époques comme une association en mesure de saisir les enjeux de son temps.

15 Cela n'est pas le fruit du hasard. Si SOS Racisme a eu cette capacité, c'est parce que l'association est restée fidèle à ses valeurs : celui de la construction d'une République métissée[1], tournant le dos à l'extrême droite mais également à la conception
20 « communautariste » de la lutte antiraciste.

L'antiracisme n'a jamais été pour nous la volonté de défendre telle population contre telle autre, de voir se constituer sur des bases ethniques ou religieuses des « syndicats » de défense de telle ou telle communauté. 25

L'antiracisme, pour nous, a toujours été la volonté de voir chacun vivre à égale dignité dans la société, quelles que soient ses origines, sa confession ou ses pratiques culturelles.

C'est ce projet de fraternité et d'égalité qui a 30 toujours orienté l'ensemble de nos combats. Celui pour l'intégration des étrangers, celui pour la conception d'une France fière d'être diverse et plurielle, celui contre les ghettos et les discriminations raciales ou encore celui sur le travail de 35 pédagogie nécessaire concernant la résurgence de l'antisémitisme.

Si ces combats ont permis des avancées importantes et ont contribué utilement à faire de notre pays une terre de métissage, il n'en demeure 40 pas moins que des luttes fondamentales nous attendent pour les années à venir.

Ainsi, si l'intégration a globalement réussi, l'existence des ghettos et des discriminations

1. de sang mixte

Dans la vie de tous les jours   17

45 continuent plus que jamais à toucher de
plein fouet les « nouveaux Français » issus de
l'immigration. Ces réalités, comme SOS Racisme
l'a indiqué depuis ses débuts, contribuent puis-
samment à faire reculer l'adhésion d'une partie de
50 la jeunesse aux valeurs républicaines considérées
comme de simples déclarations d'intention et à
faire ainsi le lit d'un communautarisme dont on
sait ce qu'il porte en lui de profondément réac-
tionnaire…

Le combat antiraciste reste un combat à mener
55 sans cesse car il pose à chaque génération la question de savoir si on veut vivre ensemble et comment on veut vivre ensemble. Ce combat reste à

mener sans cesse car, lorsqu'il est perdu, il n'y a
plus que la haine qui anime les gens. Et quand la
haine devient le moteur des sociétés, il n'y a plus 60
aucun autre combat progressiste possible.

Bâtir la République métissée n'est donc pas un
« loisir ». Construire la République métissée, c'est
comprendre qu'il existe un combat fondamen-
tal qui rend tous les autres possibles : le combat 65
antiraciste. Ce combat nous le remporterons car
nous sommes forts de notre dynamisme, de notre
énergie, de nos convictions. Et pour les faire
vivre, nous savons que nous pouvons compter sur
l'énorme potentiel de fraternité que renferme la 70
jeunesse « black-blanc-beur ».

Questions de compréhension

1. Que célèbre SOS Racisme en ce moment ?

   a. Son anniversaire.
   b. Sa création.
   c. Le fait que tout le monde connaît
      l'association.
   d. Une construction médiatique.

2. Comment l'association SOS Racisme a-t-elle
   étonné ses opposants ?

   a. Par sa création en 1984.
   b. Grâce à sa construction médiatique.
   c. Par sa connaissance de la réalité.
   d. Par son endurance.

3. Que prétend cette association ?

   a. Avoir des hauts et des bas.
   b. Être souvent au centre des nouvelles et des
      disputes.
   c. Être la seule à voir la réalité.
   d. Revendiquer la paternité des débats.

4. Comment SOS Racisme reste-t-elle fidèle à
   ses idéaux ?

   a. En défendant telle population contre telle
      autre.
   b. En construisant une république métissée.
   c. En s'opposant aux idées d'extrême droite.
   d. En insistant sur le fait que chacun vive
      dans une égale dignité.

5. Comment ce groupe envisage-t-il la France ?

   a. Fière d'être diverse et plurielle.
   b. Permettant des avancées sur les questions
      de liberté et de tolérance.
   c. Comme un modèle de pratique culturelle
      harmonieuse.
   d. Un « syndicat » de défense des minorités.

6. Quelle phrase ou expression laisse entendre que cette organisation pourrait offrir des documents pour les professeurs ?

   a. « La pratique culturelle. »
   b. « L'adhésion d'une partie de la jeunesse aux valeurs républicaines. »
   c. « …Orienté sur le travail de pédagogie. »
   d. « Des luttes fondamentales nous attendent pour les années à venir. »

7. Comment le lecteur sait-il que le travail de SOS Racisme n'est pas encore achevé ?

   a. Il pose une question à chaque génération.
   b. Nous sommes forts de notre dynamisme.
   c. Il n'y a plus aucun autre combat progressiste possible.
   d. Le combat antiraciste reste un combat à mener sans cesse.

8. Quelle est cette « République métissée » ?

   a. Un État où toutes les races vivent en harmonie.
   b. Une République « black-blanc-beur ».
   c. Une République qui adhère à la cause de la tolérance.
   d. Un État où il n'y a aucun combat progressiste.

9. D'après le texte, qu'est-ce qu'on peut déduire ?

   a. Que la bataille contre le racisme se poursuivra.
   b. Que S.O.S. Racisme a atteint ses buts.
   c. Qu'avec son anniversaire, S.O.S Racisme peut relâcher son effort.
   d. Que S.O.S. Racisme lutte pour l'affrontement des races.

10. À qui s'adresse ce texte ?

   a. Aux racistes.
   b. Au grand public.
   c. Aux antiracistes.
   d. Aux professeurs de lycée.

Revenez sur ces questions

Après avoir considéré les lectures et les discussions de ce chapitre, reprenez-en la discussion.

- Dans quelles circonstances fait-on preuve de tolérance (ou d'intolérance) dans la société d'aujourd'hui?
- Qu'est-ce qui provoque l'intolérance ?
- Comment pourrait-on promouvoir la tolérance dans notre société ?

CHAPITRE 2

Préservons la nature

Contexte : L'environnement

LECTURE Jacques Prévert : *Soyez polis*

Les questions du chapitre

- Quelles sont les questions d'environnement les plus discutées aujourd'hui ?

- Quelles actions ou quelles attitudes sont à l'origine de ces questions ?

- Qu'est-ce qu'on peut faire dans l'immédiat pour répondre à ces préoccupations croissantes ?

Déchiffrons l'image

1. Où verriez-vous ce genre d'image ? Y a-t-il des images du même genre dans votre lycée ? Quel est leur message ? Ont-elles trait à d'autres initiatives pour la protection de notre environnement ?

2. À quels groupes s'adresse celle-ci ?

3. Quels autres sujets pourrait-on évoquer de cette manière ?

Soyez polis

Avant la lecture

Stratégie pour la lecture : *Lire la poésie*

Dans la pièce de Molière, *Le bourgeois gentilhomme*, Monsieur Jourdain découvre que tout ce qui n'est pas poésie est prose. Suivant cette logique, nous pouvons en déduire que tout ce qui n'est pas prose est poésie.

- C'est peut-être vrai, parce que la poésie nous entoure. Les chansons, les publicités, les comptines, les devinettes, les plaisanteries, le rap : tout est poésie, comme les histoires d'amour que l'on associe souvent à la poésie.

- La différence est dans la forme linguistique : une poésie peut s'écrire avec des rimes, elle peut mettre en jeu différents mètres. La répétition des phrases, la répétition des structures grammaticales, les parallélismes, les pauses, tout cela aide à garder un poème en mémoire. La poésie crée aussi des images qui peuvent être durables, éphémères ou irréelles, et a souvent recours à la métaphore.

- La poésie est avant tout une forme de littérature orale : il faut l'entendre, la chanter, la réciter, la siffler même.

- La poésie n'est pas seulement à lire : elle est à sentir, connaître.

Pour commencer, lisez les lignes 1–8 du poème à haute voix.

1. Avez-vous entendu votre voix qui montait et qui descendait ? Vous avez peut-être fait cela parce que vous êtes déjà sensible à la poésie ? Ce petit poème vous a-t-il fait entendre une musique ? C'est parce que c'est de la poésie : ce n'est pas de la prose.

2. Quels autres exemples du mode *poétique* de l'expression artistique pouvez-vous donner qui rappellent les vers ou la structure d'un poème, comme dans une publicité à la télévision ou une chanson que vous aimez ?

3. Maintenant que vous avez lu et peut-être chanté ce petit poème, pouvez-vous l'imaginer comme une chanson pour de jeunes écoliers, une chanson pour la protection de l'environnement, une publicité anti-déchets, ou encore une réclame dans un magazine ?

Pour connaître l'auteur

Jacques Prévert (1900–1977) Né à Neuilly-sur-Seine en 1900, Prévert est un enfant et un adolescent désobéissant qui montre peu d'intérêt pour ce qui l'entoure, comme la plupart des jeunes. Mais il trouve refuge dans la lecture, surtout de la poésie. Son service militaire se déroule en Turquie, en 1920, pays où il fait la connaissance de l'auteur Marcel Duhamel. Il fait ensuite partie du groupe surréaliste en sa compagnie et celle d'André Breton, avant de s'en séparer. Entre les deux guerres, il écrit plusieurs scénarios pour le cinéma ainsi que des romans. Il écrit plusieurs recueils de poésie parmi lesquels on trouve quelques-uns des poèmes francophones les plus célèbres.

THÈME DU COURS

Les défis mondiaux : L'environnement

Le poème ci-dessous est une allégorie qui nous invite à respecter la nature.

Pendant la lecture

Faites attention aux éléments qui indiquent une personnification. À qui s'adresse le poète ? Quel est le ton de sa voix ? Quelle histoire raconte-t-il ?

Soyez polis

Jacques Prévert

Il faut être très poli avec la terre
Et avec le soleil
Il faut les remercier le matin en se réveillant
Il faut les remercier pour la chaleur
Pour les arbres   5
Pour les fruits
Pour tout ce qui est bon à manger
Pour tout ce qui est beau à regarder
À toucher
Il faut les remercier   10
Il ne faut pas les embêter…
Les critiquer
Ils savent ce qu'ils ont à faire
Le soleil et la terre
Alors il faut les laisser faire   15
Ou bien ils sont capables de se fâcher
Et puis après
On est changé
En courge
En melon d'eau   20
Ou en pierre à briquet
Et on est bien avancé…
Le soleil est amoureux de la terre
Ça les regarde
C'est leur affaire   25
Et quand il y a des éclipses
Il n'est pas prudent ni discret de les regarder
Au travers de sales petits morceaux de verre fumé
Ils se disputent
C'est des histoires personnelles   30
Mieux vaut ne pas s'en mêler
Parce que
Si on s'en mêle on risque d'être changé

En pomme de terre gelée
Ou en fer à friser   35
Le soleil aime la terre
La terre aime le soleil
Et elle tourne
Pour se faire admirer
Et le soleil la trouve belle   40
Et il brille sur elle
Et quand il est fatigué
Il va se coucher
Et la lune se lève
La lune c'est l'ancienne amoureuse du soleil   45
Mais elle a été jalouse
Et elle a été punie
Elle est devenue toute froide
Et elle sort seulement la nuit
Il faut aussi être très poli avec la lune   50
Ou sans ça elle peut vous rendre un peu fou
Et elle peut aussi
Si elle veut
Vous changer en bonhomme de neige
En réverbère   55
Ou en bougie
En somme pour résumer
Deux points, ouvrez les guillemets :
« Il faut que tout le monde soit poli avec le monde
ou alors il y a des guerres…   60
des épidémies des tremblements de terre
des paquets de mer des coups de fusil…
Et de grosses méchantes fourmis rouges qui
viennent vous dévorer les pieds pendant qu'on
dort la nuit. »   65

Après la lecture

Vérifiez votre compréhension

1. Selon le poète, pourquoi doit-on remercier la terre et le soleil ? Donnez des exemples.

2. La terre et le soleil, qu'est-ce qu'ils savent ?

3. Qu'est-ce qui arriverait si on fâchait la terre ou le soleil ?

4. Montrez comment le poète compare la terre à une femme.

5. Montrez comment le poète compare le soleil à un homme.

6. Que pourrait faire la lune ?

En y réfléchissant

1. Montrez comment le poète personnifie la terre et le soleil.

2. Pourquoi parle-t-on des « sales petits morceaux de verre fumé » ?

3. À quoi le poète compare-t-il l'éclipse ?

4. Pourquoi vaut-il mieux ne pas se mêler des disputes entre la terre et le soleil ?

5. Comment le poète fait-il entrer la lune dans ce scénario ?

6. Expliquez l'idée suivant laquelle la lune peut rendre fou.

7. Expliquez comment la lune pourrait changer quelqu'un en bonhomme de neige, en réverbère, ou en bougie.

8. Pourquoi le poète trouve-t-il nécessaire de mettre l'accent sur la ponctuation à la fin du poème ?

Perspectives culturelles

1. Notez comment le genre grammatical de la langue française aide à établir les rapports entre le soleil et la terre. Voyez-vous un développement logique ou un procédé forcé ?

2. Qu'est-ce que cette romance nous dit sur la société française ? Est-elle dans la tradition française ? Est-ce que cette romance renforce le message suivant lequel il faut protéger l'environnement ?

3. Pouvez-vous penser à d'autres « paires » masculin/féminin qui pourraient comme la terre et le soleil tomber amoureux ? Quel serait alors le message ?

Pour améliorer votre vocabulaire

1. **Mots apparentés** : Trouvez dix mots du texte qui sont apparentés à leurs cousins anglais.

2. **Synonymes** : Trouvez un synonyme pour chaque mot ou chaque expression de la liste. Vous trouverez ces mots dans le texte.

   a. remercier (l. 3)
   b. embêter (l. 11)
   c. se fâcher (l. 16)
   d. une éclipse (l. 26)
   e. prudent (l. 27)
   f. se disputer (l. 29)
   g. s'en mêler (l. 31)
   h. gelée (l. 34)
   i. friser (l. 35)
   j. briller (l. 41)

3. **Antonymes** : Trouvez un antonyme pour chaque mot ou expression de la liste. Vous trouverez ces mots dans le texte.

   a. se réveiller (l. 3)
   b. la chaleur (l. 4)
   c. prudent (l. 27)
   d. discret (l. 27)
   e. fou (l. 51)

4. **Définitions** : Associez les mots de la première colonne avec les définitions de la seconde. Vérifiez le contexte dans lequel ces mots se trouvent dans le texte.

1. embêter (l. 11)	a. se mettre en colère
2. critiquer (l. 12)	b. la lanterne
3. laisser faire (l. 15)	c. évaluer
4. se fâcher (l. 16)	d. quand la lune obscurcit le soleil
5. une éclipse (l. 26)	e. batailler
6. se disputer (l. 29)	f. ennuyer
7. briller (l. 41)	g. embêter
8. le réverbère (l. 55)	h. pour introduire une citation
9. la bougie (l. 56)	i. la chandelle
10. les guillemets (l. 58)	j. permettre
	k. éclater
	l. former

Allons au-delà

Pour communiquer

Ⓐ Écouter

Dans cette sélection, il s'agit des périodes de fluctuation climatique et de leur effet sur notre planète. Écoutez l'extrait audio et répondez aux questions suivantes.

1. Selon l'interviewé, qu'est-ce qui est nuisible pour notre vie à l'avenir ?

2. Quel est le premier effet de l'arrivée de ces gaz dans l'atmosphère ?

3. Depuis combien de temps le climat de la planète est-il stable ?

4. Mis à part l'effet de serre, pourquoi est-il normal qu'on entre dans une période où le climat sera beaucoup plus chaud ?

5. Quelles sont les conséquences de ces grandes fluctuations climatiques ?

6. Combien de degrés d'écart nous séparent de l'ère glaciaire ?

Ⓑ Présentation : Quelles sont les questions touchant à l'environnement qui vous paraissent les plus urgentes à traiter ?

Par groupes de quatre ou cinq élèves, discutez pour savoir quelles sont les questions d'environnement qui demandent une attention immédiate de notre part. Dressez-en une liste. Chaque élève abordera une question.

1. Sur une fiche :
   a. Notez en français le sujet de la question.
   b. Dites quel est l'impact immédiat de cette question sur l'environnement.
   c. Suggérez des solutions possibles.

2. En groupes à nouveau, décidez de l'ordre de présentation de chaque question en préférant l'ordre d'importance descendante (la plus importante est présentée en premier).

3. Faites votre présentation. Adressez-vous à la classe en parlant bien distinctement. Ne vous contentez pas de lire votre texte !

Ⓒ Écrire un courriel

Imaginez que les membres du Club « L'Écolo » lancent un programme dans votre lycée pour ramasser les bouteilles en plastique (eau, boissons gazeuses). Écrivez un courriel à un(e) ami(e) pour :

1. L'encourager à participer au programme en lui donnant deux exemples qui montrent que cette initiative est importante.

2. Lui expliquer pourquoi vous croyez que le Club l'intéressera.

3. Lui donner les détails (lieu, heure) de la prochaine réunion du Club.

4. Lui dire que vous espérez le (la) voir à cette réunion.

Ⓓ Composer un court poème

Choisissez une question touchant à l'environnement de notre vie de tous les jours : la propreté des rues, par exemple. Puis composez un court poème sur le sujet, en insistant sur les initiatives qu'on pourrait prendre, tout en traitant de la question d'une manière légère ou comique.

1. Pour commencer, pensez à une petite tournure de phrase ou à quelques mots qui riment. Par exemple, « Les déchets que tu as jetés… »

2. Vous pouvez organiser votre poème autour de ces mots.
   a. Écrivez deux ou trois petites phrases qui débutent ou se terminent par « Les déchets que tu as jetés ».

    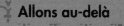

b. Est-ce que vous pouvez penser à une petite mélodie qui aille avec ces mots ?

c. Trouvez le mètre qui convient. Reproduisez-le de phrase en phrase.

d. Qu'est-ce qui rime avec « déchets » ou avec « jetés » ?

3. Vous pouvez également écrire une série de phrases qui commencent par les mots « Les déchets que tu as jetés » et qui continuent avec :

a. être + adjectif.

b. verbe

c. verbe + nom complément

d. verbe + nom complément + adverbe

e. verbe + « quand je… »

E **Recherches sur internet : À la une**

Intéressez-vous à une question touchant à l'environnement qui préoccupe la France depuis longtemps, comme l'énergie nucléaire ou le recyclage des ordures ménagères, et écrivez un essai sur le sujet. Adoptez la forme suivante :

1. Dans le premier paragraphe, expliquez quel est le problème.

2. Dans les paragraphes suivants, discutez des solutions possibles.

3. Ensuite, analysez l'initiative prise par la France.

4. Dites si les solutions proposées pourraient être adoptées par d'autres pays.

5. En conclusion faites le résumé des idées essentielles que vous avez évoquées et élargissez la discussion sur des perspectives d'avenir.

F **Comparer**

Travaillez en petits groupes pour résoudre ce problème : proposez un système de recyclage qui devrait aider à diminuer le tonnage de déchets d'une petite ville industrielle. Appuyez-vous sur les chiffres donnés pour la France.

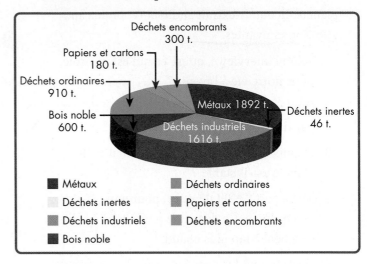

5 544 tonnes (t.) par année

Les défis mondiaux : L'environnement

L'article porte sur les ordures et les déchets en France.

Le recyclage en France : on croule sous les déchets

C'est une véritable marée qui va finir par nous noyer. Un département sur deux risque d'être débordé par les ordures, et la gestion des déchets coûte de plus en plus cher : globalement 10
5 milliards d'euros (contre 3,5 Mds € en 1990) dont près de la moitié directement payée par les ménages sous la forme de taxes d'enlèvement.

En gros, chaque Français paie **120 euros** par an pour faire traiter ses poubelles.

10 *Que contiennent nos poubelles ?*

- Chaque personne produit 360 kilos de poubelle par an, dont 70 kilos de déchets organiques qui pourraient finir dans un compost individuel, 50 kilos de papier magazines
15 ou journaux.
- 29% de déchets putrescibles
- 25% de papiers cartons
- 13% de verre
- 11% de plastique
20 • 4% de métaux
- 18% de divers

Que deviennent nos déchets ?

- **20% seulement des 30 millions de tonnes d'ordures sont recyclées.** En 2003, le taux

de recyclage des emballages ménagers du 25
programme éco-emballages était de 63%. En comptant les emballages industriels, on arrive à un taux de recyclage de 44% en France. Mais attention : recyclable ne veut pas dire recyclé. Ce n'est pas parce qu'un produit porte le logo 30
Recyclable (la boucle ou anneau de Moebius) que le produit sera forcément recyclé en fin de vie.

- **Le point vert,** présent sur 95% des emballages, indique que l'entreprise cotise au pro- 35
gramme Éco-Emballages mais ne signifie pas que le produit est recyclé. Loin de là.

Les 80% de déchets restants sont jetés en décharge ou incinérés.

Un incinérateur est une usine coûteuse et longue à 40
construire qui brûle les ordures à 850 degrés et les transforme en un reliquat de 40 kilos de matière solide. L'incinération fait souvent peur du fait des polluants qu'elle rejette dans l'atmosphère.

Il faut pourtant savoir que s'il est vrai qu'il y a 45
2000 sortes de particules rejetées par une usine d'incinération, de grands progrès ont été réalisés en 15 ans. Par exemple, le taux de rejet de dioxines cancérigènes par les incinérateurs modernes a été divisé par 100 et correspond aux normes 50
européennes.

- Dans la moitié des départements, notamment en Bretagne, en Normandie, ou dans le Sud-Est, on frôlera l'engorgement en 2009.

55 Les décharges, quant à elles, sont censées disparaître du paysage mais elles demeurent souvent une source de pollution : l'une des plus connues est la décharge d'Entressen à Marseille qui recueille quelque 600 000 tonnes de poubelles marseillaises à ciel ouvert faute de voir l'incinérateur de Fos-sur-Mer prendre le relais avant 2008. 60

Questions de compréhension

1. Dans le titre, le mot « crouler » est synonyme d'un autre verbe trouvé dans le texte :

   a. déborder
   b. payer
   c. ménager
   d. enlever

2. Qui paie l'enlèvement des ordures ?

   a. Les taxes d'enlèvement
   b. La gestion des déchets
   c. Le département
   d. Le département et les foyers

3. Combien de déchets produit en moyenne un Français ?

   a. 360 kilos
   b. 120 euros
   c. une marée
   d. 3,5 milliards

4. Comment arrive-t-on au chiffre de 44% d'ordures recyclées en France ?

   a. C'est le pourcentage de 30 millions de tonnes.
   b. C'est le taux d'emballage industriel figuré avec celui des emballages de la maison.
   c. C'est la quantité forcément recyclée.
   d. C'est parce que tous les « recyclables » ne sont pas recyclés.

5. Que signifie le « point vert » ?

   a. Qu'une entreprise recycle à 95%.
   b. Qu'une entreprise appartient au programme Éco-Emballages.
   c. Que les produits d'une entreprise sont recyclés.
   d. Que peu d'emballages sont recyclés.

6. Pourquoi l'incinérateur n'est-il pas le meilleur choix pour les ordures ?

   a. Parce qu'il est long à construire.
   b. Parce qu'il laisse quarante kilos de matière solide.
   c. Parce que l'incinération rejette de la pollution dans l'air.
   d. Parce que l'incinération brûle à 850 degrés.

7. Quel est l'avantage de l'incinération ?

   a. Ce qu'elle rejette répond aux normes cancérigènes dans l'air.
   b. Elle rejette des particules dans l'air.
   c. Elle émet 2000 sortes de particules.
   d. Les progrès sont récents et nombreux.

8. Quel est le but de cet article ?

   a. De nous avertir d'une crise dans la gestion des déchets.
   b. De nous informer de l'accroissement des déchets mondiaux.
   c. De recommander des stratégies pour résoudre la question des déchets.
   d. De donner les chiffres du recyclage en France.

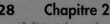

9. Qu'est-ce qu'on peut conclure du fait qu'on a réduit les 2000 particules rejetées par une usine d'incinération ?

   a. Que la réduction est de 99%.
   b. Que réduire les particules de fumée dans l'air prend du temps.
   c. Qu'on a travaillé à purifier la fumée de l'incinération.
   d. Que le taux de rejet est lui aussi réduit.

10. D'après le texte, laquelle des phrases suivantes est vraie ?

   a. Que plus ou moins 20% de nos déchets personnels sont organiques.
   b. L'auteur veut encourager l'emploi des incinérateurs.
   c. Les Français recyclent tout ce qui est recyclable.
   d. La plupart des déchets s'en vont au large avec la marée.

Revenez sur ces questions

Après avoir considéré les lectures et les discussions de ce chapitre, reprenez-en la discussion.

- Quelles sont les questions d'environnement les plus discutées aujourd'hui ?
- Quelles actions ou quelles attitudes sont à l'origine de ces questions ?
- Qu'est-ce qu'on peut faire dans l'immédiat pour répondre à ces préoccupations croissantes ?

CHAPITRE 3

Couvrez votre toux

Contexte : La santé

LECTURE Véronique Tadjo : *Le dernier espoir*

Déchiffrons l'image

INFO SANTÉ

Avant de vous rendre à l'urgence, consultez un professionnel de la ligne **Info-Santé** Mauricie/Centre-du-Québec

Service en vigueur **24 heures sur 24, 7 jours sur 7.**

811

Quoi faire en cas de problème de santé ?

Non urgent
Par exemple : grippe, maux de tête ou de gorge

Composez le 811 pour :
- Identifier le problème avec une infirmière d'Info-Santé
- Obtenir des conseils pratiques
- Savoir s'il y a lieu de consulter d'autres professionnels de la santé

Urgent mais **mineur**
Par exemple : entorse, coupure stabilisée avec un pansement

Composez le 811 pour :
- Identifier le problème avec une infirmière d'Info-Santé
- Obtenir des conseils pratiques
- Savoir où aller consulter

Urgent et majeur
Par exemple : · Réaction allergique violente
· Difficultés respiratoires
· Inconscience suite à une douleur à la poitrine

▶ Rendez-vous à **l'urgence de l'hôpital**
OU
▶ **composez le 911**

---

1. Qu'est-ce que le 811 ? Quels services offre « Info Santé » ?

2. Quel numéro compose-t-on en cas d'urgence ?

3. Quels sont les numéros qu'on compose chez vous en cas d'urgence ? Les connaissez-vous ?

Les questions du chapitre

- Quels sont les problèmes les plus urgents concernant la santé de nos jours ?

- Pourquoi ces problèmes se sont-ils manifestés ?

- Quelles solutions peut-on leur apporter ?

Lecture

Le dernier espoir

Avant la lecture

Stratégie pour la lecture : *Le point de vue et l'identification du style sur le mode de la conversation*

La lecture qui suit est une narration à la première personne. La narration à la première personne :

- Exige que le narrateur soit un personnage de l'histoire qu'il raconte. Il en est souvent le personnage principal.

- Limite le point de vue à celui de l'auteur.

- Nous permet de connaître les pensées du personnage, limite la connaissance de la pensée des autres.

1. Lisez ce passage, puis expliquez comment le point de vue exprimé correspond à une première personne.

   Ils m'ont fait des radios, ils ont pris mon sang et ils m'ont donné des comprimés. Après comme ça allait mieux, ils m'ont dit d'aller à la maison que je n'avais rien. Ils m'ont donné des vitamines et ils m'ont conseillé de choisir de la bonne nourriture.

Le style sur le mode de la conversation donne au texte une note plus personnelle et plus réaliste. Par exemple :

- La narratrice emploie des structures telles que « J'sais pas, moi ! » avec la contraction et la mise-en-relief du sujet.

- Le vocabulaire n'est pas très recherché.

- La narratrice emploie assez souvent des tropes tels que la consonance, l'assonance, l'allitération, la métaphore, la comparaison, l'hyperbole et l'onomatopée.

2. Lisez ce passage et déterminez quels éléments servent à produire un style sur le mode de la conversation.

   On m'envoie ici, on m'envoie là-bas alors que je suis très fatiguée. Mes parents n'ont pas d'argent alors que tout le monde veut de l'argent. Si c'est pas un pagne, c'est un mouton ou bien un bœuf et pourtant rien ne marche.

Pour connaître l'auteur

Véronique Tadjo
(1955–)
Née à Paris en 1955, Véronique Tadjo a grandi à Abidjan en Côte d'Ivoire. Pendant son enfance elle fait de nombreux voyages avec sa famille. Son père était fonctionnaire, sa mère était peintre et sculptrice. Véronique enseigne à l'Université d'Abidjan après avoir obtenu son doctorat en études afro-américaines. Elle parcourt le monde, donnant conférences et ateliers sur l'écriture et sur l'illustration de livres pour enfants. En 2005, son roman *Reine Pokou* a obtenu le Grand Prix Littéraire d'Afrique Noire.

Les défis mondiaux : La santé

Dans ce récit, nous ressentons de la peine et de la compassion pour une jeune femme victime d'une grave maladie.

Le dernier espoir

Véronique Tadjo

Pendant la lecture

Suivez attentivement la narration pour ne pas manquer les détails de l'épisode.

Il faut laisser parler ceux qui vivent au jour le jour, ceux qui sont au cœur du pays et qui sculptent les contours de notre devenir. Écoutez cette femme qui dit ses paroles-désespoir. Elle avait pourtant un petit bout d'existence qui aurait pu continuer sans histoire :

« À cause d'une grave douleur à l'abdomen et des maux de tête très forts, j'ai   5
passé trois semaines à l'hôpital de Dabou[1]. Ils m'ont fait des radios[2], ils ont pris
mon sang et ils m'ont donné des comprimés. Après comme ça allait mieux, ils
m'ont dit d'aller à la maison que je n'avais rien. Ils m'ont donné des vitamines
et ils m'ont conseillé de choisir de la bonne nourriture. Mais quand je suis arrivée à la maison et que mon mari a vu sur mon bulletin que j'avais le Sida (…)   10
il m'a chassée de la maison, moi et mon enfant. Je ne savais pas où aller. Il y

Pendant la lecture

Observez le ton de la narratrice.

avait même pas quelqu'un pour nous aider, sauf la fille au teint noir qui est ma
camarade et qui habite à côté du marché. C'est elle qui m'a donné l'argent du
transport pour retourner au village. C'est comme ça que je suis arrivée dans la
case de mes parents. Ils n'ont rien dit et ils ont tout fait pour moi et mon enfant.   15
Mais comme ils n'ont pas l'argent, c'est les herbes traditionnelles qu'ils prennent
pour me soigner. Aujourd'hui, ça va un peu, mais des fois, je peux même pas
me lever. Les vieux m'ont envoyée chez plusieurs guérisseurs qui m'ont soignée
à l'indigénat sans que ma maladie finisse. (…)

On m'envoie ici, on m'envoie là-bas alors que je suis très fatiguée. Mes   20

Pendant la lecture

Notez comment la narratrice en appelle aux sentiments du lecteur.

parents n'ont pas d'argent alors que tout le monde veut de l'argent. Si c'est pas
un pagne, c'est un mouton ou bien un bœuf et pourtant rien ne marche. Mais
un cousin nous a apporté un journal de la semaine dernière dans lequel on
dit qu'il y a un homme qui a fait beaucoup de guérisons. On dit qu'il peut
très bien enlever le Sida de ton corps et que beaucoup de gens vont le trouver   25
dans son campement. Il y a même des Blancs qui sont venus de pays étrangers

---

1. Ville de Côte-d'Ivoire pas loin d'Abidjan.
2. *les radiographies* : x-rays

pour analyser ses produits. Si on peut compléter l'argent que les villageois ont donné, on va tout faire pour y aller parce que moi, je suis trop fatiguée (…) Mais ce type-là, on dit qu'il est le plus fort de tous. Plus fort que les Blancs, plus

30 fort que tous les autres guérisseurs. Il fait la rivalité directe avec l'hôpital où les gens vont là-bas seulement pour mourir parce que les docteurs ne peuvent rien. Ils disent que c'est pas avant dix ans au moins qu'on va trouver un médicament pour soigner cette maladie là. Dix ans, vous vous rendez compte ? Où est-ce que je serai moi ? Le journal dit qu'une femme est allée voir le guérisseur

35 alors qu'elle allait mourir et maintenant elle mange bien et elle dort bien. Elle a avalé beaucoup de pilules et on lui a fait au moins cent piqûres pendant deux mois. Maintenant, elle est guérie. Elle a bien grossi. Il faut que ma mère m'accompagne chez le guérisseur qui va me faire renaître. C'est mon dernier espoir.

(…)

Après la lecture

Vérifiez votre compréhension

1. Qui parle ?
2. Pourquoi est-elle allée à l'hôpital ?
3. Quel était le premier diagnostic ? le second ?
4. Comment a réagi le mari de la narratrice ?
5. Où est-elle allée ? Comment a-t-on réagi là-bas ?
6. Comment est-ce qu'ils la soignent ? Pourquoi ?
7. Quel succès ont eu les guérisseurs ?
8. Que veulent les guérisseurs ?
9. Qu'a trouvé le cousin ?
10. Quelle est la réputation de cet homme ?
11. Que va faire ce guérisseur ?

En y réfléchissant

1. À votre avis, pourquoi le mari a-t-il réagi d'une telle façon ?

2. Pourquoi croyez-vous que la narratrice emploie le mot « renaître » ? Qu'est-ce qu'elle veut dire par l'expression « faire renaître » ?

3. Pourquoi la narratrice choisit-elle d'aller voir le guérisseur ? Qu'est-ce qui la motive ?

Perspectives culturelles

1. La narratrice consulte plusieurs « guérisseurs » et les paie avec de l'argent ou en échangeant des choses contre la consultation. Elle fait aussi références aux « Blancs ». Enfin elle va consulter un « grand guérisseur ». En lisant le texte de très près, essayez de catégoriser ces différents médecins.

2. Il semble qu'il y ait plusieurs niveaux de soins médicaux. Combien en distinguez-vous ? Servez-vous d'internet pour comprendre comment procèdent les guérisseurs.

3. Quelle image la situation renvoie-t-elle de l'état de la santé et des soins médicaux en Afrique ?

Pour améliorer votre vocabulaire

1. **Mots apparentés :** Trouvez dix mots du texte qui sont apparentés à leurs cousins anglais.

2. **Synonymes :** Trouvez un synonyme pour chaque mot ou chaque expression de la liste. Vous trouverez ces mots dans le texte.

   a. la douleur (l. 5)
   b. les comprimés (l. 7)
   c. conseiller (l. 9)
   d. le/la camarade (l. 13)
   e. la case (l. 15)
   f. soigner (l. 17)
   g. le guérisseur (l. 18)
   h. l'indigénat (l. 19)
   i. guérir (l. 37)
   j. compléter (l. 27)

3. **Antonymes :** Trouvez un antonyme pour chaque mot ou chaque expression de la liste. Vous trouverez ces mots dans le texte.

   a. grave (l. 5)
   b. chasser (l. 11)
   c. enlever (l. 25)
   d. guérir (l. 37)
   e. grossir (l. 37)

4. **Définitions :** Associez les mots de la première colonne avec les définitions de la seconde colonne. Vérifiez le contexte dans lequel tous ces mots se trouvent dans le conte.

1. grave (l. 5)	a. la vie
2. l'abdomen (l. 5)	b. l'injection
3. l'existence (l. 3)	c. achever
4. le bulletin (l. 10)	d. sérieux
5. soigner (l. 17)	e. traiter
6. le guérisseur (l. 18)	f. urgent
7. compléter (l. 27)	g. le ventre
8. la piqûre (l. 36)	h. le magicien
	i. la lettre
	j. un service

Allons au-delà

Pour communiquer

A Écouter

Dans cette baladodiffusion, il s'agit des causes et des effets du stress et de la façon dont on peut le combattre. Écoutez l'extrait audio et répondez aux questions suivantes.

1. Pourquoi souffrait-on moins de stress autrefois ?

2. Comment l'homme explique-t-il que nous ne sommes pas plus « faibles » aujourd'hui ?

3. Qu'est-ce qui aide l'homme d'aujourd'hui à combattre le stress ?

4. En quoi les conditions de vie modernes ont-elles fragilisé l'homme dans sa société et son environnement ?

5. Comment décririez-vous les conditions de vie actuelles ?

B Jeu de rôle : L'entretien

Travaillez avec un partenaire. Imaginez que vous avez l'occasion d'interviewer la narratrice du *Dernier espoir*. Quelles questions lui poseriez-vous ?

1. Dressez une liste de dix questions.

2. Donnez ces questions à votre partenaire qui en préparera les réponses.

3. Puis échangez, en jouant vos rôles devant la classe.

C Débat : Pourquoi le mari a-t-il réagi de cette manière ?

Formez un petit groupe pour débattre de la question : « Pourquoi le mari a-t-il réagi de cette manière ? » Deux ou trois élèves soutiendront l'action du mari, tandis que deux ou trois autres prendront la position contraire. Utilisez les questions suivantes :

1. Qu'est-ce que la femme aurait pu faire pour éviter la colère du mari ?

2. Qu'est-ce qui motive cette réaction ?

3. En quoi peut-on dire que sa réaction appartient au passé ?

4. Qu'est-ce qui a changé aujourd'hui ?

Votre professeur verra avec vous si vous débattez en groupe ou devant toute la classe.

D Recherches sur internet : La peur de la maladie

Travaillez en groupes de trois ou quatre personnes. Quelles sont les maladies qui nous effraient aujourd'hui ? Dressez une liste de dix maladies maximum et donnez à chaque membre du groupe les noms de deux ou trois d'entre elles.

1. Recherchez sur internet quels sont les symptômes de ces maladies ?

2. Dessinez des affiches sur lesquelles vous ajouterez :

   a. le nom de la maladie (en français, bien sûr !)
   b. les symptômes
   c. les sujets les plus sensibles
   d. les précautions à prendre pour l'éviter

3. Présentez vos affiches à la classe en donnant le maximum de renseignements sur la maladie évoquée et en disant pourquoi elle fait peur.

E Écrire ! Le point de vue

Choisissez un épisode du *Dernier espoir* et récrivez ce passage du point de vue d'un autre personnage (le mari, le voisin, le parent, le guérisseur). Comment est-ce que ce point de vue changera la perspective de l'histoire ? Sera-t-il toujours limité ?

F Comparer

Comparez l'affiche du *Toronto Public Health* avec celle du *Center for Disease Control* aux États-Unis. Quelles similarités relevez-vous ? Quelles différences ?

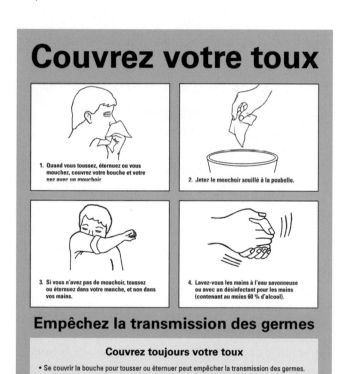

THÈME DU COURS

Les défis mondiaux : La santé

L'histoire raconte les peurs et les cauchemars d'un jeune garçon qui va recevoir sa première piqûre.

Mineurs et vaccinés

Un roman écrit par Alain M. Bergeron

Chapitre 1 : Madame Piqûre

Même s'il fait sombre, je cours en tous sens. Mes pas sur le plancher résonnent dans le couloir de l'école.

—Au secours !

5 La voix aiguë que je reconnais provient de ma classe, là où il y a de la lumière. J'ouvre la porte. La scène m'arrache un cri.

—Aidez-moi, s'il vous plaît, gémit Xavier Beaulieu, attaché par des élèves à une chaise avec du…

10 papier collant.

Des centaines de rouleaux vides jonchent le sol. Une femme habillée de blanc lui met un gros pansement sur la bouche pour l'empêcher de hurler.

—Tu vas te taire, espèce de peureux ! lui crie-t-elle

15 dans les oreilles ! Tu es en retenue !

Au tableau, mon meilleur ami Anthony écrit à la craie : « Il faut toujour écouter madame Piqûre. » Il a reproduit cette phrase des dizaines et des dizaines de fois.

20 —Anthony, qu'est-ce qui se passe ici ? lui dis-je.

—Faute ! Faute ! Faute ! disent les élèves qui remplissent la classe.

Anthony a les yeux fermés. Il se tourne en direction du tableau. Il secoue la tête.

—C'est vrai, j'ai fait une faute, constate-t-il. 25

Toujours garde toujours son « s ».

Geneviève, mon professeur, s'approche.

—Tu connais la punition ? dit-elle d'une voix lugubre, en lui remettant une brosse à tableau.

—Oui, je dois m'effacer… 30

Anthony prend la brosse et commence à la passer sur ses jambes… qui disparaissent ! Des parties de son corps s'évanouissent dans l'air. Il ne lui reste plus que la main et la tête.

—Il fallait me corriger, Doum-Doum, me dit la 35 bouche d'Anthony, sur un ton de regret.

Je hurle de terreur : on ne le voit plus. La brosse tombe lourdement par terre.

—Noooon !

La porte de la classe claque derrière moi. Je ne 40 peux saisir la poignée parce quelqu'un l'a effacée. Je n'ai pas le temps d'en dessiner une nouvelle. Des élèves me saisissent par les bras et me forcent à prendre place sur la chaise du professeur.

Madame Piqûre me fait face. Les yeux injectés de 45 sang, elle trouve une aiguille dans une botte de foin et la met au bout de sa seringue. L'aiguille est aussi longue qu'un crayon.

Je me débats farouchement pour me libérer, mais
50 en vain. Je suis immobilisé. Je sens que quelqu'un
remonte la manche de mon gilet. C'est… Xavier
Beaulieu !

Ses yeux sont fermés. Lui aussi est sous le pouvoir
de la dame en blanc. Avec un gros stylo feutre
55 noir, il barbouille un cercle sur mon bras droit,
comme une cible. Au centre, là où se trouve un
gros point noir, il griffonne : « Piquez ici. »

Madame Piqûre s'empare d'une grosse éponge.
Elle la plonge dans un seau d'eau, où baigne un
60 hippopotame, et elle me badigeonne rudement
tout le bras droit !

—Non ! Je suis droitier ! Je suis droitier !

Des élèves, qui ont aussi les yeux fermés, trans-
portent une énorme seringue. Madame Piqûre
65 dirige la pointe de l'aiguille vers mon bras.

—Ne bouge pas ! Ça ne te fera pas mal… Mais je
peux me tromper !

Et elle éclate d'un rire épouvantable.

Je détourne la tête et je serre les dents, persuadé
70 que l'aiguille me transpercera le bras. Je serai

comme un papillon qu'on veut épingler pour
l'exposer. Un papillon épinglé… un papillon
épinglé…

—Dominic, mon chéri. Réveille-toi, mon grand.
Tu fais un cauchemar. 75

—Qu… Quoi ?

Ma mère me caresse doucement le bras. Je pousse
un soupir de soulagement Ouf ! Je suis dans mon
lit, en toute sécurité. C'est le matin. Le soleil perce
les rideaux. Je cache mon visage dans la robe de 80
chambre de ma mère. Rassuré, je lui raconte mon
mauvais rêve.

—Je ne pensais pas que le vaccin contre l'hépatite
B te troublerait à ce point.

Je mets un temps à comprendre. 85

—Le vaccin ?

—Oui, mon chéri… C'est aujourd'hui.

Je recommence à crier !

« *Elle la plonge dans un seau d'eau, où baigne un hippopotame, et elle me badigeonne rudement tout le bras droit !* »

Questions de compréhension

1. Quel genre de texte est-ce ?

   a. Une bande dessinée.
   b. Un compte-rendu de médecin pour un journal.
   c. Un message d'intérêt public pour les enfants.
   d. Un petit roman pour de jeunes lecteurs.

2. Quelle est la scène que décrit le jeune narrateur?

   a. Un cauchemar.
   b. Une journée typique à l'école.
   c. Une leçon sur la santé.
   d. L'arrivée du médecin à l'école.

3. Qu'est-ce qui est arrivé à Xavier Beaulieu ?

   a. On lui a fait une piqûre.
   b. On l'a attaché à sa chaise avec du Scotch.
   c. On s'est moqué de lui.
   d. On l'a fait asseoir et il a été attaché avec une corde.

4. Que fait Anthony ?

   a. Il surveille Xavier pour qu'il ne s'échappe pas.
   b. Il se débat pour échapper à Mme Piqûre.
   c. Il donne des conseils à son ami Xavier.
   d. Il copie une phrase comme punition.

5. Que fait Anthony lorsqu'il prend la brosse du tableau ?

   a. Il commence à se faire disparaître.
   b. Il efface les phrases de Geneviève.
   c. Il efface ce qu'il a déjà écrit.
   d. Il nettoie la brosse sur son pantalon.

6. Pourquoi est-ce que l'auteur met dans son texte cet épisode d'Anthony et la brosse ?

   a. Pour accroître la peur de Dominic.
   b. Pour faire peur aux lecteurs.
   c. Pour souligner qu'il s'agit d'un rêve.
   d. Pour encourager les lecteurs à changer avant qu'il ne soit trop tard.

7. Où Mme Piqûre prend-elle l'aiguille ?

   a. Dans le bureau du professeur.
   b. Dans un colis de médicaments.
   c. Dans un tas de paille.
   d. Dans sa trousse.

8. Pourquoi Xavier dessine-t-il un cercle sur le bras du narrateur ?

   a. Parce qu'il est en transe hypnotique.
   b. Parce qu'il vient de faire réapparaître le bras.
   c. Pour que la dame en blanc sache où écrire.
   d. Pour que l'infirmière dirige bien l'aiguille.

9. Pourquoi Dominic a-t-il fait un cauchemar ?

   a. Parce qu'il n'aime pas les infirmières.
   b. Parce qu'il a peur de se faire vacciner.
   c. Parce qu'il se souvient d'un incident qui s'est passé à l'école.
   d. Parce qu'il ne veut pas contracter l'hépatite B.

10. À qui s'adresse ce récit ?

    a. Les médecins et les infirmières.
    b. Les infirmières dans les écoles.
    c. Les parents.
    d. Les enfants.

Après avoir considéré les lectures et les discussions de ce chapitre, reprenez-en la discussion.

- Quels sont les problèmes les plus urgents concernant la santé de nos jours ?

- Pourquoi ces problèmes se sont-ils manifestés ?

- Quelles solutions peut-on leur apporter ?

CHAPITRE 4

Liberté, égalité, fraternité

Contexte : Les droits de l'être humain

PREMIÈRE LECTURE Jean-Jacques Rousseau : *Du contrat social*

DEUXIÈME LECTURE *La déclaration des droits de l'homme et du citoyen*

Les questions du chapitre

- Quels sont les droits essentiels de l'être humain ?

- Pourquoi certains gouvernements ou régimes veulent-ils nier ces droits ?

- Comment peut-on enseigner que tout homme a certains droits absolus et lutter pour les droits de l'homme ?

Déchiffrons l'image

1. Cette manifestation à Paris regroupe des manifestants qui revendiquent en faveur de droits à l'embauche. Le gouvernement a décidé d'accorder aux employeurs une période de deux ans pendant laquelle ils pourraient engager et renvoyer des jeunes de moins de 26 ans sans justification. Êtes-vous d'accord ?

2. Quels sont les droits pour lesquels les jeunes pourraient manifester ? Ce pourrait être pour eux ou pour d'autres personnes. Croyez-vous que des manifestations comme celle-ci peuvent aider des personnes dans d'autres pays ? Est-ce que les manifestations de jeunes aident d'autres catégories sociales dans leur pays, comme les retraités en général, par exemple ?

Première lecture

Du contrat social

Avant la lecture

Stratégie pour la lecture : *Résumer un texte*

Face à un texte difficile, que ce soit dans le domaine de la langue ou des idées, le lecteur aura tout intérêt à prendre des notes, qu'il consultera avant de relire le texte.

Pour commencer, il convient de lire un paragraphe ou un passage du texte pour en comprendre l'idée centrale et les points qui la soutiennent.

1. On écrira ensuite un court texte qui résume la compréhension que l'on a du paragraphe. Par exemple, on lit :

   Je veux chercher si, dans l'ordre civil, il peut y avoir quelque règle d'administration légitime et sûre, en prenant les hommes tels qu'ils sont, et les lois telles qu'elles peuvent être. Je tâcherai d'allier toujours, dans cette recherche, ce que le droit permet avec ce que l'intérêt prescrit, afin que la justice et l'utilité ne se trouvent point divisées.

   Ensuite, on écrit :

   Je voudrais savoir si on peut faire des lois en fonction de la vraie nature de l'homme sans opposer le droit à l'intérêt général, la justice et l'utilité de la loi.

2. Maintenant, essayez de résumer ce texte de façon concise et d'une manière qui puisse vous servir plus tard à une relecture du texte.

   On me demandera si je suis prince ou législateur pour écrire sur la politique. Je réponds que non, et que c'est pour cela que j'écris sur la politique. Si j'étais prince ou législateur, je ne perdrais pas mon temps à dire ce qu'il faut faire ; je le ferais, ou je me tairais.

« *Je veux chercher si...* »

Les défis mondiaux : Les droits de l'être humain

Ces extraits exposent des idées novatrices pour l'époque et qui sont au cœur de la pensée du philosophe.

Du contrat social ou les principes du droit politique

Jean-Jacques Rousseau

LIVRE 1

Je veux chercher si, dans l'ordre civil, il peut y avoir quelque règle d'administration légitime et sûre, en prenant les hommes tels qu'ils sont, et les lois telles qu'elles peuvent être. Je tâcherai d'allier toujours, dans cette recherche, ce que le droit permet avec ce que l'intérêt prescrit, afin que la justice et l'utilité ne se trouvent point divisées. 5

J'entre en matière sans prouver l'importance de mon sujet. On me demandera si je suis prince ou législateur pour écrire sur la politique. Je réponds que non, et que c'est pour cela que j'écris sur la politique. Si j'étais prince ou législateur, je ne perdrais pas mon temps à dire ce qu'il faut faire ; je le ferais, ou je me tairais.

Né citoyen d'un État libre, et membre du souverain, quelque faible influence 10 que puisse avoir ma voix dans les affaires publiques, le droit d'y voter suffit pour m'imposer le devoir de m'en instruire : heureux, toutes les fois que je médite sur les gouvernements, de trouver toujours dans mes recherches de nouvelles raisons d'aimer celui de mon pays !

Pendant la lecture

Observez le style utilisé par l'auteur pour donner corps à sa pensée.

Chapitre 1.1 15

Sujet de ce premier livre

L'homme est né libre, et partout il est dans les fers. Tel se croit le maître des autres, qui ne laisse pas d'être plus esclave qu'eux. Comment ce changement s'est-il fait ? Je l'ignore. Qu'est-ce qui peut le rendre légitime ? Je crois pouvoir résoudre cette question. 20

Si je ne considérais que la force et l'effet qui en dérive, je dirais : « Tant qu'un peuple est contraint d'obéir et qu'il obéit, il fait bien ; sitôt qu'il peut secouer le joug, et qu'il le secoue, il fait encore mieux : car, recouvrant sa liberté par le même droit qui la lui a ravie, ou il est fondé à la reprendre, ou on ne l'était point

25 à la lui ôter ». Mais l'ordre social est un droit sacré qui sert de base à tous les autres. Cependant, ce droit ne vient point de la nature ; il est donc fondé sur des conventions. Il s'agit de savoir quelles sont ces conventions.

Avant d'en venir là, je dois établir ce que je viens d'avancer.

Chapitre 1.2
30 **Des premières sociétés**
La plus ancienne de toutes les sociétés, et la seule naturelle, est celle de la famille : encore les enfants ne restent-ils liés au père qu'aussi longtemps qu'ils ont besoin de lui pour se conserver. Sitôt que ce besoin cesse, le lien naturel se dissout. Les enfants, exempts de l'obéissance qu'ils devaient au père ; le père, exempt des soins
35 qu'il devait aux enfants, rentrent tous également dans l'indépendance. (…)

Cette liberté commune est une conséquence de la nature de l'homme. Sa première loi est de veiller à sa propre conservation (…) et sitôt qu'il est en âge de raison, lui seul étant juge des moyens propres à le conserver, devient par là son propre maître.

40 La famille est donc (…) le premier modèle des sociétés politiques : le chef est l'image du père, le peuple est l'image des enfants ; et tous, étant nés égaux et libres, n'aliènent leur liberté que pour leur utilité. Toute la différence est que, dans la famille, l'amour du père pour ses enfants le paye des soins qu'il leur rend ; et que, dans l'État, le plaisir de commander supplée à cet amour que le
45 chef n'a pas pour ses peuples.

Grotius nie que tout pouvoir humain soit établi en faveur de ceux qui sont gouvernés : il cite l'esclavage en exemple. Sa plus constante manière de raisonner est d'établir toujours le droit par le fait. (…) Il est donc douteux, selon Grotius, si le genre humain appartient à une centaine d'hommes, ou si cette
50 centaine d'hommes appartient au genre humain : et il paraît (…) pencher pour le premier avis (…). Ainsi voilà l'espèce humaine divisée en troupeaux de bétail, dont chacun a son chef, qui le garde pour le dévorer.

Comme un pâtre est d'une nature supérieure à celle de son troupeau, les pasteurs d'hommes, qui sont leurs chefs, sont aussi d'une nature supérieure à
55 celle de leurs peuples.

(…) Aristote, avant eux tous, avait dit aussi que les hommes ne sont point naturellement égaux, mais que les uns naissent pour l'esclavage et les autres pour la domination.

Aristote avait raison ; mais il prenait l'effet pour la cause. Tout homme né
60 dans l'esclavage naît pour l'esclavage, rien n'est plus certain. Les esclaves perdent tout dans leurs fers, jusqu'au désir d'en sortir ; ils aiment leur servitude (...).

Pendant la lecture
Prenez des notes surtout chaque fois que vous trouvez le texte difficile à comprendre.

S'il y a donc, des esclaves par nature, c'est parce qu'il y a eu des esclaves contre nature. La force a fait les premiers esclaves, leur lâcheté les a perpétués.

(...)

Pendant la lecture

Essayez de voir en quoi les idées de l'auteur peuvent s'appliquer à votre expérience personnelle.

Chapitre 1.3   65
Du droit du plus fort

Le plus fort n'est jamais assez fort pour être toujours le maître, s'il ne transforme sa force en droit, et l'obéissance en devoir. De là le droit du plus fort ; droit pris ironiquement en apparence, et réellement établi en principe. Mais ne nous expliquera-t-on jamais ce mot ?   70

La force est une puissance physique (…). Céder à la force est un acte de nécessité, non de volonté ; c'est tout au plus un acte de prudence. En quel sens pourra-ce être un devoir ?

Supposons un moment ce prétendu droit (…) car, sitôt que c'est la force qui fait le droit, l'effet change avec la cause : toute force qui surmonte la première   75
succède à son droit. Sitôt qu'on peut désobéir impunément, on le peut légitimement ; et, puisque le plus fort a toujours raison, il ne s'agit que de faire en sorte qu'on soit le plus fort. Or, qu'est-ce qu'un droit qui périt quand la force cesse ? S'il faut obéir par force, on n'a pas besoin d'obéir par devoir ; et si l'on n'est plus forcé d'obéir, on n'y est plus obligé. On voit donc que ce mot de droit n'ajoute   80
rien à la force ; il ne signifie ici rien du tout.

Obéissez aux puissances. Si cela veut dire : Cédez à la force, le précepte est (…) superflu ; je réponds qu'il ne sera jamais violé. Toute puissance vient de Dieu, je l'avoue ; mais toute maladie en vient aussi : est-ce à dire qu'il soit défendu d'appeler le médecin ?   85

Qu'un brigand me surprenne au coin d'un bois, non seulement il faut par force donner sa bourse ; mais, quand je pourrais la soustraire, suis-je en conscience obligé de la donner ?

Car, enfin, le pistolet qu'il tient est une puissance.

Convenons donc que force ne fait pas droit, et qu'on n'est obligé d'obéir   90
qu'aux puissances légitimes. Ainsi ma question primitive revient toujours.

Après la lecture

Vérifiez votre compréhension

1. Qui est donc J. J. Rousseau, qui prétend n'être « ni prince ni législateur » ?

2. À quelle question centrale l'auteur tente-t-il de répondre ?

3. Quelle réponse donne-t-il à sa question ?

4. En quoi la famille voit-elle un modèle dans la société primitive ?

5. Quelle différence l'auteur trouve-t-il entre la famille et l'État ?

6. Pourquoi semble-t-il que le gouvernement ne soit pas « établi en faveur de ceux qui sont gouvernés » ?

7. Que pense-t-il de la position d'Aristote sur les esclaves ?

8. En quoi le droit par la force et le « devoir » sont-ils différents ?

9. Expliquez le cercle vicieux qui commence par la supposition que la force fait le droit.

10. Comment l'auteur peut-il accepter d' « Obéir aux puissances » sans se contredire ?

En y réfléchissant

1. Dites brièvement comment l'auteur voit la nature humaine. Expliquez comment elle est avantageuse ou nuisible à la fondation d'un gouvernement.

2. En quoi l'idée d'Aristote et de Rousseau sur l'esclavage semble-t-elle s'être généralisée dans le monde d'aujourd'hui ?

3. Dans quelles circonstances historiques, et dans l'histoire du monde contemporain, la force a-t-elle réussi à prendre le dessus sur le droit ? Dans quelles circonstances la force a-t-elle échoué à supprimer les droits d'un peuple ?

Approches transdisciplinaires

1. Dès les premières années de l'éducation de l'enfant, on met l'emphase sur la logique et la précision. Cette logique s'est généralisée dans la culture française, des écrits littéraires aux lettres personnelles, des thèses philosophiques aux instructions et aux explications données aux personnes.

   a. Choisissez un paragraphe ou une idée du passage et faites-en une photocopie.

   b. Encerclez les portions du texte qui en montrent la logique et établissez-en un « plan » visuel.

c. Marquez le texte au crayon pour en indiquer les idées importantes à l'aide de numéros (1, 2, 3) puis les idées secondaires avec des lettres (a, b, c).

d. Ce plan servira de point de départ à l'exercice d'écriture.

Pour améliorer votre vocabulaire

1. **Mots apparentés :** Trouvez dix mots du texte qui sont apparentés à leurs cousins anglais.

2. **Synonymes :** Trouvez un synonyme pour chaque mot ou chaque expression de la liste. Vous trouverez ces mots dans le texte.

   a. légitime (l. 2)
   b. le législateur (l. 7)
   c. tâcher (l. 3)
   d. allier (l. 3)
   e. méditer (l. 13)
   f. l'obéissance (l. 34)
   g. veiller (l. 37)
   h. aliéner (l. 42)
   i. suppléer (l. 44)
   j. céder (l. 71)

3. **Antonymes :** Trouvez un antonyme pour chaque mot ou expression de la liste. Vous trouverez ces mots dans le texte.

   a. se taire (l. 9)
   b. suffire (l. 11)
   c. faible (l. 10)
   d. ignorer (l. 19)
   e. l'esclave (l. 18)
   f. ôter (l. 25)
   g. dissoudre (l. 33)
   h. nier (l. 46)
   i. céder (l. 71)
   j. soustraire (l. 87)

4. **Définitions :** Associez les mots de la première colonne aux définitions possibles de la seconde. Vérifiez le contexte dans lequel se trouvent ces mots.

   1. souverain (l. 10)
   2. le joug (l. 23)
   3. dissoudre (l. 33)
   4. le troupeau (l. 51)
   5. un pâtre (l. 53)
   6. prétendu (l. 74)
   7. la lâcheté (l. 63)
   8. un brigand (l. 86)

   a. berger
   b. faiblesse
   c. groupe
   d. supposé
   e. autoritaire
   f. la servitude
   g. anonyme
   h. dissocier
   i. un pirate
   j. la santé

Deuxième lecture

La déclaration des droits de l'homme et du citoyen

Avant la lecture

Stratégie pour la lecture :
À la recherche des connexions personnelles

Quand on lit, on fait souvent un lien entre le texte et un événement, une idée ou une situation personnelle. Ces correspondances permettent de mieux comprendre et se remémorer le texte.

Par exemple, dans l'Article Premier du document, nous trouvons ceci :

> *Les distinctions sociales ne peuvent être fondées que sur l'utilité commune.*

1. Pouvez-vous penser à un fait ou un événement personnel qui vous rattache à cette idée ? Ce pourrait être quelque chose que vous avez lu ou que vous avez vu à la télévision.

2. Bien quelles aient plus de deux cents ans, en quoi ces idées éclairent-elles des faits ou des circonstances du monde contemporain ?

Les défis mondiaux : Les droits de l'être humain

Ce texte adopté par l'Assemblée nationale française en 1789 énonce les droits fondamentaux de l'homme et du citoyen.

La déclaration des droits de l'homme et du citoyen

Pendant la lecture

Notez les phrases de la *Déclaration* qui semblent inspirées par *Le contrat social*.

Adoptée par l'Assemblée constituante du 20 au 26 août 1789, acceptée par le roi le 5 octobre 1789

Les représentants du peuple français (…) considérant que l'ignorance, l'oubli ou le mépris des droits de l'homme sont les seules causes des malheurs publics et de la corruption des gouvernements, ont résolu d'exposer (…) les droits naturels, 5 inaliénables et sacrés de l'homme, afin que cette Déclaration (…) leur rappelle sans cesse leurs droits et leurs devoirs ; afin que les actes du pouvoir législatif, et ceux du pouvoir exécutif (…), en soient plus respectés ; afin que les réclamations des citoyens, fondées désormais sur des principes simples et incontestables, tournent toujours au maintien de la Constitution et au bonheur de tous. 10

En conséquence, l'Assemblée nationale reconnaît et déclare, en présence et sous les auspices de l'Être suprême, les droits suivants de l'homme et du citoyen :

- Article premier — Les hommes naissent et demeurent libres et égaux en droits. Les distinctions sociales ne peuvent être fondées que sur l'utilité 15 commune.
- Article II — Le but de toute association politique est la conservation des droits naturels et imprescriptibles de l'homme. Ces droits sont la liberté, la propriété, la sûreté, et la résistance à l'oppression.
- Article III — Le principe de toute souveraineté réside essentiellement 20 dans la nation. Nul corps, nul individu ne peut exercer d'autorité qui n'en émane expressément.
- Article IV — La liberté consiste à faire tout ce qui ne nuit pas à autrui : ainsi l'exercice des droits naturels de chaque homme n'a de bornes que celles qui assurent aux autres membres de la société la jouissance de ces 25 mêmes droits. Ces bornes ne peuvent être déterminées que par la loi. (…)

Pendant la lecture

Pensez à des correspondances possibles entre les idées du texte et votre expérience personnelle.

30

- Article VI — La loi est l'expression de la volonté générale. Tous les citoyens ont droit de concourir personnellement, ou par leurs représentants, à sa formation. Elle doit être la même pour tous, soit qu'elle protège, soit qu'elle punisse.

(…)

- Article VII — Nul homme ne peut être accusé, arrêté ni détenu que dans les cas déterminés par la loi, et selon les formes qu'elle a prescrites. Ceux qui sollicitent, expédient, exécutent ou font exécuter des ordres arbitraires, doivent être punis ; mais tout citoyen appelé ou saisi en vertu de la loi doit obéir à l'instant ; il se rend coupable par la résistance.

35

- Article VIII — La loi ne doit établir que des peines strictement et évidemment nécessaires, et nul ne peut être puni qu'en vertu d'une loi établie et promulguée antérieurement au délit et légalement appliquée.

40

- Article IX — Tout homme étant présumé innocent jusqu'à ce qu'il ait été déclaré coupable, s'il est jugé indispensable de l'arrêter, toute rigueur qui ne sera pas nécessaire pour s'assurer de sa personne doit être sévèrement réprimée par la loi.

(…)

45

- Article XI — La libre communication des pensées et des opinions est un des droits les plus précieux de l'homme : tout citoyen peut donc parler, écrire, imprimer librement, sauf à répondre de l'abus de cette liberté, dans les cas déterminés par la loi.

50

- Article XII — La garantie des droits de l'homme et du citoyen nécessite une force publique : cette force est donc instituée pour l'avantage de tous et non pour l'utilité particulière de ceux auxquels elle est confiée.

- Article XIII — Pour l'entretien de la force publique et pour les dépenses d'administration, une contribution commune est indispensable. Elle doit être également répartie entre tous les citoyens, en raison de leurs facultés.

55

(…)

- Article XV — La société a le droit de demander compte à tout agent public de son administration.

(…)

60

- Article XVII — La propriété étant un droit inviolable et sacré, nul ne peut en être privé, si ce n'est lorsque la nécessité publique, légalement constatée, l'exige évidemment, et sous la condition d'une juste et préalable indemnité.

Pendant la lecture

Voyez-vous un parallèle entre ces documents et les documents fondamentaux des États-Unis d'Amérique à leur origine ?

Après la lecture

Vérifiez votre compréhension

1. En quoi les auteurs de *La déclaration des droits de l'homme et du citoyen* considèrent-ils que l'homme est inachevé et le gouvernement n'est pas parfait ?

2. Donnez les objectifs principaux de *La déclaration*.

3. Citez les quatre droits simples qui s'appliquent à toute association politique.

4. À qui appartient la vraie autorité d'un pays ?

5. Comment exerce-t-on correctement la liberté individuelle ?

6. Selon la loi, qu'est-ce qui constitue un procès convenable ?

7. Quelles conséquences « la libre communication des pensées » a-t-elle pour le citoyen ?

8. Pourquoi la force publique doit-elle être limitée ?

9. Comment les gouvernants doivent-il répartir la contribution commune ?

10. Dans quelles conditions l'État peut-il priver le citoyen de sa propriété ?

En y réfléchissant

1. Quels groupes semblent oubliés par *La déclaration* ? Trouvez-vous des lacunes qu'on pourrait utiliser pour dénoncer l'intention originelle du document ?

2. Décrivez le rapport qui existe, selon *La déclaration,* entre le citoyen et son gouvernement. Qu'est-ce qui se passe quand une « organisation politique » n'est pas d'accord avec l'Article II ?

Comparaisons culturelles

1. Travaillez en petits groupes de trois ou quatre élèves. Analysez *La Déclaration d'Indépendance* et les dix premiers amendements de *La Constitution* américaine *(La Charte des droits)*.

2. Sur une grande feuille de papier, esquissez un diagramme « Venn ». Étiquetez vos cercles : « Documents français » et « Documents américains ».

3. Exposez les similarités et les différences entre les Articles de *La déclaration* et ceux de *La Déclaration d'Indépendance* des États-Unis et *La Charte des droits*. Consignez vos idées dans les cercles ou dans les zones de convergence.

4. Choisissez les points qui apparaissent le mieux ressortir du diagramme.

5. Ensuite répondez à la question « Y a-t-il plus de convergences ou de divergences entre les textes ? » Quelles conclusions en tirez-vous quant à la forme des gouvernements français et américain ?

Pour améliorer votre vocabulaire

1. **Mots apparentés :** Trouvez dix mots du texte qui sont apparentés à leurs cousins anglais.

2. **Synonymes :** Trouvez un synonyme pour chaque mot ou chaque expression de la liste. Vous trouverez ces mots dans le texte.

   a. le mépris (l. 4)
   b. résoudre (dans le sens du texte !) (l. 5)
   c. inaliénables (l. 6)
   d. incontestable (l. 9)
   e. les auspices (l. 12)

   f. émaner (l. 22)
   g. nuire (l. 23)
   h. la jouissance (l. 25)
   i. concourir (l. 29)
   j. promulgué (l. 40)

3. **Antonymes :** Trouvez un antonyme pour chaque mot ou chaque expression de la liste. Vous trouverez ces mots dans le texte.

   a. l'ignorance (l. 3)
   b. exposer (l. 5)
   c. suprême (l. 12)
   d. la conservation (l. 17)
   e. la résistance (l. 19)
   f. nuire (l. 23)

   g. arbitraire (l. 35)
   h. coupable (l. 42)
   i. l'abus (l. 48)
   j. librement (l. 48)
   k. privé (l. 61)

4. **Définitions :** Associez les mots de la première colonne avec les définitions possibles de la seconde. Vérifiez le contexte dans lequel se trouvent ces mots.

   1. la corruption (l. 5)
   2. les auspices (l. 12)
   3. demeurer (l. 14)
   4. égal (l. 14)
   5. désormais (l. 9)
   6. imprescriptibles (l. 18)
   7. la propriété (l. 19)
   8. la souveraineté (l. 20)
   9. les bornes (l. 24)
   10. antérieurement (l. 40)

   a. pareil
   b. autorité
   c. bien
   d. éternels
   e. protections
   f. maintenant
   g. dégénérescence
   h. dès
   i. rester
   j. avant
   k. limites
   l. partir

Allons au-delà

Pour communiquer

A Écouter

Dans ce passage audio sont évoqués les droits de l'homme, des animaux, de la nature et de la planète. Écoutez l'extrait audio et répondez aux questions suivantes.

1. Selon le passage, quel document doit s'appliquer à l'environnement et aux animaux ?

2. Pourquoi est-ce qu'on ne peut pas penser à l'environnement comme faisant partie du « patrimoine de l'humanité » ?

3. Selon la femme qui parle, de quoi s'agit-il, s'il ne s'agit pas des droits des animaux ?

4. Pourquoi est-ce qu'on ne peut pas utiliser l'expression « de l'humanité » quand on parle des biens et non des personnes ?

5. En fin de compte, quelle expression pourrait-on substituer à « patrimoine de l'humanité » ?

B Prière d'afficher : La Déclaration des droits de l'élève

Travaillez en groupes de trois élèves et établissez une liste de dix droits qui concerneront les élèves de toutes les écoles.

1. Écrivez cette « Déclaration des droits de l'élève » sur une grande feuille de papier.

2. Affichez votre déclaration dans la salle de classe et lisez les points de la déclaration proposés par les autres groupes.

3. Avec toute la classe, discutez des meilleurs exemples et dressez une liste de cinq droits que vous estimez possible de présenter au professeur.

C Débat : Les droits

Travaillez en groupes de quatre. Pensez à un droit contemporain qui prête à controverse, comme le droit de porter des armes, ou même la liberté d'expression.

1. En travaillant avec vos partenaires choisissez un aspect de ce droit, soit pour ou soit contre.

2. Formulez vos arguments pour ou contre ce droit. Recherchez le vocabulaire dont vous aurez besoin. N'oubliez pas de consulter les listes de mots utiles à la fin de ce livre.

3. Échangez vos informations et préparez-vous à défendre votre point de vue devant la classe.

4. Débattez avec toute la classe !

D Écrire : La voix de Rousseau

Où est-ce qu'on retrouve la voix de Jean-Jacques Rousseau dans *La Déclaration d'Indépendance*, *La Constitution des États-Unis*, *La Charte des droits* et *La déclaration des droits de l'homme et du citoyen*. Exposez vos idées dans une dissertation de cinq paragraphes avec introduction, présentation d'idées et conclusion.

1. Dans un premier paragraphe dites ce que vous projetez de faire dans cette dissertation. Terminez le paragraphe par une phrase qui formule bien votre point de vue.

2. Dans chacun des paragraphes suivants, prenez un des écrits politiques et montrez comment il reflète les idées de Rousseau.

3. Dans un dernier paragraphe de conclusion, résumez brièvement vos idées et dites comment vous pensez avoir démontré votre thèse.

4. Servez-vous des listes des mots à la fin du livre, page 423.

E Présenter : La famille et la société

Rousseau fait le rapprochement entre la famille et la société de son époque. Pourrait-on faire le même rapprochement entre la famille et la société contemporaines ? Travaillez en groupes de trois ou quatre.

1. Prenez une grande feuille de papier et dressez un schéma « T ». Inscrivez « la famille moderne » et « la société contemporaine » en tête des colonnes.

2. Répondez à cette question en utilisant des exemples pris dans l'expérience de votre famille et dans la société. Vous donnerez trois ou quatre exemples dans chaque colonne.

3. Recherchez le vocabulaire dont vous aurez besoin. N'oubliez pas de consulter les listes de mots utiles à la fin de ce livre.

4. Présentez vos idées à la classe et justifiez votre raisonnement.

F Comparer

Expliquez le graphique et le tableau ci-dessous et à la page 56 en comparant les chiffres des pays mentionnés.

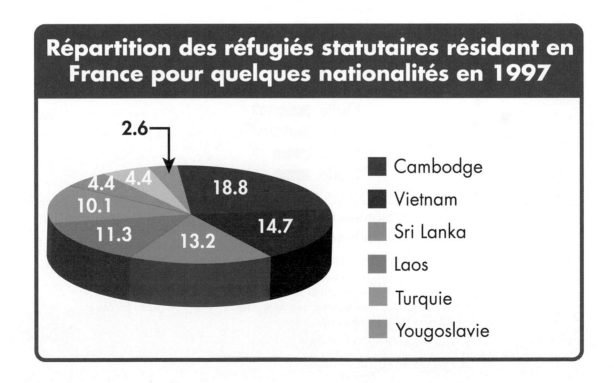

Répartition des réfugiés statutaires résidant en France pour quelques nationalités en 1997

2.6
4.4 4.4
10.1
11.3 13.2 14.7 18.8

- Cambodge
- Vietnam
- Sri Lanka
- Laos
- Turquie
- Yougoslavie

Taux moyen de personnes en prison en 2005–2007 dans l'Union européenne

pour 100 000 habitants

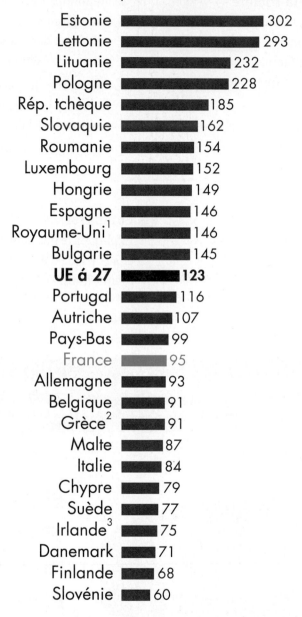

Estonie	302
Lettonie	293
Lituanie	232
Pologne	228
Rép. tchèque	185
Slovaquie	162
Roumanie	154
Luxembourg	152
Hongrie	149
Espagne	146
Royaume-Uni[1]	146
Bulgarie	145
UE á 27	**123**
Portugal	116
Autriche	107
Pays-Bas	99
France	95
Allemagne	93
Belgique	91
Grèce[2]	91
Malte	87
Italie	84
Chypre	79
Suède	77
Irlande[3]	75
Danemark	71
Finlande	68
Slovénie	60

1. Données pour l'Angleterre et le Pays de Galles. Dans le Royaume-Uni il existe trois juridictions distinctes. Les deux autres sont de 139 pour l'Ecosse et de 82 pour l'Irlande du Nord.

2. Taux moyen en 2005–2006.

3. Taux moyen en 2004–2006.

THÈME DU COURS

Les défis mondiaux : Les droits de l'être humain

Le passage suivant évoque les droits de la planète comme le miroir des droits de l'homme. L'article est paru dans le magazine *Le Point* en janvier 2007.

Écologistes : le meilleur des mondes

Neuharlingersiel, sur la mer du Nord, à l'heure de la plus forte marée. Les touristes qui attendent pour embarquer à destination de l'île de Spiekeroog croisent ceux qui reviennent d'une
5 visite de quelques heures sur « l'île verte ». Sur les quais, la foule compacte de ceux qui patientent, mêlés à ceux qui ont déjà vu, est recueillie. On ne va pas à Spiekeroog pour s'amuser : l'île est la destination de vacances rêvée des centaines de
10 milliers d'écologistes radicaux allemands.

De Hambourg, Munich ou Cologne, ceux-là mangent naturel, s'habillent en matières bio et ne consomment que des produits verts. Leur vie est placée sous le signe du Blaue Engel, l'ange bleu,
15 l'éco-label national. Par milliers, ils bloquent les routes quand passe un convoi de déchets nucléaires et vomissent le réalisme des Verts du Bundestag conduits par Joschka Fischer. Ils sont les fondamentalistes de l'écologie. Le groupe le plus
20 engagé dans cette voie radicale se réclame de « l'école écosophique ».

L'« écosophie » est une insurrection de l'esprit qui voudrait abolir les privilèges de l'humain. Elle nie son droit à se dire maître et possesseur de la
25 nature. Les écosophes exhortent l'humanité à ne plus se comporter comme « un parasite prolifique qui détruit le corps qui le nourrit ». Les philosophes regardaient vers Athènes. Les lieux sacrés de l'écosophie se trouvent aux États-Unis, dans les grands parcs nationaux de Yellowstone et de 30 Yosemite. On y vénère l'état sauvage préservé de la colonisation humaine et la sagesse des tribus qui savent vivre en osmose avec la nature.

Les écosophes européens se tournent vers l'île allemande de Spiekeroog. Pourtant, rien ne rap- 35 pelle ici la majesté des grands espaces américains ! Spiekeroog n'est qu'un long banc de sable gris émergeant des eaux de la mer du Nord. Les tempêtes y sont redoutables. Les vagues bouleversent sans cesse les contours de l'île qu'aucun rocher ne pro- 40 tège. Spiekeroog ne doit son salut qu'aux joncs, qui s'agrippent aux dunes et maintiennent une mince épaisseur de sable au-dessus de l'eau.

On aurait pu bétonner les plages, élever quelques digues pour donner une ossature à ce grand corps 45 de sable mou. Mais Ulli Bauer, le gourou du mouvement, veillait sur Spiekeroog. Il ne vit que pour la préserver telle qu'il l'a toujours aimée, belle, sauvage et mélancolique. Seul contre tous, il a imposé l'idée que l'île devait, coûte que coûte, continuer à 50 n'être protégée que par sa pauvre végétation. Pour cela, il suffisait d'interdire l'accès des dunes aux promeneurs, dont les déplacements incontrôlés détruisaient le couvert végétal de Spiekeroog.

55 Ce fut la première limite posée « au droit humain de faire n'importe quoi ». Depuis vingt-cinq ans, des centaines d'autres règles, interdictions, obligations ont fait la loi de l'île verte. Ulli Bauer a ainsi fondé la première « écodictature », un monde où
60 « la démesure et l'arrogance humaine » ne peuvent plus faire de dégâts. Sur Spiekeroog, les droits de l'homme s'arrêtent là où commencent ceux des arbres, des plantes, des oiseaux ou des vers de vase. L'île est ainsi devenue le meilleur des mondes
65 écolos. (…) Il n'y a qu'un policier sur Spiekeroog. (…) Toute la population vit dans la peur qu'un premier manquement à la loi verte n'amorce une réaction en chaîne qui conduirait à la « dénaturation » de Spiekeroog.

70 *Le onzième commandement*
Insulaire ou visiteur, tout être humain est donc fermement invité à respecter le « onzième commandement », le plus important aux yeux des écosophes : « La Terre appartient à Dieu, tu ne la
75 pollueras pas et tu ne détruiras pas inutilement la vie qui s'y développe. » C'est pour cela que les bateaux ne peuvent aborder l'île qu'aux heures des plus hautes marées, car les Spiekeroogers ont refusé de creuser un port par crainte de perturber
80 l'écosystème marin.

Dans le village, les périodes d'activité humaine sont limitées. En dehors des heures

« sacrifiées », le calme le plus absolu doit régner. L'île est hérissée de panneaux d'interdiction.
Les moteurs à explosion sont totalement ban- 85 nis : pollution atmosphérique ! On ne se déplace qu'en véhicule électrique. Il est interdit de donner à manger aux mouettes, trop nombreuses sur l'île : pollution biologique ! Il est interdit de fumer : pollution olfactive ! Il est interdit d'élaguer 90 ses arbres ou de peindre ses barrières de jardin autrement que selon les directives données par la mairie : pollution esthétique ! L'usage des vélos est déconseillé, parce qu'il suppose l'usage fréquent d'une sonnette : pollution sonore ! Idem pour les 95 cerfs-volants, les appareils de radio ou de télévision. On ne touche pas à la végétation, comptabilisée dans un « recensement des arbres ».

(…)

Les « écosaints » de Spiekeroog ne sont pas des 100 anges. Lorsque Ulli Bauer estime que l'heure est venue, on décroche les fusils pour investir les landes, normalement interdites à toute intrusion humaine. Pendant deux ou trois jours, des centaines de lièvres, de canards, de faisans et de mouettes 105 sont abattus. Il ne s'agit pas tout à fait de chasse, car les tireurs n'éprouvent aucun plaisir particulier à traquer le gibier. C'est le sentiment du devoir accompli, en établissant l'équilibre entre le droit de vivre et le devoir de mourir pour les animaux en 110 surnombre, qui suscite leur joie.

Questions de compréhension

1. Pourquoi va-t-on à Spiekeroog ?

   a. Pour les vacances.
   b. Pour prendre le bateau de la mer du Nord.
   c. Pour ramasser les déchets laissés par les touristes.
   d. Pour vivre une vie écologique.

2. Qu'est-ce que « l'école écosophique » ?

   a. L'école primaire de Spiekeroog.
   b. Une secte d'écologistes fondamentalistes.
   c. L'éco-label national.
   d. Un réseau de lycées en Allemagne.

3. Pourquoi « l'écosophie » veut-elle réduire les privilèges de l'être humain ?

   a. Parce que ces privilèges nient le droit à se proclamer possesseur de sa terre.
   b. Parce que les parasites détruisent le corps qui les nourrit.
   c. Parce que l'être humain n'a pas le droit de se dire maître de la nature.
   d. Parce qu'elle veut que l'humanité ne se comporte plus comme un parasite.

4. Comment l'auteur de ce passage trouve-t-il Spiekeroog ?

   a. Il la considère plus majestueuse que le parc national de Yellowstone.
   b. Il trouve cette île belle et prête à encourager un écosystème insulaire.
   c. Il croit que Spiekeroog est à l'état sauvage et préservé de la colonisation.
   d. L'île est décrite comme grise, sans forme et moins majestueuse que les grands espaces américains.

5. Quand il dit qu'on pourrait bétonner les plages de Spiekeroog, que suggère l'auteur ?

   a. Que cela fournirait une ossature pour la construire.
   b. Que cela donnerait une forme amorphe à l'île.

   c. Que l'île a besoin de parkings.
   d. Que la configuration amorphe n'est plus à la mode.

6. D'où vient l'expression « écodictature » ?

   a. C'est un terme probablement inventé par les militants du groupe.
   b. C'est un mot inventé par l'auteur en référence aux règles de l'île.
   c. C'est l'expression utilisée par Ulli Bauer.
   d. C'est un terme qu'on emploie depuis plus de vingt-cinq ans.

7. Comment l'article montre-t-il que les « écosaints » ne sont pas toujours des écologistes parfaits ?

   a. Ils se chargent d'assurer l'équilibre de la faune en chassant.
   b. Ils contribuent à la pollution atmosphérique en fumant.
   c. Ils donnent à manger aux oiseaux.
   d. Ils sont victimes de la pollution esthétique.

8. À qui s'adresse cet article ?

   a. Aux jeunes partisans de l'écologie.
   b. Aux écosophes.
   c. À un public qui voudrait mieux faire pour protéger la planète.
   d. Aux lecteurs du magazine en général.

Revenez sur ces questions

Après avoir considéré les lectures et les discussions de ce chapitre, reprenez-en la discussion.

- Quels sont les droits essentiels de l'être humain ?
- Pourquoi certains gouvernements ou régimes veulent-ils nier ces droits ?
- Comment peut-on enseigner que tout homme a certains droits absolus et lutter pour les droits de l'homme ?

CHAPITRE 5

Bon appétit ?

Les questions du chapitre

- Quels problèmes se posent pour l'alimentation dans le monde aujourd'hui ?

- Pourquoi les solutions évidentes ne marchent-elles pas ?

- Quelles nouvelles solutions proposez-vous ?

Contexte : L'alimentation

PREMIÈRE LECTURE Emile Zola : *Le ventre de Paris*
DEUXIÈME LECTURE Maryse Condé : *Rêves amers*

Déchiffrons l'image

1. Est-ce que vous connaissez les « Restaurants du Cœur » ?

2. En France il existe « la soupe populaire » qui nourrit les personnes et « les banques alimentaires » qui fournissent de la nourriture aux personnes et aux « Restos du Cœur » (qui sont une soupe populaire). Est-ce que vous avez ce genre de services là où vous habitez ? Comment s'appellent-ils ? Avez-vous songé à vous porter volontaire dans ce genre d'organisation ?

3. Est-ce qu'il y a dans votre lycée des programmes de soutien aux banques alimentaires ? Lesquels ? Y travaillez-vous ou connaissez-vous quelqu'un qui y travaille ?

4. Il y a aussi des programmes qui apportent des repas chez les personnes âgées. Connaissez-vous ces programmes ?

Première lecture

Le ventre de Paris

Avant la lecture

Stratégie pour la lecture : *La visualisation*

Comme nous sommes tous influencés aujourd'hui par les médias visuels, il nous arrive, en tant que lecteur, de créer des images mentales par lesquelles nous visualisons ce que nous lisons. Nous nous représentons la scène où nous plaçons personnages et acteurs. Le passage du *Ventre de Paris* que vous allez lire est une description très réaliste d'une scène de marché. Que voyez-vous lorsque vous lisez par exemple la scène suivante :

> *Des camions arrivaient… encombrant le marché… de cageots pleins de volailles vivantes, et de paniers carrés où des volailles mortes étaient rangées par lits profonds.*

Quelles images est-ce que les mots vous suggèrent ?

1. Dessinez cette scène sur une feuille de papier. Puis comparez votre image avec celle d'un autre élève pour voir si vous avez interprété le texte différemment.

2. Pendant que vous lisez, laissez les mots se transformer en images. Imaginez d'autres scènes se rapportant au quartier des Halles telles que les décrit l'auteur. Pouvez-vous les dessiner ?

Les défis mondiaux : L'alimentation

Dans ce passage du *Ventre de Paris*, nous sommes aux Halles, le centre de redistribution des aliments au centre de Paris au petit matin, quand les camions livrent les carcasses d'animaux et autres pièces de boucherie qui seront revendues sur les marchés plus tard dans la matinée. Le paragraphe est extrait du premier chapitre du roman, écrit en 1873.

Le ventre de Paris

Émile Zola

Pendant la lecture

Notez la précision du vocabulaire utilisé par l'auteur.

Pendant la lecture

Notez l'apparition de mots que vous connaissez peut-être sous une autre forme ou dans un contexte différent. Par exemple des noms ou des adjectifs qui sont devenus verbes.

Pendant la lecture

Visualisez la scène pour mieux comprendre le message de l'auteur.

Il entra sous une rue couverte, à gauche, dans le groupe de quatre pavillons, dont il avait remarqué la grande ombre silencieuse pendant la nuit. Il espérait s'y réfugier, y trouver quelque trou. Mais, à cette heure, ils s'étaient éveillés comme les autres. Il alla jusqu'au bout de la rue. Des camions arrivaient au trot, encombrant le marché de la Vallée de cageots pleins de volailles vivantes, 5
et de paniers carrés où des volailles mortes étaient rangées par lits profonds. Sur le trottoir opposé, d'autres camions déchargeaient des veaux entiers, emmaillotés d'une nappe, couchés tout du long, comme des enfants, dans des mannes qui ne laissaient passer que les quatre moignons, écartés et saignants. Il y avait aussi des moutons entiers, des quartiers de bœuf, des cuisseaux, des 10
épaules. Les bouchers, avec de grands tabliers blancs, marquaient la viande d'un timbre, la voituraient, la pesaient, l'accrochaient aux barres de la criée ; tandis que, le visage collé aux grilles, il regardait ces files de corps pendus, les bœufs et les moutons rouges, les veaux plus pâles, tachés de jaune par la graisse et les tendons, le ventre ouvert. Il passa au carreau de la triperie, parmi 15
les têtes et les pieds de veau blafards, les tripes proprement roulées en paquets dans des boîtes, les cervelles rangées délicatement sur des paniers plats, les foies saignants, les rognons violâtres. Il s'arrêta aux longues charrettes à deux roues, couvertes d'une bâche ronde, qui apportent des moitiés de cochon, accrochées des deux côtés aux ridelles, au-dessus d'un lit de paille ; les culs des charrettes 20
ouverts montraient des chapelles ardentes, des enfoncements de tabernacle, dans les lueurs flambantes de ces chairs régulières et nues ; et, sur le lit de paille, il y avait des boîtes de fer-blanc, pleines du sang des cochons. Alors Florent fut pris d'une rage sourde ; l'odeur fade de la boucherie, l'odeur âcre de la triperie, l'exaspéraient. Il sortit de la rue couverte, il préféra revenir une fois encore sur 25
le trottoir de la rue du Pont-Neuf.

Après la lecture

Vérifiez votre compréhension

1. Où voyez-vous entrer le personnage principal du texte ?

2. Qu'est-ce qui annonce le début des livraisons ? En quoi consistent-elles ? (Dressez-en une liste.)

3. Quelles actions sont visualisées dans cette scène ? Qui sont les personnages ?

4. Quels véhicules apparaissent dans la scène ? Que transportent-ils ?

5. Quels sont les adjectifs qu'emploie l'auteur pour décrire les denrées alimentaires ? (Associez les adjectifs qui les qualifient et les noms des denrées.)

En y réfléchissant

1. Pourquoi est-ce que l'auteur introduit un personnage (ici sans nom) pour commencer sa description ?

2. La description peut-elle être cartographiée sous forme de plan ? (plan : *n.m.* carte représentant une surface, un lieu)

3. Quelles sont les catégories de mots qui se répètent dans cette description ? (par exemple : les noms d'animaux)

4. Nous savons déjà que ce texte a une forte dominante visuelle, mais ne fait-il pas aussi appel à d'autres sens ? Lesquels ? Comment ? Expliquez.

5. Pourquoi l'auteur utilise-t-il la métaphore de l'église à la fin de sa description ?

6. À la fin de la description, le personnage principal sort de la scène. Est-ce que vous y voyez un effet qui pourrait être utilisé par le cinéma ? Expliquez.

Approches transdisciplinaires

À partir du Moyen Âge (1110) et pendant des siècles, les Halles étaient installées en plein Paris. Elles étaient le centre de livraison, manutention et redistribution des aliments pour toute la capitale. C'est pourquoi Zola les appelle *Le ventre de Paris*. Depuis 1969, les Halles ont déménagé à Rungis, au sud de Paris. Rungis se targue d'être : « le plus grand Marché de gros au monde pour les produits frais, (...) exemplaire en ce qui concerne l'hygiène alimentaire ». Mais dans les Halles de Zola, les exigences sanitaires, la chaîne du froid, la traçabilité des produits, le nettoyage et la désinfection n'étaient pas encore de mise, ce qui se voit dans le texte.

Le non-respect de ces consignes peut constituer une menace pour le grand public et provoquer des maladies d'origine alimentaire. On peut rechercher des informations sur ces maladies, sur les sites de l'Organisation Mondiale de la Santé, de l'Institut National de Prévention et d'Education à la Santé, et de Santé Canada.

1. Travaillez en petits groupes et faites des recherches sur les maladies d'origine alimentaire : *le choléra, le botulisme alimentaire, le E. coli, la fièvre typhoïde, la salmonellose et les staphylocoques.*

2. Quels sont les principaux réservoirs de ces agents pathogènes ?

3. Quels sont les symptômes de chaque maladie ?

4. Quels sont les recommandations à faire aux personnes atteintes de ces maladies ? Savez-vous quels savants français ont travaillé sur ces problèmes ?

5. Dessinez une petite affiche ayant pour thème une de ces maladies, ou bien, allez sur les sites des organisations mentionnées plus haut et téléchargez leurs affiches. Échangez vos informations. Vous pouvez également présenter vos conclusions à la classe.

6. Pour votre présentation, n'oubliez pas de préparer une ou deux questions que vous poserez pour vérifier l'attention de votre auditoire.

Pour améliorer votre vocabulaire

1. **Mots apparentés :** Trouvez dix mots du texte qui sont apparentés à leurs cousins anglais.

2. **Synonymes :** Trouvez un synonyme pour chaque mot ou chaque expression de la liste. Vous trouverez ces mots dans le texte.

   a. le pavillon (l. 1)
   b. entier (l. 7)
   c. le timbre (l. 12)
   d. peser (l. 12)
   e. la criée (l. 12)
   f. collé (l. 13)
   g. la roue (l. 18)
   h. la bâche (l. 19)
   i. la lueur (l. 22)
   j. flambant (l. 22)

3. **Antonymes** : Trouvez un antonyme pour chaque mot ou chaque expression de la liste. Vous trouverez ces mots dans le texte.

   a. éveillé (l. 3)
   b. encombrer (l. 5)
   c. entier (l. 7)
   d. blafard (l. 16)
   e. proprement (l. 16)
   f. la moitié (l. 19)
   g. plein (l. 23)
   h. sourd (l. 24)
   i. fade (l. 24)
   j. âcre (l. 24)

4. **Définitions** : Associez les mots de la première colonne avec les définitions de la seconde. Vérifiez le contexte dans lequel ces mots se trouvent dans le texte.

1. encombrer (l. 5)	a. le bout
2. emmailloté (l. 7)	b. la corbeille
3. la manne (l. 9)	c. la fosse
4. le moignon (l. 9)	d. la boutique des entrailles
5. voiturer (l. 12)	e. congestionner
6. accrocher (l. 12)	f. tricoter
7. la triperie (l. 15)	g. agacer
8. blafard (l. 16)	h. suspendre
9. l'enfoncement (l. 21)	i. honoré
10. exaspérer (l. 25)	j. entour
	k. transporter
	l. pâle

« *Il passa au carreau
de la triperie...* »

Rêves amers

Avant la lecture

Stratégie pour la lecture : *La visualisation*

Imaginez cette scène tirée du texte.

> *Jean-Joseph qui, tout en débarrassant les tables, le képi à rayures rouges et blanches de l'uniforme crânement penché sur une oreille, énumérait des devinettes. Passant un chiffon mouillé sur le formica, voilà qu'il avait malencontreusement renversé une carafe d'eau qui s'était écrasée sur le sol.*

1. En « visualisant » le passage texte, comment voyez-vous…

   a. le chapeau de Jean-Joseph ?
   b. la table qu'il essuie ?
   c. la carafe d'eau sur le sol ?

2. Dessinez rapidement cette scène et comparez votre dessin avec celui d'un camarade de classe. Est-ce que vos dessins se ressemblent ?

Pour connaître l'auteur

Maryse Condé (1934–) est une auteure de langue française née à la Guadeloupe. Plusieurs de ses œuvres se présentent comme une chronique de l'histoire des Caraïbes. Maryse Condé a fait des études au Lycée Fénelon et à la Sorbonne, où elle s'est spécialisée en anglais. Elle a enseigné à Columbia University et dans plusieurs universités américaines où elle était professeure de littérature antillaise.

Les défis mondiaux : L'alimentation

Dans ce passage, le personnage principal, une jeune fille de onze ou douze ans, nommée Rose-Aimée, travaille dans un fast-food à Port-au-Prince en Haïti. Dans son livre *Rêves amers*, l'auteur décrit les difficultés que doivent affronter de nombreux Haïtiens.

Rêves amers

Maryse Condé

Pendant la lecture

Quels sont les aliments que voit Rose-Aimée ?

—Frotte, frotte ! Tu ne vois pas que c'est encore sale ? aboya monsieur Modestin.

Rose-Aimée s'essuya le front du revers de la main. Comme le restaurant ouvrait à 8 heures du matin et offrait des petits déjeuners à des hommes pressés, il fallait être à pied d'œuvre dès 4 heures. L'équipe se composait de trois gamines et d'un garçon, qui puisaient de l'eau à la pompe, frottaient le carrelage, 5 astiquaient les énormes machines de la cuisine, jetaient les détritus de la veille avant l'arrivée de l'équipe chargée de la cuisine. Une fois les petits déjeuners servis, il fallait s'attaquer à la préparation des poulets. Ils arrivaient congelés des USA dans des emballages de plastique au travers desquels ils apparaissaient, effrayants comme d'incolores fœtus. Rose-Aimée regardait avec terreur leurs 10 becs jaunâtres, leurs yeux clos et cernés de rouge. Elle éprouvait la plus vive répugnance à prendre dans ses mains cette chair qui, une fois décongelée, devenait flasque et molle sous ses doigts.

Il fallait ensuite la couper en morceaux avant de la plonger dans le célèbre assaisonnement qui faisait la renommée de la chaîne. Autrefois, manger du 15 poulet était pour Rose-Aimée une fête, une grâce qui, hélas, ne se produisait pas souvent. Car bien rares étaient les jours où Régina, sa mère, pouvait ramener du marché une bête étique à chair dure qu'il fallait laisser cuire des heures durant ! À présent, la seule vue de ces morceaux de viande anémiques, invariablement accompagnés de frites, lui soulevait le cœur. Le plus dur, cepen- 20 dant, n'était pas d'aider à la cuisine, c'était de nettoyer la salle du restaurant. Le patron, monsieur Modestin, n'était jamais content. Il accablait le personnel d'injures, et surtout Rose-Aimée, trop douce, trop timide, qui n'osait jamais se rebeller (…).

Monsieur Modestin n'avait pas tardé à prendre Jean-Joseph en grippe et ne 25 cessait de l'humilier.

—Sale petit nègre ! Est-ce pour rire que je t'ai engagé ? Lave-moi ce carreau.

Jean-Joseph ne disait rien. Tout le monde savait qu'il était le seul soutien de sa famille, son père étant mort et son frère aîné disparu en République
30 Dominicaine.

Pourtant, un jour, monsieur Modestin avait été trop loin ! Les clients ai-maient bien le bagout de Jean-Joseph qui, tout en débarrassant les tables, le képi à rayures rouges et blanches de l'uniforme crânement penché sur une oreille, énumérait des devinettes.

35 Passant un chiffon mouillé sur le formica, voilà qu'il avait malencontreuse-ment renversé une carafe d'eau qui s'était écrasée sur le sol. C'est alors que monsieur Modestin avait bondi de l'office.

—Crapule, vermine, ma carafe !

Jean-Joseph s'était borné à rétorquer :

40 —En bien, vous retiendrez le prix sur ma paye !

Ce calme avait mis monsieur Modestin en rage et il avait hurlé :

—C'est ainsi que tu me parles ? Fais-moi des excuses (…), chien !

Alors Jean-Joseph s'était dressé. Comme il était beau, les yeux pleins d'éclat et
45 la mine fière !

—Non, Monsieur ! Je ne suis pas un chien, je suis pauvre, je n'ai rien, mais je ne suis pas un chien.

Puis il était sorti à grands pas, cependant que les clients retenaient monsieur Modestin qui faisait mine de se lancer à sa poursuite.

50 —Frotte, frotte ! Est-ce que tu ne comprends pas quand on te parle ?

Comme Rose-Aimée, agenouillée sur le sol, s'apprêtait à attirer vers elle le seau d'eau mousseuse, d'un coup de pied monsieur Modestin l'envoya valser à l'autre bout de la pièce. Un grand calme s'empara de Rose-Aimée. Elle qui avait peur de tout brusquement se sentit forte. D'où lui venait cette détermination, ce
55 courage de se lever et de faire face à monsieur Modestin ?

C'était comme si un loa[1] l'avait chevauchée (…). Comme si l'esprit de ces an-cêtres africains, qui avaient conquis leur liberté en battant les puissantes armées envoyées par Bonaparte, la possédait de nouveau (…). Elle se mit debout et, regardant monsieur Modestin, fit simplement, jetant sa serpillière :

60 —Frottez vous-même !

---

1. *le loa* : Voodoo spirits

Pendant la lecture

Décrivez la scène, à la manière d'un scénario de cinéma. Suivez attentive-ment le mouvement des personnages.

Dehors, la paupière de l'œil jaune du soleil était plissée de rires comme s'il approuvait la révolte de sa petite fille. Car le soleil est notre père à tous. C'est le père du monde. C'est lui qui fait germer les plantes, bourgeonner les arbres, qui suspend aux buissons les corolles de hibiscus ou les flèches sanglantes du balisier. C'est sous son baiser que la mer se peuple de poissons et c'est pour se rapprocher de lui que les oiseaux traversent le ciel. 65

D'un pas résolu, Rose-Aimée retourna vers la Saline. Non, elle ne reviendrait plus jamais courber son dos et user sa jeunesse sur [ces] carreaux (…). Et personne ne devait accepter de travailler dans ces conditions. Pour quelques gourdes par semaine, perdre, avec son honneur, le respect de soi-même ? 70

Autour d'une fontaine publique, une longue queue de fillettes et de femmes s'allongeait. Elles avaient posé par terre leurs seaux et leurs bassines, et bavardaient en attendant leur tour. Une vielle en haillons fouillait un tas de détritus sous l'œil goguenard de deux chiens qui s'étaient déjà emparés de tout ce qui avait quelque saveur. 75

Pourtant, le spectacle de toute cette misère ne découragea pas Rose-Aimée. Au contraire. Elle sentait naître en elle une volonté toute neuve. La vie, c'est comme une bête qu'il faut dompter. Il faut bander ses muscles comme un pêcheur mettant à l'eau une pirogue rétive. À tout moment, la lame risque de la submerger, de l'emporter. Néanmoins, il tient bon. 80

Après la lecture

Vérifiez votre compréhension

1. Qui est M. Modestin ?

2. Où travaille Rose-Aimée ? Quel genre de restaurant est-ce ?

3. À quelle heure commence le travail de Rose-Aimée ?

4. En quoi consiste le travail de l'équipe du matin ?

5. D'où viennent les poulets ? Comment sont-ils empaquetés ?

6. Pourquoi est-ce que Rose-Aimée se fait injurier par M. Modestin ? Pourquoi Jean-Joseph continue-t-il à accepter les affronts du patron ?

7. Que fait Jean-Joseph pour amuser les clients ?

8. Quelle est la réaction de Jean-Joseph suite aux accusations de
   M. Modestin et son emploi du mot « chien » ?

9. Pourquoi est-ce que Rose-Aimée a quitté son travail ?

En y réfléchissant

1. Quels sentiments est-ce que Rose-Aimée éprouve devant son travail ?

2. Quelles conclusions est-ce que vous pouvez tirer de la description du
   poulet vu par Rose-Aimée ?

3. Qu'est-ce que vous pensez de la restauration rapide ?

4. Pourquoi croyez-vous que Rose-Aimée travaille ?

5. Pourquoi est-ce que M. Modestin n'est jamais satisfait de la façon dont la
   salle du restaurant est nettoyée ?

6. Selon Rose-Aimée, qu'est-ce qu'on perd en gagnant quelques gourdes par
   semaine ?

7. À quoi Rose-Aimée compare-t-elle la vie ? Expliquez.

Comparaisons culturelles

Comme partout dans le monde, la France a vu fleurir des enseignes de la
restauration rapide américaine : McDonald's, Burger King, Pizza Hut… ou
internationale : Quick, Hector Chicken, Pomme de Pain, l'Épi Gaulois, la
Brioche Dorée, Class'Croute et Mezzo di Pasta.

1. Travaillez en groupes de trois ou quatre.

2. Recherchez sur internet les menus de ces établissements de
   « prêt-à-manger ».

3. Puis comparez les différents menus de fast-food.

4. Discutez de ce que vous avez trouvé entre membres de votre groupe.

Voudriez-vous dîner dans un de ces restos ? Commander de la nourriture à
emporter ?

En quoi ces restaurants français sont-ils semblables à leurs équivalents américains ? En quoi sont-ils différents ? Lesquels préférez-vous ?

Pour améliorer votre vocabulaire

1. **Mots apparentés** : Trouvez dix mots du texte qui sont apparentés à leurs cousins anglais.

2. **Synonymes** : Trouvez un synonyme pour chaque mot ou chaque expression de la liste. Vous trouverez ces mots dans le texte.

   a. aboyer (l. 1)
   b. à pied d'œuvre (l. 4)
   c. la gamine (l. 4)
   d. astiquer (l. 6)
   e. le détritus (l. 6)
   f. flasque (l. 13)
   g. soulever le cœur (l. 20)
   h. le bagout (l. 32)
   i. rétorquer (l. 39)
   j. goguenard (l. 74)

3. **Antonymes** : Trouvez un antonyme pour chaque mot ou chaque expression de la liste. Vous trouverez ces mots dans le texte.

   a. congelé (l. 8)
   b. étique (l. 18)
   c. soulever (l. 20)
   d. malencontreusement (l. 35)
   e. s'emparer (l. 74)

4. **Définitions** : Associez les mots de la première colonne avec les définitions de la seconde. Vérifiez le contexte dans lequel ces mots se trouvent dans le texte.

1. le carrelage (l. 5)	**a.** les épices
2. la veille (l. 6)	**b.** le jour avant
3. congelé (l. 8)	**c.** pousser
4. l'emballage (l. 9)	**d.** inventorier
5. l'assaisonnement (l. 15)	**e.** le plancher
6. débarrasser (l. 32)	**f.** laisser entrer les bactéries
7. énumérer (l. 34)	**g.** empaquetage
8. borné (l. 39)	**h.** une femme âgée
9. mousseux (l. 52)	**i.** limité
10. germer (l. 63)	**j.** quitter
	k. frigorifié
	l. écumeux

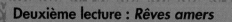

Allons au-delà

Pour communiquer

A Écouter

Dans ce passage audio, on évoque des émeutes de la faim et les raisons qui ont mené à ces manifestations. Écoutez l'extrait audio et répondez aux questions suivantes.

1. Quelle est la cause des manifestations ?

2. Pourquoi les prix augmentent-ils ?

3. Qui est affecté par les augmentations ?

B Recherche : La famine, la malnutrition, le gouvernement

Travaillez en groupes de quatre ou cinq élèves.

1. Chacun de vous choisira un pays africain (francophone ou non) et donnera des chiffres, des statistiques et des exemples ou anecdotes pour illustrer et discuter des problèmes suivants : la famine, la malnutrition, les effets de la malnutrition, la production locale des aliments, la distribution des aliments dans le pays.

2. Ensuite, échangez vos renseignements avec les membres de votre équipe pour voir si vous pouvez regrouper les pays par catégories.

3. Quand vous aurez regroupé les pays, discutez pour déterminer dans lesquels de ces pays les besoins sont les plus urgents.

4. Si c'est nécessaire, faites aussi des recherches sur les organisations humanitaires d'aide alimentaire tels que l'Unicef, Oxfam America, et CARE.

5. Enfin, pensez à ce que pourraient faire les pays riches tels que les États-Unis, la France, la Suisse et le Canada pour apporter des solutions à ces problèmes.

6. Présentez les résultats de vos recherches et vos conclusions à la classe. N'oubliez pas de préparer deux ou trois questions pour tester l'attention de vos camarades.

C Un sondage : La cuisine comparée

Les écoliers aiment bien se plaindre de la cuisine à l'école. Ils ne se rendent absolument pas compte qu'il est bien plus facile de cuisiner pour quelques personnes que de cuisiner pour des centaines.

1. Travaillez en petits groupes. Pour commencer, vous allez énumérer les critiques que vous voulez faire sur la cantine de votre école. Dressez une liste de vos récriminations : le service, le menu, la variété, la qualité.

2. Ensuite, préparez un questionnaire et désignez un ou plusieurs membres du groupe pour faire un sondage : ils devront poser ces questions de vive voix ou par téléphone à une vingtaine d'étudiants de votre établissement, à des étudiants d'autres écoles de votre ville ou de votre région, et à des amis.

3. Puis, dessinez un camembert (graphique circulaire) qui reproduit le résultat de ce sondage.

4. Partagez vos résultats avec le groupe et, si vous voulez, présentez-les à la classe.

D Aux affiches ! Le dîner du professeur : mais pas de mayonnaise, s.v.p. !

Malgré les dangers d'intoxication alimentaire, nous continuons tous à faire de la cuisine. Par petits groupes posez-vous les questions suivantes :

1. Quand on prépare un plat, qu'est-ce qu'on peut faire pour éviter l'intoxication alimentaire ?

2. Pensez aux mesures à prendre pour préserver la fraîcheur de vos sandwiches et salades (chaque élève en donnera une. Par exemple : Ne laissez pas la mayonnaise au soleil !)

3. Dessinez une affiche pour illustrer ce que vous proposez de faire pour garder la fraîcheur des aliments. Le texte sera en français, bien sûr.

4. Affichez vos posters dans la salle de classe.

E À vos stylos : Vous êtes critique gastronomique

Faites la critique d'un restaurant dans lequel vous avez dîné.

1. Cherchez dans des journaux de votre région des exemples de critiques de restaurants.

2. Discutez avec d'autres élèves les points que vous allez retenir pour juger le restaurant : le menu, le décor, le service ?

3. Puis en vous servant d'un journal comme modèle, écrivez en français la critique d'un restaurant que vous fréquentez. (Même Mac-Do n'est pas à l'abri d'une critique justifiée.)

4. Amusez-vous bien à écrire cette critique que vous présenterez ensuite à toute la classe.

F Comparer

Comparez le nombre de portions recommandé par Santé-Canada en appliquant ces chiffres à vous-même et à deux ou trois personnes de votre famille.

Nombre de portions du Guide alimentaire recommandé chaque jour

	Enfants			Adolescents		Adultes			
	2–3	4–8	9–13	14–18 ans		19–50 ans		51 + ans	
	Fille et garçon			Filles	Garçons	Femme	Homme	Femme	Homme
Légumes et fruits	4	5	6	7	8	7–8	8–10	7	7
Produits Céréaliers	3	4	6	6	7	6–7	8	6	7
Lait et substituts	2	2	3–4	3–4	3–4	2	2	3	3
Viandes et substituts	1	1	1–2	2	3	2	3	2	3

Par exemple :
Si vous êtes une femme de 35 ans, vous devez essayer de consommer :

- 7 à 8 portions de légumes et fruits
- 6 à 7 portions de produits céréaliers
- 2 portions de lait et substituts
- 2 portions de viandes et substituts

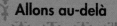

THÈME DU COURS

Les défis mondiaux : L'alimentation

Les extraits suivants mettent l'accent sur le taux élevé de « malbouffe » en France, surtout chez les enfants. Le second texte fournit des statistiques alarmantes sur les cantines scolaires. Les deux articles sont tirés du magazine *Le Point*.

Une génération « *élevée au fromage pasteurisé et au soda* »

Isabelle Saporta est l'auteur de « Ne mâchons pas nos maux » où elle raconte pourquoi sa génération est tombée dans la malbouffe. Et appelle à la résistance contre le « *boulot-surgelé-dodo* » qui
5 malmène notre santé et notre porte-monnaie.

Le Point : La fracture alimentaire, ça commence avec les trentenaires. Pourquoi ?

Isabelle Saporta : En voulant s'affranchir des corvées culinaires, les soixante-huitards ont enchaîné
10 la société à la malbouffe. Faute de transmission, ma génération a perdu le sens des saveurs. Le goût de référence est devenu le goût industriel. Quand on a été élevé au fromage pasteurisé et au soda, on a peu de chances d'apprécier un roquefort ou un
15 grand cru. Plus grave : on est incapable de transmettre les bonnes bases à ses enfants. Ma génération ne sait plus cuisiner. Elle ne raisonne plus en termes de repas, mais de remplissage : on bourre son frigo d'aliments longue conservation sous
20 cellophane et de plats tout prêts.

N'exagérez-vous pas en disant que les cantines scolaires sont devenues « des lieux de perdition » et « des fabriques à obèses » ?

Dans les cantines, on a surtout la trouille de l'intoxication alimentaire. Les deux groupes de 25 restauration scolaire qui dominent le marché répondent à cette exigence, pas à celle du goût. Les menus dits diététiques contiennent souvent trop de protéines, de sel et de matières grasses, au détriment du reste. L'œuf dur mayonnaise est en 30 réalité un « ovoproduit » dont le jaune et le blanc sont conservés séparément. Le poisson pané, les enfants l'ont surnommé « Bob l'éponge »... Même problème dans les restaurants qui utilisent des produits semi-élaborés pour les sauces ou les des- 35 serts. On est à la limite de la tromperie.

Comment renouer avec le « bien manger » ?

L'État doit entreprendre un travail de fond auprès des enfants. Beaucoup ne savent plus distinguer une asperge d'une courgette. Dans les écoles, il 40 faut revenir aux leçons de choses et aux cours de cuisine. Par ailleurs, les gens croient que bien manger coûte cher et prend du temps. La crise peut aider à montrer que c'est faux. La barquette de carottes râpées vaut quatre fois le prix du kilo 45 chez le primeur !

Cantines scolaires : Ce que l'on vous cache

Peut-on manger correctement pour le prix d'un demi-café ? Il faut croire que oui, puisque 5 francs, c'est la somme que certaines cantines
50 scolaires se contentent de mettre dans l'assiette des enfants. Et, à ce tarif, on aligne entrée, plat, fromage et dessert, qui plus est en respectant la sacro-sainte règle des « cinq composants » : produits laitiers, féculents, protéines animales,
55 légumes cuits et crudités. Pas étonnant que ce soit parfois la soupe à la grimace pour les 7 millions d'élèves (dont 4 millions dans le primaire), soit un enfant sur deux, qui de la maternelle au lycée déjeunent chaque jour à la cantine. Pas étonnant
60 non plus que près de huit parents sur dix soient inquiets de la qualité des repas servis à l'école et se disent prêts à payer davantage pour que leurs enfants se nourrissent mieux. Dans le petit monde de la restauration scolaire, on sait pertinemment
65 que lorsqu'on remplit les assiettes pour moins de 8 francs, comme c'est le cas dans trop de cantines, on pioche dans le bas-de-gamme. Les jambons se gonflent de polyphosphates, le poisson disparaît sous la panure, les saucisses se remplissent
70 d'eau, le fromage troque son calcium contre de la matière grasse... « 8 francs, c'est la ligne rouge en dessous de laquelle il est impossible de garantir la qualité des produits », explique Jean Charpentier, président de l'association professionnelle des
75 intendants de l'Education nationale. Pourtant, lorsque les parents règlent la note de la demi-pension, ils sont rarement informés de la part consacrée à l'achat des denrées.

C'est en tenant compte de cette opacité que *Le*
80 *Point* a choisi de passer à la loupe les cantines des écoles maternelles et primaires des villes de plus de 100 000 habitants, celles-là mêmes où l'accès à l'information est sans doute le moins facile pour un parent.

85 « Quand on cherche à connaître la qualité des ingrédients servis à la cantine, on a parfois affaire à une véritable omerta », raconte par exemple Sylvie Mondet, mère d'une petite fille scolarisée en maternelle dans une commune du Val-d'Oise.
90 « J'ai dû me battre des mois pour consulter le cahier des charges que la mairie avait signé avec la société de restauration collective. Et lorsque j'ai interrogé cette dernière, elle a mis deux ans à me donner le nom de ses fournisseurs en viande... »
95 Un manque de transparence que nous avons pu mesurer tout au long de notre enquête. Le ministère de l'Agriculture, chargé de contrôler les cantines scolaires, refuse par exemple de rendre publics les résultats de ses inspections, car, comme
100 l'a expliqué au *Point* une conseillère du ministre : « Les parents pourraient mal interpréter les résultats. » Et d'ajouter : « C'est comme les résultats des analyses microbiologiques affichés à l'entrée des piscines, cela ne sert à rien, parce que le grand
105 public est incapable de les comprendre. »

Pourtant, chaque année, environ 3 000 enfants sont victimes d'une intoxication alimentaire à la cantine et une centaine d'entre eux doivent être hospitalisés. Ce sont du moins les chiffres officiels.
110 « Pour cinq intoxications déclarées, cent passent incognito », indique Gilbert Got, un des responsables du service hygiène de la ville de Lyon. Bizarrement, l'Éducation nationale ne dispose d'aucun chiffre et renvoie vers le ministère de la Santé, dont les
115 dernières statistiques datent d'il y a trois ans (...).

C'est en maternelle et à l'école primaire que les salmonelles, staphylocoques et autres bactéries se déchaînent. Sur le banc des accusés : la rupture de la chaîne du froid, la mayonnaise qui tourne
120 de l'œil ou le cuisinier qui oublie de se laver les

mains. Pour faire la chasse aux microbes, les cantines municipales sont tenues depuis septembre
1997 d'appliquer des normes. (…)

125 Les vétérinaires chargés de veiller sur la qualité
sanitaire des repas servis dans les cantines ne sont
que 152 inspecteurs, en partie mobilisés sur le
front de la vache folle ; seul un tiers des 35 000
restaurants scolaires ont été visités l'an dernier, ce
qui a tout de même donné lieu à 4 108 avertisse-
130 ments ou procès-verbaux. (…)

Quant à vouloir évaluer la qualité de la restauration scolaire en France, on marche sur des œufs.
En 1999, Ségolène Royal, alors ministre déléguée
chargée de l'Enseignement scolaire, s'était mis
en tête de labelliser les meilleures cantines. Le   135
ministère de l'Agriculture lui a aussitôt fait comprendre que son projet entraînerait une désaffec-
tion des cantines non labellisées, et que ce serait à
elle de gérer le problème avec les maires. L'idée a
été abandonnée.   140

Questions de compréhension

1. Que veut dire la phrase : « La barquette de
carottes râpées vaut quatre fois le prix du kilo
chez le primeur » ?

   a. Que les légumes qu'on emploie pour un
   garni sont moins nutritifs.
   b. Qu'il faut payer quelqu'un pour faire du
   râpé et cela est répercuté dans le prix.
   c. Les carottes râpées valent moins que les
   carottes entières.
   d. Que les aliments préparés sont moins nutritifs que ceux qu'on cuisine soi-même.

2. Que veut dire la journaliste quand elle parle
des « leçons de choses » ?

   a. Les leçons de cuisine.
   b. Le déjeuner sur place dans la salle de
   classe.
   c. Les présentations par les enfants qui
   apportent des choses à montrer.
   d. Les présentations scolaires que l'on voit à
   l'écran.

3. Quelle est la thèse du premier article ?

   a. Que deux groupes de restauration scolaire
   dominent le marché.
   b. Que le goût de référence est devenu le goût
   industriel.
   c. Que les soixante-huitards ont enchaîné la
   société à la malbouffe.
   d. Qu'on a peu de chances d'apprécier le
   roquefort.

4. La phrase « *boulot-surgelé-dodo* » adaptée de
« *métro-boulot-dodo* » qui décrivait la routine
appauvrissante du quotidien est illustrée par
quelle phrase du texte ?

   a. On bourre son frigo d'aliments longue conservation sous cellophane et de plats tout
   prêts.
   b. On est incapable de transmettre de bonnes
   recettes à ses enfants.
   c. On a été élevé au fromage pasteurisé.
   d. Les restaurants… utilisent des produits
   semi-élaborés pour les sauces ou les
   desserts.

5. Quel est le but de l'article sur les cantines scolaires ?

   a. De critiquer les cantines scolaires et proposer qu'on apporte son propre déjeuner.
   b. De montrer la variété des menus des différentes cantines.
   c. D'exposer les dangers que courent les cantines lors de la préparation des aliments.
   d. D'informer sur le grand nombre d'intoxications alimentaires dans les cantines.

6. Un pourcentage élevé de parents…

   a. croient que les 5 francs sont excessifs.
   b. pensent qu'il est impossible de garantir la qualité des produits.
   c. sont prêts à payer pour que les enfants se nourrissent mieux.
   d. veulent supprimer la restauration scolaire.

7. Pourquoi n'annonce-t-on pas les résultats des inspections des cuisines et le taux des intoxications alimentaires ?

   a. Parce qu'on croit les parents incapables de comprendre les chiffres.
   b. Parce que selon Ségolène Royal la plupart des cas se situent dans les écoles primaires.
   c. Parce que l'Éducation nationale ne dispose d'aucun chiffre.
   d. Parce qu'il appartient aux municipalités de gérer le problème.

Revenez sur ces questions

Après avoir considéré les lectures et les discussions de ce chapitre, reprenez-en la discussion.

- Quels problèmes se posent pour l'alimentation dans le monde aujourd'hui ?
- Pourquoi les solutions évidentes ne marchent-elles pas ?
- Quelles nouvelles solutions proposez-vous ?

Mourir pour la patrie !

Les questions du chapitre

- Expliquez la différence d'opinion sur la guerre entre les peuples et les gouvernements.

- Quelles sont les causes de la guerre ? Comment pourrait-elle être évitée ?

- Comment pourrait-on mettre fin aux guerres ?

Contexte : La paix et la guerre

PREMIÈRES LECTURES Arthur Rimbaud : *Le dormeur du val*
Paul Éluard : *Liberté*
Jacques Prévert : *Familiale*

DEUXIÈME LECTURE Guy Môquet : *Lettre*

Déchiffrons l'image

1. Cet homme assiste au défilé des Nazis dans Paris occupée en 1940. Quelle émotion peut-on lire sur son visage et sur le visage des autres personnes de la photo ?

2. Les souvenirs d'une guerre restent vivaces chez les citoyens d'un pays. En avez-vous ? Votre famille en a-t-elle ?

3. Le service militaire n'est plus obligatoire ni aux États-Unis ni en France. À votre avis, est-ce que les jeunes de plus de dix-huit ans devraient tous faire un service militaire obligatoire ? En temps de paix comme en temps de guerre ?

Le dormeur du val, Liberté, Familiale

Pour connaître les auteurs

Arthur Rimbaud
(1854–1891)
Élève modèle, Rimbaud obtient de nombreux succès scolaires. Mais le lycée l'ennuie et il part courir l'aventure à la ville, à Paris ou à Bruxelles. Mais chaque fois, la police le renvoie chez sa mère. Parmi les écrivains dont il sollicite une reconnaissance, c'est Verlaine qui deviendra son ami et ils ont une relation tumultueuse. Rimbaud voyage en Europe, en Afrique et en Asie où il devient contrebandier. En 1891, atteint d'un cancer il est amputé d'une jambe. Soigné par sa sœur, qui publiera ses écrits à titre posthume, il ne guérit pas et meurt.

Paul Éluard
(1895–1952)
Né en banlieue parisienne, Éluard y vit jusqu'à l'âge de seize ans et y contracte la tuberculose. Dans un sanatorium en Suisse, il fait la connaissance de sa femme Gala, qui le quittera plus tard pour vivre avec Salvador Dali. À cette époque il commence à écrire une poésie influencée par l'auteur américain Walt Whitman. Pendant la Deuxième Guerre mondiale, Éluard s'engage dans la Résistance et écrit son poème le plus célèbre, *Liberté*.

Avant la lecture

Stratégie pour la lecture : *Démystifions la poésie française : Le choix du vocabulaire*

En analysant le vocabulaire d'un texte, on peut souvent prédire ou deviner le contexte d'un poème, d'un conte ou d'un paragraphe. Ces mots forment souvent un même « champ sémantique » où ils « vont ensemble » et évoquent un même thème. Voici des mots extraits d'un poème que vous allez bientôt lire. Ils sont organisés en catégories, par noms, verbes et mots descriptifs.

1. Étudiez ces mots et essayez de voir comment ils correspondent entre eux.

2. Est-ce qu'ils évoquent en vous des images ? Lesquelles ?

la verdure	les glaïeuls	frais	baigner
une rivière	les parfums	chaudement	dormir
l'herbe	d'argent	tranquille	sourire
la lumière	vert	chanter	bercer

3. Écrivez deux ou trois phrases pour mettre ce vocabulaire en contexte.

4. Quels sentiments ces mots font-ils naître en vous ? Quelles images évoquent-ils ? Quel thème voyez-vous se dessiner à la lecture de ces mots ?

5. Quelle scène va être évoquée ?

6. Lisez *Le dormeur du val* dans cet esprit.

Pour parler de poésie, il faut connaître un minimum de vocabulaire s'y rapportant. Cherchez la définition de chacune de ces expressions dans un dictionnaire monolingue ou dans un dictionnaire littéraire.

la comparaison	l'enjambement
l'image	la strophe
la métaphore	le quatrain
la personnification	le tercet
la reprise	le vers
le rythme	

Les défis mondiaux : La paix et la guerre

Dans ces poèmes les auteurs évoquent avec force les horreurs de la guerre et des champs de bataille, et leurs effets pour les familles.

Le dormeur du val

Arthur Rimbaud

Pendant la lecture

Notez la progression des images qui conduisent à l'image finale. Notez aussi le vocabulaire qui évoque la beauté printanière. Observez comme le sujet est introduit comme dans un scénario de cinéma.

C'est un trou de verdure où chante une rivière,
Accrochant follement aux herbes des haillons
D'argent ; où le soleil, de la montagne fière,
Luit : c'est un petit val qui mousse de rayons.

Un soldat jeune, bouche ouverte, tête nue,   5
Et la nuque baignant dans le frais cresson[1] bleu,
Dort ; il est étendu dans l'herbe, sous la nue,
Pâle dans son lit vert où la lumière pleut.

Les pieds dans les glaïeuls[2], il dort. Souriant comme
Sourirait un enfant malade, il fait un somme :   10
Nature, berce-le chaudement : il a froid.

Les parfums ne font pas frissonner sa narine ;
Il dort dans le soleil, la main sur sa poitrine,
Tranquille. Il a deux trous rouges au côté droit.

« Nature, berce-le chaudement... »

1. watercress
2. glads (gladioli ; flowers)

Liberté
Paul Éluard

Pendant la lecture

Notez la structure simple du poème : trois vers et la reprise d'un seul vers. Cherchez le thème unificateur à toutes les strophes. Notez la façon dont se développe le thème de chaque strophe.

Sur mes cahiers d'écolier
Sur mon pupitre et les arbres
Sur le sable sur la neige
J'écris ton nom

5 Sur toutes les pages lues
Sur toutes les pages blanches
Pierre sang papier ou cendre
J'écris ton nom

Sur les images dorées
10 Sur les armes des guerriers
Sur la couronne des rois
J'écris ton nom

Sur la jungle et le désert
Sur les nids sur les genêts
15 Sur l'écho de mon enfance
J'écris ton nom

Sur les merveilles des nuits
Sur le pain blanc des journées
Sur les saisons fiancées
20 J'écris ton nom

Sur tous mes chiffons d'azur
Sur l'étang soleil moisi
Sur le lac lune vivante
J'écris ton nom

25 Sur les champs sur l'horizon
Sur les ailes des oiseaux
Et sur le moulin des ombres
J'écris ton nom

Sur chaque bouffée d'aurore
30 Sur la mer sur les bateaux
Sur la montagne démente
J'écris ton nom

Sur la mousse des nuages
Sur les sueurs des orages
35 Sur la pluie épaisse et fade
J'écris ton nom

Sur les formes scintillantes
Sur les cloches des couleurs
Sur la vérité physique
40 J'écris ton nom

Sur les sentiers éveillés
Sur les routes déployées
Sur les places qui débordent
J'écris ton nom

45 Sur la lampe qui s'allume
Sur la lampe qui s'éteint
Sur mes raisons réunies
J'écris ton nom

Sur le fruit coupé en deux
50 Du miroir et de ma chambre
Sur mon lit coquille vide
J'écris ton nom

Sur mon chien gourmand
et tendre
55 Sur ses oreilles dressées
Sur sa patte maladroite
J'écris ton nom

Sur le tremplin de ma porte
Sur les objets familiers
60 Sur le flot du feu béni
J'écris ton nom

Sur toute chair accordée
Sur le front de mes amis
Sur chaque main qui se tend
65 J'écris ton nom

Sur la vitre des surprises
Sur les lèvres attendries
Bien au-dessus du silence
J'écris ton nom

70 Sur mes refuges détruits
Sur mes phares écroulés
Sur les murs de mon ennui
J'écris ton nom

Sur l'absence sans désir
75 Sur la solitude nue
Sur les marches de la mort
J'écris ton nom

Sur la santé revenue
Sur le risque disparu
80 Sur l'espoir sans souvenir
J'écris ton nom

Et par le pouvoir d'un mot
Je recommence ma vie
Je suis né pour te connaître
85 Pour te nommer

Liberté.

Pour connaître l'auteur

Jacques Prévert (1900–1977) Né à Neuilly-sur-Seine en 1900, Prévert est un enfant et un adolescent désobéissant qui montre peu d'intérêt pour ce qui l'entoure, comme la plupart des jeunes. Mais il trouve refuge dans la lecture, surtout de la poésie. Son service militaire se déroule en Turquie, en 1920, pays où il fait la connaissance de l'auteur Marcel Duhamel. Il fait ensuite partie du groupe surréaliste en sa compagnie et celle d'André Breton, avant de s'en séparer. Entre les deux guerres, il écrit plusieurs scénarios pour le cinéma ainsi que des romans. Il écrit plusieurs recueils de poésie parmi lesquels on trouve quelques-uns des poèmes francophones les plus célèbres.

Familiale
Jacques Prévert

Pendant la lecture

Découvrez les personnages et ce qu'ils font. Observez l'autonomie de chaque personnage vis-à-vis des autres.

La mère fait du tricot
Le fils fait la guerre
Elle trouve ça tout naturel la mère
Et le père qu'est-ce qu'il fait le père ?
Il fait des affaires   5
Sa femme fait du tricot
Son fils la guerre
Lui des affaires
Il trouve ça tout naturel le père
Et le fils et le fils   10
Qu'est-ce qu'il trouve le fils?
Il ne trouve absolument rien le fils
Le fils sa mère fait du tricot son père des affaires lui la guerre
Quand il aura fini la guerre
Il fera des affaires avec son père   15
La guerre continue la mère continue elle tricote
Le père continue il fait des affaires
Le fils est tué il ne continue plus
Le père et la mère vont au cimetière
Ils trouvent ça naturel le père et la mère   20
La vie continue la vie avec le tricot la guerre les affaires
Les affaires la guerre le tricot la guerre
Les affaires les affaires et les affaires
La vie avec le cimetière.

Après la lecture

Vérifiez votre compréhension

Le dormeur du val

1. De quel genre de poème s'agit-il ?

2. Quelle en est l'idée principale ?

3. Qu'est-ce qui est personnifié dans la première strophe du poème ?

4. Quel est l'effet des enjambements sur le rythme de la première strophe ?

5. Expliquez l'image « haillons d'argent » (vers 2–3).

6. Quel est le ton de cette première strophe ?

7. Qu'est-ce que le poète introduit dans la deuxième strophe ?

8. Expliquez « sous la nue » « son lit vert » et « la lumière pleut » (vers 7–8).

9. Qu'est-ce qui est répété dans le premier tercet, avec quel effet ?

10. Quel effet provoque l'expression « il a froid » (vers 11) ?

11. Que nous révèle le dernier vers ?

12. Quel est le message du poème ?

Liberté

1. Dans la première strophe du poème, quel va être le support sur lequel le poète va écrire ?

2. Qu'est-ce qu'il veut écrire ?

3. Quelle progression peut-on ensuite trouver dans les lieux où le poète veut écrire ?

4. Choisissez quatre ou cinq strophes et cherchez un thème particulier à chacune d'entre elles.

5. Quel est le nom que le poète veut écrire ?

6. Pourquoi le poète évoque-t-il plusieurs lieux où écrire son message ?

Familiale

1. Que fait la mère ?

2. Qu'est-ce que la mère trouve naturel ?

3. Que fait le père ?

4. Que trouve le fils ?

5. Qu'est-ce que le fils ferait quand la guerre sera terminée ?

6. Qui ne continue plus ? Pourquoi ?

7. Où vont le père et la mère ? Pourquoi ?

8. La vie est symbolisée par quels actes ?

En y réfléchissant

Le dormeur du val

1. Quel est le sujet du verbe « dort » (vers 7) ? Pourquoi le sujet et le verbe sont-ils ainsi séparés ?

2. Expliquez la métaphore (vers 11).

3. Pourquoi le poète insiste-t-il sur le mot « dort » qu'il reprend au vers 13 ?

4. Comparez le premier et le dernier vers. Quelles images similaires évoquent-ils ?

5. En quoi les images du poème évoquent-elles un procédé cinématographique ?

6. Expliquez le titre du poème.

Liberté

1. Quelle action des jeunes, le geste de la première strophe rappelle-t-il ? Quelle progression peut-on discerner dans la liste des lieux de la première strophe ?

2. Quel est le thème unificateur de chaque strophe ?

3. Quel sens donner à un tel enchaînement des strophes ?

4. Pourquoi le poète attend-il la fin du poème pour annoncer ce qu'il veut écrire ?

5. Quel rapport y a-t-il entre la progression des strophes et le mot final ?

Familiale

1. En combien de parties peut-on diviser ce poème ?

2. Comment imaginez-vous la vie de cette famille ?

3. Pourquoi le poète attend-il la fin pour annoncer son sujet ? Quel est ce sujet ?

4. Si la vie continue dans la famille, est-ce que cela veut dire que la guerre et la mort sont banales ?

5. Comment pourrait-on illustrer ce poème ? (Dessinez vous-même ou décrivez une image qui pourrait le représenter.)

Perspectives culturelles

1. **La guerre.** On pourrait dire que l'histoire de France, comme celle de nombreux pays, est constituée d'une suite de guerres. Depuis la Révolution de 1789, la France a connu plusieurs guerres.

   a. À l'aide d'internet, d'un texte ou d'un article dans une encyclopédie, dressez la liste des guerres auxquelles la France a participé depuis 1789.

   b. Essayez de déterminer, en ne vous référant qu'aux textes présentés plus haut, à quelles guerres il est fait référence.

   c. Vérifiez vos réponses en regardant au bas de la page. Les vôtres sont-elles différentes ?

2. Est-ce que ces poèmes parlent des horreurs d'une guerre en particulier ? Est-ce qu'il s'agit seulement de soldats ou de familles françaises, ou est-ce que c'est l'universalité de la guerre qui est évoquée ?

3. Relevez des phrases dans les trois poèmes qui évoquent une guerre en particulier et celles qui montrent l'universalité de la guerre.

Pour améliorer votre vocabulaire

1. **Mots apparentés** : Trouvez dix mots dans les trois poèmes qui sont apparentés à leurs cousins anglais.

2. **Synonymes** : Trouvez un synonyme pour chaque mot ou chaque expression de la liste. Vous trouverez ces mots dans le premier poème.

   a. la verdure (v. 1)
   b. accrocher (v. 2)
   c. les haillons (v. 2)
   d. fier (v. 3)
   e. luire (v. 4)
   f. mousser (v. 4)
   g. étendre (v. 7)
   h. un somme (v. 10)
   i. bercer (v. 11)
   j. frissonner (v. 12)

3. **Antonymes** : Trouvez un antonyme pour chaque mot ou chaque expression de la liste. Vous trouverez ces mots dans le premier poème.

   a. accrocher (v. 2)
   b. les haillons (v. 2)
   c. fier (v. 3)
   d. val (v. 4)
   e. étendre (v. 7)

Dormeur : Guerre franco-prussienne (1870) ;
Liberté, Familiale : Deuxième Guerre mondiale
(1939–1945)

La lettre de Guy Môquet

Avant la lecture

Stratégie pour la lecture : *Démystifions la poésie française : Le choix du vocabulaire*

1. Utilisez le vocabulaire ci-dessous pour écrire deux ou trois phrases qui annoncent la lettre :

ma mort	servir à quelque chose	fier
mes affaires	embrasser	dernier
la peine	saluer	court
un adieu	faire de mon mieux	courageux

2. D'après cette liste de vocabulaire quel est, à votre avis, le sujet de la lettre que vous allez lire ?

Pour connaître l'auteur

 **Guy Môquet** (1924–1941) Né en avril 1924 à Paris, Guy Môquet est lycéen et fait partie des jeunesses communistes. Après l'occupation de Paris, la police française l'arrête pour avoir distribué des tracts demandant la libération des prisonniers. Il est emprisonné à Châteaubriant avec d'autres communistes. Le 23 octobre 1941, il est exécuté avec 26 autres prisonniers. Avant de mourir, il écrit une lettre à ses parents. En raison de son jeune âge et de sa lettre, Môquet est devenu héros de la résistance française et du parti communiste. Plusieurs endroits portent son nom, y compris une station de Métro à Paris et un lycée à Châteaubriant.

Les défis mondiaux : La paix et la guerre

Cette lettre rend compte des dernières paroles d'un jeune activiste qui sera fusillé par l'occupant.

La lettre de Guy Môquet

(Fusillé le 22 octobre 1941 à côté de Châteaubriant)

Pendant la lecture

Observez la structure des paragraphes, chacun commençant par le même sujet. Notez l'emploi continue du mot « petit ». Comment peut-on qualifier le ton de cette lettre ?

Ma petite maman chérie, mon tout petit frère adoré, mon petit papa aimé,

Je vais mourir ! Ce que je vous demande, toi, en particulier ma petite maman, c'est d'être courageuse. Je le suis et je veux l'être autant que ceux qui sont passés avant moi.

Certes, j'aurais voulu vivre. Mais ce que je souhaite de tout mon cœur, c'est que ma mort serve à quelque chose. Je n'ai pas eu le temps d'embrasser Jean[3]. J'ai embrassé mes deux frères Roger et Rino. Quant au véritable[4] je ne peux le faire hélas ! 5

J'espère que toutes mes affaires te seront renvoyées, elles pourront servir à Serge[5], qui je l'escompte[6] sera fier de les porter un jour.

À toi, petit Papa, si je t'ai fait, ainsi qu'à petite Maman, bien des peines, je te salue une dernière fois. Sache que j'ai fait de mon mieux pour suivre la voie que tu m'as tracée. Un dernier adieu à tous mes amis et à mon frère que j'aime beaucoup. Qu'il étudie bien pour être plus tard un homme. 10

17 ans et demi ! Ma vie a été courte !

Je n'ai aucun regret, si ce n'est de vous quitter tous. 15

Je vais mourir avec Tintin, Michels[7].

Maman, ce que je te demande, ce que je veux que tu me promettes, c'est d'être courageuse et de surmonter ta peine. Je ne peux pas en mettre davantage. Je vous quitte tous, toutes, toi Maman, Serge, Papa, je vous embrasse de tout mon cœur d'enfant. 20

Courage !

Votre Guy qui vous aime

Dernières pensées : « Vous tous qui restez, soyez dignes de nous, les 27 qui allons mourir ! »

---

3. Jean Mercier, Roger Semat, Rino Scolari, les amis de Môquet, autres prisonniers du camp
4. son vrai frère
5. le frère de Môquet
6. anticipate
7. Deux autres résistants condamnés à mourir avec Môquet

Après la lecture

Vérifiez votre compréhension

1. Quel mot emploie Môquet pour décrire les membres de sa famille ?
2. Quel effet provoque l'annonce de sa mort imminente ?
3. Qu'est-ce qu'il demande à sa mère ?
4. De qui parle-t-il quand il évoque « ceux qui sont passés avant moi » ?
5. Qu'est-ce qui est important pour le jeune Môquet ?
6. Pourquoi ne peut-il pas embrasser son frère ?
7. Pourquoi Môquet veut-il que ses effets soient renvoyés à sa famille ?
8. Pour quelles raisons est-ce qu'il s'excuse auprès de ses parents ?
9. Qu'est-ce qu'il a accompli de son mieux ?
10. Qu'est-ce qu'il souhaite pour son frère ?
11. Quel âge a-t-il ? Quels regrets a-t-il ?
12. Quelle idée Môquet reprend-t-il à la fin de sa lettre ?
13. Comment insiste-t-il sur son jeune âge à la fin de la lettre ?
14. Qu'est-ce qu'il veut dire quand il écrit « Vous tous qui restez, soyez dignes de nous, les 27 qui allons mourir ! » ?

En y réfléchissant

1. Pourquoi Môquet insiste-t-il sur le mot « petit » ?
2. Commentez l'annonce soudaine « Je vais mourir ! ».
3. Pourquoi écrit-il à la fin de sa lettre : « Qu'il étudie bien pour être plus tard un homme. »
4. Quand Môquet insiste sur le mot « enfant » et dit « je vous embrasse de tout mon cœur d'enfant », quel effet et quelle émotion suscite-t-il ?
5. Quelle impression ce post-scriptum vous fait-il ? « Vous tous qui restez, soyez dignes de nous, les 27 qui allons mourir ! » Est-ce que cette phrase est en accord avec le reste de la lettre ?
6. Quelles orientations politiques devine-t-on dans cette lettre ?
7. Est-ce que cette lettre est véritablement destinée à une famille ou est-elle plutôt destinée au grand public ?

Perspectives culturelles

En 2007, le directeur général de l'enseignement scolaire a indiqué que la lecture de la lettre de Guy Môquet était obligatoire dans les lycées de France tous les 22 octobre, date anniversaire de l'exécution du jeune activiste. Cela contredit ce qu'avait laissé supposer le *Bulletin officiel de l'Éducation nationale*. Cette information est confirmée par le ministre de l'Éducation nationale, tandis que le conseiller spécial du président de la République rappelle aux professeurs qu'ils sont des fonctionnaires et qu'ils doivent « obéir aux directives ». Tout cela a provoqué une vive controverse entre le Président et les enseignants.

1. Travaillez en équipe pour faire des recherches sur cette polémique. Est-ce que les objections sont dirigées contre la lettre ? contre son auteur ? contre la directive du président ? Qu'est-ce qui est à la base de cette controverse ?

   a. Qui était ce jeune Môquet ? Doit-il être considéré comme un héros ?
   b. Qu'est-ce qu'on a fait dans les écoles pour commémorer Guy Môquet ?
   c. Y a-t-il eu d'autres expressions de commémoration pour le jeune activiste ?

2. Utilisez l'internet pour trouver des articles de l'époque dans les journaux (*Le Monde, Le Figaro, Libération, L'Humanité*), dans les magazines (*Le Point, L'Express*), à la télévision (TF1, France 2), à la radio (RTL).

3. Trouvez le téléfilm *Guy Môquet, un amour fusillé*, réalisé par Philippe Berenger, probablement disponible sur internet.

4. Partagez avec le groupe les informations que vous avez trouvées et préparez un exposé que vous pourrez faire dans les autres classes de français de votre lycée.

Pour améliorer votre vocabulaire

1. **Définitions :** Associez les mots de la première colonne avec les définitions possibles de la seconde. Vérifiez le contexte dans lequel se trouvent ces mots.

1. escompter (l. 9)	a. montrer
2. davantage (l. 18)	b. appelle
3. fier (l. 9)	c. le chemin
4. renvoyer (l. 8)	d. méritant
5. la voie (l. 11)	e. rendre
6. tracer (l. 12)	f. courageux
7. surmonter (l. 18)	g. vaincre
8. la peine (l. 18)	h. engager
9. digne (l. 23)	i. le chagrin
10. quitter (l. 19)	j. dire des secrets
	k. trop
	l. laisser

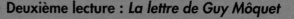

Allons au-delà

Pour communiquer

A Écouter

Dans cette sélection il s'agit d'un tract, rédigé par le mouvement de résistance allemand auquel appartenait Sophie Scholl, la Rose blanche. Sophie Scholl est morte décapitée ainsi que son frère Hans, le jour même de leur condamnation. Écoutez l'extrait audio et répondez aux questions suivantes.

1. Selon le début de la lettre, qu'est-ce qui a accablé le peuple allemand ?

2. Qui est ce soldat de deuxième classe dont elle parle ?

3. Que devient l'expression des opinions personnelles ?

4. Comment la personnalité des jeunes est-elle affectée ?

5. Que sont devenus les hommes ?

6. Selon Sophie Scholl, quelle est la lutte qui s'offre aux jeunes ?

7. Si la jeunesse ne fait rien, qu'est-ce qui pèsera sur l'Allemagne ?

B À vos stylos ! Une lettre

Vous allez bientôt partir à l'université ou à l'armée. Imaginez que vous écrivez une lettre à vos parents ou à vos amis. Quels sentiments est-ce que vous allez exprimer ?

1. Faites une liste des sujets dont vous voulez parler : adieux, instructions spécifiques concernant votre chien ou votre chat, vos affaires personnelles, votre courrier, etc.

2. Organisez cette liste par ordre d'importance.

3. Si nécessaire, et avant de commencer à écrire la lettre, dressez une liste des mots de vocabulaire dont vous aurez besoin.

4. Faites un brouillon (*draft*) de votre lettre.

5. Demandez à un autre élève qu'il lise votre brouillon et qu'il vous fasse ses commentaires et vous indique ses corrections éventuelles.

Écrivez la lettre et soumettez-la à votre professeur.

C Écrire : Un petit poème

Travaillez en groupes de trois ou quatre élèves.

1. Sur des fiches, faites une liste de mots (verbes, adjectifs, noms) qui traitent de la guerre. Vous pouvez également ajouter des tournures de phrase, des expressions adverbiales, des phrases prépositionnelles, etc.

2. Mettez les fiches sur la table recto vers le bas. Chaque élève à son tour retourne deux ou trois fiches et compose à partir de celles-ci un poème, en ajoutant les mots nécessaires.

D Débat : Un poème au programme

En 2007 le Président français a demandé que la lettre de Guy Môquet soit lue dans tous les lycées de la République lors de l'anniversaire de sa mort. Croyez-vous que cette lettre soit un document qui mérite une place aussi importante au niveau national ?

1. Travaillez avec un partenaire et choisissez un des poèmes.

2. Choisissez vos arguments pour et contre l'inclusion du poème dans les programmes de tous les lycées de France.

   a. Quels sont, à cet égard, les mérites du poème ?

   b. Qu'est-ce qui pourrait faire qu'un poème soit ainsi promu ? Pourquoi ?

3. Échangez vos points de vue et vos questions, puis débattez-en en groupes de deux.

4. Enfin, devant la classe, argumentez en faveur du poème ou contre le poème.

E La littérature comparée : La poésie de guerre

Chaque nation a ses poèmes qui traitent de la guerre comme sujet : *Paul Revere's Ride, the Charge of the Light Brigade, In Flanders Fields*. De même *La Marseillaise, The Star-Spangled Banner* sont des poèmes mis en musique qui évoquent la guerre. Comparez « Le Dormeur du val » avec un autre poème de guerre que vous connaissez.

1. Commencez avec un organisateur graphique, tel qu'un diagramme Venn ou un schéma « T ».
2. Analysez des questions telles que :
   a. Quel est le message du poème ? Comment ce message est-il exprimé ?
   b. Est-ce que ce poème est strictement national ou est-il plutôt universel ?
   c. Qu'est-ce qui donne de l'importance à ce poème ?
3. Organisez votre exposé écrit suivant cinq paragraphes habituels : présentation de la thèse, trois paragraphes de points de soutien, conclusion.
4. Relisez votre brouillon et faites-le lire à un autre élève.
5. Mettez votre texte au propre.

F Comparer : Affiches de guerre

Tout pays qui cherche à gagner la guerre, appelle aux armes ses citoyens pour se battre et pour contribuer à l'effort national. Pour cette activité, travaillez en groupes de trois ou quatre élèves.

1. Choisissez un thème que vous voudriez explorer dans l'évocation de la guerre : l'appel, l'argent, la conscription, l'horreur, les armes, la collection de métaux, etc.
2. Décidez si vous voulez faire une étude sur la France seule ou une étude comparative.
3. Recherchez sur internet et en bibliothèque des affiches de guerre françaises, anglaises, américaines, allemandes. Choisissez-en trois ou quatre.
4. Analysez les affiches pour comprendre leur message.
5. Faites-en des photocopies, si possible en couleur.
6. Écrivez un paragraphe pour expliquer le but de l'affiche et la guerre à laquelle elle se rapporte.
7. En groupe prévoyez un affichage des documents avec l'accord de votre professeur bien entendu.

Les défis mondiaux : La paix et la guerre

L'organisation *Médecins Sans Frontières* est présentée ici. Tiré de la page web de cette association, l'article explique la mission des médecins et insiste sur leur indépendance politique.

Connaître MSF

Médecins Sans Frontières est une association médicale humanitaire internationale, créée en 1971 à Paris par des médecins et des journalistes. Sans prétendre « changer le monde », MSF ap-
5 porte son aide à ceux dont la survie est menacée par des crises dues à la violence ou à la négligence cynique d'autres hommes. Elle délivre ses secours en toute indépendance et impartialité et se réserve le droit de s'exprimer publiquement sur les situ-
10 ations dont ses équipes peuvent être témoin.

Depuis plus de trente ans, Médecins Sans Frontières apporte une assistance médicale à des populations aux prises avec des crises menaçant leur survie : principalement en cas de conflits
15 armés, mais aussi d'épidémies, de pandémies, de catastrophes naturelles ou encore d'exclusion des soins. Toutes ces situations nécessitent des ressources médicales et logistiques adaptées.

Indépendante de tous pouvoirs politiques,
20 religieux ou militaires, MSF agit en toute impartialité, après évaluation des besoins médicaux des populations. […] Aucun fonds n'est accepté du gouvernement français.

Réunies autour d'une même charte, les équipes de MSF sont composées de personnel médical, 25 logistique et administratif de dizaines de nationalités différentes, expatriés ou employés localement.

[…] Nous pouvons prendre la parole publiquement pour tenter de faire sortir une crise de l'oubli, alerter l'opinion sur des exactions commises loin 30 des caméras, critiquer les insuffisances du système de l'aide, ou lorsque l'aide est détournée de son objectif premier pour servir des intérêts politiques.

Refusant l'idée d'une médecine au rabais pour les pays pauvres, nous nous efforçons d'apporter 35 des soins de qualité à nos patients et de faire évoluer nos pratiques. […]

Devenue un mouvement international, notre organisation regroupe 19 associations, chacune placée sous la responsabilité d'un Conseil d'administration 40 élu par les membres lors d'une assemblée générale annuelle. Grâce à ce large réseau, Médecins Sans Frontières dispose d'importants moyens financiers, humains et logistiques.

Médecins Sans Frontières a reçu le prix Nobel 45 de la Paix en 1999.

Questions de compréhension

1. Selon la mission affichée par l'organisation, laquelle des suggestions suivantes est vraie ?

   a. Médecins Sans Frontières n'offre pas son aide dans les zones de guerre.
   b. Médecins Sans Frontières adhère à la politique de la nation qui les envoie.
   c. Médecins Sans Frontières a la prétention de changer le monde.
   d. Médecins Sans Frontières travaille face à des menaces violentes.

2. Qui sont les personnels de MSF ?

   a. Des médecins.
   b. Des personnels médicaux, logistiques et administratifs.
   c. Des expatriés de nations à secourir.
   d. Tous ceux qui respectent les principes de l'éthique médicale.

3. Si MSF réunit des équipes de personnels de plusieurs pays différents, que peut-on en déduire ?

   a. Que les ressources de MSF viennent de plusieurs budgets gouvernementaux.
   b. Que les médecins ne doivent leur allégeance qu'à un seul pays.
   c. Que les travailleurs de MSF respectent plus les principes de l'action humanitaire que la politique.
   d. Que les employés de MSF sur le terrain sont payés par les budgets locaux.

4. Quand l'auteur de l'article écrit « Refusant l'idée d'une médecine au rabais pour les pays pauvres, » que veut-il dire ?

   a. Que le groupe n'accepte pas de réduction de prix d'un distributeur pour ses actions dans un seul pays.
   b. Que MSF n'adhère qu'à une médecine de qualité.
   c. Que MSF préfère baisser le prix des médicaments utilisés.
   d. Que tous les médicaments de MSF sont financés par le secteur privé.

5. Quel est le ton de ce texte?

   a. Suppliant.
   b. Détaché.
   c. Excusable.
   d. Franc.

6. Comment est organisé cet article ?

   a. Chronologiquement.
   b. Dans une logique qui explique la mission et l'indépendance de l'organisation.
   c. Suivant une demande de soutien financier.
   d. Pour expliquer l'indépendance de la position de l'organisation.

7. À qui est-ce que cet écrit est destiné ?

   a. Aux gouvernements nationaux.
   b. Aux médecins qui veulent se porter volontaires pour défendre cette cause.
   c. Aux donateurs potentiels.
   d. Aux États-membres des Nations unies.

Revenez sur ces questions

Après avoir considéré les lectures et les discussions de ce chapitre, reprenez-en la discussion.

- Expliquez la différence d'opinion sur la guerre entre les peuples et les gouvernements.
- Quelles sont les causes de la guerre ? Comment pourrait-elle être évitée ?
- Comment pourrait-on mettre fin aux guerres ?

THÈME 1 Les défis mondiaux : Résumons-nous

Questions centrales au débat

- Quelles questions concernant l'environnement, la politique et la société se posent comme des défis aux peuples du monde d'aujourd'hui ?

- Qu'est-ce qu'il y a à l'origine de ces questions ?

- Quelles sont les solutions possibles à ces défis ?

Contextes :

- **La tolérance**
- **L'environnement**
- **La santé**
- **Les droits de l'être humain**
- **L'alimentation**
- **La paix et la guerre**

Activité de révision
Selon moi

Pensez à un problème ou une question qui concerne les thèmes de cette unité. Quel est ce problème ? Comment se manifeste-t-il ? Servez-vous d'exemples tirés de votre vie personnelle, de l'histoire, et des informations fournies par les médias. Organisez vos idées sous forme d'un plan qui vous aidera à préparer votre présentation.

Première partie : Annoncez le problème et expliquez pourquoi il faut y prêter attention. Retracez son évolution. Comment s'est-il développé ? Pourquoi est-ce devenu un problème ? Comment se manifeste-t-il ? Quelles en sont les conséquences ?

Deuxième partie : Servez-vous d'exemples tirés de votre vie personnelle.

Troisième partie : Tournez-vous maintenant vers les effets de ce problème sur votre communauté ou en général aux États-Unis. Que vous en disent l'histoire ou les médias ? Quelqu'un de célèbre en a-t-il fait sa cause ?

Quatrième partie : Comment ce problème s'exprime-t-il dans le monde francophone ? Que fait-on pour y répondre ?

Cinquième partie : Tirez une conclusion des idées que vous avez présentées. Quelles sont les solutions envisageables ?

Un peu d'aide
....

Ces questions pourront vous aider à organiser vos idées :

1. Quels sont les causes et les effets sur les personnes ou les groupes de personnes que vous mentionnez ? Quelles conclusions en tirez-vous ?

2. Est-ce que ce problème est en passe d'être résolu ? Que reste-t-il encore à faire ?

3. Qu'est-ce que vous pourriez faire sur le plan local ?

4. Si vous travailliez dans ce domaine, que feriez-vous ?

5. Essayez de formuler une conclusion qui résume tout ce que vous dites.

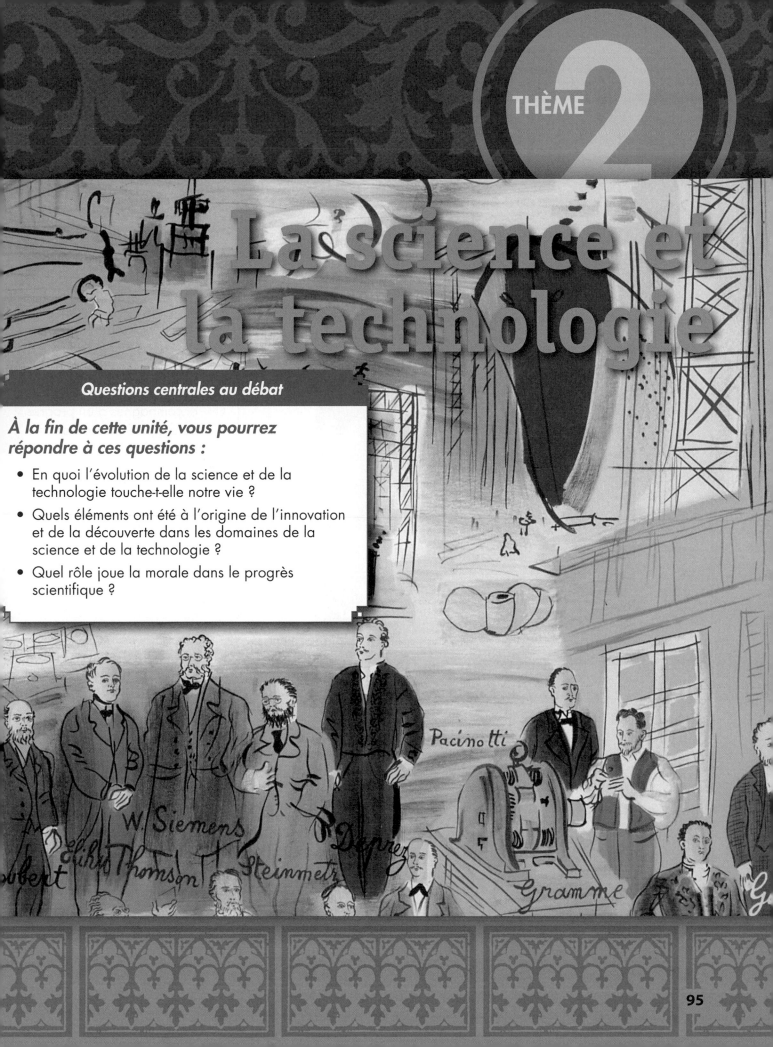

La science et la technologie

Questions centrales au débat

À la fin de cette unité, vous pourrez répondre à ces questions :

- En quoi l'évolution de la science et de la technologie touche-t-elle notre vie ?
- Quels éléments ont été à l'origine de l'innovation et de la découverte dans les domaines de la science et de la technologie ?
- Quel rôle joue la morale dans le progrès scientifique ?

CHAPITRE 7

Le génie de l'homme

Contexte : Les découvertes et les inventions
La recherche et ses nouvelles frontières

LECTURE Birago Diop : *La lance de l'hyène*

Déchiffrons l'image

1. Qui sont les savants français les plus connus ?

2. Savez-vous quelle est la contribution essentielle de Louis Pasteur (1822–1895) à la médecine moderne ? Elle est utilisée aujourd'hui pour prévenir les maladies provenant de la consommation du lait. Qu'a-t-il ensuite inventé pour prévenir la rage et immuniser contre l'anthrax ?

3. Pierre (1859–1906) et Marie Curie (1867–1934) ont travaillé dans les domaines de la chimie et de la physique. Savez-vous quels éléments ils ont découverts ? Quelle propriété y ont-ils découvert ? Quelles ont été par la suite les utilisations de la découverte de la radioactivité ?

- Comment les découvertes et la science des vingtième et vingt-et-unième siècles ont-elles amélioré notre vie ? Qui ont-elles concerné ? Qui ont-elles oublié ?

- Qu'est-ce qui a motivé les principales avancées de la technologie moderne ?

- Dans quelle mesure peut-on dire que les progrès de la technologie se sont accompagnés d'un progrès ou d'une régression de la morale ?

La lance de l'hyène

Avant la lecture

Stratégie pour la lecture : *La fable*

La fable est un récit bref qui comporte un enseignement aussi appelé la morale. Elle met en scènes des animaux à qui on prête des qualités humaines et qui s'expriment comme les hommes. La morale s'adresse à l'humanité toute entière en traitant des problèmes particuliers à une situation ou à une société. Elle oppose le fort et le faible, le bon et le méchant, le rusé et le candide. Mais au cours de la fable les rôles souvent s'inversent.

Déchiffrez les éléments de ce court récit qui vous rappelleront sans doute une fable connue :

> *Il s'agit d'un lièvre qui se moque de la lenteur de la tortue. La tortue, agacée par l'attitude du lièvre, l'invite alors à faire une course pour voir qui passera le premier la ligne d'arrivée. Le lièvre est devant la tortue et confiant de gagner, ralentit, s'accorde un petit somme. Quand il se réveille, c'est pour voir la tortue qui franchit la ligne d'arrivée de ses pas lents mais sûrs.*

1. Décidons s'il s'agit ici d'une fable :

    a. Qui sont les personnages ?

    b. Y a-t-il une morale ? Est-elle explicite ou implicite ?

    c. Est-ce que ce récit se moque d'un trait humain ?

    d. Y a-t-il un renversement de situation entre les personnages (principaux) ?

    e. Avons-nous affaire à une fable ?

2. Bien que la fable ne soit plus une forme littéraire courante, on retrouve la même structure dans le fait divers (journal) et la légende urbaine. Quelles fables connaissez-vous ? Les légendes urbaines sont souvent considérées comme des fables ; en connaissez-vous ?

Pour connaître l'auteur

Birago Diop (1906–1989) poète et conteur, est né dans le petit village d'Ouakam au Sénégal. Après ses études au lycée de Saint-Louis, il étudie la médecine vétérinaire et travaille comme chirurgien vétérinaire en Afrique occidentale française, allant de pays en pays. Il collecte alors des légendes, contes et histoires au Sénégal, en Gambie et en Mauritanie.

La science et la technologie : Les découvertes et les inventions

L'extrait ci-dessous raconte comment une hyène demande à un forgeron de lui faire un objet invraisemblable. Ce texte est tiré des *Contes d'Amadou Koumba*.

La lance de l'hyène

Birago Diop

Pendant la lecture

Notez quelles sont les caractéristiques d'une fable.

Notez les traits humains des animaux.

Dans l'immense étendue[1] du Ferlo aux puits[2] rares et profonds, les sentiers[3] n'étaient pas sûrs, mais Malal Poulo le berger[4] n'avait pas peur. Contre Gayndé-le-Lion, il savait des versets du Coran,[5] et lorsqu'il s'agissait d'un lion mécréant, il avait son bâton. Car on peut se permettre d'ignorer les paroles sacrées, on n'en reste pas moins grand seigneur, et le bâton destiné à M'Bam-l'Âne tue mieux qu'un coup de lance Gayndé le fier aux yeux rouges, à la peau couleur de sable. La honte[6] tue plus lentement, mais plus sûrement que le fer[7] d'une lance ou que la balle[8] d'un fusil,[9] et quelle honte pour le roi de la brousse que de se laisser toucher par un bâton, serait-ce par la hampe[10] d'une lance ! 5

Ce n'était donc pas pour Gayndé-le-Lion que Malal Poulo s'était fait faire une si belle lance. Ce n'était pas non plus pour Bouki-l'Hyène; car dans ce pays maudit[11] au sol si nu et aux puits rares et chiches[12], il crevait au berger assez de bêtes dans son troupeau[13] pour que Bouki et les siens n'eussent qu'à suivre la poussière de ses pas pour faire leurs deux repas quotidiens.[14] 10

C'était pour se défendre et défendre ses bêtes contre Ségue-la-Panthère fourbe[15] et sans honneur, qui a les yeux d'un maître et l'âme[16] d'un esclave, la démarche d'une femme et la peau trouble. 15

C'était aussi, il faut bien le dire, pour accommoder le couscous séché qu'il portait dans l'outre[17] pendue à son épaule gauche, une cuisse de biche[18] ou d'une tranche d'antilope, quand il était écœuré[19] du lait, frais et mousseux[20] ou caillé[21] et aigre, de ses bêtes, vaches et brebis. 20

1. expanse	11. cursed
2. wells	12. small
3. paths	13. herd
4. herdsman	14. daily
5. Koran, the holy book of Islam	15. dishonest
6. shame	16. spirit, soul
7. blade, weapon	17. goatskin flask
8. bullet	18. doe
9. gun	19. sickened
10. pole	20. frothy
	21. curded

Malal Poulo, le berger, appuyé[22] sur sa lance, debout sur une jambe tel l'Ibis-le-Pèlerin, le pied droit contre le genou gauche rêvait. Il pensait peut-être à ses ancêtres à peau blanche venus depuis le pays du soleil levant jusqu'au Termiss,
25 jusqu'au Touat, jusqu'au Macina, jusqu'au Fouta du temps où le Ferlo si dénudé était alors couvert d'arbres et d'herbes. Il pensait peut-être à ses ancêtres noirs comme du charbon,[23] venus de plus loin encore et descendus plus bas vers la mer. Peut-être rêvait-il à d'immenses troupeaux descendant boire vers le grand fleuve … Il rêvait lorsque vint à passer Bouki-l'Hyène qui, sans doute parce
30 qu'aucune carcasse n'avait jalonné[24] ce jour-là les traces du troupeau, se montra polie et salua fort congrûment et demanda :

—Pourquoi dors-tu debout sur un pied, Malal ? As-tu besoin de ce long bâton pour t'appuyer ? Que ne t'étends-tu tout bonnement sur le sable ? Tu serais mieux que sur ce lit si mince ![25]

35 —Ce n'est pas un lit, c'est une lance.

—Une lance ? Qu'est-ce qu'une lance ? À quoi cela peut-il servir ?

—À tuer.[26]

—À tuer quoi ? Pourquoi tuer puisque tout meurt de sa bonne mort, moutons, bœufs et habitants de la savane ? (Au fond d'elle-même, l'Hyène se demandait
40 si elle ne s'avançait pas un peu trop en affirmant — dubitativement il est vrai — que tout mourrait naturellement puisque le soleil faisait mine de rentrer chez lui déjà et qu'elle avait encore le ventre creux.)[27]

Une biche passait. Malal Poulo envoya sa lance, la biche la reçut. Malal Poulo acheva la victime, la dépeça et Bouki-l'Hyène en eut sa part. La chair fraîche[28]
45 et saignante était succulente, Bouki s'en gava.[29]

—Voilà donc à quoi servait une lance ?

— Avec une lance, il n'était donc pas besoin d'attendre qu'une bête veuille bien traîner sa misère, sa maladie ou sa vieillesse pendant des jours et des jours avant de crever et pourrir au soleil, que vos pas heureux vous y conduisent
50 lorsque Tann-le-Charognard[30] au cou pelé[31] ne l'a pas toute récurée[32] ?

—Comment as-tu fait pour trouver une lance, Malal ? demanda Bouki.

—Tu n'as qu'à donner un morceau[33] de fer à Teug-le-Forgeron,[34] il t'en fera une.

—Et où trouve-t-on un morceau de fer ?

---

22. leaned	29. binged
23. coal	30. scavenger
24. staked out, claimed	31. hairless
25. slender	32. scrape away
26. kill	33. piece
27. empty stomach	34. blacksmith
28. fresh meat	

Pendant la lecture

Notez l'inversion des positions du début à la fin de l'histoire.

—Là-bas au Pinkou, dit Malal Poulo, en pointant sa lance vers le pays du soleil levant. 55

Bouki s'en fut vers le pays du soleil levant, vers le pays des montagnes et de l'argile[35] à la recherche des fours abandonnés par les fondeurs de pierres.

En chemin elle trouva une outre en peau de bouc. L'outre contenait de la viande séchée et avait dû être perdue, ou plus probablement abandonnée dans une fuite précipitée par un berger maure[36] ou esclave de maure qui transhumait 60 par-là avec son troupeau de chèvres et de moutons. Bouki ne se doutait pas de ce qu'enfermait l'outre, car du coton en bouchait[37] l'ouverture.[38]

Elle trouva enfin loin, loin vers le soleil levant de vieux fours refroidis depuis des Lunes et des Lunes. Fouillant[39] et farfouillant[40], elle déterra[41] un morceau de fer et reprit le chemin du retour. 65

Doucement, tout d'abord, puis fortement, l'odeur de la viande séchée agaçait ses narines. Elle renifla[42] à droite, elle renifla à gauche, après avoir levé plusieurs fois le nez vers le ciel. Tenace, l'odeur l'enveloppait de partout. Elle déposa[43] outre et morceau de fer, courut à droite, courut à gauche, fureta[44] à droite, fureta à gauche, revint sur ses pas, mais ne trouva ni chair ni carasse et reprit sa 70 charge.

Elle arriva enfin chez Teug-le-Forgeron.

—Voici un morceau de fer pour me forger une lance aussi bonne que celle de Malal Poulo.

—Et pour ma peine, que me donneras-tu ? 75

—Ta culotte est faite de plus de trous que d'étoffe. Voici justement une outre pleine de coton. Tu t'arrangeras avec Rabbe-le-Tisserand.[45]

—C'est bon. Mets-toi au soufflet et attise[46] le feu.

Bouki-l'Hyène se mit au soufflet, dont elle gonflait et dégonflait alternativement les deux outres en s'accompagnant d'une chanson qu'elle venait de 80 composer, et qui, il faut bien le dire, n'était pas très variée. Appuyant sur l'outre de droite, comme sur celle de gauche, Bouki disait toujours :

Ni hédj'ou Malal ! Ni khédj-ou Malal !

(Telle la lance de Malal ! Telle la lance de Malal !)

Teug-le-Forgeron battit le fer sur des rythmes plus nourris et forgea la lance 85 qu'il tendit à Bouki :

Pendant la lecture

Notez les éléments qui constituent la morale de cette fable.

---

35. clay
36. Moorish
37. block
38. opening
39. scour, scavenge, dig up, excavate
40. rummage
41. dig up
42. sniffed
43. laid down
44. ferreted
45. weaver
46. fan

—Tiens, voici ta lance. Fais-moi voir maintenant ton coton, pour savoir s'il est bien bon et bien blanc.

Bouki lui donna l'outre. Le forgeron, après avoir retiré le tampon de coton, 90 en sortit la viande séchée.

À la vue de cette aubaine[47] qu'elle avait cherchée partout et des jours et des jours durant alors qu'elle pesait sur ses reins jusqu'à les fléchir, Bouki dit :
—Teug, remets cette viande à sa place, j'ai à te parler, mon ami.

Quand la viande fut remise dans la peau de bouc, Bouki posa l'outre à côté 95 d'elle et dit au forgeron en lui rendant la lance :

—Ce n'est pas une lance comme celle-là que je voulais.

—Comment la voulais-tu ?

—Saurais-tu seulement la faire ? Je vais te la décrire.

—Je veux bien. Comment te la faut-il ?

100 —Je veux une lance de sept coudées et trois doigts…

—Bon !

—Attends ! Tu me la feras ensuite de la longueur d'une main seulement. Tu la rendras si tranchante[48] qu'au simple appel de son nom elle puisse couper, car j'ai beaucoup d'ennemis dans le pays. Mais tu l'émousseras[49] afin qu'elle ne taille 105 pas, car les enfants qui sont à la maison sont très turbulents, et ils pourraient se couper en jouant avec une lame tranchante.

—Ça, dit Teug-le-Forgeron, je ne le peux pas. Comment ! Tu me demandes de te faire une lance longue et courte à la fois. Tu la veux un même temps tranchante et émoussée. Pourquoi ne demandes-tu pas au bon Dieu qu'il fasse nuit 110 et jour au même moment ? Je renonce à te satisfaire.

—Dans ce cas, puisque tu es incapable de faire quelque chose de bien, je reprends mon outre.

Et Bouki-l'Hyène emporta sa viande séchée.

C'est depuis ce temps que l'on dit aux gens difficiles ou de mauvaise foi (ce 115 sont les mêmes), de ne point demander une lance d'hyène.

---

47. bargain
48. cutting, slicing
49. make blunt

Après la lecture

Vérifiez votre compréhension

1. Qu'est-ce qui tue plus sûrement qu'une lance ?

2. Comment Malal Poulo se tient-il debout ?

3. D'où sont venus ses ancêtres noirs ?

4. Que faisait Malal Poulo quand Bouki-l'Hyène est passée devant lui ?

5. Selon Malal, à quoi sert une lance ?

6. Qui a tué la biche qu'on a mangée ? Comment ?

7. Comment peut-on trouver une lance ?

8. Qu'est-ce que Bouki a trouvé en route ? Selon elle, qu'est-ce qu'il y a dedans ? Qu'est-ce qui l'a conduite à cette conclusion ?

9. Où est-ce qu'elle a trouvé du fer ?

10. Qu'est-ce qui l'a ennuyé pendant son retour ?

11. Que demande Teug-le-Forgeron lorsque Bouki lui demande de lui forger une lance ? Qu'est-ce qu'elle offre au forgeron ?

12. Quand Teug ouvre l'outre, quelle est la réaction de Bouki ? Que fait-elle pour gagner du temps ?

13. Comment Bouki décrit-elle la lance qu'elle veut ? Pour quelles raisons ?

14. Est-ce que Teug-le-Forgeron peut fabriquer la lance que veut Bouki ? Quel est le résultat ?

15. Quelle leçon peut-on tirer de cette histoire ?

En y réfléchissant

1. Plusieurs animaux jouent un rôle dans cette histoire. Lesquels de leurs traits l'auteur va-t-il mettre en avant pour monter l'intrigue ? Les personnages de cette fable sont-ils vraisemblables ou sont-ils de simples stéréotypes pour servir l'histoire ?

2. Quand Bouki-l'Hyène découvre qu'il y a de la viande dans l'outre, elle préfère la satisfaction immédiate de la viande au lieu d'attendre la lance qui lui aurait fourni toute la viande qu'elle voudrait. Elle est assez intelligente pour duper le forgeron, mais pas assez pour comprendre les conséquences de ses décisions. Commentez.

3. Quelle est la moralité de cette histoire ?

Perspectives culturelles

1. La littérature africaine, surtout la littérature de tradition orale, racontée en grande partie par des griots, est pleine d'histoires, de légendes et de fables qui expliquent le monde et montrent comment il marche. Vue sous cet angle, cette littérature comporte de nombreux attributs propre à la mythologie. Si on considère que l'histoire de *La lance de l'hyène* figure dans la mythologie sénégalaise, quels éléments peut-on en tirer pour qualifier cette « mythologie » ?

   a. Qu'est-ce que cette histoire explique ? Est-ce qu'elle nous offre des aperçus sur la marche du monde ?

   b. Est-ce que cette histoire nous aide à comprendre une coutume, une institution ou un tabou de la société ?

   c. Y a-t-il des personnages qui ressemblent, selon vous, aux dieux et aux déesses de la mythologie que vous connaissez ? À des personnages d'histoires et d'aventures connues ?

   d. Y a-t-il des personnages dans ce conte qui, due à leur personnalité ou à leur comportement, sont de vrais archétypes, c'est à dire des modèles universels ?

2. Dans ce sens, l'histoire de *La lance de l'hyène* peut être assimilée à la mythologie. Comme toute mythologie, elle fait comprendre les choses. À votre avis, comment cette histoire s'applique-t-elle à notre style de vie ? Qu'est-ce qu'elle explique de l'intrusion des gadgets dans le monde contemporain ?

Pour améliorer votre vocabulaire

1. **Synonymes :** Trouvez un synonyme pour chaque mot ou chaque expression de la liste. Vous trouverez ces mots dans le texte.

   a. l'étendue (l. 1)
   b. la brousse (l. 8)
   c. les pas (l. 14)
   d. une tranche (l. 20)
   e. rêver (l. 23)
   f. tuer (l. 37)
   g. le bouc (l. 58)
   h. boucher (l. 62)
   i. renifler (l. 67)
   j. forger (l. 73)

2. **Antonymes :** Trouvez un antonyme pour chaque mot ou chaque expression de la liste. Vous trouverez ces mots dans le texte.

   a. mécréant (l. 3)
   b. fourbe (l. 16)
   c. aigre (l. 21)
   d. poli (l. 31)
   e. mince (l. 34)
   f. frais/fraîche (l. 44)
   g. l'ouverture (l. 62)
   h. dégonfler (l. 79)
   i. séché (l. 90)
   j. tranchant (l. 106)

3. **Définitions :** Associez les mots et les définitions de la première colonne à ceux de la seconde. Vérifiez le contexte de ces mots dans le conte.

   1. le berger (l. 2)
   2. chiche (l. 12)
   3. le troupeau (l. 13)
   4. quotidien (l. 14)
   5. l'outre (l. 19)
   6. écœuré (l. 20)
   7. la carcasse (l. 30)
   8. creux (l. 42)
   9. le forgeron (l. 52)
   10. maure (l. 60)

   a. peu abondant
   b. un sac pour porter une boisson
   c. vide
   d. sale
   e. l'homme qui garde un groupe d'animaux
   f. le cadavre d'un animal
   g. arabe africain
   h. homme qui travaille les métaux
   i. qui rend malade
   j. un groupe d'animaux
   k. un facteur
   l. de tous les jours

« Ni hédj'ou Malal !
Ni khédj-ou Malal ! »

Allons au-delà

Pour communiquer

A Écouter

Dans ce podcast, on parle de notre planète, d'autres planètes et des étoiles qui peuplent notre univers. Écoutez l'extrait audio et répondez aux questions suivantes.

1. Qu'est-ce que nous appelons l'exo-planète ?
2. En quoi notre soleil peut-il être comparé à d'autres étoiles ?
3. Qu'est-ce qui donne la luminosité aux étoiles ?
4. Comment appelle-t-on les étoiles qui ne peuvent plus luire ?
5. Qu'est-ce qu'une planète géante ?

B Jeu de rôles : Teug-le-Forgeron et ses inventions

Le succès de l'entreprise de Teug dépend de sa capacité à prédire les besoins de ses clients et de leur répondre de façon adéquate. À part la lance pour Bouki, quels outils le forgeron peut-il livrer à sa clientèle ?

1. Discutez de cette question avec un(e) partenaire.
2. Puis exécutez un jeu de rôles où Teug essaie de vendre ses inventions à des animaux de la savane. Vous pouvez utiliser les inventions qui existent déjà comme l'iPod ou le GPS, ou vous pouvez en inventer d'autres qui répondront mieux aux exigences des animaux.
3. Présentez votre histoire jouée devant la classe ou d'autres classes de français.

C Débat : La technologie moderne

Nous regardons toujours ces comédies à la télé où l'un des personnages ne veut pas s'adapter à la vie moderne et rejette la nouvelle technologie.

L'émission se termine toujours par une réconciliation du personnage et de la technologie : tout est bien qui finit bien !

Cela nous mène à nous poser quelques questions sur la technologie moderne. Pensons à un gadget en particulier, par exemple, le téléphone portable par rapport au téléphone fixe.

1. Est-ce que cette invention vous parait essentielle ?
2. Est-ce que cette invention améliore et rend la vie plus facile ?
3. Est-ce que cette invention a les qualités nécessaires pour changer la vie ?
4. Est-ce que cette invention concerne une partie de la population plutôt qu'une autre ?

Travaillez avec un(e) partenaire ou en petits groupes.

1. Choisissez trois ou quatre nouvelles inventions. Pensez à des arguments pour et contre ce gadget en considérant les questions ci-dessus.
2. Préparez-vous à débattre en organisant vos questions et vos réponses, les arguments pour et les arguments contre.
3. Puis, présentez votre débat à la classe.

D Aux affiches : Les découvertes françaises

Travaillez en groupes de quatre ou cinq élèves.

1. Commencez en discutant oralement de ces questions :
   a. Quelles technologies, découvertes ou inventions du vingtième siècle connaissez-vous ?
   b. Quelle a été la contribution de la France dans ce(s) domaine(s) ?

2. Cherchez sur internet pour collecter des informations les concernant.

3. Préparez des mini-affiches d'une page qui décrivent chaque découverte, en présentent une illustration, en donnent la date et l'expliquent.

4. Connaissez-vous les savants, inventeurs, explorateurs de la liste ci-dessous ? Pouvez-vous dire en quelques mots qui ils étaient, ce qu'ils ont fait de remarquable, et à quelle époque ils ont vécu ?

André Ampère	Henri Becquerel
Louis Braille	Jacques-Yves Cousteau
Pierre et Marie Curie	Louis-Jacques Daguerre
René Descartes	Alfred Kastler
Antoine-Laurent de Lavoisier	Blaise Pascal
Louis Pasteur	Jean Perrin

5. Demandez à votre professeur où vous pouvez afficher vos résultats.

E Écrire : Une fable moderne

L'histoire de *La lance de l'hyène* s'achève par la maxime : on ne doit pas demander une lance à une hyène.

1. Écrivez une fable moderne qui illustre cette maxime et se termine par les mêmes mots.

2. Structurez votre fable pour qu'elle réponde à la définition de la fable présentée ci-dessus.

3. Mettez en jeu des technologies contemporaines : un GPS pour trouver à manger ?

4. Utilisez des technologies qui vous permettront de présenter votre fable : Power-Point, Flash, MovieMaker ou même un site web qui vous permettra d'écrire votre histoire sous forme de bande dessinée.

F Comparer

Comparez l'hélicoptère de Léonard da Vinci avec celui dont se sert l'armée française actuellement. Quelles sont les différences ? Les similarités ? À votre avis, quelle était la vision de Léonard da Vinci en ce qui concerne les possibilités d'utilisation de son hélicoptère ? À quoi servent les hélicoptères aujourd'hui ?

THÈME DU COURS

La science et la technologie : Les découvertes et les inventions

L'article décrit une invention qui a été primée au célèbre Concours Lépine.

Un appareil qui retranscrit du texte en braille consacré au Concours Lépine

Le Top-braille, un appareil de poche permettant la lecture instantanée en braille ou en vocal de n'importe quel texte imprimé, a remporté à l'unanimité le Concours Lépine 2010. À partir de
5 tout document écrit, un livre, une revue ou une notice de médicaments, le boîtier à lecture optique retranscrit un texte en braille pour les aveugles et mal voyants, grâce à des picots qui surgissent au fur et à mesure de la lecture. Il est également doté d'une
10 fonction audio pour transformer le texte en son.

L'innovation de Raoul Parienti a été choisie à l'unanimité par les 47 membres du jury. M. Parienti, ancien professeur de mathématiques et ingénieur de formation, s'est dit « ravi et même
15 émerveillé par la prestigieuse récompense ». « Nous allons pouvoir dire aux aveugles et mal voyants qu'ils ont un produit qui peut leur simplifier la vie », a déclaré le lauréat qui espère voir le prix de vente (1680 euros) de son invention baisser
20 considérablement pour le rendre accessible au plus grand nombre. « Nous n'avons vendu que 150 appareils [via sa société Vision SAS], c'est très peu au regard des 100 000 mal voyants et aux 250 000 très mal voyants en France », a-t-il encore souligné.
25 M. Parienti, qui enseigne actuellement l'art de l'innovation et de la créativité à l'université de Nice Sofia-Antipolis, a estimé que ce concours

allait permettre de communiquer plus largement sur son innovation. « Je pensais à cet appareil depuis de nombreuses années parce que ma sœur 30 malvoyante n'avait de cesse de demander l'utilité d'apprendre le braille alors que très peu de documents sont écrits en braille », avait-il confié, peu avant la remise des prix. Ce sont dix années de recherche et développement et 1,5 million d'euros 35 qui ont été investis dans ce projet, a-t-il encore expliqué. « Je suis l'inventeur, le créateur, j'ai dirigé les développements mais c'est le travail de toute une équipe — une dizaine de personnes — qui a permis cette réussite technique », a-t-il ajouté. 40

L'appareil lit actuellement des textes en sept langues : français, anglais, espagnol, italien, allemand, portugais et néerlandais, car le premier donateur est hollandais. Mais son concepteur aimerait bien le décliner dans toutes les langues, 45 pourquoi pas en hiéroglyphes ou en chinois.

« C'est un problème de budget et de temps : on estime à 300 000 euros le développement pour l'arabe par exemple. Nous attendons des investisseurs ou des sponsors pour le développer », dit-il. 50

Le Concours Lépine est une nouvelle consécration pour Raoul Parienti, consacré comme meilleur inventeur européen l'an dernier. En 2007, il avait été élu ingénieur de l'année sous l'égide du

55 président de la République. Le deuxième prix a été attribué à Joseph-Antoine Paoli, inventeur de l'hydro-force dans le domaine de la réduction de la consommation d'énergie. Cet appareil, placé sur une conduite d'eau, adapte, selon les besoins, le débit et la pression. Plus de 500 inventions ont 60 été présentées lors de cette 109e édition du célèbre concours qui a vu naître le stylo à bille, le fer à repasser à vapeur, le four électrique ou encore le cœur artificiel.

Questions de compréhension

1. Que fait cette machine ?

   a. Elle transcrit un texte en braille ou en lecture sonore.

   b. Elle lit les textes en braille.

   c. Elle importe les textes et les traite pour les imprimer en braille.

   d. Elle remporte le prix à l'unanimité.

2. Qu'espère le gagnant du concours ?

   a. Vendre plus d'appareils pour plus d'argent.

   b. Profiter de la publicité faite autour du prix.

   c. Faire baisser le prix de son invention.

   d. Retourner à son métier de professeur de mathématiques.

3. Pourquoi M. Parienti n'est-il pas satisfait des appareils qu'il a déjà vendus ?

   a. Ils sont de moindre qualité que celui qui a gagné le concours.

   b. Il n'a pas aidé autant d'aveugles qu'il le voudrait.

   c. Il n'a pas ciblé les mal voyants.

   d. Il n'a pas pu demander des prix élevés

4. Quel effet M. Parienti attend-il du Concours ?

   a. Mieux faire savoir que la machine existe.

   b. Obtenir un poste à l'université de Nice Sofia-Antipolis.

   c. Demander un prix plus élevé pour son appareil.

   d. Reprendre une vie normale, sans inventions.

5. Qu'est-ce qui a conduit cet inventeur à sa découverte ?

   a. L'environnement créatif qu'il a trouvé à l'université.

   b. Le cas de sa sœur et ses problèmes de vue.

   c. Le respect que lui témoignent ses collègues de l'université.

   d. Le fait que très peu de malvoyants lisent le braille.

6. À qui M. Parienti attribue-t-il le succès de son appareil ?

   a. À sa sœur.

   b. À lui-même, inventeur et créateur.

   c. Aux mal voyants.

   d. À toute une équipe qui a travaillé avec lui.

7. Quelles sont les limites du Top-braille ?

   a. Il ne lit qu'en sept langues pour le moment.

   b. Il ne peut déchiffrer ni hiéroglyphes ni idéogrammes chinois.

   c. Il a un problème de mise au point.

   d. Il a besoin de nouveaux investissements pour être commercialisé.

8. Ils ont tous gagné le Concours Lépine **sauf**

   a. Le fer à repasser à vapeur.

   b. Le cœur artificiel.

   c. Le four à micro-ondes.

   d. Le stylo à bille.

Revenez sur ces questions

Après avoir travaillé sur les lectures et les discussions de ce chapitre, reprenez-en la discussion.

- Comment les découvertes et la science des vingtième et vingt-et-unième siècles ont-elles amélioré notre vie ? Qui ont-elles concerné ? Qui ont-elles oublié ?

- Qu'est-ce qui a motivé les principales avancées de la technologie moderne ?

- Dans quelle mesure peut-on dire que les progrès de la technologie se sont accompagnés d'un progrès ou d'une régression de la morale ?

CHAPITRE 8

Toutes ces inventions technologiques !

Contextes : Les nouveaux moyens de communication
L'avenir de la technologie
La propriété intellectuelle

LECTURE Albert Robida et Octave Uzanne : *La fin des livres*

Déchiffrons l'image

1. Qu'est-ce que c'est cette machine ? Qui l'a inventée ? Où ? Quand ? Comment a-t-elle ouvert une nouvelle ère ? Quel a été le premier livre imprimé sur cette machine ?

2. Quelles sont les inventions du XXe et du XXIe siècles qui ont révolutionné le monde ?

3. On dit qu'on est, à notre époque, à l'âge de l'information. Qu'est-ce que cela signifie ? Expliquez.

Les questions du chapitre

- En quoi les développements de la technologie et de la communication nous touchent-ils dans la vie de tous les jours ?

- Qu'est-ce qui motive l'invention continue de nouvelles technologies ? Apaise-t-elle notre soif des « gadgets » ? Quelles promesses technologiques l'avenir tient-il ?

- Quel est le rôle de la moralité et de la loi dans l'utilisation des technologies modernes ?

Lecture

La fin des livres

Avant la lecture

Stratégie pour la lecture : *Prédire ce qui va arriver*

Quand on lit un texte on cherche à en tirer des informations et à comprendre ce qui va arriver. À quels endroits ?

Commencez par le titre de cette sélection : *La fin des livres*. Vous savez déjà, en raison de la biographie de l'auteur, qu'il devrait s'agir d'un ouvrage de science-fiction. D'après le titre, quel devrait en être le thème ?

- Nous comprenons qu'il s'agit de la fin des livres. Ce récit pourrait être intitulé comme le roman de Ray Bradbury, *Fahrenheit 451*, mais l'histoire est différente.

- Les auteurs constatent au début du texte qu'il y a deux ans environ, à Londres, la question « de la fin des Livres et de *leur complète transformation* fut agitée en un petit groupe de Bibliophiles... »

- On voit que l'idée de Bradbury de brûler tous les livres, ne correspond pas à la situation actuelle. Alors de quoi s'agit-il ?

- Si vous pensez qu'il s'agit plus d'une *transformation* des livres que de leur *disparition*, vous avez raison.

1. À la première page, lisez le paragraphe :

    *Arthur Blackcross, peintre et critique d'art mystique, ésotérique et symboliste, esprit très délicat et fondateur de la déjà célèbre École des Esthètes de demain, fut sollicité de nous exprimer ce qu'il pensait devoir **advenir de la peinture d'ici un siècle et plus**. Arthur Blackcross développa lentement et minutieusement **sa vision d'avenir**, non sans succès.*

2. Si on fait le parallèle avec la présentation que fera prochainement Arthur Blackcross, qu'est-ce que vous pouvez en déduire ?

3. Continuez votre lecture pour découvrir les idées de Blackcross sur l'avenir des livres : est-ce que les auteurs ont pu prédire l'avenir ? Sommes-nous face à la fin des livres ? Pouvez-vous nous dire quelle sera, à votre avis, la fin de ce récit ?

La science et la technologie : Les découvertes et les inventions

Gardant en mémoire les romans de Jules Verne, voyons comment les auteurs, en 1894, voient un avenir où les livres ne seront plus imprimés et n'auront plus de version papier.

La fin des livres

Albert Robida et Octave Uzanne

Pendant la lecture

Notez que le style impose l'idée que ce qui est dit est vrai ou tout du moins crédible.

Ce fut, il y a deux ans environ, à Londres, que cette question de la fin des Livres et de leur complète transformation fut agitée en un petit groupe de Bibliophiles et d'érudits, au cours d'une soirée mémorable dont le souvenir restera sûrement gravé dans la mémoire de chacun des assistants.

L'un de nous, Edward Lembroke, nous entraîna à souper au Junior   5
Athenaeum Club et, dès que le champagne eut dégourdi les cerveaux songeurs, ce fut à qui parlerait des destinées futures de l'humanité.

Loisirs littéraires au XXe siècle

Arthur Blackcross, peintre et critique d'art mystique, ésotérique et symboliste, esprit très délicat et fondateur de la déjà célèbre École des Esthètes de demain, fut sollicité de nous exprimer ce qu'il pensait devoir advenir de la peinture d'ici   10
un siècle et plus. (…) Arthur Blackcross développa lentement et minutieusement sa vision d'avenir, non sans succès. On épilogua quelque temps sur les idées générales exposées par notre convive symboliste, et ce fut le fondateur lui-même de l'École des Esthètes de demain qui changea le cours de la conversation en m'apostrophant brusquement : « Eh bien ! mon cher bibliophile,   15
ne parlez-vous pas à votre tour ; ne nous direz-vous pas ce qu'il adviendra des lettres, des littérateurs et des livres d'ici quelque cent ans ? »

Ce furent des : « Oui ! oui… » des sollicitations pressantes et cordiales, et, comme nous étions en petit comité, qu'il faisait bon s'écouter penser et que l'atmosphère de ce coin de club était chaude, sympathique et agréable, je   20
n'hésitai pas à improviser ma conférence.

La voici : « Ce que je pense de la destinée des livres, mes chers amis. (…)

« Si par livres vous entendez parler de nos innombrables cahiers de papier imprimé, ployé, cousu, broché sous une couverture annonçant le titre de l'ouvrage, je vous avouerai franchement que je ne crois point (…) que   25
l'invention de Gutenberg puisse ne pas tomber plus ou moins prochainement en désuétude comme interprète de nos productions intellectuelles.

Pendant la lecture

Notez les indices qui peuvent vous aider à prédire les actions des personnages, leurs pensées et la suite du récit.

(...) « Malgré les progrès énormes apportés successivement dans la science des presses, en dépit des machines à composer faciles à conduire (...) il me

30 paraît que l'art où excellèrent successivement Fuster, Schoeffer, Estienne et Vascosan, Alde Manuce et Nicolas Jenson, a atteint à son apogée de perfection, et que nos petits-neveux ne confieront plus leurs ouvrages à ce procédé assez vieillot et en réalité facile à remplacer par la phonographie encore à ses débuts. »

Ce fut une toile d'interruptions et d'interpellations parmi mes amis et audi-

35 teurs, des : oh ! étonnés, des : ah ! ironiques, des : eh ! eh ! remplis de doute et, se croisant, de furieuses dénégations : « Mais c'est impossible !... Qu'entendez-vous par là ? » J'eus quelque peine à reprendre la parole pour m'expliquer plus à loisir.

« Laissez-moi vous dire, très impétueux auditeurs, que les idées que je vais vous exposer sont d'autant moins affirmatives, (...) que je vous les sers telles

40 qu'elles m'arrivent, avec une apparence de paradoxe ; mais il n'y a guère que les paradoxes qui contiennent des vérités, et les plus folles prophéties des philosophes du XVIIIe siècle se sont aujourd'hui déjà en partie réalisées.

« Je me base sur cette constatation indéniable que l'homme de loisir repousse chaque jour davantage la fatigue et qu'il recherche avidement ce qu'il

45 appelle le confortable (...). Vous admettrez bien avec moi que la lecture (...) amène vivement une grande lassitude, car non seulement elle exige de notre cerveau une attention soutenue qui consomme une forte partie de nos phosphates cérébraux, mais encore elle ploie notre corps (...) la nécessité de couper les feuillets, de les chasser tour à tour l'un sur l'autre produit, par

50 menus heurts successifs, un énervement très troublant à la longue.

« Nos yeux sont faits pour voir et refléter les beautés de la nature et non pas pour s'user à la lecture des textes ; il y a trop longtemps qu'on en abuse, et il n'est pas besoin d'être un savant ophtalmologiste pour connaître la série des maladies qui accablent notre vision et nous astreignent à emprunter les artifices

55 de la science optique.

« Nos oreilles, au contraire, sont moins souvent mises à contribution ; elles s'ouvrent à tous les bruits de la vie, mais nos tympans demeurent moins irrités ; (...) il me plaît d'imaginer qu'on découvrira bientôt la nécessité de décharger nos yeux pour charger davantage nos oreilles. Ce sera une équitable compensa-

60 tion apportée dans notre économie physique générale. »

« Très bien, très bien ! » soulignaient mes camarades attentifs. « Mais la mise en pratique, cher ami, nous vous attendons là. Comment supposez-vous qu'on puisse arriver à construire des phonographes à la fois assez portatifs, légers et résistants pour enregistrer sans se détraquer de longs romans qui, actuellement,

65 contiennent quatre, cinq cents pages (...)

« Tout cela cependant se fera, repris-je ; il y aura des cylindres inscripteurs légers comme des porte-plumes en celluloïd, qui contiendront cinq et six cents mots et qui fonctionneront sur des axes très ténus qui tiendront dans la poche ; toutes les vibrations de la voix y seront reproduites (…)

« Pour le livre, ou disons mieux, car alors les livres auront vécu, pour le novel ou storyographe, l'auteur deviendra son propre éditeur, afin d'éviter les imitations et contrefaçons ; il devra préalablement se rendre au Patent Office pour y déposer sa voix et en signer les notes basses et hautes, en donnant des contre-auditions nécessaires pour assurer les doubles de sa consignation.

« Aussitôt cette mise en règle avec la loi, l'auteur parlera son œuvre et la clichera sur des rouleaux enregistreurs et mettra en vente lui-même ses cylindres patentés (…) On ne nommera plus, en ce temps assez proche, les hommes de lettres des écrivains, mais plutôt des narrateurs ; le goût du style et des phrases pompeusement parées se perdra peu à peu, mais l'art de la diction prendra des proportions invraisemblables ; il y aura des narrateurs très recherchés pour l'adresse, la sympathie communicative, la chaleur vibrante, la parfaite correction et la ponctuation de leurs voix.

(…)

« Les auditeurs ne regretteront plus le temps où on les nommait lecteurs ; leur vue reposée, leur visage rafraîchi, leur nonchalance heureuse indiqueront tous les bienfaits d'une vie contemplative.

« Étendus sur des sophas ou bercés sur des rocking-chairs, ils jouiront, silencieux, des merveilleuses aventures dont des tubes flexibles apporteront le récit dans leurs oreilles dilatées par la curiosité.

« Soit à la maison, soit à la promenade, en parcourant pédestrement les sites les plus remarquables et pittoresques, les heureux auditeurs éprouveront le plaisir ineffable de concilier l'hygiène et l'instruction, d'exercer en même temps leurs muscles et de nourrir leur intelligence, car il se fabriquera des phono-opéragraphes de poche, utiles pendant l'excursion dans les montagnes des Alpes ou à travers les Cañons du Colorado. »

—Votre rêve est très aristocratique, insinua l'humanitaire Julius Pollok ; l'avenir sera sans aucun doute plus démocratique. J'aimerais (…) à voir le peuple plus favorisé.

—Il le sera, mon doux poète, repris-je allégrement, en continuant à développer ma vision future, rien ne manquera au peuple sur ce point ; il pourra se griser de littérature comme d'eau claire, à bon compte, car il aura ses distributeurs littéraires des rues comme il a ses fontaines.

« À tous les carrefours des villes, des petits édifices s'élèveront autour desquels pendront, à l'usage des passants studieux, des tuyaux d'audition correspondant

105 à des œuvres (…) D'autre part, des sortes d'automatic libraries, mues par le déclenchement opéré par le poids d'un penny jeté dans une ouverture, donneront pour cette faible somme les œuvres de Dickens, de Dumas père ou de Longfellow (…)

« Est-ce tout ? (…) non pas encore, le phonographisme futur s'offrira à nos
110 petits-fils dans toutes les circonstances de la vie ; chaque table de restaurant sera munie de son répertoire d'œuvres phonographiées, de même les voitures publiques, les salles d'attente, les cabinets des steamers, (…) et les chambres d'hôtel posséderont des phonographotèques à l'usage des passagers. (…)

—Et le journal quotidien, me direz-vous, la Presse si considérable en
115 Angleterre et en Amérique, qu'en ferez-vous ?

—N'ayez crainte, elle suivra la voie générale, car la curiosité du public ira toujours grandissant et on ne se contentera bientôt plus des interviews imprimées et rapportées plus ou moins exactement ; on voudra entendre l'interviéwé, ouïr le discours de l'orateur à la mode, connaître la chansonnette
120 actuelle, apprécier la voix des divas qui ont débuté la veille, etc.

(…)

« Le journalisme sera naturellement transformé, les hautes situations seront réservées aux jeunes hommes solides, à la voix forte, chaudement timbrée, dont l'art de dire sera plutôt dans la prononciation que dans la recherche des
125 mots ou la forme des phrases. Le mandarinisme littéraire disparaîtra, les lettrés n'occuperont plus qu'un petit nombre infime d'auditeurs ; mais le point important sera d'être vite renseigné en quelques mots sans commentaires.

William Blackcross (…) jugea le moment opportun de m'interroger : « Permettez-moi de vous demander, dit-il, comment vous remplacerez
130 l'illustration des livres ? L'homme, (…) aimera à voir la représentation des choses qu'il imagine ou qu'on lui raconte.

— (…) Vous ignorez peut-être la grande découverte de demain, celle qui bientôt nous stupéfiera. Je veux parler du KINÉTOGRAPHE de Thomas Édison (…) « Le KINÉTOGRAPHE enregistrera le mouvement de
135 l'homme et le reproduira exactement comme le phonographe enregistre et reproduit sa voix. (…) Non seulement nous le verrons fonctionner dans sa boîte, mais, par un système de glaces et de réflecteurs, toutes les figures actives (…) pourront être projetées dans nos demeures sur de grands tableaux blancs. Les scènes des ouvrages fictifs et des romans d'aventures seront mimées par
140 des figurants bien costumés et aussitôt reproduites ; nous aurons également, comme complément au journal phonographique, les illustrations de chaque jour, des Tranches de vie active (…) On verra les pièces nouvelles, le théâtre et les acteurs (…) on aura le portrait (…) des hommes célèbres, des criminels, des

Pendant la lecture

Notez l'emploi des noms anglais et mots scientifiques qui donnent son authenticité à l'histoire.

jolies femmes ; (…) ce sera la vie elle-même, naturelle, sans maquillage, nette, précise et le plus souvent même cruelle. 145

« Il est donc évident, dis-je (…) qu'il y aurait dans le résultat de ma fantaisie des côtés sombres encore imprévus. De même que les oculistes se sont multipliés depuis l'invention du Journalisme, de même avec la phonographie à venir, les médecins auristes foisonneront ; on trouvera moyen de noter toutes les sensibilités de l'oreille et de découvrir plus de noms de maladies auriculaires 150 qu'il n'en existera réellement (…) En tout cas, pour revenir dans les limites mêmes de notre sujet, je crois que si les livres ont leur destinée, cette destinée, plus que jamais, est à la veille de s'accomplir (…) Après nous la fin des livres ! »

Cette boutade faite pour amuser notre souper eut quelque succès parmi mes indulgents auditeurs ; les plus sceptiques pensaient qu'il pouvait bien y avoir 155 quelque vérité dans cette prédiction instantanée, et John Pool obtint un hourra de gaieté et d'approbation lorsqu'il s'écria, au moment de nous séparer :

« Il faut que les livres disparaissent ou qu'ils nous engloutissent ; j'ai calculé qu'il paraît dans le monde entier quatre-vingts à cent mille ouvrages par an, qui tirés à mille en moyenne font plus de cent millions d'exemplaires, dont la 160 plupart ne contiennent que les plus grandes extravagances et les plus folles chimères et ne propagent que préjugés et erreurs. (…) quel bonheur de n'avoir plus à en lire et de pouvoir enfin fermer ses yeux sur le néant des imprimés ! »

Jamais l'Hamlet de notre grand Will n'aura mieux dit : *Words ! Words ! Words !* Des mots !… des mots qui passent et qu'on ne lira plus. 165

Après la lecture

Vérifiez votre compréhension

1. Qui sont ces hommes qui discutent si ardemment de l'avenir ?

2. Quelle raison le narrateur avance-t-il à l'encontre des livres et en faveur de l'écoute ?

3. Selon le narrateur, comment les nouveaux auteurs, ou narrateurs, protégeront-ils leur propriété intellectuelle ?

4. Comment ceux qui n'appartiennent pas à l'aristocratie pourront-ils profiter de la nouvelle technologie fantastique ?

5. Qu'est-ce qui arrivera aux journaux et aux journalistes ?

6. Quel problème Arthur Blackcross pose-t-il en réfléchissant à la fin des livres ?

7. Grâce à quel appareil le narrateur croit-il résoudre ce problème ? Que fait cet appareil ?

En y réfléchissant

1. Le narrateur explique ses inventions hypothétiques dans le domaine des loisirs. Qu'est-ce qu'il semble dire des gens qui utilisent la technologie ?

2. Quelles similarités et différences trouvez-vous entre les médias évoqués par le narrateur et ceux qu'on utilise de nos jours ?

3. Est-ce que l'auteur a entièrement répondu aux questions que ses camarades lui ont posées, ou a-t-il omis quelques points d'importance ? Avez-vous des questions à poser au narrateur ?

4. Il est vrai qu'on n'a pas encore abandonné l'écrit en faveur des phonographes, mais comment la technologie des vingtième et vingt-et-unième siècles a-t-elle changé le besoin et le désir des livres ?

5. Au début de son explication, le narrateur affirme que « les plus folles prophéties des philosophes du XVIIIe siècle se sont aujourd'hui déjà en partie réalisées. » De la même façon, y a-t-il aujourd'hui des idées apparemment utopiques qui ont une chance de se réaliser bientôt ?

6. Montrez comment l'auteur prévoit l'invention de la radio, de ses programmes et de ses informations. Qu'en est-il de la télévision ?

7. Est-ce que l'auteur prédit le système GPS ? Dans quel passage du texte ?

Perspectives culturelles

Les auteurs français ont toujours aimé écrire de la science-fiction et des œuvres fantastiques. Leurs livres se sont beaucoup vendus dans le grand public.

1. Connaissez-vous le Dr. Zaïus, personnage du roman de Pierre Boulle (1912–1994) dans *La Planète des singes* ?

2. Vous avez sans doute entendu parler du capitaine Nemo, le héros de Jules Verne (1828–1905) dans *Vingt mille lieues sous les mers*.

3. René Barjavel (1911–1985) a aussi écrit plusieurs ouvrages qui traitent de la chute de la civilisation, provoquée par les excès de la science et la folie de la guerre.

Chaque élève prendra un des titres ci-dessous et fera un bref résumé du livre. Illustrez le thème du roman et affichez les résumés sur un panneau d'affichage pour que toute la classe puisse les lire et en tirer des idées pour une lecture plus approfondie.

1. Voltaire :

   a. *Micromégas* (1752)

2. Jules Verne

   a. *Paris au XXe siècle* (1861)
   b. *Cinq semaines en ballon* (1863)
   c. *Voyage au centre de la terre* (1864)
   d. *De la terre à la lune* (1865)
   e. *Vingt mille lieues sous les mers* (1870)
   f. *Autour de la lune* (1870)
   g. *Le tour du monde en quatre-vingts jours* (1873)
   h. *L'Île mystérieuse* (1874–1875)

3. Pierre Boulle

   a. *La planète des singes* (1963)

4. René Barjavel

   a. *Ravage* (1943)
   b. *Le voyageur imprudent* (1944)
   c. *La nuit des temps* (1968)

Pour améliorer votre vocabulaire

1. **Synonymes :** Trouvez un synonyme pour chaque mot ou chaque expression de la liste. Vous trouverez ces mots dans le texte.

   a. érudits (l. 3)
   b. dégourdir (l. 6)
   c. épiloguer (l. 12)
   d. improviser (l. 21)
   e. en désuétude (l. 27)
   f. l'apogée (l. 31)
   g. accabler (l. 54)
   h. se détraquer (l. 64)
   i. la lassitude (l. 46)
   j. parées (l. 79)

2. **Antonymes :** Trouvez un antonyme pour chaque mot ou chaque expression de la liste. Vous trouverez ces mots dans le texte.

1. innombrable (l. 23)
2. la lassitude (l. 46)
3. la beauté (l. 51)
4. préalablement (l. 72)
5. déposer (l. 73)
6. invraisemblable (l. 80)
7. rafraîchi (l. 85)
8. grandir (l. 117)
9. fictif (l. 139)
10. sceptique (l. 155)

3. **Définitions :** Associez les mots de la première colonne avec les définitions possibles de la seconde. Vérifiez le contexte dans lequel se trouvent ces mots.

1. bibliophile (l. 2)	a. achevé
2. souper (l. 5)	b. avant
3. avouer (l. 25)	c. ancien
4. vieillot (l. 33)	d. amateur des livres
5. réalisé (l. 42)	e. cuisiner
6. ployer (l. 48)	f. plaisamment
7. demeurer (l. 57)	g. placer
8. préalablement (l. 72)	h. confesser
9. allégrement (l. 99)	i. rester
10. se griser (l. 100)	j. plier
	k. dîner
	l. s'enivrer

Allons au-delà

Pour communiquer

A Écouter

Dans ce passage audio, un auteur discute de la révolution numérique et de son livre, *Médias et Société*. Écoutez l'extrait audio et répondez aux questions suivantes.

1. Quel est le thème majeur évoqué par l'auteur du livre *Médias et Société* (14e édition) ?

2. Comment est-ce qu'on considérait internet jusqu'à tout récemment ?

3. Comment est-ce qu'internet a changé ?

4. Quelle est la spécificité d'internet comparée aux autres médias ?

B Discussion et affiche : Et ensuite ?

Discutez de ces questions en petits groupes de trois élèves. Prenez une grande feuille de papier pour en faire une affiche.

1. Au centre de la page, dessinez et nommez les gadgets électroniques que vous employez tous les jours. Mettez une étiquette à chacun d'entre eux.

2. Dans votre groupe, discutez de ces questions :

   a. À quoi sont destinés les inventions et les gadgets de nos jours ?

   b. Que deviendront la télévision, la diffusion de télévision, les jeux vidéos, le GPS, le portable, le four à micro-ondes, l'iPod et les autres gadgets ?

3. Créez ensuite des images qui illustreront une nouvelle génération de gadgets provenant des objets que nous utilisons aujourd'hui. Décrivez sous chaque image les modifications futures.

4. Si vous choisissez de ne pas dessiner, vous pouvez donner un schéma en « T ».

C Présentation : Au musée des inventions

« … il se fabriquera des phono-opéragraphes de poche, utiles pendant l'excursion dans les montagnes des Alpes ou à travers les Cañons du Colorado… » (l. 93). Avez-vous déjà visité un musée muni d'un guide sonore ou d'un audio-guide ? Dans votre classe, organisez un « Musée des Inventions Majeures » composé d'images. Chaque membre de la classe préparera une « leçon » pour le guide parlant et l'enregistrera.

Travaillez en tant que classe :

1. Chaque élève choisira l'invention qu'il estime avoir été majeure pour l'histoire du monde.

2. Trouvez ou créez une image de cette invention, mettez-la sur une feuille de papier et étiquetez-la.

3. Puis préparez une explication orale qui réponde à ces questions. Recherchez le vocabulaire dont vous aurez besoin. N'oubliez pas de consulter les listes de mots utiles à la fin de ce livre.

   a. Quelle est cette invention ?
   b. Quand a-t-elle été inventée ? Par qui ?
   c. Quel est le but de cette invention ? Comment fonctionne-t-elle ?
   d. Comment cette invention nous a-t-elle été utile ; quel changement a-t-elle apporté dans notre vie ?
   e. Comment a-elle changé le monde ?
   f. Est-ce que nous utilisons toujours cette invention ? Est-ce qu'elle a été modifiée ? Comment ?

4. Enfin, enregistrez votre explication. Votre professeur vous dira comment faire.

5. Faites un CD ou MP3 de toutes les explications.

6. Affichez vos images et vos feuilles d'images dans le même ordre que le MP3.

7. Visitez votre musée à l'aide du MP3 et des écouteurs.

D À vos stylos ! L'avenir du livre

De nos jours, les livres sont distribués sur les CDs, sur internet, sur les iPods, etc. Comment se fera demain la publication des livres ? Répondez aux questions ci-dessous, puis écrivez votre rédaction.

1. Choisissez une hypothèse pour introduire votre essai et présenter votre idée directrice.

2. Esquissez trois paragraphes qui montrent votre thèse ou offrent trois exemples différents de ce que seront les publications de l'avenir.

3. Écrivez un paragraphe de conclusion qui résume votre opinion sous forme de synthèse.

4. Faites lire à un(e) autre élève votre brouillon avant de le recopier.

E Infopublicité : Quelle est votre invention ?

Travaillez avec un partenaire (pas plus de deux autres élèves). Créez une infopublicité pour faire vendre une invention destinée à aider à une tâche quotidienne. Votre invention peut être amusante ou farfelue. Un bras qui tourne les pages du livre ? Le dicta-devoirs ? Le répondeur automatique aux courriels ?

1. Choisissez une invention aussi simple ou aussi excentrique que vous voulez. Il faut pourtant que cette invention remplisse une fonction quotidienne.

2. Déterminez comment marche cette invention.

3. Faites une publicité qui explique les fonctions de ce gadget.

4. Préparez le scénario, l'organisation et le discours d'une vente agressive (*hard sell*).

5. Enregistrez votre vidéo ou présentez votre infopublicité devant la classe.

F Comparer : Plus ça change, plus c'est la même chose

Travaillez avec un partenaire. Pensez à une invention du XXe siècle qui a rapidement subi (et continue à subir) des transformations radicales.

1. Trouvez des images qui montrent l'évolution de cette invention. Présentez-les sur papier, chronologiquement et en indiquant la date de chaque modification.

2. Comparez les modifications avec l'invention originelle et montrez comment les modèles successifs ont répondu aux besoins de leur époque.

3. Présentez votre chronologie à la classe et affichez-la pour qu'elle puisse être vue par d'autres classes.

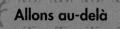

THÈME DU COURS

La science et la technologie : Les découvertes et les inventions

Dans cette sélection, un rédacteur de magazine, Maxime Chattam, donne son avis sur le Kindle et il compare cette invention récente aux livres dont il aimait caresser les pages. Cet article a été publié dans le magazine *Paris-Match* en 2009, peu après l'invention du Kindle.

La mauvaise surprise Kindle

La colle et le papier, voilà les mots qui me viennent à l'esprit lorsqu'on me parle livre-objet. Alors le *Kindle*… Cet écran profilé, léger c'est vrai, qui est supposé remplacer les tranches multicolores
5 de ma bibliothèque, ne m'attire pas vraiment de prime abord.

Choisir un bon bouquin, c'est avant tout une rencontre entre un état d'esprit et une couverture, une quatrième de couv' intéressante, un poids
10 dans la main, une typo séduisante, on soupèse sans s'en rendre compte pendant qu'on réfléchit, celui-ci ou celui-là ? Un livre, c'est un compagnon qui peut être rassurant lorsqu'il pèse un peu dans la poche d'une veste ou d'un sac. C'est une sensa-
15 tion qui met l'esprit en condition dès qu'on effleure le grammage particulier de son livre, en tournant les pages. On « sent » où on en est dans l'histoire à mesure que le petit paquet final se réduit, entre le pouce et l'index. On peut le corner pour marquer
20 des passages, souligner des phrases, bref, autant de marqueurs qu'un jour nous ou nos enfants retrouverons avec un sourire en coin, comme le legs inattendu et pourtant si parlant qu'est un livre. Un bon roman va bien au-delà de quelques
25 heures de plaisir, il y a toute une histoire physique également !

Un Kindle ne remplacera jamais un poche
Alors, certes, on me répondra que le Kindle provoquera, à sa manière, des sensations nouvelles : la douce tiédeur de l'appareil, la luminescence   30
apaisante de son écran, le feulement imperceptible de ses processeurs. Mais je n'ai pas grandi avec cette madeleine-là, moi ! Et je crois qu'il va falloir vaincre beaucoup de préjugés pour que le Kindle supplante l'objet livre (…). À tel point qu'à mes   35
yeux il ne le remplacera jamais.

Nous savons qu'une grande partie du lectorat est composé d'un cœur de « gros » lecteurs, des personnes qui lisent beaucoup, qui accumulent, dont le rapport au livre est de l'ordre du féti-   40
chisme, qui apprécient une belle couverture, qui tapissent leurs murs de livres, pour qui le manque de place est une rengaine quotidienne et dont c'est aussi, souvent, une petite source de fierté. Avoir sa bibliothèque, c'est presque une béquille de l'âme,   45
un rempart rassurant ou le gage d'autant de compagnons fidèles pour de belles soirées.

Que seront ces gens, dont je suis, avec leur Kindle rangé sur une étagère ? Les livres ne remplissent pas un vide chez nous par hasard. Et puis,   50
techniquement, vous vous imaginez rouler en boule votre Kindle pour partir prendre le train ? Perdre

un roman pendant un voyage, ce n'est pas dramatique en soi, perdre son Kindle, c'est un autre montant ! Et puis, vous vous voyez avec votre Kindle sur la plage ? Plongé dans une lecture passionnante tout en s'assurant que le sable ne vienne pas gripper la belle mécanique ? Et il faudra planifier ses voyages en songeant aux prises de courant pour recharger l'animal ! Non, à bien y réfléchir, je ne crois pas en l'avenir de cette bibliothèque virtuelle, une poignée de curieux, de « geeks », de « nerds » lui permettront un bon départ. Et au final ? Au final, des libraires qui ont, je le crois, encore de l'avenir.

Questions de compréhension

1. Dès le départ, quels aspects du Kindle ne conviennent pas à l'auteur de l'article ?

   a. L'écran.
   b. La couleur.
   c. La légèreté.
   d. L'apparence physique.

2. Pourquoi l'auteur préfère-t-il les livres ?

   a. Parce qu'on peut les sentir.
   b. Parce qu'ils ont des pages.
   c. Parce qu'ils ont des fautes.
   d. Parce qu'on peut les mettre dans un sac.

3. Quel(s) mot(s) peut-on substituer à « grammage » (l. 16) ?

   a. Le poids.
   b. La tournure de la phrase.
   c. Le choix des mots.
   d. La syntaxe.

4. Pourquoi, selon l'auteur, le Kindle ne pourra-t-il pas remplacer un vrai livre ?

   a. Il est l'objet de préjugés.
   b. Il n'a pas grandi avec cet instrument.
   c. Il ne remplacera jamais le livre.
   d. Il n'aime pas l'écran lumineux.

5. Selon l'auteur, qu'est-ce qui est vrai pour un grand nombre de lecteurs ?

   a. Ils aiment lire soit un livre soit Kindle.
   b. Ils lisent avec le cœur.
   c. Ils ont une véritable dépendance pour les livres physiques.
   d. Ils lisent avec des compagnons.

Revenez sur ces questions

Après avoir considéré les lectures et les discussions de ce chapitre, reprenez-en la discussion.

- En quoi les développements de la technologie et de la communication nous touchent-ils dans la vie de tous les jours ?

- Qu'est-ce qui motive l'invention continue de nouvelles technologies ? Apaise-t-elle notre soif des « gadgets » ? Quelles promesses technologiques l'avenir tient-il ?

- Quel est le rôle de la moralité et de la loi dans l'utilisation des technologies modernes ?

CHAPITRE 9

Attention ! Ne pas ouvrir !

Les questions du chapitre

- Comment les rapports entre les gens changent-ils / ont-ils changé avec l'introduction des nouvelles technologies ?

- Pourquoi beaucoup plus de choix moraux doivent-ils être faits aujourd'hui qu'au début du vingtième siècle ? Êtes-vous d'accord avec cette opinion ?

- Comment saurons-nous si l'utilisation des nouvelles technologies est allée trop loin ? Quel rôle assignons-nous à la moralité dans notre utilisation des nouvelles technologies ?

Contextes : La technologie et ses effets sur la société
Les choix moraux

....

LECTURE Amélie Nothomb : *Acide sulfurique*

Déchiffrons l'image

1. Les très jeunes enfants sont-ils prêts pour la technologie ?

2. Est-ce qu'on doit montrer aux plus jeunes comment se servir d'un ordinateur ou est-ce quelque chose qu'ils apprennent facilement ?

3. Pouvez-vous envisager des tâches qu'on fera bientôt **uniquement** grâce à la technologie ? Comment se débrouilleront ceux qui ne sont pas familiers avec l'informatique ?

Lecture

Acide sulphurique

Avant la lecture

Stratégie pour la lecture : *L'intrigue à travers les personnages*

....

Quelquefois, un auteur marie si bien personnages et intrigue que ceux-ci se développent de concert. On découvre l'intrigue dès qu'un personnage entre en scène. Puis, les aspects du caractère du personnage révèlent pas à pas les tenants de l'histoire.

Observez la façon dont l'auteur introduit un personnage et révèle l'intrigue :

> *Ce matin-là, Pannonique était partie se promener au Jardin des Plantes. Les organisateurs vinrent et passèrent le parc au peigne fin. La jeune fille se retrouve dans un camion.*

- C'est la première fois que nous voyons Pannonique, mais dès le début elle se fond dans l'intrigue : certains « organisateurs » passent le parc au peigne fin et Pannonique est mise dans un camion.

- Il ne s'agit pas d'une description du personnage, de son physique, de sa personnalité. L'auteur nous laissera découvrir les aspects de la personnalité de Pannonique lorsque l'histoire se déroulera.

1. Qu'est-ce que nous apprenons dans ce paragraphe ?

   > *Elle comprit alors que leur révolte non seulement ne servirait à rien, mais serait télégénique. Elle resta donc de marbre pendant le long voyage.*

   a. Quels aspects de l'intrigue sont révélés par ces phrases ? À quel stade en est-on ? Que révèle le mot « télégénique » ?
   b. Qu'est-ce que nous apprenons sur Pannonique ? Quelle sorte de jeune fille est-elle ?

2. Observons comment Zdena est présentée dans les pages suivantes :

   > *Aucune qualification n'était nécessaire pour être organisateur. Les chefs faisaient défiler les candidats et retenaient ceux qui avaient « les visages les plus significatifs » (…) Zdena fut reçue, qui n'avait jamais réussi aucun examen de sa vie. Elle en conçut une grande fierté. Désormais, elle pourrait dire qu'elle travaillait à la télévision. À vingt ans, sans études, un premier emploi : son entourage allait enfin cesser de se moquer d'elle.*

3. Comment la présentation de Zdena et le développement de l'intrigue s'agencent-ils ? Que nous révèle l'un et l'autre ?

Pour connaître l'auteur

Amélie Nothomb (1967–) est née au Japon dans une famille de diplomates belges. Elle a aussi vécu en Chine, à New York, au Bangladesh et au Laos. Son premier roman, *Hygiène de l'assassin*, est publié en 1992, suivi d'un roman chaque année. Elle s'est vue attribuer plusieurs prix pour ses romans; elle a aussi écrit les paroles de chansons pour l'artiste française RoBERT (Myriam Roulet).

La science et la technologie : La technologie et ses effets sur la société/Les choix moraux

La sélection décrit une émission de télé-réalité qui repousse les limites du quotidien et met en scène une situation qui va bien au-delà.

« *Concentration* » (tiré de Acide sulfurique)

Amélie Nothomb

Pendant la lecture

Faites attention aux phrases courtes. Quel style illustrent-elles ?

Vint le moment où la souffrance des autres ne leur suffit plus : il leur en fallut le spectacle.

Aucune qualification n'était nécessaire pour être arrêté. Les rafles se produisaient n'importe où : on emportait tout le monde, sans dérogation possible. Être humain était le critère unique. 5

Ce matin-là, Pannonique était partie se promener au Jardin des Plantes. Les organisateurs vinrent et passèrent le parc au peigne fin. La jeune fille se retrouve dans un camion.

C'était avant la première émission : les gens ne savaient pas encore ce qui allait leur arriver. Ils s'indignaient. À la gare, on les entassa dans un wagon à 10 bestiaux. Pannonique vit qu'on les filmait : plusieurs caméras les escortaient qui ne perdaient pas une miette de leur angoisse.

Elle comprit alors que leur révolte non seulement ne servirait à rien, mais serait télégénique. Elle resta donc de marbre pendant le long voyage. Autour d'elle pleuraient des enfants, grondaient des adultes, suffoquaient des vieillards. 15

On les débarqua dans un camp semblable à ceux pas si anciens des déportations nazies, à une notoire exception près : des caméras de surveillance étaient installées partout.

Aucune qualification n'était nécessaire pour être organisateur. Les chefs faisaient défiler les candidats et retenaient ceux qui avaient « les visages les plus 20 significatifs ». Il fallait ensuite répondre à des questionnaires de comportement.

Zdena fut reçue, qui n'avait jamais réussi aucun examen de sa vie. Elle en conçut une grande fierté. Désormais, elle pourrait dire qu'elle travaillait à la télévision. À vingt ans, sans études, un premier emploi : son entourage allait enfin cesser de se moquer d'elle. 25

Pendant la lecture

Observez la structure du roman : les personnages sont présentés et l'histoire se découvre.

On lui expliqua les principes de l'émission. Les responsables lui demandèrent si cela la choquait.

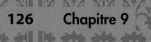    

—Non. C'est fort, répondit-elle.

Pensif, le chasseur de têtes lui dit que c'était exactement ça.

30 —C'est ce que veulent les gens, ajouta-t-il. Le chiqué, le mièvre, c'est fini.

Elle satisfait à d'autres tests où elle prouva qu'elle était capable de frapper des inconnus, de hurler des insultes gratuites, d'imposer son autorité, de ne pas se laisser émouvoir par des plaintes.

—Ce qui compte, c'est le respect du public, dit un responsable. Aucun

35 spectateur ne mérite notre mépris.

Zdena approuva.

Le poste de kapo lui fut attribué.

—On vous appellera la kapo Zdena, lui dit-on. Le terme militaire lui plut.

—Tu as de la gueule, kapo Zdena, lança-t-elle à son reflet dans le miroir.

40 Elle ne remarquait déjà plus qu'elle était filmée.

Les journaux ne parlèrent plus que de cela. Les éditoriaux flambèrent, les grandes consciences tempêtèrent.

Le public, lui, en redemanda, dès la première diffusion. L'émission, qui s'appelait sobrement « Concentration », obtint une audience record. Jamais on

45 n'avait eu prise si directe sur l'horreur.

« Il se passe quelque chose », disaient les gens.

La caméra avait de quoi filmer. Elle promenait ses yeux multiples sur les baraquements où les prisonniers étaient parqués : des latrines, meublées de paillasses superposées. Le commentateur évoquait l'odeur d'urine et le froid

50 humide que la télévision, hélas, ne pouvait transmettre.

Chaque kapo eut droit à plusieurs minutes de transmission.

Zdena n'en revenait pas. La caméra n'aurait d'yeux que pour elle pendant plus de cinq cents secondes. Et cet œil synthétique présageait des millions d'yeux de chair.

55 —Ne perdez pas cette occasion de vous rendre sympathiques, dit un organisateur aux kapos. Le public voit en vous des brutes épaisses : montrez que vous êtes humains.

—N'oubliez pas non plus que la télévision peut être une tribune pour ceux d'entre vous qui ont des idées, des idéaux, souffla un autre avec un sourire

60 pervers qui en disait long sur les atrocités qu'il espérait les entendre proférer.

Zdena se demandait si elle avait des idées. Le brouhaha qu'elle avait dans la tête et qu'elle nommait pompeusement sa pensée ne l'étourdit pas au point de conclure par l'affirmative. Mais elle songea qu'elle n'aurait aucun mal à inspirer la sympathie.

65 C'est une naïveté courante : les gens ne savent pas combien la télévision les enlaidit. Zdena prépara son laïus devant le miroir sans se rendre compte que la caméra n'aurait pas pour elle les indulgences de son reflet.

Pendant la lecture

Notez que le lecteur doit être très attentif pour bien comprendre la situation.

Après la lecture

Vérifiez votre compréhension

1. Sur quels critères choisit-on les participants à l'émission *Concentration* ?

2. Qui sont les candidats ? Comment les choisit-on ?

3. Qui est Pannonique ? Qu'est-ce qui lui est arrivé ?

4. Pourquoi Pannonique et les autres ignorent-ils ce qui leur est arrivé ?

5. Pourquoi s'indignent-ils ?

6. Avec quelle insistance les caméras filment-elles la scène ?

7. Pourquoi la révolte serait-elle « télégénique » ?

8. À quoi ressemble le camp ? Quelle est la seule exception dans cette comparaison ?

9. Quelles sont les qualifications requises pour être organisateur ?

10. Qui devient organisateur ? A-t-elle des qualifications pour un autre métier ? Lequel ?

11. Qu'est-ce qu'on explique à Zdena ?

12. Qu'est-ce que veulent les gens ?

13. Selon les responsables, qu'est-ce qui permet de gagner le respect du public ?

14. Quel titre Zdena se voit-elle décerner ? Que se dit-elle devant le miroir ?

15. Quelle est la réaction de la presse à l'émission *Concentration* ? Celle du public ?

16. De quoi parle le commentateur ?

17. Combien de temps Zdena aura-t-elle devant la caméra ? Comment les organisateurs veulent-ils que leurs kapos agissent ?

En y réfléchissant

1. Commentez la première ligne du texte : « Vint le moment où la souffrance des autres ne leur suffit plus, il leur en fallut le spectacle. »

2. Expliquez « être humain était le critère unique ».

3. Pourquoi l'auteure choisit-elle de dire « on les entassa dans un wagon à bestiaux » ?

4. Expliquez comment Pannonique se rend compte que la révolte est une arme à double-tranchant.

5. Commentez l'effet produit par les trois verbes : « Autour d'elle pleuraient des enfants, grondaient des adultes, suffoquaient des vieillards. » Y a-t-il une progression ? Laquelle ?

6. Pourquoi l'auteure insiste-t-elle sur le manque de qualifications de Zdena ?

7. En quoi consistent ces « principes de l'émission » qu'on explique à Zdena ?

8. On dit que Zdena satisfait à « d'autres tests ». De quel genre de tests s'agit-il ?

9. Pourquoi le titre « kapo » est-il troublant ?

10. Pourquoi veut-on que les kapos se montrent sympathiques et humains ?

Perspectives culturelles

Bien que les histoires de la Deuxième Guerre mondiale parlent surtout des camps de concentration en Allemagne et en Pologne, la France a connu, elle aussi, plusieurs camps où ont été internés des Juifs, des Roms, des handicapés…. En France, il s'agissait plutôt de camps d'internement et de transit. De cette situation se sont nouées d'extraordinaires histoires de courage souvent méconnues.

1. Travaillez en petits groupes de trois ou quatre pour faire des recherches sur ces histoires de guerre telles que :

   a. André Trocmé et le village de Le-Chambon-sur-Lignon.
   b. Luis Martins de Souza Dantas, diplomate brésilien.
   c. Suzanne Spaak, célébrité française.
   d. Hiram Bingham IV, diplomate américain.
   e. Gilberto Bosques Saldívar, consul du Mexique.
   f. La petite ville de Moissac dans le département du Tarn et Garonne.

2. En vous aidant du résultat de vos recherches, préparez une brève présentation que vous ferez devant la classe. Dites qui était telle personne ou tel lieu, puis décrivez ce qui a souvent été fait pour sauver des vies humaines pendant la guerre.

Pour améliorer votre vocabulaire

1. **Synonymes :** Trouvez un synonyme pour chaque mot ou chaque expression de la liste. Vous trouverez ces mots dans le texte.

   1. au peigne fin (l. 7)
   2. s'indigner (l. 10)
   3. entasser (l. 10)
   4. escorter (l. 11)
   5. le mièvre (l. 30)
   6. avoir de la gueule (l. 39)
   7. flamber (l. 41)
   8. superposé (l. 49)
   9. présager (l. 53)
   10. le laïus (l. 66)

2. **Antonymes :** Trouvez un antonyme pour chaque mot ou chaque expression de la liste. Vous trouverez ces mots dans le texte.

   1. semblable (l. 16)
   2. significatif (l. 21)
   3. la fierté (l. 23)
   4. la naïveté (l. 65)
   5. enlaidir (l. 66)

3. **Définitions :** Associez les mots de la première colonne avec les définitions possibles de la seconde. Vérifiez le contexte dans lequel se trouvent ces mots.

   1. la rafle (l. 3)   a. la garde
   2. de marbre (l. 14)   b. rêver
   3. gronder (l. 15)   c. passer
   4. débarquer (l. 16)   d. l'arrestation
   5. la surveillance (l. 17)   e. réprimander
   6. défiler (l. 20)   f. l'affectation
   7. désormais (l. 23)   g. descendre
   8. le chiqué (l. 30)   h. à l'avenir
   9. le brouhaha (l. 61)   i. le vacarme
   10. songer (l. 63)   j. chanter
                                 k. la loterie
                                 l. solide

Allons au-delà

Pour communiquer

Ⓐ Écouter

Dans ce podcast de Radio-France Internationale, on parle de nouveaux scanners et les possibilités qu'ils offrent dans les aéroports et ailleurs. Écoutez l'extrait audio et répondez aux questions suivantes.

1. Quelle quantité de liquide est-ce qu'on permet à un passager d'emporter avec lui ?
2. Que distingue le nouveau « scanner » ?
3. Qu'est-ce qui donne à ce nouveau scanner la capacité de différencier les liquides ?
4. Selon le texte, pourquoi faut-il scanner les oreilles ?

Ⓑ Sondages : La technologie actuelle

Travaillez en petits groupes. Chacun d'entre vous choisira une question. Posez-la ensuite en français aux élèves de la classe, ainsi qu'à vos amis et à vos parents (en français ou en anglais). Avec les informations que vous obtenez, dessinez sur un poster un « camembert » ou un histogramme pour visualiser les résultats. Ajoutez sur votre poster une illustration, une légende, une explication et une conclusion (ce que vous avez appris avec ce sondage). Puis présentez vos posters à la classe et affichez-les là où votre professeur vous le conseillera.

1. Combien de gadgets technologiques possédez-vous ?
2. Quels sont les outils technologiques que vous avez avec vous ?
3. Quels sont les outils technologiques que vous avez à la maison ?
4. Quels gadgets envisagez-vous d'acheter prochainement ?
5. Parmi les gadgets que vous possédez, combien sont vraiment nécessaires, essentiels, inutiles ?

6. Quelles questions pouvez-vous ajouter à cette liste ?

Ⓒ Présentation : Jusqu'où peut aller la téléréalité ?

Travaillez en groupes d'environ cinq élèves. Faites un peu de remue-méninges pour choisir un thème d'une nouvelle émission de téléréalité.

1. Composez le scénario de la bande-annonce vidéo qui présentera cette émission,
2. Dans la vidéo, vous devrez :
   a. indiquer l'idée ou le thème de la téléréalité ;
   b. montrer une scène de cette émission où les « acteurs » font ce qu'ils feront dans l'émission ;
   c. faire appel à des journalistes critiques de télévision qui parleront de l'émission.
3. Votre vidéo durera au moins deux minutes et présentera l'émission de telle sorte que les spectateurs voudront la regarder.
4. Si vous n'avez pas accès à la technologie nécessaire pour un enregistrement, vous pouvez faire votre présentation *en direct !*

Ⓓ Recherches : Les effets de la technologie sur la société

Dites comment un gadget technologique que vous utilisez tous les jours peut avoir des effets positifs ou négatifs sur d'autres utilisateurs. Il pourrait s'agir par exemple des messages SMS que certains écrivent tout en conduisant leur voiture. Illustrez cette idée par une histoire ou par une bande dessinée de votre invention.

1. Votre histoire peut être vraie ou fictive.
2. Elle doit illustrer l'aspect positif (ou négatif) d'un gadget technologique.

3. Vous pouvez employer des applications électroniques telles que PowerPoint, MovieMaker, Flash, et aussi vous référer à des sites qui vous aideront à composer une bande dessinée.

E Schéma « T » : La technologie : Où va-t-on ?

Comment est-ce que la technologie affecte notre moralité et nos vies ? Le téléphone qui sonne à toutes heures et en tout lieu (on n'est jamais seul ou loin), l'isolement qui provient des heures passées devant l'écran mis en opposition aux réseaux sociaux, l'accès instantané aux connaissances du monde contre la véracité des sites web, les yeux secs, le temps perdu, la dépendance aux jeux, la vérification orthographique, la calculatrice, l'envoie des textos tout en conduisant : tous ces avantages et inconvénients de la technologie !

1. Travaillez en petits groupes de trois ou quatre et prenez une grande feuille de papier.

2. Dessinez un schéma « T » et faites la liste des avantages et des inconvénients de la technologie moderne.

3. Pensez aux ordinateurs, aux portables, aux iPods, aux iPhones, aux GPS.

4. Puis, présentez votre schéma à la classe.

F Comparer

Lisez le schéma et l'explication :

Ipsos Marketing publie les résultats d'une enquête menée auprès d'un millier de consommateurs français en partenariat avec le magazine LSA. À la question « quelles grandes innovations ont marqué la vie des consommateurs français durant les 50 dernières années ? », la technologie personnelle est arrivée en tête des réponses.

Maintenant, c'est à vous de lancer votre propre sondage dans l'école. Travaillez en groupe.

1. Posez la même question (en anglais, bien sûr) à autant de personnes que vous pouvez.

2. Créez un histogramme semblable à celui-ci (voir ci-dessous).

3. Comparez les deux.

   a. Qu'ont-ils de semblable ? de différent ?

   b. Qu'est-ce que la comparaison vous apprend sur les deux peuples ?

   c. Est-ce que votre sondage est crédible ?

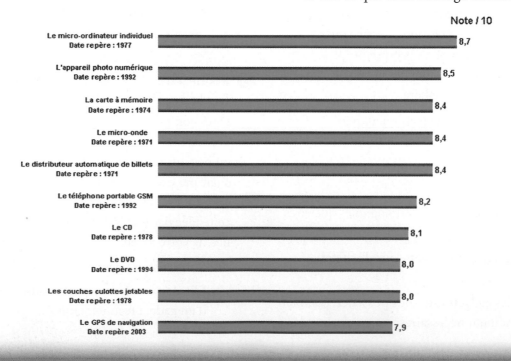

Note / 10

Le micro-ordinateur individuel — Date repère : 1977	8,7
L'appareil photo numérique — Date repère : 1992	8,5
La carte à mémoire — Date repère : 1974	8,4
Le micro-onde — Date repère : 1971	8,4
Le distributeur automatique de billets — Date repère : 1971	8,4
Le téléphone portable GSM — Date repère : 1992	8,2
Le CD — Date repère : 1978	8,1
Le DVD — Date repère : 1994	8,0
Les couches culottes jetables — Date repère : 1978	8,0
Le GPS de navigation — Date repère 2003	7,9

La science et la technologie : La technologie et ses effets sur la société/Les choix moraux

Dans cette sélection, on trouve qu'avec les nouvelles technologies, les antisèches classiques sont hors-jeu. Cet article est paru dans le magazine hebdomadaire *L'Express* en 2010.

Tricher au bac comme un geek

Tout commence par des bouts de papier collés derrière une règle en métal, des bribes de cours inscrit sur les avant-bras, une feuille posée sur les genoux… Dénicher des astuces pour tricher pendant les examens a toujours été une préoccupation majeure des étudiants. L'arrivée des calculatrices programmables a marqué un tournant : difficile de faire plus discret quand l'outil est autorisé en examen. Les formules de maths y sont programmées, et des sites Internet détaillent les étapes nécessaires à la conception d'antisèches[1] propres à l'outil.

Qu'est-ce que je risque en trichant ?

Votre copie sera transmise au recteur qui engagera ou non des poursuites en fonction des remarques inscrites par le surveillant sur votre copie. Vous risquez un blâme ou une interdiction de vous présenter au bac, voire de vous inscrire dans l'enseignement supérieur. Au niveau national, une bonne centaine de cas sont sanctionnés chaque année.

L'arme ultime : Le téléphone portable

Toujours au fond de la poche, le téléphone a l'avantage d'être connecté à l'extérieur de différentes façons. Le SMS représente "l'appel à un ami" bien connu des jeux télévisé : on pose une question à un copain qui bénéficie de tous les outils pour y répondre. Mieux encore, le MMS permet de prendre en photo son devoir : idéal pour les exercices de géométrie ou de géographie ! Connaître l'emplacement des touches du téléphone est un avantage non négligeable : l'envoi d'un SMS à l'aveugle devient possible même lorsque le téléphone est fourré au fond d'une poche.

L'aide extérieure a ses avantages, mais surfer soi-même simplifiera les choses. Chaque question, ou presque, trouve sa réponse sur la Toile[2]. Une date oubliée ? Un doute sur l'orthographe d'un nom propre ? Pas d'inquiétude : la réponse est sur le Net. Encore faut-il pouvoir accéder à son téléphone, qui est formellement interdit pendant les examens. Alors, comment faire pour tricher en restant à la pointe de la technologie ?

Préparer ses feuilles de pompe sur le Net

Une antisèche, ça se prépare. Un ordinateur, une imprimante et un peu d'imagination font des miracles. Il suffit de taper ses notes, de les imprimer en modèle réduit, glisser le tout dans le plastique

1. crib sheets
2. the Web

transparent d'un stylo : le tour est joué. Petite variante, un scanner permettra d'obtenir l'image de l'étiquette d'une bouteille de Coca-cola. Avec le coup de pouce de Photoshop, la liste d'ingrédients sera effacée, pour être remplacée par des formules de maths barbares.

Des sites, comme Webtricheur, offrent même la possibilité de concevoir un site WAP, accessible à partir d'un téléphone portable et sur lequel seront stockées toutes les informations nécessaires à la bonne tenue des épreuves. Mais le temps de préparation est-il rentable ? Comme le rappelle Vidberg sur son blog, tricher conduit souvent à apprendre ses cours. Tant mieux, parce que tricher c'est mal, et qu'il est encore temps de réviser ses cours sur Internet avant le jour J[3].

Questions de compréhension

1. Cet article commence avec une histoire courte qui a pour sujet… ?

   a. Les articles d'écolier.
   b. Les activités scolaires.
   c. Les moyens de passer les examens.
   d. Comment tricher à l'école.

2. Quelles sont les amendes encourues dans ce cas ?

   a. L'expulsion de l'école.
   b. La possibilité de poursuites judiciaires.
   c. L'exclusion possible des études universitaires.
   d. Un score moindre au bac.

3. Pourquoi le SMS est-il un outil plus « coupable » que d'autres ?

   a. Parce que celui qui y répond peut tout savoir.
   b. Parce que tout est disponible pour aider à formuler une bonne réponse.
   c. Parce qu'on peut facilement le cacher.
   d. Parce qu'on peut taper la question au fond d'une poche.

4. Dans ce contexte, pourquoi le MMS est-il meilleur que le SMS ?

   a. Parce que la technologie est supérieure.
   b. Parce que le MMS peut prendre en compte plusieurs devoirs à la fois.
   c. Parce que le MMS a un avantage non négligeable.
   d. Parce que le MMS peut prendre et montrer des images.

5. Qu'est-ce que c'est qu'une « antisèche » ?

   a. Un petit morceau de papier qui contient des réponses ou des formules.
   b. Un ordinateur ou un logiciel qui permet la triche.
   c. Tout outil qui aide illicitement celui qui passe un examen.
   d. Un scanner spécialisé.

6. Qu'a-t-on fait avec la bouteille de Coca-cola ?

   a. On grave des réponses sur le verre de la bouteille.
   b. On change l'étiquette et on y met des réponses.
   c. On a remplacé les formules de maths.
   d. On a pris l'image pour l'imprimer sur une copie d'examen.

---

3. D-Day

7. Quelle est l'ironie finale qui se cache dans la triche ?

   a. Tout tricheur sera découvert.
   b. On risque une interdiction.
   c. Seulement une centaine de tricheurs sont sanctionnés par an.
   d. C'est en trichant qu'on apprend souvent le cours.

8. Quel est le Jour J auquel on fait référence à la fin de l'article ?

   a. Le débarquement de Normandie, en 1944.
   b. La dernier jour de l'année scolaire.
   c. Le jour prévu pour l'examen.
   d. Le jour où les tricheurs seront convoqués devant le juge.

Revenez sur ces questions

Après avoir considéré les lectures et les discussions de ce chapitre, reprenez-en la discussion.

- Comment les rapports entre les gens changent-ils / ont-ils changé avec l'introduction des nouvelles technologies ?

- Pourquoi beaucoup plus de choix moraux doivent-ils être faits aujourd'hui qu'au début du vingtième siècle ? Êtes-vous d'accord avec cette opinion ?

- Comment saurons-nous si l'utilisation des nouvelles technologies est allée trop loin ? Quel rôle assignons-nous à la moralité dans notre utilisation des nouvelles technologies ?

La science et la technologie : Résumons-nous

Questions centrales au débat

- En quoi l'évolution de la science et de la technologie touche-t-elle notre vie ?
- Quels éléments ont été à l'origine de l'innovation et de la découverte dans les domaines de la science et de la technologie ?
- Quel rôle joue la morale dans le progrès scientifique ?

Contextes :

- **Les découvertes et les inventions**
- **La recherche et ses nouvelles frontières**
- **L'avenir de la technologie**
- **Les choix moraux**
- **Les nouveaux moyens de communication**
- **La propriété intellectuelle**

Activité de révision
Selon moi

Pensez à un problème ou une implication sociale créé par la technologie. De quoi s'agit-il ? Comment se manifeste-t-il ? Servez-vous d'exemples tirés de votre vie personnelle, de la vie actuelle, et des informations fournies par les médias. Organisez vos idées sous forme d'un plan qui vous aidera à préparer votre présentation.

Première partie : Annoncez le problème et expliquez pourquoi il faut y prêter attention. Retracez son évolution. Comment s'est-il développé ? Pourquoi est-ce devenu un problème ? Comment se manifeste-t-il ? Quelles en sont les conséquences ?

Deuxième partie : Servez-vous d'exemples tirés de votre vie personnelle.

Troisième partie : Tournez-vous maintenant vers les effets de ce problème sur votre communauté ou en général aux États-Unis. Que vous en disent l'histoire ou les médias ? Quelqu'un de célèbre en a-t-il fait sa cause ?

Quatrième partie : Comment ce problème s'exprime-t-il dans le monde francophone ? Que fait-on pour y répondre ?

Cinquième partie : Tirez une conclusion des idées que vous avez présentées. Quelles sont les solutions envisageables ?

Un peu d'aide

Ces questions pourront vous aider à organiser vos idées :

1. Quels sont les causes et les effets sur les personnes ou les groupes de personnes que vous mentionnez ? Quelles conclusions en tirez-vous ?

2. Est-ce que ce problème est en passe d'être résolu ? Que reste-t-il encore à faire ?

3. Qu'est-ce que vous pourriez faire sur le plan local ?

4. Si vous travailliez dans ce domaine, que feriez-vous ?

5. Essayez de formuler une conclusion qui résume tout ce que vous dites.

La vie contemporaine

Questions centrales au débat

À la fin de cette unité, vous pourrez répondre à ces questions.

- Comment la qualité de la vie est-elle définie par les personnes et par la société ?
- Comment la vie d'aujourd'hui est-elle influencée par les produits culturels, les pratiques et les perspectives sur la culture ?
- Quels sont les défis de la vie d'aujourd'hui ?

CHAPITRE 10

Cherchez ! Comparez ! Achetez !

Contexte : La publicité et le marketing

LECTURE Frédéric Beigbeder : *99 Francs*

Déchiffrons l'image

1. On pourrait dire que cette réclame est simple et ne présente pas les difficultés que l'on rencontre dans d'autres publicités. Qu'est-ce qui la rend simple ?

2. D'habitude nous ne voyons que l'emballage sur une réclame. Ici on voit et l'emballage et le produit. Pourquoi veut-on nous faire voir le produit ?

3. Où imaginez-vous que ce trouve cette enseigne ? Qu'est-ce qui vous amène à cette conclusion ?

4. Qu'est-ce qui rappellera le produit au consommateur potentiel lorsqu'il sera au supermarché ?

Les questions du chapitre

- En quoi la publicité et le marketing améliorent-ils la qualité de notre vie ? En quoi nous influencent-ils ?

- Comment un vendeur convainc-t-il le client d'acheter un produit ?

- Quels sont les défis que la publicité pose au consommateur ?

Lecture

99 Francs

Avant la lecture

Stratégie pour la lecture : *À la recherche des mots de la publicité*

Dans ce passage, l'auteur veut faire entrer son lecteur dans le monde du marketing et de la publicité, en utilisant des mots particuliers au sujet. Les connaissez-vous ? Pouvez-vous les trouver en faisant des recherches ?

> retoucher sur PhotoShop
> images léchées
> la bagnole « de vos rêves »
> shooter
> la dernière campagne
> le pays où on n'arrive jamais
> droguer
> la nouveauté
> une nouvelle nouveauté
> baver
> consommer

1. Afin de mieux comprendre ce que dira l'auteur de son travail de publicitaire ou des publicités, essayez d'utiliser les mots ou expressions ci-dessus en les incluant dans des phrases que vous inventerez.

2. C'est en comprenant ces mots, non seulement dans leur sens général, mais aussi dans leur sens particulier au marketing, que vous aurez accès au sens du texte.

3. Par exemple, expliquez les phrases ci-dessous prises dans le sens du marketing et de la publicité, afin de mieux comprendre le contexte dans lesquelles elles sont utilisées.

   a. « Quand… vous réussirez à payer la bagnole de vos rêves, celle que j'ai shootée dans ma dernière campagne, je l'aurai déjà démodée. »

   b. « Le Glamour, c'est le pays où l'on n'arrive jamais. »

   c. « Vous faire baver, tel est mon sacerdoce. »

Pour connaître l'auteur

Frédéric Beigbeder (1965–) est né dans une famille aisée. Sa mère Christine de Chasteigner est traductrice de romans de langue anglaise dont ceux de Barbara Cartland ; son père Jean-Michel Beigbeder est « chasseur de têtes » dans le monde des affaires. Frédéric a été étudiant à l'Institut d'Études Politiques de Paris (Sciences Po), une des grandes écoles françaises. Il a ensuite travaillé dans la publicité avant de devenir auteur et animateur de télévision, notamment à Canal+ l'émission Hypershow. Deux de ses romans, *99 Francs* et *Windows on the World* (qui se déroule à New York pendant les attaques du 11 septembre 2001) ont été adaptés au cinéma. En 2007, Beigbeder a tourné aux États-Unis un film sur l'écrivain J. D. Salinger.

La vie contemporaine
La publicité et le marketing

Ce passage a pour sujet les confessions sans remords d'un chargé de publicité.

99 Francs*

Frédéric Beigbeder

Pendant la lecture

Soyez attentif à la rapidité de l'expression des idées.

Je me prénomme Octave et m'habille chez APC. Je suis publicitaire : eh oui, je pollue l'univers. Je suis le type (…) qui vous fait rêver de ces choses que vous n'aurez jamais. Ciel toujours bleu, nanas jamais moches, un bonheur parfait, retouché sur PhotoShop. Images léchées, musiques dans le vent. Quand, à force d'économies, vous réussirez à vous payer la bagnole de vos rêves, celle que j'ai 5
shootée dans ma dernière campagne, je l'aurai déjà démodée. J'ai trois vogues d'avance, et m'arrange toujours pour que vous soyez frustré. Le Glamour, c'est le pays où l'on n'arrive jamais.

Je vous drogue à la nouveauté, et l'avantage avec la nouveauté, c'est qu'elle ne reste jamais neuve. Il y a toujours une nouvelle nouveauté pour faire vieillir la 10
précédente. Vous faire baver, tel est mon sacerdoce. Dans ma profession, personne ne souhaite votre bonheur, parce que les gens heureux ne consomment pas.

Votre souffrance dope le commerce. Dans notre jargon, on l'a baptisée « la déception post-achat ». Il vous faut d'urgence un produit, mais dès que vous 15
le possédez, il vous en faut un autre. L'hédonisme n'est pas un humanisme : c'est du cash-flow. Sa devise ? « Je dépense, donc je suis. » Mais pour créer des besoins, il faut attiser la jalousie, la douleur, l'inassouvissement : telles sont mes munitions. Et ma cible, c'est vous.

Pendant la lecture

À qui le narrateur s'adresse-t-il ?

Je passe ma vie à vous mentir et on me récompense grassement. Je gagne 20
13 000 euros (sans compter les notes de frais, la bagnole de fonction, les stock-options et le golden parachute). L'euro a été inventé pour rendre les salaires des riches six fois moins indécents. Connaissez-vous beaucoup de mecs qui gagnent 13K euros à mon âge ? Je vous manipule et on me file la nouvelle Mercedes SLK (avec son toit qui rentre automatiquement dans le coffre) ou 25
la BMW 78 ou la Porsche Boxter ou la Mazda MX5. (Personnellement, j'ai un faible pour le roadster BMW 78 qui allie esthétisme aérodynamique de la carrosserie et puissance grâce à son 6 cylindres en ligne qui développe 321 chevaux, lui permettant de passer de 0 à 100 kilomètres/heure en 5,4 secondes.

*14.99 €

30   J'interromps vos films (…) à la télé pour imposer mes logos et on me paye des vacances à Saint-Barth ou Lamu ou Phuket ou Lascabanes (Quercy). Je rabâche mes slogans dans vos magazines favoris et on m'offre un mas provençal ou un château périgourdin ou une villa corse ou une ferme ardéchoise ou un palais marocain ou un catamaran antillais ou un yacht tropézien. Je Suis

35 Partout. Vous ne m'échapperez pas. Où que vous posiez vos yeux, trône ma publicité. Je vous interdis de vous ennuyer. Je vous empêche de penser. Le terrorisme de la nouveauté me sert à vendre du vide. Demandez à n'importe quel surfeur : pour tenir à la surface, il est indispensable d'avoir un creux au-dessous. Surfer, c'est glisser sur un trou béant (les adeptes d'Internet le savent aussi

40 bien que les champions de Lacanau). Je décrète ce qui est Vrai, ce qui est Beau, ce qui est Bien. Je caste les mannequins (…) À force de les placarder, vous les baptisez top-models ; mes jeunes filles traumatiseront toute femme qui a plus de 14 ans. Vous idolâtrez mes choix. (…) Plus je joue avec votre subconscient, plus vous m'obéissez. Si je vante un yaourt sur les murs de votre ville, je vous

45 garantis que vous allez l'acheter. Vous croyez que vous avez votre libre arbitre, mais un jour ou l'autre, vous allez reconnaître mon produit dans le rayonnage d'un supermarché, et vous l'achèterez, comme ça, juste pour goûter, croyez-moi, je connais mon boulot.

Après la lecture

Vérifiez votre compréhension

1. Quel est le métier du narrateur ? Quelle opinion a-t-il de son travail ?

2. Quel monde décrit-il ?

3. Qu'est-ce qui se passe quand vous parvenez à acquérir un des nouveaux produits ?

4. Qu'est-ce que le Glamour ? Expliquez.

5. Quel est l'avantage de la nouveauté ?

6. Quels effets sont produits par la nouveauté ?

7. Qu'est-ce qui manque aux gens heureux ?

8. Comment crée-t-on des besoins ?

9. Selon l'auteur, comment le récompense-t-on ? À part son salaire, de quels autres avantages bénéficie-t-il ?

10. Comment nous empêche-t-il de penser ?

11. Que prétend-il décréter ?

12. Quel est le résultat final de toutes ces publicités ?

En y réfléchissant

1. Comment le publicitaire contrôle-t-il la vie du consommateur ?

2. Expliquez l'expression « tel est mon sacerdoce ».

3. Qu'est-ce que la « déception post-achat » ? Expliquez.

4. Quel est le cercle vicieux dans lequel nous entraîne la consommation ?

5. À quoi ressemble la devise « Je dépense donc je suis » ? Expliquez l'humour de cette référence.

6. Expliquez les références géographiques qu'utilise le narrateur.

7. Qu'est-ce que le « libre arbitre » ? Comment la publicité nous en prive-t-elle ?

8. Dressez une liste des éléments qui montrent que le narrateur « connaît son boulot ».

9. Compte tenu de la rapidité de présentation, à quoi ressemble ce texte ? Expliquez.

10. Est-ce que le narrateur aime bien son travail ? Par quels signes le voyez-vous ?

Approches transdisciplinaires

Dans le passage, l'auteur écrit « Plus je joue avec votre subconscient, plus vous m'obéissez. » Il y a dans les publicités les phrases qui nous attirent, mais les images nous attirent en nous faisant penser que si nous achetons et si nous nous servons de ce produit, nous serons aussi jolie, aussi sportif, aussi populaire, aussi….

1. Feuilletez les magazines de langue française que votre professeur aura dans la salle de classe pour trouver des publicités dont les images ont pour but de toucher notre subconscient. Qu'est-ce que ces images vous disent ? Qui et comment sont les personnes qui utilisent ces produits ?

2. Expliquez vos idées à la classe à partir de deux ou trois exemples. (Si vous n'avez pas accès à des magazines, vous pouvez rechercher des images de produits sur internet.)

3. En quoi les publicités françaises se différencient-elles (ou ressemblent-elles) aux publicités faites aux États-Unis ?

Pour améliorer votre vocabulaire

1. **Synonymes :** Trouvez un synonyme pour chaque mot ou chaque
   expression de la liste. Vous trouverez ces mots dans le texte.

   a. polluer (l. 2)
   b. moche (l. 3)
   c. vieillir (l. 10)
   d. créer (l. 17)
   e. les munitions (l. 19)
   f. rabâcher (l. 32)
   g. décréter (l. 42)

2. **Antonymes :** Trouvez un antonyme pour chaque mot ou chaque
   expression de la liste. Vous trouverez ces mots dans le texte.

   a. la précédente (l. 11)
   b. l'inassouvissement (l. 18)
   c. indécent (l. 23)
   d. un creux (l. 38)

3. **Définitions :** Associez les mots de la première colonne avec les définitions
   possibles de la seconde. Vérifiez le contexte dans lequel se trouvent ces
   mots.

1. le sacerdoce (l. 11)	a. désuet
2. la bagnole (l. 5)	b. l'insatisfaction
3. démodé (l. 6)	c. guetter
4. vieillir (l. 10)	d. décliner
5. la déception (l. 15)	e. la vocation
6. la devise (l. 17)	f. répéter
7. l'inassouvissement (l. 18)	g. réduire
8. la cible (l. 19)	h. la désillusion
9. rabâcher (l. 33)	i. l'objectif
10. vanter (l. 46)	j. louer
	k. la voiture
	l. le proverbe

Allons au-delà

Pour communiquer

A Écouter

Dans ce passage audio, on parle de « callcenters » et de l'opinion de différents utilisateurs à leur sujet. Écoutez l'extrait audio et répondez aux questions suivantes.

1. Pourquoi téléphone-t-on à un callcenter ?

2. Pourquoi la première interviewée les trouve-t-elle exaspérants ?

3. Qu'en pense l'homme ?

4. Qu'est-ce qu'il caractérise comme une « arnaque totale » ?

5. À quoi compare-t-il les callcenters ?

B Jeu de rôles : Allô ? T'es là ?

Travaillez avec un(e) partenaire. Imaginez que vous venez de voir à la télévision une publicité pour un produit dont votre ami(e) a absolument besoin.

1. Téléphonez-lui et expliquez-lui quel est ce produit, comment on l'a décrit dans la publicité et pourquoi vous croyez qu'il/elle en a besoin.

2. Échangez les rôles.

3. Si votre professeur vous le demande présentez votre jeu de rôles à la classe.

C Un échantillonnage : Que vend-on ?

Travaillez en petits groupes d'environ quatre élèves. Décrivez les différentes publicités que vous voyez à la télévision.

1. En groupes, préparez vos réponses à ces questions.

   a. Quelles sont vos publicités favorites ? Lesquelles vous agacent-elles ?

   b. Selon vous, lesquelles sont les plus efficaces ? Lesquelles sont les plus irritantes ?

2. Maintenant, organisez vos idées pour en faire une présentation à la classe. Recherchez le vocabulaire dont vous aurez besoin. Votre exposé peut aborder la question sous les aspects positifs ou négatifs que vous souhaiterez. Si vous le souhaitez, vous pourrez interpréter une des publicités télévisées.

D Infopublicité : Achetez-le maintenant !

Travaillez en groupes de deux ou trois élèves.

1. Inventez le produit du futur dont tout le monde aura absolument besoin. Cette invention doit être quelque chose dont aucun foyer ne pourra se passer.

2. Puis créez la publicité télévisée qui vendra ce produit.

3. Si votre école en a la capacité, enregistrez ces publicités et discutez-les en classe ou avec d'autres classes.

E Présentation : Une réclame

Choisissez une publicité tirée d'un magazine ou d'un journal français. Préparez une présentation en vous appuyant sur ces questions :

1. À qui s'adresse cette réclame ?

2. Pensez-vous qu'elle va attirer le public qu'elle a ciblé ? Qu'est-ce qui la rend attractive ?

3. Est-ce que vous achèterez ce produit ? Comment est-ce que la réclame a influencé votre décision ?

4. Préparez pour la classe une question que vous poserez à la fin, puis faites votre présentation.

F Aux affiches ! Le travail idéal

Quel serait pour vous le travail idéal ? Qu'est-ce que vous aimeriez faire dans la vie ? Choisissez un

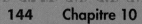

travail potentiel. Celui-ci peut être sérieux aussi bien qu'amusant. Voulez-vous être dompteur de lions ?

1. Trouvez la photo de quelqu'un qui est en train de faire ce genre de travail ou dessinez cette personne au travail.

2. Décrivez ce travail en quelques mots :
   a. En quoi consiste ce métier ?
   b. Quelles en sont les responsabilités ?
   c. Pourquoi aimeriez-vous faire ce genre de travail ?

3. Si vous aviez un travail qui vous passionnait, comment le décririez-vous ?

4. Votre professeur vous dira où afficher votre travail et quand présenter le poster à la classe.

G À vos stylos ! Quel public ?

Plusieurs produits visent différents publics : une campagne de publicité qui vise les adolescents n'est pas toujours la même que celle qui vise les adultes. À vos stylos !

1. Choisissez un produit dont vous connaissez bien les publicités et expliquez dans votre essai comment la campagne de publicité cherche à attirer différents groupes d'utilisateurs.

2. Commencez votre essai avec une introduction qui annonce le thème.

3. Dites de quel produit il s'agit.

4. Indiquez les publicités qui s'y rapportent.

5. Expliquez comment chaque publicité vise son public.

6. Écrivez une conclusion qui résume vos idées.

H Comparer

Faites la comparaison entre ces deux publicités pour Perrier.

1. Quels groupes ciblent-elles ?

2. En quoi chaque publicité est-elle destinée à un public français ou a-t-elle une portée universelle ?

3. Comment la publicité évoque-t-elle la soif et donc un désir de Perrier ?

4. De quelle publicité va-t-on se souvenir ?

Apple introduit le blocage des publicités dans Safari

C'est une annonce qui a été éclipsée par le lancement de la nouvelle version de l'iPhone, en ouverture de la Worldwide Developers Conference d'Apple, qui a lieu cette semaine à San Francisco :

5 Safari 5, la nouvelle version du navigateur de la marque (5 % du marché environ), inclura une fonction de blocage des publicités.

Cette option prend la forme d'un bouton « *reader* » : lorsqu'il clique dessus, l'internaute se

10 voit proposer une version « épurée » de la page qu'il consulte, ne contenant que le texte et les images de l'article, mis en forme sur une seule page dans un design choisi par Apple.

Le blocage des publicités dans les pages est

15 loin d'être une nouveauté. Cette fonction existe depuis des années sur Firefox, par le biais de modules complémentaires. Mais contrairement à Safari, Firefox n'a pas pré-installé cette option : c'est à l'utilisateur de faire la démarche s'il souhaite

20 utiliser un système de blocage. Cependant, contrairement aux modules complémentaires, le blocage des publicités ne sera pas systématique sur Safari : l'internaute devra cliquer manuellement sur le bouton pour les supprimer, et ce pour

25 chaque page.

Diriger les grands sites vers l'App store

Si Safari ne représente qu'une faible part de marché des navigateurs pour PC, sa présence est bien plus importante sur les terminaux mobiles. 30 Il s'agit ainsi de l'unique navigateur disponible sur l'iPhone. De fait, une grande partie des publicités étaient d'ores et déjà bloquées sur les smartphones d'Apple, puisque beaucoup d'entre elles utilisent Flash d'Adobe, une technologie qui n'est pas 35 compatible avec les produits Apple.

Difficile de ne pas faire le rapprochement entre le bouton « reader » de Safari et le service iAds, qui devrait être lancé dans les prochaines semaines. Avec ce système, détaillé lundi soir par 40 Steve Jobs, son PDG, Apple introduit des publicités directement dans les applications, et agit comme régie publicitaire, en empochant au passage 40% des revenus, les 60% restants revenant à l'éditeur de l'application. 45

Standards du Web

Outre l'option « reader », la dernière version de Safari met l'accent, comme la plupart de ses

concurrents, sur des performances accrues, et
50 aussi sur une meilleure intégration des nouveaux
standards du Web, HTML 5 et CSS 3 notamment.

L'enjeu est double pour Apple : d'une part, ses
concurrents ont tous annoncé qu'ils apporteraient
un soin particulier à la gestion de ces nouveaux
55 standards, qui offrent d'importantes possibilités
pour créer des sites « riches ». Mais le HTML 5
permet aussi de remplacer la technologie Flash
d'Adobe, avec qui Apple est en conflit, dans

certaines de ses applications, notamment les
lecteurs vidéo.   60

Apple a d'ailleurs mis en ligne une série de
démonstrations des possibilités offertes par ces
technologies. Mais il impose aux internautes
souhaitant consulter les démonstrations de
télécharger Safari. Bien que l'un des buts de   65
l'élaboration de ces standards soit justement de
permettre de créer des sites qui s'afficheront de la
même manière sur tous les navigateurs.

Questions de compréhension

1. Pourquoi n'a-t-on pas entendu parler du nouveau blocage des publicités ?

   a. Apple ne voulait pas que les investisseurs le sachent.
   b. Le lancement de l'iPhone l'a masqué.
   c. Ce n'est que la nouvelle version, encore peu perfectionnée, qui le permet.
   d. On attendait la Worldwide Developers Conference d'Apple.

2. Qu'est-ce que c'est Safari 5 ?

   a. Un navigateur.
   b. Un bloqueur de publicités.
   c. Le lieu de la Worldwide Developers Conference.
   d. L'internaute.

3. Que fait le bouton « reader » ?

   a. Il consulte le navigateur de la marque.
   b. Il est destiné à l'internaute.
   c. Il met en forme le design préféré.
   d. Il fait voir une version de la page sans publicités.

4. Pourquoi la nouvelle version de Safari attirera-t-elle les internautes ?

   a. Elle éliminera le fait de passer par un moteur de recherche.
   b. Elle sera la seule version disponible sur l'iPhone.
   c. Elle effacera les publicités.
   d. Elle ne contiendra que le texte.

5. Est-ce que cet obstacle mis aux publicités est nouveau ?

   a. Oui, c'est le premier exemple.
   b. Non, Firefox avait ce logiciel, mais en a arrêté l'utilisation.
   c. Non, Firefox a ce logiciel pour ses internautes préférés.
   d. Non, Firefox a ce logiciel, mais il ne fait pas partie du programme de base.

6. Pourquoi cette facilité ne sera-t-elle pas utilisée par une majorité d'internautes ?

   a. Les internautes préfèrent les publicités.
   b. Cela est disponible seulement en France.
   c. Très peu d'internautes emploient Safari.
   d. Les publicitaires insistent pour qu'on les trouve sur tous les navigateurs.

7. Pourquoi la plupart des réclames sont-elles déjà bloquées sur les iPhones ?

   a. Le programme de ces publicités utilise un logiciel qui n'est pas compatible avec Apple.
   b. Apple les interdit.
   c. Tous les smartphones ont Firefox.
   d. Tous les smartphones ont le bouton « reader ».

8. Qui perçoit 60% des revenus des publicités vues avec iAds ?

   a. Steve Jobs
   b. Apple
   c. La compagnie qui dirige la page où va l'internaute.
   d. Le créateur de Safari.

9. Que fait Apple pour ceux qui veulent tester les nouveaux standards du Web ?

   a. Rien.
   b. Il télécharge le programme.
   c. Il l'affiche de la même manière.
   d. Il met en ligne toute une série de démonstrations.

Après avoir considéré les lectures et les discussions de ce chapitre, reprenez-en la discussion.

- En quoi la publicité et le marketing améliorent-ils la qualité de notre vie ? En quoi nous influencent-ils ?

- Comment un vendeur convainc-t-il le client d'acheter un produit ?

- Quels sont les défis que la publicité pose au consommateur ?

Le temple de la famille

Les questions du chapitre

- Est-ce que les gens jugent les autres d'après le logement dans lequel ils vivent ? de quelle manière ? En quoi le lieu de résidence influence-t-il les décisions que l'on prend dans la vie ?

- Quelle influence le logement a-t-il sur la qualité de vie des individus ? Dans quelle mesure peut-on dire que la vie est différente selon le choix de son logement ?

Contexte : Le logement

PREMIÈRE LECTURE Christiane Rochefort : *Les petits enfants du siècle*

DEUXIÈME LECTURE Nathalie Sarraute : *L'enfance*

Déchiffrons l'image

1. À gauche, la ville de Sarcelles, une « cité », c'est-à-dire un ensemble d'immeubles à loyer modéré. Ces logements sont subventionnés par le gouvernement. À droite, des immeubles à St. Petersbourg en Russie. Ces bâtiments datent de l'époque de l'enfance de Nathalie Sarraute. Comparez ces logements. À votre avis, offrent-ils une qualité de vie et un style de vie semblables ou différents ? Expliquez.

2. Préféreriez-vous habiter une maison à la campagne ? une maison en ville ? un appartement ? Justifiez votre réponse.

3. Quels sont les avantages et les inconvénients d'habiter dans un appartement ? dans une maison ?

Les petits enfants du siècle

Avant la lecture

Stratégie pour la lecture : *Le passé simple*

Bien que le passé simple s'emploie uniquement dans les textes littéraires, il traite du passé comme le passé composé et exprime comme lui des événements révolus. Le passé simple s'emploie encore à l'écrit, son emploi à l'oral est devenu rare.

	parler	**finir**	**vendre**
je	parlai	finis	vendis
tu	parlas	finis	vendis
il	parla	finit	vendit
nous	parlâmes	finîmes	vendîmes
vous	parlâtes	finîtes	vendîmes
ils	parlèrent	finirent	vendirent

- **Note :** Au passé simple *aller* se conjugue comme un verbe en *–er*.

- Plusieurs verbes au passé simple ont les mêmes terminaisons que les verbes réguliers. La racine est pourtant irrégulière.

Pour connaître l'auteur

Christiane Rochefort (1917–1998) Christiane Rochefort a vécu à Paris. Après des études au Lycée Fénelon, elle a étudié la médecine à la Sorbonne. Elle a ensuite travaillé comme actrice, mannequin, cinéaste et journaliste tout en écrivant. Elle publie son premier roman à l'âge de quarante ans. *Les petits enfants du siècle* est un roman qui traite de la politique du gouvernement d'après-guerre vis à vis du logement et des allocations familiales.

Infinitive	Passé simple
conduire	je conduisis
dire	je dis
écrire	j'écrivis
faire	je fis
prendre	je pris
mettre	je mis
venir	je vins
voir	je vis

- D'autres verbes suivent la conjugaison du verbe *avoir* et leurs racines ressemblent à leurs participes passés.

- Le verbe *être* se conjugue comme le verbe *avoir,* mais il a une racine *f-* (je fus, tu fus…).

avoir		Infinitif	Passé simple
j'	eus	boire	je bus
tu	eus	connaître	je connus
il	eut	croire	je crus
nous	eûmes	falloir	il fallut
vous	eûtes	lire	je lus
ils	eurent	pouvoir	je pus
		recevoir	je reçus
		vivre	je vécus
		vouloir	je voulus

1. Les verbes suivants sont tirés du texte que vous allez lire. Changez le *passé simple* en *passé composé*.

    a. Ma mère insista
    b. je naquis
    c. elle s'arrêta
    d. ils calculèrent
    e. le vendeur vint
    f. il se mit

La vie contemporaine : Le logement

Le passage évoque les souvenirs d'une jeune fille qui habitait un HLM (habitation à loyer modéré) parisien pendant les années 50.

Les petits enfants du siècle
Christiane Rochefort

À la mi-juillet, mes parents se présentèrent à l'hôpital. Ma mère avait les douleurs. On l'examina, et on lui dit que ce n'était pas encore le moment. Ma mère insista qu'elle avait des douleurs. Il s'en fallait de quinze bons jours, dit l'infirmière ; qu'elle resserre sa gaine.

5   (…)

Zut, dit mon père c'est pas de veine, à quinze jours on loupe la prime. Il regarda le ventre de sa femme avec rancœur. On n'y pouvait rien. On rentra en métro. Il y avait des bals, mais on ne pouvait pas danser.

Je naquis le 2 août. C'était ma date correcte, puisque je résultais du pont de
10 la Toussaint. Mais l'impression demeura, que j'étais lambine. En plus j'avais fait louper les vacances, en retenant mes parents à Paris pendant la fermeture de l'usine. Je ne faisais pas les choses comme il faut.

J'étais pourtant, dans l'ensemble, en avance : Patrick avait à peine pris ma place dans mon berceau que je me montrais capable, en m'accrochant, de
15 quitter la pièce dès qu'il se mettait à brailler. Au fond je peux bien dire que c'est Patrick qui m'a appris à marcher.

Quand les jumeaux, après avoir été longtemps égarés dans divers hôpitaux, nous furent finalement rendus—du moins on pouvait supposer que c'était bien eux, en tout cas c'était des jumeaux—je m'habillais déjà toute seule et je savais
20 hisser sur la table les couverts, le sel, le pain et le tube de moutarde, reconnaître les serviettes dans les ronds.

« Et vivement que tu grandisses, disait ma mère, que tu puisses m'aider un peu. »

(…) après la naissance de Chantal elle s'arrêta complètement, d'ailleurs on n'avait plus avantage, avec le salaire unique, et surtout pour ce qu'elle gagnait, sans
25 parler des complications avec la Sécurité[1] à chaque Arrêt de Travail, et ce qu'elle allait avoir sur le dos à la maison avec cinq tout petits enfants à s'occuper, ils calculèrent qu'enfin de compte ça ne valait pas la peine, du moins si le bébé vivait.

---

1. la Sécurité sociale = state-funded health care

Pendant la lecture

Notez le style de la jeune narratrice et comment elle intègre des mots d'argot dans son français familier.

Pendant la lecture

Observez comment la jeune narratrice décrit des politiques gouvernementales de façon innocente dans une description simple.

À ce moment-là je pouvais déjà rendre pas mal de services, aller au pain, pousser les jumeaux dans leur double landau, le long des blocs, pour qu'ils prennent l'air, et avoir l'œil sur Patrick, qui était en avance lui aussi, malheu-reusement. Il n'avait pas trois ans quand il mit un chaton dans la machine à laver ; cette fois-là tout de même papa lui en fila une bonne[2] : la machine n'était même pas finie de payer[3].

(...)

Je commençais à aller à l'école. Le matin je faisais déjeuner les garçons, je les emmenais à la maternelle, et j'allais à mon école. Le midi, on restait à la cantine. J'aimais la cantine, on s'assoit et les assiettes arrivent toutes remplies ; c'est toujours bon ce qu'il y a dans des assiettes qui arrivent toutes remplies ; les autres filles en général n'aimaient pas la cantine, elle trouvaient que c'était mauvais ; je me demande ce qu'elles avaient à la maison quand je les questionnais, c'était pourtant la même chose que chez nous, de la même marque, et venant des mêmes boutiques, sauf la moutarde, que papa rapportait directement de l'usine ; nous on mettait de la moutarde dans tout.

Le soir, je ramenais les garçons et je les laissais dans la cour, à jouer avec les autres. Je montais prendre les sous et je redescendais aux commissions. Maman faisait le dîner, papa rentrait et ouvrait la télé, on mangeait, papa et les garçons regardaient la télé, maman et moi on faisait la vaisselle, et ils allaient se coucher. Moi, je restais dans la cuisine, à faire mes devoirs.

Maintenant, notre appartement était bien. Avant, on habitait dans le treizième, une sale chambre avec l'eau sur le palier. Quand le coin avait été démoli, on nous avait mis ici ; on était prioritaires[4]; dans cette Cité[5] les familles nombreuses étaient prioritaires. On avait reçu le nombre de pièces auquel nous avions droit selon le nombre d'enfants. Les parents avaient une chambre, les garçons une autre, je couchais avec les bébés dans la troisième ; on avait une salle d'eau, la machine à laver était arrivée quand les jumeaux étaient nés, et une cuisine-séjour où on mangeait ; c'est dans la cuisine, où était la table, que je faisais mes devoirs. C'était mon bon moment : quel bonheur quand ils étaient tous garés, et que je me retrouvais seule dans la nuit et le silence ! Le silence commençait à dix heures : les radios se taisaient, les piaillements, les voix, les tintements de vaisselles ; une à une, les fenêtres s'éteignaient. À dix heures et demie c'était fini. Plus rien. Le désert. J'étais seule. Ah ! comme c'était paisible autour, les gens endormis, les fenêtres noires, sauf une ou deux derrière lesquelles quelqu'un

30

35

40

45

50

55

60

---

2. gave him a good spanking
3. The washing machine had evidently been bought on an installment plan.
4. The family, because of its size, had priority for moving into subsidized housing.
5. subsidized housing development

veillait comme moi, seul, tranquille, jouissant de sa paix ! Je me suis mise à
aimer mes devoirs peu à peu. À travers le mur, le grand ronflement du père,
65 signifiant qu'il n'y avait rien à craindre pour un bon bout de temps ; parfois un
bruit du côté des bébés : (…)

Tout le monde disait que j'aimais beaucoup mes frères et sœurs, que j'étais une
vraie petite maman. Les bonnes femmes me voyaient passer, poussant Catherine, tirant Chantal, battant le rappel des garçons, et elles disaient à ma mère
70 que j'étais « une vraie petite maman ». En disant ça elles se penchaient vers moi
avec une figure molle comme si elles allaient se mettre à couler, et je me
reculais pour me garer (…)

Quand le bébé mourut en naissant, je crois que je n'eus pas de véritable
chagrin. Cela nous fit seulement tout drôle de la voir revenir à la maison sans
75 rien cette fois-là. Elle non plus ne s'y habituait pas, elle tournait sans savoir quoi
faire, pendant que le travail autour s'accumulait. Puis elle s'y remit petit à petit,
et nous avons tous fini par oublier le pauvre bébé.

Chantal alors marchait et commençait à parler, elle tirait sur la robe de ma
mère et n'arrêtait pas de répéter : où ti fère, où ti fère ? On le lui avait promis. Ah !
80 laisse-moi donc tranquille, répondait la mère comme toujours, tu me fatigues !
Donne ton nez que je te mouche. Souffle. Chantal était enrhumée : l'hiver, elle
n'était qu'un rhume, d'un bout à l'autre, avec de temps en temps pour varier une
bronchite ou une sinusite. Cette année-là les jumeaux avaient la coqueluche.

Pour faire tenir Chantal tranquille, je lui dis que le Petit Frère n'avait pas pu
85 venir, il n'y avait pas assez de choux, mais il viendrait sûrement la prochaine.

« Parle pas de malheur, dit ma mère, j'ai assez de tracas avec vous autres ! »

Le vendeur vint reprendre la télé, parce qu'on n'avait pas pu payer les traites.
Maman eut beau expliquer que c'est parce que le bébé était mort, et que ce
n'était tout de même pas sa faute s'il n'avait pas vécu, et avec la santé qu'elle avait
90 ce n'était déjà pas si drôle, et si en plus elle ne pouvait même pas avoir la télé, le
truc fut bel et bien embarqué, et par-dessus le marché quand papa rentra il se
mit à gueuler qu'elle se soit laissé faire, ces salauds-là dit-il viennent vous
supplier de prendre leur bazar, ils disent qu'ils vous en font cadeau pour ainsi
dire et au moindre retard ils rappliquent le récupérer ; s'il avait été là lui le père
95 le truc y serait encore.

(…)

Je sais pas comment tu t'arranges, disait le père, je sais vraiment pas comment
tu t'arranges, et la mère disait que s'il n'y avait pas le PMU[6] elle s'arrangerait

---

6. PMU (*Paris Mutuel Urbain*) off-track betting

Pendant la lecture

Remarquez comment la
narratrice saute de vignette
en vignette pour dresser un
tableau de sa vie.

sûrement mieux. Le père disait que le PMU ne coûtait rien l'un dans l'autre avec les gains et pertes qui s'équilibraient et d'ailleurs il jouait seulement de temps en temps et s'il n'avait pas ce petit plaisir alors qu'est-ce qu'il aurait, la vie n'est pas déjà si drôle. Et moi qu'est-ce que j'ai disait la mère, moi j'ai rien du tout, pas la plus petite distraction dans cette vacherie d'existence toujours à travailler du matin au soir pour que Monsieur trouve tout prêt en rentrant se mettre les pieds sous la table (…) ah ! c'est bien le moment oui ! quand on n'arrive même pas à ravoir la télé et Patrick qui n'a plus de chaussures avec ses pieds qui n'arrêtent pas de grandir. C'est pas de ma faute dit Patrick. Tu vas te taire, oui ? Le soir on ne savait pas quoi foutre[7] sans télé, toutes les occasions étaient bonnes pour des prises de bec[8]. Le père prolongeait l'apéro, la mère l'engueulait, il répondait que pour ce que c'était marrant de rentrer pour entendre que des récriminations il n'était pas pressé et ça recommençait. Les petits braillaient, on attrapait des baffes perdues.

J'ai horreur des scènes. Le bruit que ça fait, le temps que ça prend. Je bouillais intérieurement, attendant qu'ils se fatiguent, qu'ils se rentrent dans leurs draps, et que je reste seule dans ma cuisine, en paix.
(…)

100

105

110

115

---

7. didn't know what the devil to do
8. arguments

Après la lecture

Vérifiez votre compréhension

1. Pourquoi ses parents voulaient que Jo (la narratrice) naisse avant terme ?

2. Pourquoi croyait-on que Jo était lambine ?

3. Comment est-ce que Patrick lui a enseigné à marcher ?

4. Qu'est-ce que Jo a appris à faire lorsque les jumeaux sont arrivés ?

5. Pourquoi est-ce que Jo aime la cantine ?

6. Quelles étaient les occupations de la soirée ?

7. Décrivez l'appartement de la famille.

8. Pour Jo, quel était le meilleur moment de la journée ?

9. Pourquoi a-t-on donné à Jo le sobriquet de « vraie petite maman » ?

10. Comment Jo a-t-elle expliqué à Chantal la mort du bébé ?

11. Racontez les ennuis occasionnés par les achats à crédit.

12. Relatez à votre façon la discussion sur l'argent et le PMU.

13. De quoi Jo a-t-elle horreur ? Pourquoi ?

En y réfléchissant

1. Dressez une liste des frères et des sœurs de Jo.

2. Comment est-ce que la narratrice calcule le temps ?

3. Qu'est-ce que la naissance de Chantal a apporté comme changements ? Est-ce que cela a amélioré la vie de la famille ?

4. À votre avis, pourquoi est-ce que Jo aime tant la cantine ?

5. Pour Jo, quel est le meilleur moment de la journée ? Pourquoi ? Qu'est-ce que ce moment lui offre ?

6. Commentez la juxtaposition du silence où Jo se réfugie avec le bruit continuel des bagarres de sa famille.

7. Qu'est-ce qui donne de l'humour à la voix de la narratrice ?

Perspectives culturelles

1. Dans l'extrait de Christiane Rochefort un des thèmes évoqués est l'aide de l'État aux familles. Travaillez avec un(e) partenaire. Divisez la liste ci-dessous en deux parties. Recherchez les termes suivants sur internet et discutez de ce que vous trouvez avec votre partenaire.

   a. les Allocations familiales
   b. la Cité
   c. le HLM
   d. la sécurité sociale

2. **La culture devant soi.** Les éléments suivants de la vie quotidienne en France figurent également dans cet extrait. Travaillez avec un(e) partenaire. Divisez la liste, recherchez les termes suivants sur internet et discutez de ce que vous trouvez avec votre partenaire.

   a. la fermeture de l'usine (en août)
   b. le PMU
   c. le pont (de la Toussaint)
   d. la Toussaint
   e. le treizième (arrondissement)
   f. les vacances

Pour améliorer votre vocabulaire

1. **Synonymes :** Trouvez un synonyme pour chaque mot ou chaque expression de la liste. Vous trouverez ces mots dans le texte.

   a. les douleurs (l. 2)
   b. resserrer (l. 4)
   c. louper (l. 6)
   d. comme il faut (l. 12)
   e. hisser (l. 20)
   f. valoir la peine (l. 27)
   g. la cantine (l. 36)
   h. aux commissions (l. 45)
   i. le tintement (l. 59)
   j. veiller (l. 63)

2. **Antonymes :** Trouvez un antonyme pour chaque mot ou chaque expression de la liste. Vous trouverez ces mots dans le texte.

   a. retenir (l. 11)
   b. la rancœur (l. 7)
   c. la fermeture (l. 11)
   d. brailler (l. 15)
   e. ramener (l. 44)
   f. démolir (l. 50)
   g. en avance (l. 30)
   h. se taire (l. 59)
   i. drôle (l. 102)
   j. la perte (l. 100)

3. **Définitions :** Associez les mots de la première colonne avec les définitions possibles de la seconde. Vérifiez le contexte dans lequel se trouvent ces mots.

1. les douleurs (l. 3)	**a.** lente
2. la rancœur (l. 7)	**b.** l'agneau
3. la veine (l. 6)	**c.** hurler
4. lambine (l. 10)	**d.** favorisé
5. louper (l. 6)	**e.** la chance
6. brailler (l. 15)	**f.** crier
7. hisser (l. 20)	**g.** régresser
8. prioritaire (l. 52)	**h.** rater
9. reculer (l. 72)	**i.** afficher
10. gueuler (l. 92)	**j.** les maux
	k. le ressentiment
	l. monter

L'enfance

Avant la lecture

Stratégie pour la lecture : *La voix des temps (verbaux)*

Ce passage de Nathalie Sarraute est de nature autobiographique. L'auteur parle de sa propre voix. En effet, la nature du roman *Enfance* est une conversation que Nathalie Sarraute entretient avec son double. Le résultat est un style qui s'apparente à la conversation. Les verbes du passage sont conjugués au *passé composé* et à *l'imparfait*.

1. Étudiez le passage suivant et écoutez la voix de la narratrice. Vous semble-t-elle active ? Dans l'instant ?

   « *J'étais assise sur mon lit dans ma nouvelle chambre, elle m'a regardée d'un air de grande pitié et elle a dit : « Quel malheur quand même de ne pas avoir de mère. »*

2. Trouvez un autre bref passage dans le texte qui suit et montrez comment l'emploi du passé composé et de l'imparfait reflète la voix de l'auteur.

« Quel malheur quand même de ne pas avoir de mère. »

Pour connaître l'auteur

Nathalie Sarraute
(1900–1999)
Natalia Tcherniak est née à 300 km de Moscou. Après le divorce de ses parents, elle partage son existence entre la France et la Russie. À l'âge de neuf ans, Sarraute déménage à Paris, puis fait des études à la Sorbonne où elle se découvre une passion pour la littérature du vingtième siècle. C'est comme avocat qu'elle travaille avec son mari, mais parallèlement elle commence aussi une carrière en littérature. Pendant la guerre, elle perd son travail parce qu'elle est juive. Elle poursuit sa passion pour la littérature jusqu'à sa mort, à l'âge de quatre-vingt-dix-neuf ans.

La vie contemporaine : Le logement

La sélection suivante est un extrait de l'autobiographie de l'auteur, lorsqu'elle était petite et habitait à St. Petersbourg.

L'enfance

Nathalie Sarraute

Quelques jours avant que Véra revienne avec le bébé, je suis surprise en voyant que les objets qui m'appartiennent ne sont plus dans ma chambre, une assez vaste chambre donnant sur la rue. La grande et grosse femme qui s'occupe de tout dans la maison m'apprend que j'habiterai dorénavant dans la petite
5 chambre qui donne sur la cour, tout près de la cuisine… « Qui va habiter dans ma chambre ? —Ta petite sœur avec sa bonne… —Quelle bonne ? —Elle va arriver… »

Si quelqu'un avait pensé à m'expliquer qu'il n'était pas possible de loger un bébé et une grande personne dans ma nouvelle chambre, qu'il n'y avait pas
10 moyen de faire autrement, je crois que j'aurais compris. Mais enlevée ainsi, brutalement, de ce qui petit à petit était devenu pour moi « ma chambre » et jetée dans ce qui m'apparaissait comme un sinistre réduit[9], jusqu'ici inhabité, j'ai eu un sentiment qu'il est facile d'imaginer de passe-droit, de préférence injuste. C'est alors que la brave femme qui achevait mon déménagement s'est
15 arrêtée devant moi, j'étais assise sur mon lit dans ma nouvelle chambre, elle m'a regardée d'un air de grande pitié et elle a dit : « Quel malheur quand même de ne pas avoir de mère. »

« Quel malheur ! »… le mot frappe, c'est bien le cas de le dire, de plein fouet. Des lanières qui s'enroulent autour de moi, m'enserrent… Alors c'est ça.
20 Cette chose terrible, la plus terrible qui soit, qui se révélait au-dehors par des visages bouffis de larmes, des voiles noirs, des gémissements de désespoir… le « malheur » qui ne m'avait jamais approchée, jamais effleurée, s'est abattu sur moi. Cette femme le voit. Je suis dedans. Dans le malheur. Comme tous ceux qui n'ont pas de mère. Mais comment est-ce possible ? Comment ça a-t-il pu
25 m'arriver à moi ? Ce qui avait fait couler mes larmes que maman effaçait d'un geste calme, en disant : « Il ne faut pas… » aurait-elle pu lui dire si ç'avait été le « malheur » ?

---

9. cubbyhole

Pendant la lecture

Remarquez la tendance à l'introspection de la narratrice.

Pendant la lecture

Notez comment la narratrice se sert d'une vignette pour décrire sa vie.

Pendant la lecture

Observez comment la narratrice intègre le dialogue dans la narration, pour obtenir une description plus fournie.

Je sors d'une cassette en bois peint les lettres que maman m'envoie, elles sont parsemées de mots tendres, elle y évoque « notre amour », « notre séparation », il est évident que nous ne sommes pas séparées pour de bon, pas pour toujours… Et c'est ça, un malheur ? Mes parents, qui savent mieux, seraient stupéfaits s'ils entendaient ce mot… papa serait agacé, fâché… il déteste ces grands mots. Et maman dirait : Oui, un malheur quand on s'aime comme nous nous aimons… mais pas un vrai malheur… notre « triste séparation », comme elle l'appelle, ne durera pas… Un malheur, tout ça ? Non, c'est impossible. Mais pourtant cette femme si ferme, si solide, le voit. Elle voit le malheur sur moi, comme elle voit « mes deux yeux sur ma figure ». 35

Personne d'autre ici ne le sait, ils ont tous autre chose à faire. Mais elle qui m'observe, elle l'a reconnu, c'est bien lui : le malheur qui s'abat sur les enfants dans les livres, dans *Sans Famille*[10], dans *David Copperfield*. Ce même malheur 40 a fondu sur moi, il m'enserre, il me tient.

Je reste quelque temps sans bouger, recroquevillée au bord de mon lit… Et puis tout en moi se révulse, se redresse, de toutes mes forces je repousse ça. Je le déchire, j'arrache ce carcan, cette carapace. Je ne resterai pas dans ça, où cette femme m'a enfermée… elle ne sait rien, elle ne peut pas comprendre. 45

Lili est installée sur une chaise rehaussée par des coussins devant la table de la salle à manger recouverte pendant ses repas d'une toile cirée blanche. Elle tend son petit bras maigre vers le cordon de la sonnette qui pend de la suspension, ses yeux sont écarquillés, elle crie d'une voix stridente « Ça balance ! ça balance ! » Véra assise auprès d'elle saisit le cordon pour l'immobiliser… il est 50 pourtant déjà tout à fait immobile… mais cela ne calme pas Lili, elle continue à crier « Ça balance ! » Alors Véra enroule le cordon autour de la suspension… et puis elle prend avec une cuiller un peu de nourriture dans l'assiette et l'approche de la bouche de Lili… « Mange, mon petit lapin… elle l'appelle ainsi ou encore : Mon petit lapin blanc… tu dois le manger, c'est bon pour toi… » 55 Ce qu'elle essaie de lui faire avaler, c'est de la cervelle… il n'y a que Lili qui a le droit d'en avoir, elle est si fragile, il lui faut ce mets fortifiant et délicat… Moi, c'est la gentille grosse bonne qui un jour à la cuisine m'en a fait goûter un petit morceau… Elle essaie parfois ainsi de réparer comme elle peut des injustices qui l'indignent… « Ici, il n'y en a que pour la petite… C'est comme pour les 60 bananes, vous me croirez si vous voulez, elles sont cachées en haut du placard à linge, derrière la pile de draps, pour que la grande n'en prenne pas… Si c'est pas malheureux de voir ça… » Je ne sais plus à qui elle parlait, mais je me

10. a French novel similar to *Oliver Twist*

souviens que c'est ainsi que m'a été révélé quelque chose de stupéfiant et que je
65 ne soupçonnais pas : l'existence de cette cachette.

J'ai cette chance, la cervelle grise, laiteuse et molle ne me plaît pas… et les
bananes, si j'en ai envie, je peux m'en acheter avec mon argent de poche… Je n'ai
même pas besoin d'en demander à papa, c'est toujours lui le premier qui m'en
donne… mais je ne crois pas m'être jamais acheté des bananes, il me semble
70 que je n'y ai pas pensé.

Véra présente d'abord à Lili la bienfaisante cervelle d'un air calme, patient,
mais on sent qu'elle commence à se fâcher… comme elle dit elle-même parfois :
« Tout tremble en moi. » Lili fixe toujours d'un œil dilaté le cordon de la sonnette enroulé autour de la suspension et sa mère la rassure d'une voix de plus
75 en plus sifflante… « Tu vois bien, ça ne se balance plus, alors mange… » Lili
ouvre la bouche, crie Non ! et aussitôt la referme. Véra insiste…

Ses yeux d'un bleu très pâle deviennent comme transparents et dedans une
petit flamme s'allume… il y a dans son regard fixe quelque chose d'obstiné,
d'implacable qui fait penser au regard d'un tigre.

Après la lecture

Vérifiez votre compréhension

1. Qu'est-ce qui surprend la narratrice ?

2. Pourquoi la narratrice déménage-t-elle de sa chambre ?

3. Qu'est-ce qui l'a énervée le plus ?

4. Quel sentiment éprouve-t-elle ?

5. Pourquoi la femme montre-t-elle de la pitié envers la narratrice ?

6. Quel est ce malheur ?

7. Qu'est-ce qu'il y a dans la cassette en bois peint ?

8. Comment est-ce que la narratrice sort de son « malheur » ?

9. Qui est Lili ?

10. Pourquoi est-ce qu'il y a une « cachette » ?

11. Que fait Lili quand elle se fâche ?

En y réfléchissant

1. Quels sentiments la narratrice éprouve-t-elle envers le bébé même avant d'en faire la connaissance ?

2. Qu'est-ce que l'auteur veut dire quand elle parle des « lanières » qui s'enroulent autour d'elle ? (l. 19)

3. Pourquoi la femme peut-elle voir le « malheur » qui enveloppe la narratrice ?

4. Pourquoi la narratrice dit-elle qu'elle ne restera pas dans le carcan où « cette femme » l'a enfermée ?

5. Pourquoi est-ce que l'épisode de la cervelle est important ?

6. Lequel des deux extraits que vous avez lus est le plus centré sur l'auteur ? Justifiez votre réponse.

7. Y a-t-il une grande différence entre la biographie, l'autobiographie et la fiction biographique ? Expliquez comment ces genres sont semblables et différents.

Comparaisons culturelles

Dans ces deux sélections nous rencontrons deux jeunes filles : Jo et Nathalie. En quoi leurs vies sont-elles différentes ou semblables ? leurs familles ? leurs maisons ?

1. Dressez un schéma « T » et montrez les différences entre les deux styles de vie : celui de Nathalie et celui de Jo. Comment est-ce que la situation sociale pose sa marque sur la vie de chacune d'elles ?

Pour améliorer votre vocabulaire

1. **Synonymes :** Trouvez un synonyme pour chaque mot ou chaque expression de la liste. Vous trouverez ces mots dans le texte.

   a. dorénavant (l. 4)

   b. loger (l. 8)

   c. sinistre (l. 12)

   d. le déménagement (l. 14)

   e. s'enrouler (l. 19)

   f. enserrer (l. 19)

   g. le désespoir (l. 21)

   h. se redresser (l. 43)

   i. rehaussé (l. 46)

   j. transparent (l. 77)

2. **Antonymes :** Trouvez un antonyme pour chaque mot ou chaque expression de la liste. Vous trouverez ces mots dans le texte.

   a. vaste (l. 3)
   b. sinistre (l. 12)
   c. s'enrouler (l. 19)
   d. enserrer (l. 19)
   e. parsemé (l. 29)
   f. agacé (l. 32)
   g. le malheur (l. 31)
   h. se redresser (l. 43)
   i. écarquillés (l. 49)
   j. transparent (l. 77)

3. **Définitions :** Associez les mots de la première colonne avec les définitions possibles de la seconde. Vérifiez le contexte dans lequel se trouvent ces mots.

   1. donner sur (l. 3)
   2. un réduit (l. 12)
   3. inhabité (l. 12)
   4. le déménagement (l. 14)
   5. s'abattre (l. 22)
   6. couler (l. 25)
   7. stupéfait (l. 32)
   8. fondre (l. 41)
   9. bouger (l. 42)
   10. enfermé (l. 45)

   a. inoccupé
   b. liquéfier
   c. être face à
   d. émerger
   e. tuer
   f. une chambre
   g. le départ
   h. enclos
   i. rafraîchir
   j. déplacer
   k. tomber
   l. étonné

Pour communiquer

A Écouter

Dans cette sélection, il s'agit de l'attitude qui consiste à « rester à la maison » et de l'importance que nous attachons à la maison. Écoutez l'extrait audio et répondez aux questions suivantes.

1. Quelle est l'idée principale de ce passage audio ?

2. Selon le narrateur, à quel sentiment associe-t-on « rester à la maison » ?

3. À quel animal le narrateur compare-t-il la maison ?

4. Quand est-ce qu'on aime se replier sur soi-même ?

5. Pourquoi sommes-nous attachés à notre maison ?

B Présentation : Où habitent les Français ?

Travaillez en petits groupes de trois élèves. Recherchez les lieux où habitent les Français : les bidonvilles, les HLM, la Cité, les immeubles, les maisons, les appartements.

1. Trouvez des photos de logements français.

   a. Quel est l'éventail des loyers ou des prix d'achat ?

   b. Où trouve-t-on ce genre de logement ? Au centre-ville ? En banlieue ?

   c. Est-ce qu'on loue ou achète ce genre de logement ?

2. Un autre membre ou des membres du groupe peuvent rechercher le nombre de Français qui habitent chaque type de logement.

   a. Faites-en un histogramme ou un camembert.

3. Un autre membre ou des membres du groupe peuvent trouver des annonces pour l'immobilier dans les journaux ou sur internet.

   a. Quelles abréviations emploie-t-on ? Qu'est-ce qu'elles veulent dire ?

4. Organisez le travail de votre groupe et présentez-le de manière conventionnelle ou en incluant un PowerPoint.

5. Affichez vos informations ou présentez-les à la classe.

6. N'oubliez pas de préparer une question pour vérifier l'attention de votre public.

C Dicter : Le plan de votre maison

Travaillez avec un(e) partenaire.

1. Prenez une feuille blanche où vous dessinerez le plan de votre maison ou de votre appartement, en indiquant les portes, les fenêtres, les cheminées, les meubles, etc.

2. Munissez-vous d'une autre feuille blanche et écoutez pendant que votre partenaire décrit le plan de sa maison.

3. Essayez d'esquisser le plan de la maison de votre partenaire. En cas de besoin, posez-lui des questions. Puis changez les rôles.

D Jeu de rôle : À l'agence immobilière

Travaillez avec un(e) partenaire.

1. D'abord, chacun(e) d'entre vous inscrira sur trois ou quatre fiches les renseignements concernant les principales propriétés mises en vente ou à louer dans votre « agence immobilière ».

2. Ensuite, interviewez votre partenaire pour savoir le montant du loyer ou des mensualités souhaité, le nombre de personnes dans sa famille, etc., afin de déterminer le genre de résidence qui lui conviendra le mieux.

3. Essayez de convaincre votre partenaire de louer ou d'acheter la propriété que vous avez sélectionnée.

4. Votre partenaire répondra selon ses besoins et ses moyens.

E À vos stylos ! La maison de vos rêves

Pensez à la maison dans laquelle vous voudrez habiter quand vous aurez trente ans, quand vous serez « arrivé » dans la vie. Comment sera-t-elle ? Où sera-t-elle ? Quelles installations aura-t-elle ? une piscine ? un garage ? un court de tennis ? Sera-t-elle au bord de la mer ?

1. Dans un essai de cinq paragraphes…

   a. Commencez par une introduction qui mentionnera les circonstances qui vous amènent à chercher la maison de vos rêves. Dites où vous aimeriez qu'elle soit : pays, région, cadre, etc.

   b. Consacrez trois paragraphes au nombre de pièces, à la description des pièces, aux installations, etc. N'oubliez pas de dire ce que vous souhaitez faire de chaque pièce.

   c. Terminez votre essai avec une conclusion qui résume vos idées sur la maison de vos rêves, rêve que vous pensez réalisable.

F Débat : À la recherche d'un logement : Les défis

Travaillez en groupes de quatre ou cinq élèves. Le chef du groupe en sera l'animateur, les autres défendront chacun des types d'habitation : la maison, l'immeuble, la Cité, le bidonville. Recherchez le vocabulaire dont vous aurez besoin.

1. L'animateur posera des questions auxquelles répondra chaque participant :

   a. Quels défis pose le choix de lieu ?

   b. Est-ce que le prix du loyer ou de l'achat vous causent des ennuis ?

   c. Comment est la vie dans votre quartier ? Croyez-vous qu'elle soit différente dans d'autres quartiers ?

   d. Votre animateur ajoutera au moins trois questions supplémentaires.

2. Répétez votre argumentation et présentez-la à la classe.

3. N'oubliez pas de préparer deux ou trois questions à poser à vos spectateurs.

G La vie imaginée : Les résidences en photo

Travaillez avec un(e) partenaire.

1. Trouvez dans un magazine ou sur internet trois photos de logements différents.

2. Puis, inventez l'histoire de quelqu'un qui habite dans chacune de ces résidences. Par exemple est-ce que cette personne est riche ou pauvre ? Pourquoi est-ce qu'elle habite dans cette résidence ? Est-ce qu'elle bricole dans le garage ? Est-elle jardinier ?

3. Puis montrez les photos à votre partenaire.

4. Lisez vos descriptions pendant que votre partenaire choisit la photo qui correspond le mieux à chacune.

5. Élargissez cette activité : avec six photos et votre partenaire, travaillez avec un autre groupe et procédez de la même façon.

H Comparer

Comparez les résidences des Français.

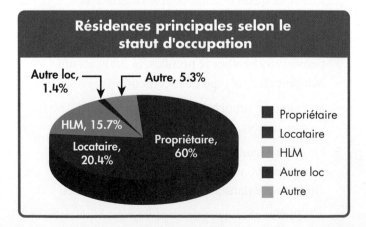

Résidences principales selon le statut d'occupation

Autre loc, 1.4%
Autre, 5.3%
HLM, 15.7%
Locataire, 20.4%
Propriétaire, 60%

- Propriétaire
- Locataire
- HLM
- Autre loc
- Autre

THÈME DU COURS

La vie contemporaine : Le logement

L'article s'interroge sur ce qu'est un SDF et en montre de différentes catégories.

Qui sont les SDF ?

Avec le retour des grands froids, les « sans domicile fixe » refont leur apparition médiatique…
comme chaque année. Julien Damon, responsable
de la recherche et de la prospective à la CNAF[11]
5 et professeur associé à Sciences-Po, tente de
répondre à cette question : « Qui sont donc ceux
qui arpentent ainsi nos rues et les transports en
commun à la recherche d'une pièce ou d'un repas
chaud ou d'un toit sous lequel passer la nuit ? ».
10 Julien Damon qui a publié « La question SDF » est
en tout cas formel : « Il ne s'agit jamais d'un choix
raisonné. »

Qui sont les SDF en France ?
Le sigle SDF, repérable dès le XIXe siècle sur les
15 registres de police est aujourd'hui massivement
employé en France pour désigner la population
sans domicile fixe. Le mot intègre les significations
de sans-logis (absence de logement), de sans-abri
(victime d'une catastrophe), de clochard (figure
20 pittoresque n'appelant pas d'intervention publique
structurée), de vagabond (qui fait plutôt peur),
ou encore de mendiant (qui sollicite dans l'espace
public). Des hommes isolés (les clochards), des familles (les sans-logis de 1954) et des phénomènes
25 assez différents (absence de logement, spectacle de
la déréliction dans l'espace public, mendicité, etc.)

sont ainsi assemblés dans une même appellation.
Depuis une vingtaine d'années, les connaissances
ont grandement progressé (…) En un mot il s'agit
des franges extrêmes de la pauvreté, avec des indi- 30
vidus (surtout des hommes) vivant dans la rue et
dans des abris de fortune, et des ménages pouvant
être accueillis dans tout un ensemble de disposi-
tifs, allant des centres d'hébergement d'urgence
aux logements très sociaux. (…) 35

Peut-on « sortir » de cette situation aujourd'hui
compte tenu du peu d'emplois disponibles sur le
marché et du manque important de logements
sociaux ?
On peut toujours « s'en sortir ». C'est naturelle- 40
ment plus difficile quand l'accès aux emplois et
aux logements est plus difficile. En outre, il s'agit
toujours d'une compétition ou d'une concurrence.
Quand les biens sont rares, il faut toujours que
des choix soient effectués (proposer un logement 45
à tel ou tel ménage). Ainsi ce sont le plus souvent
ceux qui sont le plus aisément ou le plus directement assistés qui peuvent bénéficier d'un service.
D'autres, plus en difficulté, peuvent se trouver
éloignés des équipements et des prestations 50
d'aide. Cependant je pense, à la différence
d'autres observateurs, qu'il n'y a pas de fatalité ni

---

11. Caisse nationale des allocations familiales

de déterminisme. Il y a toujours des exemples de
sortie de ces situations, même les plus extrêmes.
55 En témoignent toutes les personnes ayant longtemps vécu à la rue, parfois avec de graves dépen-
dances (alcool, drogue), et qui ont été remises
sur pied, avec des associations et/ou des services
sociaux.
(…)

60 *Quel type d'accompagnement éducatif ou social,*
voir thérapeutique est-il nécessaire de mettre en
place pour aider ces personnes ? Le travail social
a-t-il selon vous une mission ou un rôle à jouer
pour tenter d'éradiquer ou de réduire le nombre
de SDF ?
65 (…) Concrètement il s'agit de savoir si quand
une personne semble en mauvaise posture à la
rue, quelle qu'elle soit, il faut appeler la police,
l'hôpital, les pompiers (des services publics,
proposés à tout le monde) ou bien s'il faut faire
70 appel à des opérateurs singuliers qui ciblent les
SDF (SAMU social, accueil de jour, etc.). Je ne nie
absolument pas leur utilité ni, surtout, leurs qualités. Je remarque seulement que depuis vingt ans
on accumule chaque année, généralement dans
75 l'urgence et l'émotion hivernales, des innovations
très spécialisées, et qu'on annonce en même temps
que les difficultés ne font que s'aggraver. Plutôt
qu'un accompagnement spécial, je crois que le
travail social, et plus largement toute l'architecture
80 de notre protection sociale, devraient viser une

approche universelle des gens plutôt que de
s'attacher à découper les difficultés en tranches
particulières. (…) Un programme de simplification et d'unification de nos interventions sociales
est possible. 85
(…)

Peut-on (…) penser comme certains que l'on choisit
d'être SDF ?
Il s'agit d'une image du clochard qui aurait choisi
la situation de ne plus avoir de choix. Il s'agit aussi
de l'image du pauvre fainéant qui préférerait vivre
de l'assistance plutôt que de ses efforts. Si dans 90
certains discours on peut, mais très rarement,
entendre des SDF exprimer un choix, il peut s'agir
d'une rationalisation *a posteriori*. Plutôt que de
devoir dire combien on est humilié d'être dans
cette situation, on préfère la revendiquer. On parle 95
de retournement du stigmate. Dit autrement et
clairement, je pense qu'il ne s'agit jamais d'un
choix raisonné. Mais je pense aussi qu'il existe
toujours des choix, des possibilités d'adaptation,
des opportunités, qui nous interdisent de voir 100
les SDF comme des petits zombis désocialisés ou
totalement désaffiliés comme insiste toute une
littérature. Au contraire, il demeure toujours de la
socialisation et des affiliations. Le reconnaître, c'est
à la fois utile pour adapter des interventions socia- 105
les, c'est aussi accorder du sérieux à l'idée qu'il faut
respecter la dignité de chacun et de tous.

Propos recueillis par Guy Benloulou.

Questions de compréhension

1. Qu'est-ce qui provoque le retour des SDF ?

   a. L'économie en panne.

   b. Les médias.

   c. Le chômage industriel.

   d. Le retour de l'hiver.

2. Selon le professeur Damon, les SDF cherchent toutes les choses suivantes **sauf**…

   a. de l'argent.

   b. des vêtements chauds.

   c. à manger.

   d. à se loger.

3. Selon l'article, le sigle SDF…

   a. comprend une variété de situations.

   b. vient de la littérature du dix-neuvième siècle.

   c. n'appelle pas l'intervention du public.

   d. doit s'inscrire avec la police.

4. Malgré les différentes catégories de SDF, ce qu'ils ont en commun, c'est…

   a. qu'ils vivent sous le seuil de pauvreté.

   b. qu'ils n'ont pas de logement.

   c. qu'ils mendient.

   d. qu'ils montrent des caractéristiques assez différentes.

5. Selon l'article, quel est le problème qui rend difficile la sortie de l'état de SDF ?

   a. Les concurrences annuelles.

   b. L'entrée dans le monde du travail.

   c. Le manque de biens.

   d. Les mauvais choix.

6. Pour aider les SDF, l'auteur de cet article voudrait…

   a. appeler la police, l'hôpital ou les pompiers.

   b. appeler le SAMU social.

   c. un moyen plus simple d'intégration des systèmes.

   d. découper les difficultés en problèmes particuliers.

7. Grosso modo, l'auteur de cet article nous encourage à…

   a. ne pas devenir SDF.

   b. respecter la dignité de chacun et de tous.

   c. comprendre qu'on devient SDF par choix raisonné.

   d. voir les SDF comme des petits zombis.

Revenez sur ces questions

Après avoir considéré les lectures et les discussions de ce chapitre, reprenez-en la discussion.

- Est-ce que les gens jugent les autres d'après le logement dans lequel ils vivent ? de quelle manière ? En quoi le lieu de résidence influence-t-il les décisions que l'on prend dans la vie ?

- Quelle influence le logement a-t-il sur la qualité de vie des individus ? Dans quelle mesure peut-on dire que la vie est différente selon le choix de son logement ?

CHAPITRE 12

La coupe du monde

Contexte : Les loisirs et le sport

LECTURE Roch Carrier : *Le chandail*

Déchiffrons l'image

1. **Décrivez la scène de l'image. Qui sont ces sportifs ? Que font-ils ? Comment sont-ils vêtus ? Portent-ils le même chandail ? Pourquoi ? Dites ce qui va se passer immédiatement après.**

2. **Avez-vous un vêtement favori ? Quel est-il ? Quand est-ce que vous le portez ?**

Les questions du chapitre

- D'où vient l'immense fierté que les supporters affichent sur le terrain de sport ou à l'extérieur pour les équipes sportives ?

- En quoi est-ce que les loisirs et les sports peuvent rassembler ou diviser ceux qui y participent ?

- Qu'est-ce qu'un enfant peut apprendre en pratiquant un sport ou un jeu avec ses camarades ?

Le chandail

Avant la lecture

Stratégie pour la lecture
Les tropes : *La répétition et le tricolon*

Souvent les écrivains se servent de tropes, c'est-à-dire figures de rhétorique, pour donner de la vie à la langue qu'ils emploient. Vous connaissez déjà l'allitération, la métaphore, l'ironie et la litote. Dans le texte ci-dessous vous verrez utilisés *la répétition* et *le tricolon*. La *répétition* est, bien sûr, l'insistance qui est placée sur un mot en le répétant. Le *tricolon* est une phrase en trois parties bien définies de longueur égale.

1. Dans l'extrait du *Chandail* qui suit, vous trouverez des exemples de ces deux figures de rhétorique. Dites où elles se trouvent.

   Les hivers de mon enfance étaient des saisons longues, longues. Nous vivions en trois lieux : l'école, l'église et la patinoire ; mais la vraie vie était sur la patinoire. Les vrais combats se gagnaient sur la patinoire. La vraie force apparaissait sur la patinoire. Les vrais chefs se manifestaient sur la patinoire.

2. Vous trouverez plusieurs exemples de ces deux figures de rhétorique et d'autres exemples de tropes dans le reste du texte, un moyen utile pour définir le style d'un écrivain.

Pour connaître l'auteur

Roch Carrier

(1937–). Né à Ste Justine (Québec) en 1937, Roch Carrier est à la fois poète, conteur, romancier et dramaturge. Il a étudié à l'Université de Montréal et à la Sorbonne à Paris. Il a été directeur du Conseil des arts du Canada et a obtenu de nombreuses récompenses pour son œuvre. Il écrit sur mode autobiographique et trouve son inspiration dans sa jeunesse qui est souvent le thème de ses textes.

« Les vrais combats se gagnaient sur la patinoire. La vraie force apparaissait sur la patinoire. Les vrais chefs se manifestaient sur la patinoire. »

La vie contemporaine : Les loisirs et le sport

Dans cette sélection il s'agit d'un jeune garçon qui admire son héros, un joueur de hockey, et qui fait tout ce qu'il peut pour lui ressembler.

Le chandail
Roch Carrier

Pendant la lecture

Notez les éléments utilisés par l'auteur pour peindre un tableau qui concerne une époque, une région, et la vie en général.

Les hivers de mon enfance étaient des saisons longues, longues. Nous vivions en trois lieux : l'école, l'église et la patinoire ; mais la vraie vie était sur la patinoire. Les vrais combats se gagnaient sur la patinoire. La vraie force apparaissait sur la patinoire. Les vrais chefs se manifestaient sur la patinoire. L'école était une sorte de punition. Les parents ont toujours envie de punir les enfants 5 et l'école était leur façon la plus naturelle de nous punir. De plus, l'école était un endroit tranquille où l'on pouvait préparer les prochaines parties de hockey, dessiner les prochaines stratégies. Quant à l'église, nous trouvions là le repos de Dieu : on y oubliait l'école et l'on rêvait à la prochaine partie de hockey. À travers nos rêveries, il nous arrivait de réciter une prière : c'était pour demander 10 à Dieu de nous aider à jouer aussi bien que Maurice Richard.

Tous, nous portions le même costume que lui, ce costume rouge, blanc, bleu des Canadiens de Montréal, la meilleure équipe de hockey au monde ; tous, nous peignions nos cheveux à la manière de Maurice Richard et, pour les tenir en place, nous utilisions une sorte de colle, beaucoup de colle. Nous lacions nos 15 patins à la manière de Maurice Richard, nous mettions le ruban gommé sur nos bâtons à la manière de Maurice Richard. Nous découpions dans les journaux toutes ses photographies. Vraiment nous savions tout à son sujet.

Sur la glace, au coup de sifflet de l'arbitre, les deux équipes s'élançaient sur le disque de caoutchouc ; nous étions cinq Maurice Richard contre cinq autres 20 Maurice Richard à qui nous arrachions le disque ; nous étions dix joueurs qui portions, avec le même brûlant enthousiasme, l'uniforme des Canadiens de Montréal. Tous nous arborions au dos le très célèbre numéro 9.

Un jour, mon chandail des Canadiens de Montréal était devenu trop étroit ; puis il était déchiré ici et là, troué. Ma mère me dit : « Avec ce vieux chandail, 25 tu vas nous faire passer pour pauvres ! » Elle fit ce qu'elle faisait chaque fois que nous avions besoin de vêtements. Elle commença de feuilleter le catalogue que la compagnie Eaton nous envoyait par la poste chaque année. Ma mère était fière. Elle n'a jamais voulu nous habiller au magasin général ; seule pouvait nous

Pendant la lecture

Notez les noms propres des personnages, ils donnent un air de vraisemblance à l'histoire.

30 convenir la dernière mode du catalogue Eaton. Ma mère n'aimait pas les formules de commande incluses dans le catalogue ; elles étaient écrites en anglais
et elle n'y comprenait rien. Pour commander mon chandail de hockey, elle fit ce
qu'elle faisait d'habitude ; elle prit son papier à lettres et elle écrivit de sa douce
calligraphie d'institutrice : « Cher Monsieur Eaton, auriez-vous l'amabilité de
35 m'envoyer un chandail de hockey des Canadiens pour mon garçon qui a dix ans
et qui est un peu trop grand pour son âge, et que le docteur Robitaille trouve
un peu trop maigre ? Je vous envoie trois piastres et retournez-moi le reste s'il
en reste. J'espère que votre emballage va être mieux fait que la dernière fois. »

Monsieur Eaton répondit rapidement à la lettre de ma mère. Deux semaines
40 plus tard, nous recevions le chandail. Ce jour-là, j'eus l'une des plus grandes
déceptions de ma vie ! Je puis dire que j'ai, ce jour-là, connu une très grande
tristesse. Au lieu de chandail bleu, blanc, rouge des Canadiens de Montréal,
M. Eaton nous avait envoyé un chandail bleu et blanc, avec la feuille d'érable
au devant, le chandail des Maple Leafs de Toronto. J'avais toujours porté le
45 chandail bleu, blanc, rouge des Canadiens de Montréal ; tous mes amis portaient
le chandail bleu, blanc, rouge ; jamais, dans mon village, quelqu'un n'avait porté
le chandail de Toronto, jamais on n'y avait vu un chandail des Maple Leafs de
Toronto. De plus, l'équipe de Toronto se faisait terrasser régulièrement par les
triomphants Canadiens. Les larmes aux yeux, je trouvai assez de force pour dire :
50 —J' porterai jamais cet uniforme-là.

—Mon garçon, tu vas d'abord l'essayer ! Si tu te fais une idée sur les choses
avant de les essayer, mon garçon, tu n'iras pas loin dans la vie…

Ma mère m'avait enfoncé sur les épaules le chandail bleu et blanc des Maple
Leafs de Toronto et, déjà, j'avais les bras enfilés dans les manches. Elle tira le
55 chandail sur moi et s'appliqua à aplatir tous les plis de cette abominable feuille
d'érable sur laquelle, en pleine poitrine, étaient écrits les mots Toronto Maple
Leafs. Je pleurais.

—J' pourrai jamais porter ça.

—Pourquoi ? Ce chandail-là te va bien… Comme un gant…
60 —Maurice Richard se mettrait jamais ça sur le dos…

—T'es pas Maurice Richard. Puis, c'est pas ce qu'on se met sur le dos qui
compte, c'est qu'on se met dans la tête…

—Vous me mettrez pas dans la tête de porter le chandail des Maple Leafs de
Toronto.
65 Ma mère eut un gros soupir désespéré et elle m'expliqua :

—Si tu gardes pas ce chandail qui te fait bien, il va falloir que j'écrive à
M. Eaton pour lui expliquer que tu veux pas porter le chandail de Toronto.
M. Eaton, c'est un Anglais ; il va être insulté parce que lui, il aime les Maple
Leafs de Toronto. S'il est insulté, penses-tu qu'il va nous répondre très vite ? Le

Pendant la lecture

Observez comment la réaction des autres personnages influence le personnage principal.

printemps va arriver et tu auras pas joué une seule partie parce que tu auras pas 70 voulu porter le beau chandail bleu que tu as sur le dos.

Je fus donc obligé de porter le chandail des Maple Leafs. Quand j'arrivai à la patinoire avec ce chandail, tous les Maurice Richard en bleu, blanc, rouge s'approchèrent un à un pour regarder ça. Au coup de sifflet de l'arbitre, je partis prendre mon poste habituel. Le chef d'équipe vint me prévenir que je 75 ferais plutôt partie de la deuxième ligne d'attaque. Quelques minutes plus tard, la deuxième ligne fut appelée ; je sautai sur la glace. Le chandail des Maple Leafs pesait sur mes épaules comme une montagne. Le chef d'équipe vint me dire d'attendre ; il aurait besoin de moi à la défense, plus tard. À la troisième période, je n'avais pas encore joué ; un des joueurs de défense reçut un coup 80 de bâton sur le nez, il saignait ; je sautai sur la glace : mon heure était venue ! L'arbitre siffla ; il m'infligea une punition. Il prétendait que j'avais sauté sur la glace quand il y avait encore cinq joueurs. C'en était trop ! C'était trop injuste !

C'est de la persécution ! C'est à cause de mon chandail bleu ! Je frappai mon bâton sur la glace si fort qu'il se brisa. Soulagé, je me penchai pour ramasser les 85 débris. Me relevant, je vis le jeune vicaire, en patins, devant moi :

—Mon enfant, ce n'est pas parce que tu as un petit chandail neuf des Maple Leafs de Toronto, au contraire des autres, que tu vas nous faire la loi. Un bon jeune homme ne se met pas en colère. Enlève tes patins et va à l'église demander pardon à Dieu. 90

Avec mon chandail des Maple Leafs de Toronto, je me rendis à l'église, je priai Dieu ; je lui demandai qu'il envoie au plus vite cent millions de mites qui viendraient dévorer mon chandail des Maple Leafs de Toronto.

Après la lecture

Vérifiez votre compréhension

1. Qu'apprenons-nous au sujet de Maurice Richard ?

2. Pourquoi la mère du narrateur est-elle fâchée au sujet du vieux chandail ?

3. Comment est-ce que la mère commande un nouveau chandail ?

4. Comment a-t-elle expliqué la taille requise ?

5. Quel est le problème avec le nouveau chandail ?

6. Pourquoi le narrateur a-t-il reçu un chandail des Maple Leafs, l'équipe de Toronto ?

7. Quelle a été sa réaction ?

8. Pourquoi la mère insiste-t-elle pour que son fils porte le nouveau chandail ?

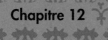

9. Qu'est-ce que le jeune narrateur a fait pendant le match de hockey ? Quel a été le résultat ?

10. Pourquoi le jeune narrateur est-il allé à l'église ? Pourquoi a-t-il prié ?

En y réfléchissant

1. Quand vous étiez jeune, qui étaient vos héros ? Décrivez-les.

2. Y a-t-il de nos jours des personnes qui sont aussi adulées que Maurice Richard ?

3. Comment la mentalité du jeune garçon est-elle révélée par le triangle « école, église, patinoire » ?

4. Pourquoi est-ce que le sport est important pour les jeunes ? Qu'est-ce que le sport offre aux adolescents ?

5. Pourquoi la mère a-t-elle choisi d'écrire une lettre au lieu de remplir la fiche de commande ?

6. Quel était le rôle de la religion chez les jeunes de cette époque ? Qu'en est-il aujourd'hui ? Qu'offre l'église aux adolescents ?

7. Est-ce que les jeunes souffrent et sont humiliés autant de nos jours à cause de leurs vêtements que notre jeune héros lorsqu'il est entré sur la patinoire ?

8. Qu'est-ce que vous pensez de la scène finale à l'église ?

Approches transdisciplinaires : La lettre et ses formules

La mère du jeune narrateur n'aimait pas les fiches de commande, parce qu'elle ne comprenait pas l'anglais. Néanmoins, les formules dont elle se sert pour écrire sa lettre montrent qu'elle est instruite. Dès l'école primaire, les formules de politesse qu'on met dans une lettre sont enseignées aux enfants pour qu'ils apprennent dès le plus jeune âge les convenances et les codes épistolaires. Les normes de la correspondance en français sont établies depuis longtemps. Bien que les formules soient un peu moins strictes de nos jours, on s'attend toujours par exemple à une formule de fin comme : « Veuillez agréer… »

La mère commence sa lettre par : « Cher Monsieur Eaton, auriez-vous l'amabilité de m'envoyer… » Cet emploi du conditionnel et la formule de politesse donnent un air de respectabilité à sa lettre.

Elle aurait pu terminer sa lettre par des formules telles que…
« Veuillez croire, Monsieur, à l'expression de mes salutations distinguées. »

« Veuillez agréer Madame, mes salutations distinguées. »

1. Imaginez que vous êtes le jeune narrateur de l'histoire. Écrivez une lettre à Maurice Richard pour lui demander une photo dédicacée. N'oubliez pas d'utiliser des formules de politesse.

Pour améliorer votre vocabulaire

1. **Synonymes :** Trouvez un synonyme pour chaque mot ou chaque expression de la liste. Vous trouverez ces mots dans le texte.

   a. le combat (l. 3)

   b. la stratégie (l. 8)

   c. l'arbitre (l. 19)

   d. arborer (l. 23)

   e. feuilleter (l. 27)

   f. la calligraphie (l. 34)

   g. l'emballage (l. 38)

   h. terrasser (l. 48)

   i. infliger (l. 82)

   j. se briser (l. 85)

2. **Antonymes :** Trouvez un antonyme pour chaque mot ou chaque expression de la liste. Vous trouverez ces mots dans le texte.

   a. la punition (l. 5)

   b. arracher (l. 21)

   c. l'enthousiasme (l. 22)

   d. étroit (l. 24)

   e. fier (l. 29)

   f. la déception (l. 41)

   g. la tristesse (l. 42)

   h. triomphant (l. 49)

   i. s'approcher (l. 74)

   j. fort (l. 85)

3. **Définitions :** Associez les mots de la première colonne avec les définitions possibles de la seconde. Vérifiez le contexte dans lequel se trouvent ces mots.

1. la patinoire (l. 3)	a. les déchets
2. la rêverie (l. 10)	b. un adhésif
3. la colle (l. 15)	c. imagination
4. fier (l. 29)	d. avoir confiance en
5. l'institutrice (l. 34)	e. orgueilleux
6. le soupir (l. 65)	f. la glace sur laquelle on joue au hockey
7. prévenir (l. 75)	g. manger
8. le débris (l. 86)	h. gémissement
9. le vicaire (l. 86)	i. le dîner
10. dévorer (l. 93)	j. faire savoir
	k. le prêtre
	l. professeur à l'école primaire

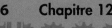

Allons au-delà

Pour communiquer

A Écouter

Dans cette baladodiffusion diffusée par Radio-Canada, il s'agit des Jeux Olympiques d'hiver de Calgary et les problèmes posés par leur organisation. Écoutez l'extrait audio et répondez aux questions suivantes.

1. De quoi s'agit-il dans cc passage audio ?

2. Comment appelle-t-on familièrement Calgary ?

3. Si ce ne sont pas les Jeux Olympiques qu'est-ce qui a injecté beaucoup d'argent dans l'économie albertine ?

4. Comment a-t-on appelé les jeux ? Pourquoi ?

5. Pour lancer le grand spectacle du Stampede qu'attendait-on aussi des bénévoles ?

B Débat : La fierté pour les équipes sportives

Travaillez en groupes de quatre ou cinq élèves. D'abord discutez d'un point de vue général de la fierté que ressentent les supporters pour les équipes sportives.

1. Qu'est-ce que vous en pensez ? Vaut-il la peine de supporter l'équipe locale en achetant des vêtements et autres objets ? Quels sont les articles qu'on achète ?

2. Est-ce que vos amis ou vous assistez aux matchs de votre équipe favorite quand elle joue à domicile ? Avec quelle fréquence ? Avez-vous assisté aux matchs joués à l'extérieur ? Avec quelle fréquence ?

3. Jusqu'où peut aller votre soutien à l'équipe ?

4. Divisez votre groupe en deux camps : l'un qui sera pour le soutien des équipes locales, et l'autre contre.

5. Préparez des points d'argumentation. Puis, débattez de la question. Utilisez les expressions utiles que vous trouverez à la page 423 pour vous aider à défendre vos idées.

6. Enfin, présentez votre débat devant la classe. N'oubliez pas de préparer deux ou trois questions pour vérifier l'attention de votre auditoire.

C Présentation : Le sport et l'église

Discutez en petits groupes d'élèves. Pour cela, prenez une grande feuille de papier.

1. Dressez un schéma en « T » avec deux colonnes : l'église et le sport.

2. Répondez à ces questions et consignez vos réponses :

   a. Quels rôles jouent le sport et l'église dans la vie du narrateur ?

   b. Comment les deux se combinent-ils dans le développement d'un jeune garçon ?

   c. Comparez et contrastez le rôle de l'église et le rôle du sport dans la vie des adolescents.

3. Enfin, résumez vos idées et préparez-vous à présenter à la classe une courte synthèse de vos conclusions.

D À vos stylos ! L'habit ne fait pas le moine

Qu'est-ce qui guide nos choix de vêtements, de coiffures, de style ?

1. Dans un essai en cinq paragraphes (introduction, trois points, conclusion), racontez un incident tiré de votre vie personnelle où le choix de vêtements a influencé (en bien ou en mal) la décision que vous avez prise.

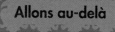

E Un sondage : La valeur des sports

1. Posez cette question (en anglais lorsque c'est nécessaire) au moins à vingt-cinq personnes : Qu'est-ce qu'un enfant peut apprendre en pratiquant un sport ou autre jeu collectif ?

2. Vous aurez des réponses parfois très différentes. Avant de les regrouper dans un graphique « en camembert », étudiez-les, mettez dans une même catégorie celles qui se ressemblent, celles qui semblent uniques.

3. Puis, dessinez un camembert avec une légende qui indiquera les pourcentages des personnes qui ont répondu de la même manière. Sur la feuille écrivez la question et une conclusion qui portera sur ce que vous avez appris des attitudes locales en posant la question.

F Comparer

Discuter de l'information présentée dans l'histogramme :

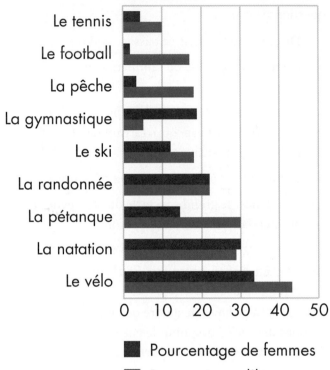

Le sport, préférences masculines et féminines

■ Pourcentage de femmes
■ Pourcentage d'hommes

La vie contemporaine : Les loisirs et le sport

Dans cette sélection, il s'agit du *cheerleading* et comment cette nouveauté est reçue en France. L'article est extrait du magazine *L'Express* en 2010.

Les pom-pom girls, nouvelle passion française ?

Culte aux Etats-Unis, le cheerleading fait des émules auprès des jeunes en France, où il recrute à tour de bras. Et enflamme les stades.

Quand les joueurs ont remonté leurs chaussettes,
5 elles ont ajusté leur brassière[1]. Quand ils ont enfilé leur maillot XL, elles ont vérifié coiffure et eyeliner. Et quand ils ont chaussé leurs crampons, elles ont attrapé leurs pompons. Le 11 juillet, à l'heure où la planète foot avait les yeux braqués
10 sur l'Afrique du Sud, les Eurogirls sont, elles aussi, entrées en scène… Mais à Marne-la-Vallée.

Sûr, ces Françaises auraient préféré être à Johannesburg plutôt qu'en Seine-et-Marne, siège d'un parc d'attractions et patrie de Mickey Mouse,
15 où le match était retransmis sur les écrans du Sport's Bar à Eurodisney. Mais elles ont animé la soirée avec enthousiasme, misant sur leurs meilleurs atouts : chorégraphies millimétrées, sourires immuables et silhouettes impeccables. « On
20 est toujours très bien reçu par le public, assure Malika, leur meneuse depuis près de vingt ans. On nous applaudit, on nous dit merci, les mères viennent en courant nous saluer avec leurs petites filles. »
25 Les pom-pom girls, nouvelle passion française ? Depuis quelques années, ces troupes de jeunes femmes tout en jupettes, paillettes, tee-shirts moulants et grands écarts faciaux ont envahi stades et gymnases.

La vulgarité n'est pas leur terrain de jeu   30
« Presque toutes les villes ont leur équipe de pom-pom girls », souligne encore Malika, qui a vu le phénomène prendre de l'ampleur au cours des vingt dernières années. Du basket au rugby, du hockey à la pétanque, en passant par le foot, ces   35
majorettes modernes sont désormais de toutes les manifestations, insufflant un peu de leur féminité dans un univers gonflé à la testostérone.

« Au début, on nous a un peu pris pour des extraterrestres, reconnaît Didier Barraud, porte-   40
voix des Phoxy Girls, une équipe qui suit notamment l'AJ Auxerre. Mais, aujourd'hui, les gens en redemandent. » Le rôle de ces reines assumées du kitsch ? Accompagner les phases de jeu, mettre de l'ambiance, faire rêver les spectateurs. En somme,   45
créer l'événement. « On évolue de plus en plus vers du sport-spectacle à l'américaine, observe Philippe Colin, directeur artistique de Media Drop, une société d'événementiel. Les clubs veulent diversifier leur public, proposer autre chose que du sport   50
pur. Et sur ce créneau, les pom-pom sont une valeur sûre : on est certain qu'à leur arrivée le public va réagir et crier. »

---

1. crop top

Un show mi-enfantin, mi-coquin

55 La référence des pom-pom françaises, ce sont
bien sûr les cheerleaders américaines, ces équipes
sportives, souvent mixtes, qui font partie inté-
grante de la culture et du folklore US. « Les séries
télévisées portent beaucoup cette symbolique »,
60 analyse le chercheur et écrivain Frédéric Martel,
auteur de *Mainstream. Enquête sur cette culture
qui plaît à tout le monde* [Flammarion]. Le slogan
de la fiction américaine *Heroes*, suivie par des
millions de fans outre-Atlantique, est éloquent :
65 *Save the cheerleader, save the world* (sauve la pom-
pom girl, sauve le monde). Portée par le pouvoir
d'influence des États-Unis, la pratique s'exporte et
se développe jusque dans l'Hexagone.

Ce samedi de mai, en France, Lyon a pris, en
effet, aussi des airs de *high school*. Dans l'un des 70
gymnases de la ville, France Cheerleading Association (FCA) organise un open international où se
sont donné rendez-vous une quinzaine de groupes
mordus de pompons. Moyenne d'âge : 14 ans.
Toute la matinée, les cars déversent devant l'entrée 75
des flopées de participants remontés à bloc, de
mamans attentives et de supporters motivés. Il est
11 heures. Sur le praticable, les équipes, dos droit
et couettes hautes, s'échauffent, rivalisant de sauts
et de portés sur des musiques à la mode. Dans les 80
gradins, on se maquille, on se coiffe et on se laque
à tour de bras. Les visages brillent presque autant
que les accessoires.

Questions de compréhension

1. Quelle est l'idée principale de cet article ?

   a. Les pom-pom girls à l'heure de la
   compétition.

   b. Une introduction aux principaux sports.

   c. Une description des uniformes et du
   maquillage des pom-pom girls.

   d. Recruter largement pour les pom-pom
   girls.

2. Qu'est-ce qui a eu lieu à Marne-la-Vallée ?

   a. Un match de foot.

   b. Une pièce de théâtre appelée *Eurogirls*.

   c. Une compétition des pom-pom girls.

   d. L'ouverture d'un parc d'attractions.

3. Quelle expression peut-on substituer pour
   « millimétrées » (ligne 18) ?

   a. Très précises.

   b. Démesurées.

   c. Minuscules.

   d. Minorées.

4. Quel ton prend Malika ?

   a. Elle reste neutre.

   b. Elle est amusée par les critiques.

   c. Elle est partagée entre deux attitudes.

   d. Elle est agressive.

5. D'après ce reportage, quelle remarque a
   propos des pom-pom girls est vraie ?

   a. C'est une activité tout à fait nouvelle en
   France.

   b. On pratique ce sport depuis au moins vingt
   ans.

   c. Les pom-pom girls se font mal assez
   souvent.

   d. Elles ne sont pas encore arrivées devant
   le grand public sur la scène sportive
   française.

6. Quelle est la différence principale entre les pom-pom girls françaises et leurs homologues américaines ?

   a. Les costumes des pom-pom girls françaises sont plus travaillés.
   b. Il n'y a pas de football (américain) en France.
   c. Les cheerleaders américaines encouragent une équipe sportive.
   d. Les pom-pom girls n'ont pas l'âge des lycéennes.

7. Pour quelle raison l'article a-t-il été écrit ?

   a. Pour encourager les pom-pom girls à se promouvoir dans la compétition.
   b. Pour contrarier les équipes des pom-pom girls.
   c. Pour susciter de l'animosité envers les pom-pom girls.
   d. Pour présenter au grand public des connaissances générales sur les pom-pom girls.

Revenez sur ces questions

Après avoir considéré les lectures et les discussions de ce chapitre, reprenez-en la discussion.

- D'où vient l'immense fierté que les supporters affichent pour leurs équipes sportives sur le terrain de sport ou à l'extérieur ?

- En quoi est-ce que les loisirs et les sports peuvent rassembler ou diviser ceux qui y participent ?

- Qu'est-ce qu'un enfant peut apprendre en pratiquant un sport ou un jeu avec ses camarades ?

Contexte : Le monde du travail

....

LECTURE **Alphonse Daudet :** *Le secret de Maître Cornille*

Déchiffrons l'image

1. Comment caractériseriez-vous le paysage de la photo ?

2. Dans quelle partie de la France se situe, selon vous, ce paysage ?

3. À quoi sert le moulin à vent ? Quel travail accomplit-il ?

4. En quoi consistait le travail des meuniers (ceux qui faisaient marcher les moulins à vent) avant la révolution industrielle ?

Les questions du chapitre

- Comment l'homme se définit-il par son travail ? Quels traits de la personnalité caractérisent celui ou celle qui travaille ?

- Comment la culture, les usages et les perspectives d'avenir influent-ils sur le travail et sur le choix d'une profession ?

- Quels sont les défis que pose le monde du travail aujourd'hui ?

Le secret de Maître Cornille

Avant la lecture

Stratégie pour la lecture : *Cause et effet*

- La « cause » est l'événement qui en précède un autre. Pour trouver la cause, vous vous demandez : « Pourquoi est-ce que cela s'est passé ? »

- L' « effet » est le résultat de la cause. C'est le second de deux événements. Pour déterminer quel est l'effet, posez-vous la question : « Qu'est-ce qui est arrivé ? »

- Certains mots ou expressions indiquent une relation de cause à effet :

  > *parce que, par conséquent, alors, étant donné que, puisque, il en résulte que, pourtant, néanmoins, quand même*

- Dans notre histoire on trouve des événements qui ont un rapport de cause à effet. Faites coïncider les phrases des deux colonnes :

  1. Les gens apportent leur blé au moulin.
  2. Un homme regarde par la fenêtre.
  3. Le nouveau moulin marche plus vite et fait une meilleure farinc.

  a. Il découvre la vérité.
  b. Les gens choisissent le nouveau moulin.
  c. Le meunier le moud la farine.

Les réponses sont : 1-c, 2-a, 3-b. Quand les gens apportent leur blé au moulin, le meunier l'accepte et il le moud en farine. Dans cette histoire, il y a un homme qui veut découvrir le secret du moulin et il dresse une échelle pour regarder par la fenêtre et découvrir la vérité. La troisième phrase est le thème de notre histoire. *Le secret de Maître Cornille* est un texte où l'on trouve de nombreux rapports de cause à effet. Cherchez-les pendant la lecture.

Pour connaître l'auteur

Alphonse Daudet

(1840–1897)
Alphonse Daudet est un romancier français, né dans une famille bourgeoise de Nîmes, dans le sud de la France. Il est d'abord instituteur, mais après quelques années, il déménage chez son frère et commence à écrire des poésies que l'on retrouve dans le recueil *Les amoureuses*. Il devient ensuite rédacteur du journal *Le Figaro*. Daudet est surtout connu pour son œuvre en prose, notamment *Les lettres de mon moulin*, *Le petit chose*, et *L'Arlésienne*. Son style dit « impressionniste » déborde de lumière et de couleurs. Très influencé par le naturalisme, il met en scène des histoires puisées dans sa propre expérience et les lieux qu'il a fréquentés.

La vie contemporaine : Le monde du travail

Dans cette sélection il s'agit d'un vieux meunier qui refuse d'adopter une nouvelle technologie. Cette histoire est tirée de l'ouvrage *Les lettres de mon moulin*.

Le secret de Maître Cornille

Alphonse Daudet

Francet Mamaï, un vieux joueur de fifre, qui vient de temps en temps faire la veillée chez moi, en buvant du vin cuit, m'a raconté l'autre soir un petit drame de village dont mon moulin a été témoin il y a quelque vingt ans. Le récit du bonhomme m'a touché, et je vais essayer de vous le redire tel que je l'ai entendu.

Imaginez-vous pour un moment, chers lecteurs, que vous êtes assis devant   5
un pot de vin tout parfumé, et que c'est un vieux joueur de fifre qui vous parle.

* * * * *

Pendant la lecture

Observez comment l'histoire est racontée par un narrateur qui s'implique dans l'histoire.

Notre pays, mon bon monsieur, n'a pas toujours été un endroit mort et sans renom, comme il est aujourd'hui. Autre temps, il s'y faisait un grand commerce de meunerie, et, dix lieues à la ronde, les gens des mas[1] nous apportaient leur blé à moudre… Tout autour du village, les collines étaient couvertes de moulins   10
à vent. De droite et de gauche on ne voyait que des ailes qui viraient au mistral[2] par-dessus les pins, des ribambelles[3] de petits ânes chargés de sacs, montant et dévalant le long des chemins ; et toute la semaine c'était plaisir d'entendre sur la hauteur le bruit des fouets, le craquement de la toile et le *Dia hue !* des aides-meuniers… Le dimanche nous allions aux moulins, par bandes. Là-haut, les   15
meuniers payaient le muscat[4]. Les meunières étaient belles comme des reines, avec leurs fichus de dentelles et leurs croix d'or. Moi, j'apportais mon fifre, et jusqu'à la noire nuit on dansait des farandoles[5]. Ces moulins-là, voyez-vous, faisaient la joie et la richesse de notre pays.

Malheureusement, des Français de Paris eurent l'idée d'établir une minoterie   20
à vapeur, sur la route de Tarascon. Tout beau, tout nouveau ! Les gens prirent l'habitude d'envoyer leurs blés aux minotiers, et les pauvres moulins à vent restèrent sans ouvrage. Pendant quelque temps ils essayèrent de lutter, mais la vapeur fut la plus forte, et l'un après l'autre, pécaïre[6] ! ils furent tous obligés de

---

1. farmhouse particular to Provence
2. *cold wind from the north*
3. flocks
4. *a type of wine*
5. *a Provençal folk dance*
6. exclamation in Provençal dialect expressing compassion

25 fermer… On ne vit plus venir les petits ânes… Les belles meunières vendirent
leurs croix d'or… Plus de muscat ! Plus de farandole !… Le mistral avait beau
souffler, les ailes restaient immobiles… Puis, un beau jour, la commune fit jeter
toutes ces masures à bas, et l'on sema à leur place de la vigne et des oliviers.

Pourtant, au milieu de la débâcle, un moulin avait tenu bon et continuait de
30 virer courageusement sur sa butte, à la barbe des minotiers. C'était le moulin de
maître Cornille, celui-là même où nous sommes en train de faire la veillée en
ce moment.

Pendant la lecture

Notez la richesse du vocabulaire concernant la région, la Provence.

* * * * *

Maître Cornille était un vieux meunier, vivant depuis soixante ans dans la
farine et enragé pour son état. L'installation des minoteries l'avait rendu comme
35 fou. Pendant huit jours, on le vit courir par le village, ameutant le monde autour de lui et criant de toutes ses forces qu'on voulait empoisonner la Provence
avec la farine des minotiers. « N'allez pas là-bas, disait-il ; ces brigands-là, pour
faire le pain, se servent de la vapeur, qui est une invention du diable, tandis que
moi je travaille avec le mistral et la tramontane[7], qui sont la respiration du bon
40 Dieu… » Et il trouvait comme cela une foule[8] de belles paroles à la louange des
moulins à vent, mais personne ne les écoutait.

Alors, de male rage, le vieux s'enferma dans son moulin et vécut tout seul
comme une bête farouche. Il ne voulut pas même garder près de lui sa petite-
fille Vivette, une enfant de quinze ans, qui, depuis la mort de ses parents, n'avait
45 plus que son grand-père au monde. La pauvre petite fut obligée de gagner sa
vie et de se louer un peu partout dans les mas, pour la moisson, les magnans[9]
ou les olivades[10]. Et pourtant son grand-père avait l'air de bien l'aimer, cette
enfant-là. Il lui arrivait souvent de faire ses quatre lieues à pied par le grand
soleil pour aller la voir au mas, où elle travaillait, et quand il était près d'elle, il
50 passait des heures entières à la regarder en pleurant…

Pendant la lecture

Observez comment le personnage principal réagit à la nouveauté et au changement.

Dans le pays on pensait que le vieux meunier, en renvoyant Vivette, avait
agi par avarice ; et cela ne lui faisait pas honneur de laisser sa petite-fille ainsi
traîner d'une ferme à l'autre, exposée aux brutalités des baïles[11] et à toutes les
misères des jeunesses en condition. On trouvait très mal aussi qu'un homme du
55 renom de maître Cornille, et qui, jusque-là, s'était respecté, s'en allât maintenant
par les rues comme un vrai bohémien, pieds nus, le bonnet troué, la taillole[12]
en lambeaux[13]… Le fait est que le dimanche, lorsque nous le voyions entrer à la
messe, nous avions honte pour lui, nous autres les vieux ; et Cornille le sentait

7. north wind
8. mob, swarm
9. silkworms
10. olive spread
11. shepherds
12. belt
13. in shreds

si bien qu'il n'osait plus venir s'asseoir sur le banc d'œuvre. Toujours il restait au fond de l'église, près du bénitier, avec les pauvres. 60

Dans la vie de maître Cornille il y avait quelque chose qui n'était pas clair. Depuis longtemps personne, au village, ne lui portait plus de blé, et pourtant les ailes de son moulin allaient toujours leur train comme devant… Le soir, on rencontrait par les chemins le vieux meunier poussant devant lui son âne chargé de gros sacs de farine. 65

—Bonnes vêpres[14], maître Cornille ! lui criaient les paysans ; ça va donc toujours, la meunerie ?

—Toujours, mes enfants, répondait le vieux d'un air gaillard. Dieu merci, ce n'est pas l'ouvrage qui nous manque.

Alors, si on lui demandait d'où diable pouvait venir tant d'ouvrage, il se 70 mettait un doigt sur les lèvres et répondait gravement : « Motus ![15] je travaille pour l'exportation… » Jamais on n'en put tirer davantage.

Quant à mettre le nez dans son moulin, il n'y fallait pas songer. La petite Vivette elle-même n'y entrait pas…

Lorsqu'on passait devant, on voyait la porte toujours fermée, les grosses ailes 75 toujours en mouvement, le vieil âne broutant le gazon de la plate-forme, et un grand chat maigre qui prenait le soleil sur le rebord de la fenêtre et vous regardait d'un air méchant.

Tout cela sentait le mystère et faisait beaucoup jaser le monde. Chacun expliquait de sa façon le secret de maître Cornille, mais le bruit général était qu'il y 80 avait dans ce moulin-là encore plus de sacs d'écus[16] que de sacs de farine.

À la longue pourtant tout se découvrit ; voici comment :

En faisant danser la jeunesse avec mon fifre, je m'aperçus un beau jour que l'aîné de mes garçons et la petite Vivette s'étaient rendus amoureux l'un de l'autre. Au fond je n'en fus pas fâché, parce qu'après tout le nom de Cornille 85 était en honneur chez nous, et puis ce joli petit passereau de Vivette m'aurait fait plaisir à voir trotter dans ma maison. Seulement, comme nos amoureux avaient souvent occasion d'être ensemble, je voulus, de peur d'accidents, régler l'affaire tout de suite, et je montai jusqu'au moulin pour en toucher deux mots au grand-père… Ah ! le vieux sorcier ! il faut voir de quelle manière il me reçut ! 90 Impossible de lui faire ouvrir sa porte. Je lui expliquai mes raisons tant bien que mal, à travers le trou de la serrure ; et tout le temps que je parlais, il y avait ce coquin de chat maigre qui soufflait comme un diable au-dessus de ma tête.

Le vieux ne me donna pas le temps de finir, et me cria fort malhonnêtement de retourner à ma flûte ; que, si j'étais pressé de marier mon garçon, je pouvais 95

---

14. Good evening!
15. Shhhh!
16. coins

bien aller chercher des filles à la minoterie… Pensez que le sang me montait d'entendre ces mauvaises paroles ; mais j'eus tout de même assez de sagesse pour me contenir, et, laissant ce vieux fou à sa meule, je revins annoncer aux enfants ma déconvenue… Ces pauvres agneaux ne pouvaient pas y croire ; ils
100 me demandèrent comme une grâce de monter tous deux ensemble au moulin, pour parler au grand-père… Je n'eus pas le courage de refuser, et prrrt ! voilà mes amoureux partis. Tout juste comme ils arrivaient là-haut, maître Cornille venait de sortir. La porte était fermée à double tour ; mais le vieux bonhomme, en partant, avait laissé son échelle dehors, et tout de suite l'idée vint aux enfants
105 d'entrer par la fenêtre, voir un peu ce qu'il y avait dans ce fameux moulin…

Chose singulière ! la chambre de la meule était vide… Pas un sac, pas un grain de blé ; pas la moindre farine aux murs ni sur les toiles d'araignée… On ne sentait pas même cette bonne odeur chaude de froment écrasé qui embaume dans les moulins… L'arbre de couche était couvert de poussière, et le grand chat
110 maigre dormait dessus.

La pièce du bas avait le même air de misère et d'abandon : un mauvais lit, quelques guenilles[17], un morceau de pain sur une marche d'escalier, et puis dans un coin trois ou quatre sacs crevés d'où coulaient des gravats[18] et de la terre blanche.

115 C'était là le secret de maître Cornille ! C'était ce plâtras qu'il promenait le soir par les routes, pour sauver l'honneur du moulin et faire croire qu'on y faisait de la farine… Pauvre moulin ! Pauvre Cornille ! Depuis longtemps les minotiers leur avaient enlevé leur dernière pratique. Les ailes viraient toujours, mais la meule tournait à vide.

120 Les enfants revinrent tout en larmes, me conter ce qu'ils avaient vu. J'eus le cœur crevé de les entendre… Sans perdre une minute, je courus chez les voisins, je leur dis la chose en deux mots, et nous convînmes qu'il fallait, sur l'heure, porter au moulin Cornille tout ce qu'il y avait de froment dans les maisons… Sitôt dit, sitôt fait[19]. Tout le village se met en route, et nous arrivons
125 là-haut avec une procession d'ânes chargés de blé, du vrai blé, celui-là !

Le moulin était grand ouvert… Devant la porte, maître Cornille, assis sur un sac de plâtre, pleurait, la tête dans ses mains. Il venait de s'apercevoir, en rentrant, que pendant son absence on avait pénétré chez lui et surpris son triste secret.

—Pauvre de moi ! disait-il. Maintenant, je n'ai plus qu'à mourir… Le moulin
130 est déshonoré.

Et il sanglotait à fendre l'âme, appelant son moulin par toutes sortes de noms, lui parlant comme à une personne véritable. À ce moment, les ânes

---

17. rags
18. rubble
19. No sooner said than done.

arrivent sur la plate-forme, et nous nous mettons tous à crier bien fort comme au beau temps des meuniers :

—Ohé[20] ! du moulin !… Ohé ! maître Cornille !   135

Et voilà les sacs qui s'entassent devant la porte et le beau grain roux qui se répand par terre, de tous cotés…

Maître Cornille ouvrait de grands yeux. Il avait pris du blé dans le creux de sa vieille main et il disait, riant et pleurant à la fois :

—C'est du blé !… Seigneur Dieu !… Du bon blé !… Laissez-moi que je le   140 regarde.

Puis, se tournant vers nous :

—Ah ! je savais bien que vous me reviendriez… Tous ces minotiers sont des voleurs.

Nous voulions l'emporter en triomphe au village :   145

—Non, non, mes enfants ; il faut avant tout que j'aille donner à manger à mon moulin… Pensez donc ! il y a si longtemps qu'il ne s'est rien mis sous la dent !

Et nous avions tous des larmes dans les yeux de voir le pauvre vieux se démener de droite et de gauche, éventrant les sacs, surveillant la moule, tandis   150 que le grain s'écrasait et que la fine poussière de froment s'envolait au plafond.

C'est une justice à nous rendre : à partir de ce jour-là, jamais nous ne laissâmes le vieux meunier manquer d'ouvrage. Puis, un matin, maître Cornille mourut, et les ailes de notre dernier moulin cessèrent de virer, pour toujours cette fois… Cornille mort, personne ne prit sa suite. Que voulez-vous,   155 monsieur !… tout a une fin en ce monde, et il faut croire que le temps des moulins à vent était passé comme celui des coches sur le Rhône, des parlements et des jaquettes à grandes fleurs.

---

20. Hey!

Après la lecture

Vérifiez votre compréhension

1. Pourquoi le narrateur a-t-il décidé de raconter cette histoire ?

2. Comment appelle-t-on un homme qui fait de la farine de blé ?

3. Qu'est-ce qu'une *minoterie* ?

4. À quoi font référence les « ailes » dont l'auteur parle à la ligne 11 ?

5. Quelle image le narrateur veut-il donner quand il évoque ce qui se passe autour du village ?

6. Pourquoi a-t-on installé de nouveaux moulins ?

7. Comment Maître Cornille a-t-il réagi à leur installation ?

8. Qu'indique la phrase « *foule de belles paroles* » (l. 40) ?

9. Qu'est-ce qu'a fait Maître Cornille ?

10. Qu'est-ce qui intriguait les villageois ?

11. Selon l'histoire qui circulait dans le village, qu'est-ce qu'il y avait dans le moulin de Cornille ?

12. Qui est Vivette ? Quel rapport a-t-elle avec le narrateur ?

13. Qu'ont fait Vivette et son copain ? Qu'est-ce qu'ils ont découvert ?

14. Qu'est-ce qui a résulté de la découverte de Vivette ?

15. Quelle a été la réaction du village en apprenant le secret de Maître Cornille ? Qu'est-ce que les villageois ont fait ?

En y réfléchissant

1. À votre avis est-ce que la réaction de Maître Cornille est caractéristique des vieux ouvriers dont on change le travail ? Justifiez votre opinion.

2. Pourquoi Maître Cornille ne voulait-il pas que l'on sache qu'il n'avait pas de travail ?

3. N'est-ce pas parce qu'à cette époque, l'identité d'une personne était conditionnée par son travail ? Quelle est la réaction de quelqu'un qui perd son « identité ? »

Perspectives culturelles : *De la révolution industrielle à l'âge de technologie*

L' histoire décrit l'arrivée de nouveaux moulins à vapeur dans cette région de la France pour remplacer les vieux moulins à vent, fonctionnant avec des ailes. Ce remplacement fait partie de la modernisation provoquée par la révolution industrielle.

1. Quels autres métiers et travaux ont alors changé aussi bien à la ville qu'à la campagne ?

2. En quoi les machines ont-elles modernisé la France ?

3. Quels travaux artisanaux ont disparu ?

4. Dites comment les métiers et les travaux ont changé la France de cette époque. Servez-vous d'internet pour trouver des exemples.

Pour améliorer votre vocabulaire

1. **Synonymes :** Trouvez un synonyme pour chaque mot ou chaque expression de la liste. Vous trouverez ces mots dans le texte.

   a. la respiration (l. 39)
   b. farouche (l. 43)
   c. en lambeaux (l. 57)
   d. l'ouvrage (l. 69)
   e. jaser (l. 79)
   f. régler (l. 88)
   g. la sagesse (l. 97)
   h. s'entasser (l. 136)
   i. éventrant (l. 150)
   j. cesser (l. 154)

2. **Antonymes :** Trouvez un antonyme pour chaque mot ou chaque expression de la liste. Vous trouverez ces mots dans le texte.

   a. le diable (l. 38)
   b. l'avarice (*f*) (l. 52)
   c. la jeunesse (l. 54)
   d. fermé (l. 75)
   e. méchant (l. 78)
   f. la sagesse (l. 97)
   g. vide (l. 106)

3. **Définitions :** Associez les mots de la première colonne avec les définitions possibles de la seconde. Vérifiez le contexte dans lequel se trouvent ces mots.

1. empoissonner (l. 36)	a. pendant que
2. le brigand (l. 37)	b. rêver
3. tandis que (l. 38)	c. l'arôme
4. des lieues (l. 48)	d. des kilomètres
5. avarice (l. 52)	e. le bandit
6. songer (l. 73)	f. intoxiquer
7. le passereau (l. 86)	g. l'avidité
8. l'odeur (l. 108)	h. un mouton
9. virer (l. 154)	i. arrêter
10. cesser (l. 154)	j. tourner
	k. un petit oiseau
	l. exotique

Pour communiquer

Ⓐ Écouter

Dans ce passage audio diffusé par Radio-Canada, il s'agit d'une certaine profession et de ses origines au Canada. Écoutez l'extrait audio et répondez aux questions suivantes.

1. De quoi s'agit-il dans ce passage audio ?

2. De quel commerce parle-t-on ?

3. D'habitude, qui s'occupait des animaux ?

4. Qui a introduit la première bouteille de lait en verre au Canada ? Pourquoi ?

5. Comment livrait-on le lait de maison en maison ?

Ⓑ Recherches : La révolution technologique

Avec l'histoire de Maître Cornille, vous avez un exemple de la façon dont la révolution industrielle a affecté la France. Quels autres changements ont eu lieu depuis cette première révolution technique ? Travaillez en petits groupes de trois ou quatre élèves pour répondre à la question.

1. Prenez une grande feuille de papier et dressez une chronologie des événements depuis la révolution industrielle.

2. Faites des recherches sur les points suivants :

   a. Le mouvement de la population française des champs vers les villes, en particulier Paris : À quelle période ces changements sont-ils intervenus après 1800 ; avec quels effets ?

   b. Les grandes inventions qui ont affecté la vie de tous à partir de cette période.

   c. Les mouvements géographiques de la main-d'œuvre rurale par époque et par destination.

3. Reportez ces informations sur la feuille chronologiquement.

4. Échangez les informations entre les membres de votre groupe pour élargir vos connaissances sur chaque point.

5. Présentez ces informations à la classe.

6. N'oubliez pas de préparer une ou deux questions se rapportant aux populations qui sont restées sédentaires.

Ⓒ Présentation : Aujourd'hui et hier

Travaillez en petits groupes d'au moins deux personnes. Affichez vos résultats sur une grand feuille de papier.

1. Comparez la vie contemporaine à celle de l'époque de Cornille. Entre autres, étudiez les points suivants :

le travail	les sciences	le transport
la femme	la médecine	la cuisine
le gouvernement	la musique	les enfants
les vêtements	le logement	le militaire
l'éducation	le foyer	la famille
la vie quotidienne	les arts	les droits humains

2. Montrez les différences qui existent entre ces époques et écrivez le plus de phrases possibles. Utilisez l'imparfait et le présent. Par ex. : *Avant la révolution industrielle on coupait le blé à la main ; de nos jours ce sont des machines qui le récoltent.*

3. Expliquez les résultats de vos recherches à la classe.

4. N'oubliez pas d'avoir une ou deux questions prêtes à poser à votre public.

D À vos stylos ! Mon futur métier

Pour l'instant vous êtes au lycée mais dans quatre ou cinq ans, vous aurez une autre vie. Qu'est-ce que vous comptez faire alors ? Dites sur le mode sérieux (ou humoristique) comment vous voyez votre métier. Écrivez ensuite un essai en cinq paragraphes dont ce sera le sujet.

1. Dans votre introduction, vous mentionnerez le fait que vous aurez bientôt besoin de travailler et vous indiquerez le travail que vous comptez faire.

2. Dans les trois paragraphes de votre rédaction, vous justifierez votre choix et vous décrirez ce travail, ce qu'il faut faire quand on l'exerce, le salaire moyen qu'il procure, le lieu où on l'exerce, les avantages et les inconvénients de ce métier.

3. Dans votre conclusion, vous résumerez vos idées.

E Jeu de rôle : Je cherche un travail

1. Pour commencer, pensez à un travail imaginaire (vendeur de hot-dogs, P.D.G. d'une société qui crée et fabrique des jouets, princesse dauphine de la famille royale de France). Créez une annonce pour la rubrique « demande d'emplois ». Affichez votre annonce là où votre professeur vous le conseillera.

2. Lisez les annonces de toute la classe et choisissez le travail qui vous convient le mieux.

3. Arrangez un entretien avec l'étudiant qui a affiché l'annonce.

4. NOTE : Puisque vous affichez et vous lisez les annonces, vous avez deux rôles : vous offrez un travail et vous cherchez un travail. Vous participerez donc à deux entretiens d'embauche.

5. Préparez une série de questions (au moins huit) pour poser au candidat à l'emploi que vous proposez.

6. Préparez des informations à donner sur votre expérience, votre CV, vos aptitudes, vos goûts, etc.

7. Faites les deux interviews. Quand vous interviewez un candidat pour le poste que vous avez affiché, dites s'il est embauché ou pas.

F Un sondage : Les jobs de l'avenir

Quels seront les travaux du futur ?

1. Travaillez en groupes d'environ cinq élèves. Choisissez une question pour sonder chaque membre du groupe :

   a. Quels travaux seront les plus importants dans le futur ?

   b. Quels travaux paieront le mieux dans le futur ?

   c. Quels travaux seront les plus difficiles à effectuer dans le futur ?

   d. Quels travaux seront les plus respectés… etc.

2. Faites votre sondage en dehors de la classe, auprès de vos amis et de votre famille. Posez la question à vingt-cinq personnes.

3. Préparez une affiche qui indique votre question, les résultats sous forme de tableau « en camembert », sa légende, une illustration, votre conclusion, une analyse (qui réponde à la question « pourquoi ? »), et une réflexion (qu'est-ce que vous en pensez ?).

4. Discutez de vos résultats avec le groupe et affichez les tableaux.

G Comparer

Comparez le taux d'emploi par sexe dans les pays de l'Union européenne.

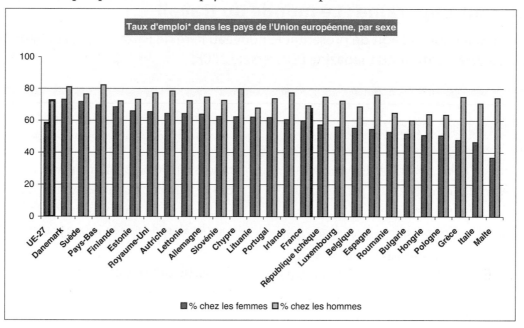

Pays	% chez les femmes	% chez les hommes
UE-27	**58,3**	**72,5**
Danemark	73,2	81,0
Suède	71,8	76,5
Pays-Bas	69,6	82,2
Finlande	68,5	72,1
Estonie	65,9	73
Royaume-Uni	65,5	77,3
Autriche	64,4	78,4
Lettonie	64,4	72,5
Allemagne	64,0	74,7
Slovénie	62,6	72,7
Chypre	62,4	80,0
Lituanie	62,2	67,9
Portugal	61,9	73,8
Irlande	60,6	77,4
France	**60,0**	**69,3**
République tchèque	57,3	74,8
Luxembourg	56,1	72,3
Belgique	55,3	68,7
Espagne	54,7	76,2
Slovaquie	53,0	68,4
Roumanie	52,8	64,8
Bulgarie	51,7	60
Hongrie	50,9	64,0
Pologne	50,6	63,6
Grèce	47,9	74,9
Italie	46,6	70,7
Malte	36,9	74,2

Source : Eurostat, 2008

THÈME DU COURS

La vie contemporaine : Le monde du travail

Dans cette sélection, il s'agit de présenter le nouveau livre de Faïza Guène *Les Gens du Balto*. L'article est extrait du magazine *L'Express* de 2008.

Voyage au bout du RER

Avec Les Gens du Balto, *Faïza Guène signe son troisième roman sur la banlieue. Un portrait tout en finesse de la « France d'en bas ».*

Kiffe kiffe tomorrow, Kiffe kiffe morgen, Kiffe kiffe
5 domani… Non, nous n'avons pas sniffé : il s'agit juste d'un échantillon des multiples traductions de *Kiffe kiffe demain*, de Faïza Guène, publié en 2004 et vendu, en France, à près de 400 000 exemplaires. Une histoire de « oufs », comme diraient
10 les héros de ce roman sans chiqué sur le quotidien de nos banlieues, mené presto par une jeune inconnue de Pantin au langage fleuri. Et la presse de se déchaîner sur la « Sagan des cités ».

De quoi faire tourner la tête, que l'on soit du
15 « 9-3 » ou du « 9-2 ». Rien de tel, pourtant, avec Faïza la beurette, qui publie son troisième roman, *Les Gens du Balto*. Pas de vêtements de marque, de tics de langage ni d'effets de manches. Etonnamment mûre pour son âge - 23 ans -
20 fraîchement mariée (à un Ivoirien œuvrant dans l'humanitaire), elle converse placidement sur la terrasse de sa maison d'édition. « En fait, j'ai été vieille jeune, peut-être parce que je me suis prise en charge très tôt. » « Vous n'avez pas de grand
25 frère, alors servez-vous de votre tête » : ce conseil avisé de sa mère, originaire d'Algérie, à ses trois enfants de la cité des Courtillières, à Pantin, Faïza l'a suivi à la lettre. Bachelière à 17 ans, membre actif des Engraineurs, une association d'aide à
30 l'écriture de scénarios, la cadette de cette famille

modeste (son père est un ouvrier du BTP à la retraite) n'enflamme que les mots. Qu'elle fait valser sur des carnets, en fine observatrice de ses contemporains, depuis sa prime jeunesse.

Au café-tabac de Joigny-les-Deux-Bouts
35 Epaté par sa verve, le président de son atelier, Boris Seguin (« Mon père spirituel, mon deuxième "daron" », dit-elle), soumet quelques feuillets à sa sœur, la patronne d'Hachette Littératures. Avec, à la clef, un statut d'écrivain et une tournée triom-
40 phale aux Etats-Unis… Mais c'est à l'occasion d'un séjour en Hongrie, où elle regarde en boucle TV 5 et, donc, Questions pour un champion, que naît l'inspiration. « J'ai imaginé un père au chômage, vautré devant sa télé, voyant tous ces candidats
45 aux passions les plus incroyables. » Autour de Jacquot, le téléphage, elle plante ses personnages: Yéva, sa femme, d'origine arménienne, employée de bureau à la grande gueule ; Tanièl, dit « Quetur », leur fils aîné, sympathique petite
50 brute ; Yeznig, son frère, handicapé ; Magalie, la blonde qui fait regretter à toutes les blondes de ne pas être brunes ; Nadia et Ali, jumeaux d'origine arabe, ex-Marseillais. Tous clients du Balto, unique et glauque café-tabac de Joigny-les-Deux-
55 Bouts, terminus du RER, dont ils détestent, en chœur, le patron, Joël, facho à souhait, et que l'on retrouve mort un petit matin.

Questions de compréhension

1. De quel genre d'article s'agit-il ?

   a. Le compte-rendu d'un livre qui vient de paraître.
   b. Un reportage sur l'activité d'une écrivaine.
   c. Un résumé de l'intrigue et des personnages d'un livre.
   d. Une critique sévère d'un livre peu apprécié.

2. D'après l'article, lequel des sobriquets suivants ne fait pas référence à la jeune écrivaine ?

   a. La jeune inconnue de Pantin.
   b. La cadette de la famille.
   c. Faïza, la beurette.
   d. La Sagan des cités.

3. Où se passe essentiellement l'action du nouveau roman ?

   a. À Pantin.
   b. En Algérie.
   c. Devant la télévision du personnage principal.
   d. Dans un café-tabac.

4. D'après l'article, on peut conclure que les romans de Faïza Guène se passent… ?

   a. Dans les cités de la banlieue.
   b. Dans les pays baltes.
   c. À Paris.
   d. Dans le RER.

5. Que veut dire l'expression « téléphage » (ligne 47) ?

   a. Une personnage qui passe sa vie devant la télévision.
   b. Un virus d'ordinateur qui s'attaque aussi à la télévision.
   c. Un téléprospecteur qui vend des abonnements pour le cable.
   d. Un réparateur de téléphones portables.

6. Comment s'organise ce texte ?

   a. Il pose des questions et y répond.
   b. Il s'intéresse à l'œuvre de l'auteur avant de cataloguer les personnages du nouveau roman.
   c. Il résume l'intrigue du nouveau roman.
   d. Il s'agit d'un entretien avec l'auteur.

7. Vous voulez lire un des romans antérieurs de Faïza Guène. Qu'est-ce que vous cherchez ?

   a. *Kiffe kiffe demain.*
   b. *Une histoire des « oufs ».*
   c. *La Sagan des cités.*
   d. *Pantin au langage fleuri.*

Revenez sur ces questions

Après avoir considéré les lectures et les discussions de ce chapitre, reprenez-en la discussion.

- Comment l'homme se définit-il par son travail ? Quels traits de la personnalité caractérisent celui ou celle qui travaille ?

- Comment la culture, les usages et les perspectives d'avenir influent-ils sur le travail et sur le choix d'une profession ?

- Quels sont les défis que pose le monde du travail aujourd'hui ?

Une étape importante

Les questions du chapitre

- Comment la société marque-t-elle les étapes de la vie par des rites de passage ?

- Quelle influence la culture exerce-t-elle sur ces rites de passage ? Quels rites ont évolué avec le temps ?

- Quelles questions et quels défis posent en général les rites de passage ?

Contexte : Les rites de passage

LECTURE Bernard Dadié : *Le pagne noir*

Déchiffrons l'image

1. À part « le diplôme », par quels autres rites de passage passe l'adolescent ?

2. Lesquels de ces rites viennent de la culture de consommation ?

3. Quels sont les rites de passage des enfants ? des jeunes adultes ?

4. À quels problèmes se heurte-t-on lorsqu'on ne satisfait pas à certain rites (par exemple, si on n'a pas de portable à 13 ans ou si on n'obtient pas de diplôme) ?

Le pagne noir

Avant la lecture

Stratégie pour la lecture : *L'intrigue et son schéma*

Cinq étapes servent à décrire l'intrigue d'une histoire :

- L'exposition où l'auteur présente les personnages et les circonstances de l'action.

- L'action montante ou le déroulement de l'intrigue, moment où les personnages et les circonstances se mêlent.

- Le conflit qui accentue la tension dramatique.

- Le point culminant de l'intrigue.

- Le dénouement où les mystères et les conflits de l'intrigue sont résolus.

La première colonne du schéma montre le niveau d'intensité de l'action qui commence dans le calme et monte jusqu'à le point culminant avant de descendre. L'intrigue du *Pagne noir* est complexe et ses éléments se répètent en boucle. Considérons l'intrigue du passage suivant ce schéma.

Pour connaître l'auteur

B. B. Dadié
(1916–)
Bernard Dadié, écrivain et homme politique, est connu pour son œuvre littéraire et pour ses efforts à promouvoir la culture africaine dans le monde. Il se souvient de son enfance à l'époque de la colonisation française, et cela est un des leitmotivs de son œuvre. Né non loin d'Abidjan en Côte d'Ivoire en 1916, il est élevé par un père et un oncle qui prennent une part active à la politique nationale et aux affaires de leur communauté. Il devient militant et lutte contre toute forme de colonialisme. Écrivain, dramaturge, journaliste, il reçoit en 1968 le Grand prix littéraire d'Afrique noire.

	L'exposition	L'action montante	Le conflit	Le point culminant	Le dénouement
Tiens!					
Passionant			La marâtre essaie de briser la jeune fille en lui donnant une tâche impossible.		
Intéressant		Aïwa subi les affronts de sa belle mère et continue à sourire.			
Calme	Naissance d'Aiwa, la jeune fille.				

La vie contemporaine : Les rites de passage

Dans cette sélection il s'agit d'une jeune orpheline qui, face à une tache impossible, fait de son mieux et surprend sa marâtre.

Le pagne noir

Bernard Dadié

Pendant la lecture

Notez l'attitude d'Aïwa au cours de ses aventures.

Il était une fois, une jeune fille qui avait perdu sa mère. Elle l'avait perdue, le jour même où elle venait au monde.

Depuis une semaine, l'accouchement durait. Plusieurs matrones avaient accouru. L'accouchement durait.

Le premier cri de la fille coïncida avec le dernier soupir[5] de la mère. 5

Le mari, à sa femme, fit des funérailles grandioses. Puis le temps passa et l'homme se remaria. De ce jour commença le calvaire[6] de la petite Aïwa. Pas de privations et d'affronts quelle ne subisse ; pas de travaux pénibles qu'elle ne fasse ! Elle souriait tout le temps. Et son sourire irritait la marâtre qui l'accablait de quolibets.[7] 10

Elle était belle, la petite Aïwa, plus belle que toutes les jeunes filles du village. Et cela encore irritait la marâtre qui enviait cette beauté resplendissante, captivante.

Plus elle multipliait les affronts, les humiliations, les corvées, les privations, plus Aïwa souriait, embellissait, chantait—et elle chantait à ravir—cette orphe- 15
line. Et elle était battue à cause de sa bonne humeur, à cause de sa gentillesse. Elle était battue parce que courageuse, la première à se lever, la dernière à se coucher. Elle se levait avant les coqs, et se couchait lorsque les chiens eux-mêmes s'étaient endormis.

La marâtre ne savait vraiment plus que faire pour vaincre cette jeune 20
fille. Elle cherchait ce qu'il fallait faire, le matin, lorsqu'elle se levait, à midi, lorsqu'elle mangeait, le soir, lorsqu'elle somnolait. Et ces pensées par ses yeux, jetaient des lueurs fauves. Elle cherchait le moyen de ne plus faire sourire la jeune fille, de ne plus l'entendre chanter, de freiner la splendeur de cette beauté.

Elle chercha ce moyen avec tant de patience, tant d'ardeur, qu'un matin, 25
sortant de sa case[8], elle dit à l'orpheline :

---

5. last gasp
6. Calvary, *la vie difficile*
7. jibes
8. hut, house

—Tiens ! va me laver ce pagne[9] noir où tu voudras. Me le laver de telle sorte
qu'il devienne aussi blanc que le kaolin.[10]

30   Aïwa prit le pagne noir qui était à ses pieds et sourit. Le sourire pour elle,
remplaçait les murmures, les plaintes, les larmes, les sanglots.

    Et ce sourire magnifique qui charmait tout, à l'entour, au cœur de la marâtre
mit du feu. Le sourire, sur la marâtre, sema des braises.[11] À bras raccourcis, elle
tomba sur l'orpheline qui souriait toujours.

    Enfin, Aïwa prit le linge noir et partit. Après avoir marché pendant une
35 lune, elle arriva au bord d'un ruisseau. Elle y plongea le pagne. Le pagne ne
fut point mouillé. Or l'eau coulait bien, avec dans son lit, des petits poissons,
des nénuphars. Sur ses berges, les crapauds enflaient leurs voix comme pour
effrayer l'orpheline qui souriait. Aïwa replongea le linge noir dans l'eau et l'eau
refusa de le mouiller. Alors elle reprit sa route en chantant.

40   *Ma mère, si tu me voyais sur la route,*
        Aïwa-ô ! Aïwa !
    Sur la route qui mène au fleuve
        Aïwa-ô ! Aïwa !
    Le pagne noir doit devenir blanc
45   *Et le ruisseau refuse de le mouiller*
        Aïwa-ô ! Aïwa !
    L'eau glisse comme le jour
    L'eau glisse comme le bonheur
    O ma mère, si tu me voyais sur la route,
50   *Aïwa-ô ! Aïwa !*

    Elle repartit. Elle marcha pendant six autres lunes.

    Devant elle, un gros fromager[12] couché en travers de la route et dans un
creux du tronc, de l'eau, de l'eau toute jaune et bien limpide, de l'eau qui
dormait sous la brise, et toute autour de cette eau de gigantesques fourmis aux
55 pinces énormes, montaient la garde. Et ces fourmis se parlaient. Elles allaient,
elles venaient, se croisaient, se passaient la consigne. Sur la maîtresse branche
qui pointait un doigt vers le ciel, un doigt blanchi, mort, était posé un
vautour phénoménal dont les ailes sur des lieues et des flammes, des éclairs,
et les serres, pareilles à de puissantes racines aériennes, traînaient à terre. Et il
60 avait un de ces becs !

---

9. loincloth, wrap
10. a common white mineral mined in all parts of the world
11. annoyed her
12. kapok or cottonwood tree, a large tree of the tropical forest

Pendant la lecture

Observez la structure du
récit et le cycle qui se
répète.

Dans cette eau jaune et limpide, l'orpheline plongea son linge noir que l'eau refusa de mouiller.

> *Ma mère, si tu me voyais sur la route,*
> *Aïwa-ô ! Aïwa !*
> *La route de la source qui mouillera le pagne noir* 65
> *Aïwa-ô ! Aïwa !*
> *Le pagne noir que l'eau du fromager refuse de mouiller*
> *Aïwa-ô ! Aïwa !*

Et toujours souriante, elle poursuivit son chemin.

Elle marcha pendant des lunes et des lunes, tant de lunes qu'on ne s'en 70 souvient plus. Elle allait le jour et la nuit, sans jamais se reposer, se nourrissant de fruits cueillis au bord du chemin, buvant la rosée déposée sur les feuilles.

Elle atteignit un village de chimpanzés, auxquels elle conta son aventure. Les chimpanzés, après s'être tous et longtemps frappé la poitrine des deux mains en signe d'indignation, l'autorisèrent à laver le pagne noir dans la source qui 75 passait dans le village. Mais l'eau de la source, elle aussi, refusa de mouiller le pagne noir.

Et l'orpheline reprit sa route. Elle était maintenant dans un lieu vraiment étrange. La voie devant elle s'ouvrait pour se refermer derrière elle. Les arbres, les oiseaux, les insectes, la terre, les feuilles mortes, les feuilles sèches, les 80 lianes,[13] les fruits, tout parlait. Et dans ce lieu, nulle trace de créature humaine. Elle était bousculée, hélée,[14] la petite Aïwa ! qui marchait, marchait et voyait qu'elle n'avait pas bougé depuis qu'elle marchait. Et puis, tout d'un coup, comme poussée par une force prodigieuse, elle franchissait des étapes et des étapes qui la faisaient s'enfoncer davantage dans la forêt où régnait un silence angoissant. 85

Devant elle, une clairière et au pied d'un bananier, une eau qui sourd. Elle s'agenouille, sourit. L'eau frissonne. Et elle était si claire, cette eau, que là-dedans se miraient le ciel, les nuages, les arbres.

Aïwa prit de cette eau, la jeta sur le pagne noir. Le pagne noir se mouilla. Agenouillée sur le bord de la source, elle mit deux lunes à laver le pagne noir 90 qui restait noir. Elle regardait ses mains pleines d'ampoules et se remettait à l'ouvrage.

---

13. a type of climbing plant found especially in tropical forests
14. hailed

Ma mère, viens me voir !
   Aïwa-ô ! Aïwa !
95 *Me voir au bord de la source,*
   Aïwa-ô ! Aïwa !
Le pagne noir sera blanc comme kaolin
   Aïwa-ô ! Aïwa !
Viens voir ma main, viens voir ta fille !
100   *Aïwa-ô ! Aïwa !*

À peine avait-elle fini de chanter que voilà sa mère qui lui tend un pagne blanc, plus blanc que le kaolin. Elle lui prend le linge noir et sans rien dire, fond dans l'air.

Lorsque la marâtre vit le pagne blanc, elle ouvrit des yeux stupéfaits. Elle
105 trembla, non de colère cette fois, mais de peur ; car elle venait de reconnaître l'un des pagnes blancs qui avaient servi à enterrer la première femme de son mari.

Mais Aïwa, elle, souriait. Elle souriait toujours.

Elle sourit encore du sourire qu'on retrouve sur les lèvres des jeunes filles.

Après la lecture

Vérifiez votre compréhension

1. Qu'est-ce qui s'est passé quand l'enfant est née ?

2. Comment l'auteur décrit la beauté d'Aïwa ?

3. Que faisait Aïwa malgré les taches que lui donnait sa marâtre ?

4. Quel effet produisait son sourire sur la marâtre ?

5. Quelles qualités d'Aïwa ennuyaient la marâtre ?

6. De quelle tache la marâtre charge-t-elle Aïwa ?

7. Est-ce que la jeune fille a pu laver le pagne dans le premier ruisseau ?

8. À qui s'adresse la chanson de la jeune fille qui reprend la route ?

9. Où était l'eau jaune ?

10. Décrivez le vautour.

11. Pourquoi Aïwa ne pouvait-elle pas laver le pagne dans la deuxième eau ?

12. Pendant combien de temps continua-t-elle le chemin ? Qu'est-ce qu'elle mangeait et buvait ?

13. Où est-ce qu'elle est enfin arrivée ?

14. Décrivez la forêt près du village des chimpanzés.

15. Qu'est-ce que la jeune fille voit dans l'eau ?

16. Pendant combien de temps est-ce qu'Aïwa lava le pagne noir ? Pour quel résultat ?

17. Qu'est-ce que la mère a fait ?

18. Quelle est la réaction de la marâtre lorsqu'elle voit le pagne blanc ?

19. Quel était ce pagne ?

20. Quelle est la réaction d'Aïwa ?

En y réfléchissant

1. Pourquoi la marâtre cherchait-elle à compliquer la vie de l'orpheline ?

2. Dès le début nous comprenons que la marâtre essaie de maltraiter la jeune fille. À votre avis, pourquoi voulait-elle humilier sa belle-fille ?

3. Le temps du voyage d'Aïwa est découpé en « lunes. » Comment comprenez-vous ce passage du temps ? Combien de temps vaut « une lune » ?

4. Combien d'étapes y a-t-il dans le voyage d'Aïwa ? En quoi les étapes sont-elles semblables ? différentes ?

5. Pourquoi l'attitude d'Aïwa ne change-t-elle jamais ?

Comparaisons culturelles

Dans cette histoire, Aïwa devient indépendante de sa marâtre. L'indépendance vis-à-vis des parents marque l'un des passages de l'adolescence à la vie d'adulte, et peut être considérée comme un rite de passage. Les rites de passages prennent des formes différentes suivant les cultures : le premier jour à l'école, le permis de conduire. Y a-t-il d'autres rites de passage que rencontre Aïwa dans cette histoire ?

1. Comparez-les aux rites de passage que vous imaginez être ceux que traversent un jeune Français ou une jeune Française.

2. Comparez-les avec ceux que rencontrent les adolescents américains. Quelles ressemblances notez-vous ? Quelles différences ?

Pour améliorer votre vocabulaire

1. **Synonymes** : Trouvez un synonyme pour chaque mot ou chaque expression de la liste. Vous trouverez ces mots dans le texte.

   a. l'accouchement (l. 3)
   b. le soupir (l. 5)
   c. le calvaire (l. 7)
   d. pénible (l. 8)
   e. la marâtre (l. 9)
   f. freiner (l. 24)
   g. l'ardeur (l. 25)
   h. le pagne (l. 27)
   i. la lune (l. 35)
   j. enfler (l. 37)

2. **Antonymes** : Trouvez un antonyme pour chaque mot ou chaque expression de la liste. Vous trouverez ces mots dans le texte.

   a. la bonne humeur (l. 16)
   b. le premier (l. 17)
   c. se lever (l. 17)
   d. les sanglots (l. 30)
   e. mouillé (l. 36)
   f. le bonheur (l. 48)
   g. un creux (l. 53)
   h. puissant (l. 59)
   i. aérien (l. 59)
   j. clair (l. 87)

3. **Définitions** : Associez les mots de la première colonne avec les définitions possibles de la seconde. Vérifiez le contexte dans lequel se trouvent ces mots.

1. les corvées (l. 14)	a. semblable
2. embellir (l. 15)	b. une petite rivière
3. la case (l. 26)	c. les taches domestiques
4. un ruisseau (l. 35)	d. se mettre à genoux
5. effrayer (l. 38)	e. décoller
6. la maîtresse (l. 56)	f. enrichir
7. pareil (l. 59)	g. la maison
8. autoriser (l. 75)	h. déchirer
9. s'agenouiller (l. 87)	i. principale
10. enterrer (l. 106)	j. faire peur à
	k. permettre
	l. ensevelir

Allons au-delà

Pour communiquer

A Écouter

Cette baladodiffusion de Radio-Canada a pour sujet la façon dont certains jeunes enfants réagissent à la crèche. Écoutez l'extrait audio et répondez aux questions suivantes.

1. Comment les bébés apprennent-ils ? Donnez un exemple.

2. Comment la notion d'individualité complique-t-elle la vie de la crèche ?

3. Que respecte-t-on , selon la philosophie qui est appliquée ?

4. Pourquoi n'y a-t-il pas d'horaires fixes dans cette crèche ?

B Écrire un courriel

Composez un courriel destiné à un(e) ami(e) dans lequel vous vous plaignez d'une tâche domestique selon vous infaisable, qu'un de vos parents vous a chargé(e) de faire. Racontez en détail en quoi consiste cette tache.

C À vos stylos ! Le bien et le mal

1. Il y a plusieurs exemples dans ce récit d'affrontements entre le bien et le mal. Tracez un schéma en « T » où vous noterez des exemples de bien dans une colonne et des exemples de mal dans l'autre.

2. En prenant votre schéma pour référence rédigez un essai sur le thème du bien et du mal dans *Le pagne noir*. Choisissez votre argument principal (*thesis statement*) et les idées à l'appui de votre argument, en prenant des exemples dans le texte. L'essai aura cinq paragraphes (l'introduction avec argument principal, trois idées avec exemples, la conclusion).

3. Puis, discutez de votre plan avec un autre élève et échangez vos idées avant d'écrire votre propre texte.

D Présentation : Une chronologie des rites de passage

Travaillez en groupes de trois élèves. Prenez une grande feuille de papier et présentez-la sous forme de chronologie (ligne de temps) qui indique les rites par lesquels nous passons pour entrer dans l'âge adulte.

- Quels sont les événements, les transitions et les actions les plus importants ?

- Quelles sont les étapes de la période qui précède l'âge adulte ?

- N'oubliez pas les petits événements, même mineurs, comme par exemple : la première dent qui tombe, la rentrée au collège, le premier bal.

- Après avoir organisé votre chronologie, affichez-la et présentez vos idées à la classe.

E Aux affiches : Au carrousel

1. Prenez cinq grandes feuilles de papier. Sur chacune, écrivez une des questions suivantes. Postez ces affiches en laissant de l'espace entre elles. Puis, c'est à toute la classe de lire les questions et de répondre par écrit aux questions sur la feuille. Chaque élève doit répondre à chaque question.

   a. Quels objets ou produits ont été à l'origine de nouveaux rites de passage ? Le maquillage ? les voitures ?

b. Quelles transitions, parfois imperceptibles, marquent les rites de passage ? Par exemple : vos parents vous font plus confiance, votre premier emploi, votre premier poste de responsabilité, etc.

c. Quels événements de la vie de lycéen(ne) se présentent comme des rites de passage ?

d. Quels avantages ou inconvénients ont pour un(e) adolescent(e) les rites de passage ?

e. Comment ressentez-vous les rites de passages ? À qui en parlez-vous ? À quels rites êtes-vous le plus attaché(e) ?

2. Maintenant, divisez la classe en cinq groupes. Chaque groupe prendra une feuille qui contient les réponses. Débattez des réponses et organiscz-vous pour en présenter un résumé à votre classe.

F Débat : La vie lycéenne

Travaillez en groupes de quatre ou six élèves. Divisez-vous en deux camps.

1. Le premier camp présentera les défis de la vie lycéenne de nos jours.

2. Le deuxième présentera les aspects de la vie lycéenne qui préparent le mieux à l'âge adulte.

3. Après avoir organisé vos idées, mettez-vous ensemble pour déterminer quelles seront les questions à débattre.

4. Organisez vos réponses et vos idées.

5. Puis, débattez !

G Comparer

Travaillez avec un partenaire(e). Faites un diagramme Venn sur les comparaisons possibles entre l'histoire du *Pagne noir* et celle de *Cendrillon*. Pourrait-on dire, à cet égard, que *Le pagne noir* est un conte de fée ?

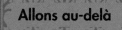

THÈME DU COURS

La vie contemporaine : Les rites de passage

Dans cet article de journal, les lycéens et leurs parents parlent de leur anxiété au moment de l'annonce des résultats du baccalauréat.

« Allô maman, j'ai décroché mon bac… »

Les résultats sont tombés, hier. Comme chaque année, ils ont donné leur dose d'émotions aux diplômés, recalés, ou repêchés. Ambiance aux lycées Notre-Dame et Pavie.

5 Il est 8 h 30, hier, dans la cour du lycée Pavie. Martine est venue en avance chercher les résultats de son fils, Thomas. « Il n'a pu venir, il travaille cet été chez Carrefour. » Cette maman est stressée : « Ça me rappelle le mien, je l'ai eu ici aussi en 10 1976 ! », se souvient-elle. 34 ans plus tard, elle trépigne d'impatience pour son fiston. « C'est à quelle heure que ça tombe ? », demande-t-elle à quelques lycéens déjà présents. 9 h pétantes.

Ponctuels, les surveillants et le proviseur, Jacques 15 Meyniel, débarquent pour publier les résultats. Aussitôt, les élèves se massent devant les tableaux à la recherche de leurs noms. Les premiers cris de joie résonnent dans la cour. Ni une, ni deux, les reçus sortent leur téléphone portable pour annon-20 cer la bonne nouvelle à leurs parents. « Allô, maman, je l'ai, je l'ai ! », lance Célia, toute excitée. D'autres photographient les tableaux de résultats.

De son côté, Martine, discrètement, fait signe. C'est bon pour son fils. En revanche, d'autres 25 élèves en ont gros sur la patate. Si certains de leurs camarades pleurent de joie, les recalés tentent vainement de masquer leur énorme déception. Et s'éclipsent rapidement. Les repêchés, eux, vont devoir serrer les dents encore un peu. Il leur faudra mettre un dernier coup de collier avant de 30 profiter des vacances.

Au lycée Notre-Dame…
Dans la cour, plusieurs lycéens font le pied de grue. Yann est présent depuis 8 h. D'autres lycéens arrivent au compte-gouttes. Les résultats tardent. 35 9 h 15, enfin ! Guillaume Wroblewski, le directeur, arrive avec une liasse de feuilles. Les listes sont affichées. « Que c'est stressant, soupire Hélène, venue accompagner sa fille. Je n'ai pas fermé l'œil de la nuit. » Les premiers cris de joie éclatent. 40 Soulagement. Des embrassades. Vite, un coup de fil à maman pour la rassurer. Un peu à l'écart, une jeune fille est en larmes… Une professeur vient la réconforter.

Le directeur s'enquiert du sort des uns et des 45 autres. « C'est toujours un moment fort et émou-vant pour une communauté éducative. Derrière les chiffres bruts, ce que je vois ce sont aussi des histoires individuelles. Comme celle de Yolène, une fille brillante qui rêvait de faire sciences-po 50 et qui va pouvoir accomplir son rêve. D'autres qui ont pu être découragés et qui, à force de travail, ont été récompensés… » Et puis le bac, « cela reste le dernier rite de passage dans la vie de tout individu ». Un moment fort en tout cas. Qui reste 55 longtemps gravé dans les mémoires.

Questions de compréhension

1. Pourquoi Martine est-elle venue voir les résultats du bac ?

   a. Elle a un fils qui a échoué l'année précédente.
   b. Son fils est venu hier et n'a rien trouvé.
   c. Elle est déjà stressée.
   d. Son fils est à son travail.

2. Qu'est-ce qui contribue au stress de Martine ?

   a. Elle trépigne d'impatience.
   b. Elle se souvient de son attente à elle, il y a des années.
   c. Elle ne veut pas que son fils travaille chez Carrefour.
   d. Elle voit qu'il y a déjà quelques lycéens sur place.

3. Quel mot pourrait-on substituer pour « pétantes » (l. 13) ?

   a. Précises.
   b. Environ.
   c. Point.
   d. Approximativement.

4. En quoi consiste la « publication » des résultats ?

   a. Prendre position derrière un comptoir.
   b. Afficher les listes des noms et des notes.
   c. Annoncer les noms et les résultats dans un ordre alphabétique.
   d. Rendre les copies en les mettant sur une table.

5. Que font les candidats aussitôt qu'ils ont leurs résultats ?

   a. Ils photographient les copies.
   b. Ils passent par le bureau de M. Meyniel.
   c. Ils appellent leurs parents.
   d. Ils se groupent pour prendre une photo.

6. Qu'est-ce qu'on pourrait substituer à l'expression « en ont gros sur la patate » (l. 25) ?

   a. Sont déçus.
   b. Ne trouvent pas leurs résultats.
   c. Trouvent leur nom en tête de la liste.
   d. Poussent un soupir de soulagement.

7. Que font les candidats qui ont échoué ?

   a. Ils mettent des masques.
   b. Ils partent rapidement.
   c. Ils s'en vont pour les vacances.
   d. Ils pleurent avec leurs camarades.

8. En comparant la scène du lycée Pavie et celle du lycée Notre-Dame, on peut dire…

   a. Que les élèves du lycée Notre-Dame réagissent avec moins d'émotion.
   b. Qu'aucun parent ne se présente au lycée Notre-Dame.
   c. Que les professeurs et la direction du lycée Notre-Dame s'intéressent beaucoup plus aux élèves.
   d. Que les deux scènes se passent de la même manière.

Revenez sur ces questions

Après avoir considéré les lectures et les discussions de ce chapitre, reprenez-en la discussion.

- Comment la société marque-t-elle les étapes de la vie par des rites de passage ?
- Quelle influence la culture exerce-t-elle sur ces rites de passage ? Quels rites ont évolué avec le temps ?
- Quelles questions et quels défis posent en général les rites de passage ?

CHAPITRE 15

Bon voyage !

Contexte : Le voyage

LECTURE Montesquieu : *Lettres persanes*

Déchiffrons l'image

1. Où a été prise la photo ?
2. Que trouve-t-on comme services dans un aéroport ?
3. Qu'est-ce qu'on fait dès qu'on entre dans un aéroport ?
4. Avez-vous déjà voyagé en avion ? Racontez votre aventure.
   Aimeriez-vous voyager en train ?

Lettres persanes

Avant la lecture

Stratégies pour la lecture : *À la découverte de la satire*

La satire est un style littéraire que l'auteur emploie pour se moquer de quelque chose ou de quelqu'un. Le satiriste peut attaquer les vices ou les faiblesses humaines, le gouvernement, la société ou la culture. Il se sert de la moquerie pour persuader le lecteur d'adhérer à son point de vue.

Quand vous lisez, posez-vous ces questions :

- De quoi ou de qui est-ce que le texte se moque ?

- Comment est-ce que l'auteur se moque du sujet ? Quelle stratégie utilise-t-il ?

Prenez, par exemple, cet extrait des *Lettres persanes*. Dans le texte, il s'agit de Persans qui visitent la France et qui envoient en Perse leurs observations. Lisez cet extrait pour en apprécier le style satirique.

> *Le roi de France est le plus puissant prince de l'Europe. (…) ce roi est un grand magicien : il exerce son empire sur l'esprit même de ses sujets ; il les fait penser comme il veut. S'il n'a qu'un million d'écus[1] dans son trésor et qu'il en ait besoin de deux, il n'a qu'à leur persuader qu'un écu en vaut deux, et ils le croient.*

Vous avez vu que l'auteur parle du gouvernement et de l'économie. Pour attirer l'attention sur les faiblesses du système, il décrit avec humour ce qui se passe en France. Nul doute que vous verrez d'autres exemples du mode satirique lorsque que vous lirez les *Lettres persanes*.

Pour connaître l'auteur

Montesquieu
(1689–1755)
Charles-Louis de Secondat, baron de La Brède et de Montesquieu, ou tout simplement Montesquieu, était l'un des philosophes du XVIIIe siècle qui s'intéressa à la société, aux mœurs et à la politique. Surtout célèbre pour ses idées sur la séparation des pouvoirs qui influencèrent plusieurs constitutions, notamment celle des États-Unis, Montesquieu a fait ses études dans un collège catholique, mais a épousé une protestante, Jeanne de Latrigue. Peu après la mort de son oncle, Montesquieu a hérité de sa fortune et de son titre de baron. Parmi ses succès littéraires on trouve les *Lettres persanes* qui mettent l'accent sur l'absurdité de la société française de l'époque, et *De l'esprit des lois*, une œuvre de philosophie politique qui traite de la séparation des pouvoirs, de l'abolition de l'esclavage et de la défense des libertés civiles.

---

1. écu : French currency of the time, about five francs

La vie contemporaine : Les voyages

Dans cette sélection, il s'agit de lettres écrites par de (faux) Persans au XVIIIe siècle alors qu'ils sont supposés voyager en France.

Lettres persanes

Montesquieu

Lettre XXIV

Rica à Ibben

À Smyrne

Pendant la lecture

Notez les éléments de la vie quotidienne qu'observe Rica.

Nous sommes à Paris depuis un mois, et nous avons toujours été dans un mouvement continuel. Il faut bien des affaires avant qu'on soit logé, qu'on ait trouvé 5 les gens à qui on est adressé, et qu'on se soit pourvu des choses nécessaires, qui manquent toutes à la fois.

Paris est aussi grand qu'Ispahan :[2] les maisons y sont si hautes, qu'on jugerait qu'elles ne sont habitées que par des astrologues. Tu juges bien qu'une ville bâtie en l'air, qui a six ou sept maisons les unes sur les autres, est extrêmement 10 peuplée ; et que, quand tout le monde est descendu dans la rue, il s'y fait un bel embarras.[3]

Tu ne le croirais pas peut-être, depuis un mois que je suis ici, je n'y ai encore vu marcher personne. Il n'y a pas de gens au monde qui tirent mieux partie de leur machine que les Français ; ils courent, ils volent : les voitures lentes d'Asie, 15 le pas réglé de nos chameaux, les feraient tomber en syncope. Pour moi, qui ne suis point fait à ce train, et qui vais souvent à pied sans changer d'allure, j'enrage quelquefois comme un chrétien : car encore passe qu'on m'éclabousse depuis les pieds jusqu'à la tête ; mais je ne puis pardonner les coups de coude que je reçois régulièrement et périodiquement. Un homme qui vient après moi et qui me 20 passe me fait faire un demi-tour ; et un autre qui me croise de l'autre côté me remet soudain où le premier m'avait pris ; et je n'ai pas fait cent pas, que je suis plus brisé que si j'avais fait dix lieues.

Ne crois pas que je puisse, quant à présent, te parler à fond des mœurs et des coutumes européennes : je n'en ai moi-même qu'une légère idée, et je n'ai eu à 25 peine que le temps de m'étonner.

---

2. former capital of Persia
3. confusion, nuisance

Le roi de France est le plus puissant prince de l'Europe. Il n'a point de mines d'or comme le roi d'Espagne son voisin ; mais il a plus de richesses que lui, parce qu'il les tire de la vanité de ses sujets, plus inépuisable que les mines. On lui a vu entreprendre ou soutenir de grandes guerres, n'ayant d'autres fonds que des titres d'honneur à vendre ; et, par un prodige de l'orgueil humain, ses troupes se trouvaient payées, ses places munies, et ses flottes équipées.

D'ailleurs ce roi est un grand magicien : il exerce son empire sur l'esprit même de ses sujets ; il les fait penser comme il veut. S'il n'a qu'un million d'écus[4] dans son trésor et qu'il en ait besoin de deux, il n'a qu'à leur persuader qu'un écu en vaut deux, et ils le croient. S'il a une guerre difficile à soutenir, et qu'il n'ait point d'argent, il n'a qu'à leur mettre dans la tête qu'un morceau de papier est de l'argent, et ils en sont aussitôt convaincus. Il va même jusqu'à leur faire croire qu'il les guérit de toutes sortes de maux en les touchant, tant est grande la force et la puissance qu'il a sur les esprits…

De Paris, le 4 de la lune de Rebiab 2, 1712.

Lettre XXX
Rica à Ibben

À Smyrne

Les habitants de Paris sont d'une curiosité qui va jusqu'à l'extravagance. Lorsque j'arrivai, je fus regardé comme si j'avais été envoyé du ciel : vieillards, hommes, femmes, enfants, tous voulaient me voir. Si je sortais, tout le monde se mettait aux fenêtres ; si j'étais aux Tuileries,[5] je voyais aussitôt un cercle se former autour de moi ; les femmes mêmes faisaient un arc-en-ciel nuancé de mille couleurs, qui m'entourait. Si j'étais aux spectacles, je voyais aussitôt cent lorgnettes dressées contre ma figure : enfin jamais homme n'a tant été vu que moi. Je souriais quelquefois d'entendre des gens qui n'étaient presque jamais sortis de leur chambre, qui disaient entre eux : Il faut avouer qu'il a l'air bien persan. Chose admirable ! Je trouvais de mes portraits partout ; je me voyais multiplié dans toutes les boutiques, sur toutes les cheminées, tant on craignait de ne m'avoir pas assez vu.

Tant d'honneurs ne laissent pas d'être à la charge : je ne me croyais pas un homme si curieux et si rare ; et quoique j'aie très bonne opinion de moi, je ne me serais jamais imaginé que je dusse troubler le repos d'une grande ville où je n'étais point connu. Cela me fit résoudre à quitter l'habit persan, et à en endosser un à l'européenne, pour voir s'il resterait encore dans ma physionomie quelque chose d'admirable. Cet essai me fit connaître ce que je valais réellement. Libre de tous les ornements étrangers, je me vis apprécié au plus juste. J'eus

Pendant la lecture
Remarquez comment Rica parle de la politique et comment cela prépare le lecteur à comprendre la lettre d'Usbek.

Pendant la lecture
Appréciez l'humour de Rica lorsqu'il réagit à l'attention qu'il reçoit.

4. French currency of the time, about five francs
5. palace in Paris, formerly a tile factory

sujet de me plaindre de mon tailleur, qui m'avait fait perdre en un instant
l'attention et l'estime publique ; car j'entrai tout à coup dans un néant affreux. Je   65
demeurais quelquefois une heure dans une compagnie sans qu'on m'eût regardé,
et qu'on m'eût mis en occasion d'ouvrir la bouche ; mais, si quelqu'un par
hasard apprenait à la compagnie que j'étais Persan, j'entendais aussitôt autour de
moi un bourdonnement : Ah ! ah ! monsieur est Persan ? C'est une chose bien
extraordinaire ! Comment peut-on être Persan ?   70

    À Paris, le 6 de la lune de Chalval, 1712.

Lettre CIV
Usbek au Même

Tous les peuples d'Europe ne sont pas également soumis à leurs princes : par
exemple, l'humeur impatiente des Anglais ne laisse guère à leur roi le temps   75
d'appesantir son autorité ; la soumission et l'obéissance sont les vertus dont
ils se piquent le moins. Ils disent là-dessus des choses bien extraordinaires.
Selon eux, il n'y a qu'un lien qui puisse attacher les hommes, qui est celui de la
gratitude : un mari, une femme, un père et un fils, ne sont liés entre eux que par
l'amour qu'ils se portent, ou par les bienfaits qu'ils se procurent ; et ces motifs   80
divers de reconnaissance sont l'origine de tous les royaumes, et de toutes les
sociétés.

    Mais si un prince, bien loin de faire vivre ses sujets heureux, veut les acca-
bler et les détruire, le fondement de l'obéissance cesse ; rien ne les lie, rien ne
les attache à lui ; et ils rentrent dans leur liberté naturelle. Ils soutiennent que   85
tout pouvoir sans bornes ne saurait être légitime, parce qu'il n'a jamais pu avoir
d'origine légitime. Car nous ne pouvons pas, disent-ils, donner à un autre plus
de pouvoir sur nous que nous n'en avons nous-mêmes : or nous n'avons pas sur
nous-mêmes un pouvoir sans bornes ; par exemple, nous ne pouvons pas nous
ôter la vie : personne n'a donc, concluent-ils, sur la terre un tel pouvoir.   90

    Le crime de lèse-majesté[6] n'est autre chose, selon eux, que le crime que le
plus faible commet contre le plus fort, en lui désobéissant, de quelque manière
qu'il lui désobéisse. Aussi[7] le peuple d'Angleterre, qui se trouva le plus fort
contre un de leurs rois, déclara-t-il que c'était un crime de lèse-majesté à un
prince de faire la guerre à ses sujets. Ils ont donc grande raison, quand ils disent   95
que le précepte de leur Alcoran, qui ordonne de se soumettre aux puissances,
n'est pas bien difficile à suivre, puisqu'il leur est impossible de ne le pas
observer ; d'autant que ce n'est pas au plus vertueux qu'on les oblige de se
soumettre, mais à celui qui est le plus fort....

    De Paris, le 20 de la lune de Rebiab 2, 1717.   100

---

6. an offense against the dignity of a reigning monarch
7. therefore

Pendant la lecture

Observez la logique
d'Usbek lorsqu'il décrit
les royaumes de France et
d'Angleterre.

Après la lecture

Vérifiez votre compréhension

Lettre 24

1. Quelles sont les premières impressions du narrateur sur Paris ?

2. Expliquez comment Rica voit les logements des Parisiens.

3. À quoi le narrateur compare-t-il les modes de transport parisiens ?

4. Pourquoi le narrateur est-il malmené par les Parisiens dans la rue ?

5. Quel portrait moral du roi de France peint le narrateur ?

6. À qui le narrateur compare-t-il le roi de France ?

Lettre 30

7. Pourquoi le narrateur trouve-t-il curieux d'entendre la phrase « il a l'air persan ? »

8. Que révèle la question « Comment peut-on être Persan ? »

Lettre 104

9. Comment Usbek compare-t-il la couronne d'Angleterre à celle de France ?

10. Comment les sujets d'un roi retrouvent-ils leur liberté naturelle ?

11. Selon Usbek, pourquoi est-ce que le Royaume-Uni n'est pas une monarchie absolue ?

12. Pourquoi une monarchie absolue est-elle impossible ?

13. Quel est « leur Alcoran » dont parle Usbek ?

14. À qui doit-on se soumettre alors ?

En y réfléchissant

1. L'auteur parle du transport urbain parisien au milieu du dix-huitième siècle. Qu'est-ce qu'il pourrait dire du transport urbain contemporain ?

2. Qu'est-ce que vous pensez de la description des piétons dans le deuxième paragraphe ? Est-ce que le narrateur explique des traits particuliers aux parisiens ? Est-ce que c'est une description universelle ?

3. L'auteur compare le roi à un magicien. Comment pourriez-vous caractériser les hommes politiques de nos jours ?

4. Expliquez l'économie suggérée par les lignes 33 à 36.

5. Commentez l'impression que fait Rica aux Parisiens (lignes 45 à 56).

6. Avec ses idées sur le pouvoir royal et la liberté, que cherche Montesquieu ?

7. Que suggère le crime de « lèse-majesté ? »

Perspectives culturelles

Montesquieu parle brièvement du transport urbain parisien qui n'existait guère à son époque. Mais depuis, le réseau de transport public à Paris a beaucoup changé. Servez-vous des dépliants qu'aura peut-être votre professeur ou d'autres personnes qui ont visité Paris ou bien utilisez l'internet pour déterminer quels moyens de transport public desservent la capitale et la région parisienne.

1. Quels sont-ils ?

2. Comment est-ce qu'on les utilise ? (A-t-on besoin d'un ticket ? d'un jeton ?)

3. Y a-t-il des correspondances entre les métros, les trains ou les bus ?

4. Combien de personnes utilisent les transports publics ?

Pour améliorer votre vocabulaire

1. **Synonymes** : Trouvez un synonyme pour chaque mot ou chaque expression de la liste. Vous trouverez ces mots dans le texte.

   a. loger (l. 5)
   b. bâtir (l. 10)
   c. l'allure (*f.*) (l. 17)
   d. éclabousser (l. 18)
   e. soutenir (l. 30)
   f. l'orgueil (l. 31)
   g. le magicien (l. 33)
   h. persuader (l. 35)
   i. les spectacles (l. 50)
   j. avouer (l. 53)
   k. lier (l. 79)
   l. les bornes (l. 86)
   m. ôter (l. 90)

2. **Antonymes** : Trouvez un antonyme pour chaque mot ou chaque expression de la liste. Vous trouverez ces mots dans le texte.

   a. lent (l. 15)
   b. puissant (l. 27)
   c. inépuisable (l. 29)
   d. la guerre (l. 30)
   e. endosser (l. 61)

3. **Définitions** : Associez les mots de la première colonne avec les définitions possibles de la seconde. Vérifiez le contexte dans lequel se trouvent ces mots.

1. peuplé (l. 11)	a. l'accumulation (*f.*) des biens
2. en syncope (l. 16)	b. la défaillance
3. l'allure (*f.*) (l. 17)	c. la soumission
4. éclabousser (l. 18)	d. alourdir
5. le trésor (l. 35)	e. couronné
6. plaindre (l. 64)	f. habité
7. appesantir (l. 76)	g. pourvoir
8. l'obéissance (*f.*) (l. 76)	h. la leçon
9. se procurer (l. 80)	i. démarche
10. le précepte (l. 96)	j. arroser
	k. la même fois
	l. déplorer

Allons au-delà

Pour communiquer

A Écouter

Dans ce podcast, on apprend que la voix de la SNCF est Simone, une femme qui a enregistré tous les messages diffusés par haut-parleurs dans les gares de France. Écoutez l'extrait audio et répondez aux questions suivantes.

1. De quoi parle-t-on dans ce passage audio ?
2. Qui est Simone ?
3. Combien de voix entend-on dans les gares actuellement ?
4. Que veut dire « concaténé » ou la « concaténation » ?
5. Quelles sont les différences entre les annonces des trains dans les différentes gares du pays ?

B Recherches : Qui sont ces étrangers ?

Travaillez en groupes de trois ou quatre élèves. Il semble que l'on peut toujours identifier des étrangers à leurs mœurs et leurs habitudes. Certaines sont évidentes comme le vêtement ou l'accent. Quelles sont les autres indices qui dénotent un étranger ?

1. Dans votre petit groupe dressez la liste des éléments qui dénotent un étranger. Mettez cette liste sur une grande feuille de papier.
2. Puis cherchez des images de dix personnes qui correspondent aux traits que vous avez choisis, dont cinq sont des Français ou des Françaises.
3. Faites voir votre liste et vos photos à plusieurs élèves pour voir s'ils identifient bien des étrangers et en particulier des Français.
4. Réfléchissez à ce que vous venez d'apprendre et organisez vos idées avant de les présenter à la classe.

C Présentation : La leçon de choses
Un souvenir de voyage

La leçon de choses est une présentation où vous montrez quelque chose à la classe et vous expliquez pourquoi cet objet revêt de l'importance pour vous.

1. Présentez une leçon de chose qui a pour objet le souvenir que vous avez d'un voyage.
2. Apportez en classe un produit d'une culture étrangère. Imaginez que vous l'avez acheté dans le pays d'origine.
3. Expliquez de quoi il s'agit, d'où vient l'objet, son importance dans la culture du pays et l'importance que vous attachez à ce produit, ce qui expliquera pourquoi vous l'avez choisi.
4. Présentez votre produit !
5. N'oubliez pas de préparer une ou deux questions destinées à votre public.

D Aux affiches : Le point de vue

1. Travaillez en groupes de quatre personnes. Sur une fiche, décrivez des événements américains tels qu'ils peuvent être expliqués à un étranger.

rave	*tail-gate party*	*sock hop*
sports rally	*baby shower*	*pep rally*
karaoke show	*walk (for charity)*	*flea market*
clam bake	*pancake breakfast*	*church supper*
flash mob	*track meet*	*girls' night out*

…ou un événement de votre choix.

2. Maintenant, refaites votre description *du point de vue de l'étranger* qui observe ces événements aux États-Unis pour la première fois et qui voudrait à son tour les expliquer à l'un de ses amis. Notez-les sur des fiches.
3. Échangez vos fiches avec un autre groupe pour voir si elles sont compréhensibles.

E À vos stylos ! Journal d'un voyage

Écrivez deux pages d'un journal, si possible au milieu de l'histoire, que vous auriez pu écrire pendant un voyage réel ou imaginaire. Si vous voulez, vous pouvez également écrire les pages d'un journal qui serait celui d'un personnage d'un roman ou d'un film que vous connaissez.

F Comparer

Comparez les horaires et les tarifs pour déterminer quelle serait la meilleure formule pour voyager entre Paris et Marseille. Pensez au trajet jusqu'à l'aéroport, l'arrivée du train au centre-ville, le confort, la durée du voyage, etc.

Maintenant, servez-vous de l'internet pour déterminer la durée d'un voyage en avion et avec Amtrak entre la grande ville près de chez vous et une autre grande ville des États-Unis. Étant donné le temps qu'il faut passer dans l'aéroport, quel voyage est le plus rapide ? Comment les prix se comparent-ils ?

Comparez les horaires et la disponibilité des trains et des avions avec ceux en France.

À votre avis, pourquoi est-ce que les trains sont plus populaires en France et en Europe qu'aux États-Unis ?

Paris - Marseille - Nice

Semaine / Weekdays - 2008

	TGV 6133	TGV 6101	TGV 6103	TGV 6171	TGV 6105	TGV 6107	TGV 6173	TGV 6109	TGV 6111	TGV 6175	TGV 6113	TGV 6177	TGV 6115	TGV 6117	TGV 6179	TGV 6119	TGV 6121	TGV 6181	TGV 6123	TGV 6127	TGV 6125	TGV 6135
Paris-Lyon	6:06	6:16	7:16	8:04	8:16	9:16	9:42	10:16	11:16	11:46	13:16	13:42	14:16	15:16	15:46	16:16	16:46	17:42	17:16	18:16	18:42	18:46
Avignon TGV		9:01	9:59	10:46		11:59			13:59		15:59	16:26		17:59			19:29		19:59			21:29
Aix-en-Provence TGV	9:02		10:22			12:22	12:46		14:22	14:45	16:22			18:22	18:45			20:45	20:22		21:43	
Marseille-St-Charles		9:29	10:35		11:31	12:35		13:33	14:35		16:34		17:21	18:34		19:34	19:58		20:34	21:21		21:58
Toulon	9:48				12:15			14:16	15:35		17:34					20:12	21:37			22:31		
Hyères								14:31														
Les Arcs-Draguignan				12:23			14:11								20:07							
St-Raphaël-Valescure				12:41			14:31			16:24		18:23			20:25			22:27				
Cannes				13:06			14:56			16:49		18:48			20:51			22:51				
Antibes				13:18			15:08			17:04		18:59			21:02			23:02				
Nice-Ville				13:36			15:23			17:39		19:14			21:17			23:17				

PARIS CDG 2					CDG	
→ Marseille		MRS			+1:00	
1234567	**07.15**	2	**08.40**	4	01.25 AF7660	→ 07/03-27/03
1234567	**10.25**	2	**11.50**	4	01.25 AF7662	→ 07/03-27/03
1234567	**12.50**	2	**14.15**	4	01.25 AF7664	→ 07/03-27/03
1234567	**15.50**	2	**17.15**	4	01.25 AF7666	→ 07/03-27/03
1234567	**18.55**	2	**20.20**	4	01.25 AF7668	→ 07/03-27/03
1234567	**21.10**	2	**22.35**	4	01.25 AF7670	→ 07/03-27/03

PARIS ORLY					ORY	
→ Marseille		MRS			+1:00	
12345 --	**06.30**	W	**07.45**	4	01.15 AF6002	→ 08/03-26/03
123456 -	**07.00**	W	**08.15**	4	01.15 AF6004	→ 08/03-27/03
123456 -	**07.30**	W	**08.45**	4	01.15 AF6006	→ 08/03-27/03
1234567	**08.30**	W	**09.45**	4	01.15 AF6010	→ 07/03-27/03
12345 --	**09.00**	W	**10.15**	4	01.15 AF6012	→ 08/03-26/03
----- 6 -	**09.30**	W	**10.45**	4	01.15 AF6016	→ 13/03-27/03
1234567	**10.30**	W	**11.45**	4	01.15 AF6014	→ 07/03-27/03
12345 --	**11.30**	W	**12.45**	4	01.15 AF6018	→ 08/03-26/03
1234567	**12.30**	W	**13.45**	4	01.15 AF6020	→ 07/03-27/03
1234567	**14.30**	W	**15.45**	4	01.15 AF6026	→ 07/03-27/03
1234567	**16.00**	W	**17.15**	4	01.15 AF6032	→ 07/03-27/03
12345 -7	**17.00**	W	**18.15**	4	01.15 AF6034	→ 07/03-26/03

> **PROMOTIONS**
>
> **TGV : 88€**
>
> **Air France : 62€**

THÈME DU COURS

La vie contemporaine : Le voyage

Dans cette sélection, il s'agit de plusieurs voyageurs parmi lesquels Philéas Fogg qui essaie de faire le tour du monde en 80 jours.

Le tour du monde en 80 jours

Jules Verne

La distance entre Suez et Aden est exactement de treize cent dix milles, et le cahier des charges de la Compagnie alloue à ses paquebots un laps de temps de cent trente-huit heures pour la franchir.
5 Le *Mongolia*, dont les feux étaient activement poussés, marchait de manière à devancer l'arrivée réglementaire.

La plupart des passagers embarqués à Brindisi avaient presque tous l'Inde pour destination. Les
10 uns se rendaient à Bombay, les autres à Calcutta, mais via Bombay, car depuis qu'un chemin de fer traverse dans toute sa largeur la péninsule indienne, il n'est plus nécessaire de doubler la pointe de Ceylan.
15 Parmi ces passagers du *Mongolia*, on comptait divers fonctionnaires civils et des officiers de tout grade.

Au déjeuner du matin, au lunch de deux heures, au dîner de cinq heures et demie, au
20 souper de huit heures, les tables pliaient sous les plats de viande fraîche et les entremets fournis par la boucherie et les offices du paquebot. Les passagères—il y en avait quelques-unes—changeaient de toilette deux fois par jour. On faisait
25 de la musique, on dansait même, quand la mer le permettait.

Mais la mer Rouge est fort capricieuse et trop souvent mauvaise, comme tous ces golfes étroits et longs. Quand le vent soufflait soit de la côte d'Asie, soit de la côte d'Afrique, le *Mongolia*, long fuseau   30
à hélice, pris par le travers, roulait épouvantablement. Les dames disparaissaient alors ; les pianos se taisaient ; chants et danses cessaient à la fois. Et pourtant, malgré la rafale, malgré la houle, le paquebot, poussé par sa puissante machine,   35
courait sans retard vers le détroit de Bab-el-Mandeb.

Que faisait Phileas Fogg pendant ce temps ? On pourrait croire que, toujours inquiet et anxieux, il se préoccupait des changements de vent nuisibles   40
à la marche du navire, des mouvements désordonnés de la houle qui risquaient d'occasionner un accident à la machine, enfin de toutes les avaries possibles qui, en obligeant le *Mongolia* à relâcher dans quelque port, auraient compromis son   45
voyage ?

Aucunement, ou tout au moins, si ce *gentleman* songeait à ces éventualités, il n'en laissait rien paraître. C'était toujours l'homme impassible, le membre imperturbable du Reform-   50
Club, qu'aucun incident ou accident ne pouvait surprendre. Il ne paraissait pas plus ému que les

chronomètres du bord. On le voyait rarement sur le pont. Il s'inquiétait peu d'observer cette mer
55 Rouge, si féconde en souvenirs, ce théâtre des premières scènes historiques de l'humanité. Il ne venait pas reconnaître les curieuses villes semées sur ses bords, et dont la pittoresque silhouette se découpait quelquefois à l'horizon. Il ne rêvait
60 même pas aux dangers de ce golfe Arabique.

Que faisait donc cet original, emprisonné dans le *Mongolia* ? D'abord il faisait ses quatre repas par jour, sans que jamais ni roulis ni tangage pussent détraquer une machine si merveilleusement or-
65 ganisée. Puis il jouait au *whist*.

Oui ! il avait rencontré des partenaires, aussi enragés que lui : un collecteur de taxes qui se rendait à son poste à Goa, un ministre, le révérend Décimus Smith, retournant à Bombay, et un
70 brigadier général de l'armée anglaise, qui rejoignait son corps à Bénarès. Ces trois passagers avaient pour le *whist* la même passion que Mr. Fogg, et ils jouaient pendant des heures entières, non moins silencieusement que lui.

75 Quant à Passepartout, le mal de mer n'avait aucune prise sur lui. Il occupait une cabine à l'avant et mangeait, lui aussi, consciencieusement. Il faut dire que, décidément, ce voyage, fait dans ces conditions, ne lui déplaisait plus. Il en prenait
80 son parti. Bien nourri, bien logé, il voyait du pays et d'ailleurs il s'affirmait à lui-même que toute cette fantaisie finirait à Bombay.

Le lendemain du départ de Suez, le 10 octobre, ce ne fut pas sans un certain plaisir qu'il rencontra
85 sur le pont l'obligeant personnage auquel il s'était adressé en débarquant en Égypte.

« Je ne me trompe pas, dit-il en l'abordant avec son plus aimable sourire, c'est bien vous, monsieur, qui m'avez si complaisamment servi de
90 guide à Suez ?

—En effet, répondit le détective, je vous reconnais ! Vous êtes le domestique de cet Anglais original…

—Précisément, monsieur… ?

—Fix. 95

—Monsieur Fix, répondit Passepartout. Enchanté de vous retrouver à bord. Et où allez-vous donc ?

—Mais, ainsi que vous, à Bombay.

—C'est au mieux ! Est-ce que vous avez déjà fait 100 ce voyage ?

—Plusieurs fois, répondit Fix. Je suis un agent de la Compagnie péninsulaire.

—Alors vous connaissez l'Inde ?

—Mais… oui…, répondit Fix, qui ne voulait 105 pas trop s'avancer.

—Et c'est curieux, cette Inde-là ?

—Très curieux ! Des mosquées, des minarets, des temples, des fakirs, des pagodes, des tigres, des serpents, des bayadères ! Mais il faut espérer 110 que vous aurez le temps de visiter le pays ?

—Je l'espère, monsieur Fix. Vous comprenez bien qu'il n'est pas permis à un homme sain d'esprit de passer sa vie à sauter d'un paquebot dans un chemin de fer et d'un chemin de fer dans 115 un paquebot, sous prétexte de faire le tour du monde en quatre-vingts jours ! Non. Toute cette gymnastique cessera à Bombay, n'en doutez pas.

—Savez-vous, monsieur Passepartout, que ce prétendu voyage en quatre-vingts jours pourrait 120 bien cacher quelque mission secrète… une mission diplomatique, par exemple !

—Ma foi, monsieur Fix, je n'en sais rien, je vous l'avoue, et, au fond, je ne donnerais pas une demi-couronne pour le savoir. » 125

Questions de compréhension

1. Quel est le but du premier paragraphe ?

   a. De tromper le lecteur par des faits et des chiffres.

   b. De renseigner le lecteur sur des faits nécessaires pour comprendre l'histoire.

   c. De montrer ce qui sera important pour Fogg.

   d. De présenter un travelogue.

2. Que fait-on pour aller à Calcutta ?

   a. On prend le *Mongolia*.
   b. On débarque à Bombay et puis on prend le train.
   c. On ne peut pas arranger de passage vers Calcutta.
   d. On doit doubler la pointe de Ceylan.

3. Comment mange-t-on sur le *Mongolia* ?

   a. Il y a beaucoup à manger.
   b. À des heures précises.
   c. Avec les officiers du bateau.
   d. Trois repas en général.

4. Comment fait-on pour s'amuser sur le *Mongolia* ?

   a. On ne s'amuse pas.
   b. On fait de la musique et on danse.
   c. On mange des entremets.
   d. On change souvent de toilette.

5. Selon le passage, sur la mer Rouge…

   a. On va vers l'Asie.
   b. On joue au golf sur le paquebot.
   c. Le bateau a du mal à suivre son chemin.
   d. Il y a souvent des tempêtes.

6. Quand le bateau navigue, tout se produit **sauf**…

   a. On ne voit plus les femmes.
   b. Le paquebot s'arrête pour attendre la fin de la tempête.
   c. On court sur le pont du paquebot.
   d. On arrête la musique et la danse.

7. Que fait Philéas Fogg pendant les tempêtes ?

   a. Il ne s'en préoccupe pas.
   b. Il recalcule le temps de son voyage.
   c. Il s'occupe de la marche du navire.
   d. Il est toujours anxieux et inquiet.

8. Pendant le voyage sur la mer Rouge, on peut voir tout ce qui suit **sauf**…

   a. Le lieu de la naissance de l'histoire.
   b. Les villes et leurs plages.
   c. De grands ponts.
   d. De pittoresques silhouettes.

9. Selon la conversation, qu'est-ce qu'on peut voir en Inde ?

   a. Des bâtiments religieux et des animaux sauvages.
   b. Des temples et des zoos.
   c. Des marchands et des choses curieuses.
   d. Des gymnastes et des acrobates.

Revenez sur ces questions

Après avoir considéré les lectures et les discussions de ce chapitre, reprenez-en la discussion.

- Dans notre monde où tout est lié, est-ce que ça vaut la peine de voyager ? Qu'est-ce qu'on gagne à voyager ?

- Comment les voyages enrichissent-ils la vie en permettant de rencontrer de nouvelles personnes et d'élargir son horizon ?

- Quels sont les défis que posent les voyages aujourd'hui ? (Pensons aux conditions des voyages, à la sécurité, au prix, aux modalités de tous ordres.)

- Comment la qualité de la vie est-elle définie par les personnes et par la société ?
- Comment la vie d'aujourd'hui est-elle influencée par les produits culturels, les pratiques et les perspectives sur la culture ?
- Quels sont les défis de la vie d'aujourd'hui ?

Contextes :

- **La publicité et le marketing**
- **Le logement**
- **Les loisirs et le sport**
- **Le monde du travail**
- **Les rites de passage**
- **Les voyages**

Activité de révision
Selon moi

Pensez à un passetemps qui occupe une grande partie de la vie de certaines personnes. Quel est ce passetemps ? Quand et où le rencontre-t-on dans la vie quotidienne ? Préparez une réclame (un message d'intérêt publique *[Public Service Announcement]*) pour promouvoir ce passetemps. Servez-vous d'exemples tirés de votre vie personnelle, de la vie actuelle et des informations fournies par les médias. Organisez vos idées sous forme d'un plan qui vous aidera à préparer votre présentation.

Première partie : Présentez le passetemps et expliquez pourquoi il faut lui prêter attention. Retracez son évolution. Comment s'est-il développé ? Comment se manifeste-t-il ? Pourquoi suscite-t-il tant d'intérêt ?

Deuxième partie : Servez-vous d'exemples tirés de votre vie personnelle pour montrer son importance.

Troisième partie : Tournez-vous maintenant vers ses effets sur votre communauté, en général aux États-Unis, ou dans le monde ? Que vous en disent l'histoire ou les médias ? Quelqu'un de célèbre en a-t-il fait sa cause ?

Quatrième partie : Comment ce passetemps s'exprime-t-il dans le monde francophone ?

Cinquième partie : Tirez une conclusion des idées que vous avez présentées.

Un peu d'aide

Ces questions pourront vous aider à organiser vos idées :

1. Quels sont les causes et les effets sur les personnes ou les groupes de personnes que vous mentionnez ? Quelles conclusions en tirez-vous ?
2. Est-ce que ce passetemps prend encore plus d'importance ?
3. Qu'est-ce que vous pourriez faire sur le plan local ?
4. Si vous travailliez dans ce domaine, que feriez-vous ?
5. Essayez de formuler une conclusion qui résume tout ce que vous dites.

La quête de soi

HOTEL CAFÉ DE FRANCE

Questions centrales au débat

À la fin de cette unité, vous pourrez répondre à ces questions :

- Comment les traits de l'identité s'expriment-ils en fonction des circonstances ?

- En quoi la langue et la culture influencent-elles l'identité ?

- Comment notre identité évolue-t-elle avec le temps ?

CHAPITRE 16

T'es né en France, toi ?

Les questions du chapitre

- Comment est-ce qu'on révèle son identité dans différentes situations ? Comment est-ce que les enfants réagissent aux différences culturelles ?

- Comment la langue et la culture influencent-elles l'identité ? En s'assimilant à un nouvel environnement, qu'est-ce qu'on perd, et qu'est-ce qu'on peut garder ?

- Comment se développe l'identité avec le temps ? Face à ses problèmes, comment l'immigrant peut-il améliorer sa situation ?

Contexte : L'aliénation et l'assimilation

PREMIÈRE LECTURE Gabrielle Roy : *Vincento*

DEUXIÈME LECTURE Azouz Bégag : *Béni ou le paradis privé*

Déchiffrons l'image

1. La photo à gauche montre des gens qui immigrent en France pendant la première partie du XXe siècle. La photo à droite symbolise la culture et les problèmes qui se posent aux immigrés au début du XXIe siècle. D'après vous, qu'est-ce qui a empêché l'intégration facile des immigrés tout au long du XXe siècle ?

2. Est-ce que vous croyez que l'un des deux groupes représenté sur les photos a eu plus de difficulté que l'autre à s'acclimater à une nouvelle vie en France ? Justifiez votre opinion.

3. Chaque vague d'immigration change le visage d'un pays. Cela est vrai pour les États-Unis aussi bien que pour la France. Montrez comment chaque pays est transformé par l'arrivée d'immigrants.

Vincento

Avant la lecture

Stratégies pour la lecture : *Pour tirer une conclusion*

Nous avons vu antérieurement que la narration à la première personne nous offre une perspective nouvelle. Cependant, le narrateur ou la narratrice ne laisse pas toujours voir le tout. Pour la lecture qui suit, nous allons analyser des émotions. (Vous trouverez une liste d'expressions françaises à la fin de ce livre.) Quelquefois, la narratrice décrit explicitement les émotions ; mais d'autres fois elle ne donne au lecteur que des indications sans le mot précis.

Prenons cet extrait. Comment la narratrice, après avoir précisé le mot "peur" va-t-elle faire naître chez le lecteur certaines émotions qu'elle ne nomme pas ?

> *C'était leur premier pas dans un monde inconnu. À la peur qu'ils en avaient tous plus ou moins, s'ajoutait, chez quelques-uns de mes petits immigrants, le désarroi, en y arrivant, de s'entendre parler dans une langue qui leur était étrangère.*

Des expressions telles que « monde inconnu, » le « désarroi, » et « langue… étrangère » évoquent une idée de peur personnelle.

Pendant que vous lisez *Vincento*, essayez de trouver des exemples où la narratrice décrit les émotions de son nouvel élève aussi bien que les siennes.

Pour connaître l'auteur

Gabrielle Roy (1909–1983) est née dans le Manitoba. Elle est la cadette de dix enfants dont deux meurent pendant les hivers rigoureux de l'ouest canadien. Les figures maternelles dans l'œuvre de Gabrielle Roy sont souvent à l'image de sa vraie mère Mélina. La future écrivaine fait des études solides et se spécialise dans les langues anglaise et française. Après un séjour académique en Europe, Roy revient au Canada où elle commence à enseigner, sa mère l'ayant convaincue qu'un métier littéraire serait peu fiable. Gabrielle Roy est reconnue comme l'une des plus grandes écrivaines francophones du Canada, et ses œuvres ont reçu de nombreux prix littéraires.

La quête de soi : L'aliénation et l'assimilation

Dans cette sélection, il s'agit d'une institutrice qui, au Canada, essaie d'accueillir tous ses petits élèves de nationalités différentes. Le texte *Vincento* est tiré du recueil *Ces enfants de ma vie*.

Vincento

Gabrielle Roy

Pendant la lecture

Notez la description des actions du nouvel élève.

En repassant, comme il m'arrive souvent, ces temps-ci, par mes années de jeune institutrice[1], dans une école de garçons, en ville, je revis, toujours aussi chargé d'émotion, le matin de la rentrée. J'avais la classe des tout-petits. C'était leur premier pas dans un monde inconnu. À la peur qu'ils en avaient tous plus ou moins, s'ajoutait, chez quelques-uns de mes petits immigrants, le désarroi, en y   5
arrivant, de s'entendre parler dans une langue qui leur était étrangère.

Tôt, ce matin-là, me parvinrent des cris d'enfant que les hauts plafonds et les murs résonnants amplifiaient. J'allai sur le seuil de ma classe. Du fond du corridor s'en venait à l'allure d'un navire une forte femme traînant par la main un petit garçon hurlant. Tout minuscule auprès d'elle, il parvenait néanmoins   10
par moments à s'arc-bouter[2] et, en tirant de toutes ses forces, à freiner un peu leur avance. Elle, alors, l'empoignait plus solidement, le soulevait de terre et l'emportait un bon coup encore. Et elle riait de le voir malgré tout si difficile à manœuvrer. Ils arrivèrent à l'entrée de ma classe où je les attendais en m'efforçant d'avoir l'air serein.   15

(…)

Un peu plus tard, trente-cinq enfants inscrits et à peu près tranquillisés, je commençais à respirer, je me prenais à espérer la fin du cauchemar, pensant, maintenant j'ai dépassé le plus noir. Je voyais de petits visages sur lesquels j'étais encore en peine de mettre un nom m'adresser un premier sourire furtif ou, en   20
passant, une caresse du regard. Je me disais : Nous allons vers l'amitié… lorsque, soudain, du corridor, nous parvint un autre cri de douleur. Ma classe que j'avais crue gagnée à la confiance frémit en entier, lèvres tremblantes, regards fixes sur le seuil. Alors parut un jeune père auquel était accroché un petit garçon, son image si vivante, aux mêmes yeux sombres et désolés, à l'air   25

---

1. elementary school teacher
2. brace himself

souffreteux, qu'on aurait pu avoir envie de sourire si ces deux-là n'eussent exprimé, l'un autant que l'autre, la douleur de la séparation.

Le petit, cramponné à son père, levait vers lui un visage inondé de larmes. Dans leur langue italienne, il le suppliait, à ce qu'il me parut, de ne pas
30 l'abandonner, par la grâce du ciel de ne pas l'abandonner !

Presque aussi bouleversé, le père s'efforçait de rassurer son petit garçon. Il lui passait la main dans les cheveux, sur les joues, lui essuyait les yeux, le câlinait[3], le berçait de mots tendres maintes et maintes fois répétés qui semblaient signifier : « Tout ira bien… Tu verras… C'est ici une bonne école… Benito…
35 Benito… » insistait-il. Mais l'enfant lançait toujours son appel désespéré : « La casa ! la casa ! » (…)

J'allai à leur rencontre avec le plus large sourire possible. À mon approche l'enfant cria de frayeur et se cramponna encore plus fortement à son père à qui il communiqua son tremblement. Je vis que celui-ci n'allait pas m'être d'un
40 grand secours. Au contraire, par ses caresses, ses mots doux, il n'aboutissait qu'à entretenir chez l'enfant l'espoir qu'il le ferait fléchir[4]. (…)

Enfin le père fut libre un instant pendant que je retenais le petit garçon de peine et de misère. Je lui fis signe de partir au plus vite. Il franchit le seuil. Je fermai la porte derrière lui. Il la rouvrit d'un doigt pour me désigner le petit du
45 regard en disant :

—C'est Vincento !

Je lui fis comprendre que d'autres détails pouvaient attendre, Vincento ayant presque réussi à m'échapper. Je le rattrapai de justesse et refermai la porte. Il s'y rua[5] tout en se haussant pour atteindre la poignée. Maintenant il ne criait ni ne
50 pleurait, toute son énergie appliquée à se sortir d'ici. Le père ne s'en allait toujours pas, cherchant à voir par la haute vitre de la porte comment se comportait Vincento et si j'avais l'air d'en venir à bout. À son visage anxieux on eût dit qu'il ne savait ce qu'il souhaitait. Et encore une fois le petit fût sur le point de filer sous mes yeux, ayant réussi à faire tourner la poignée. Alors je
55 donnai un tour de clé à la porte et mis la clé dans ma poche. (…)

Pour l'instant, Vincento réfléchissait, ses immenses yeux faisant le tour de la situation. Soudain, avant que j'aie pu le voir venir, il fonça sur moi, m'envoyant à la volée des coups de pied dans les jambes. J'en vis des éclairs, mais n'accusai pas le choc. Alors, un peu honteux peut-être de son fils ou assuré au contraire
60 qu'il saurait se défendre, le père enfin se décida à partir.

Vincento, son sort entre ses seules mains, parut désespérément chercher un plan d'attaque, une stratégie, puis, comme s'il n'y avait vraiment rien devant

---

3. cuddled
4. bend
5. rushed

Pendant la lecture

Observez l'art avec lequel l'auteur révèle les émotions des personnages dans son récit.

lui, il poussa un terrible soupir, son courage l'abandonna, il rendit les armes. Il ne fut plus qu'une petite créature brisée, sans soutien ni ami dans un monde étranger. Il courut se blottir par terre dans un coin, la tête enfouie dans ses mains, enroulé sur lui-même et gémissant comme un petit chien perdu.

Du moins ce vrai et profond chagrin fit taire net mes pleurnicheurs. Dans un silence total, Vincento exhalait sa plainte. Certains enfants, en cherchant mon regard, se donnaient une mine scandalisée comme pour me dire : « C'en fait une manière de se conduire. » D'autres, pensifs, considéraient la petite forme écrasée par terre et poussaient aussi des soupirs.

Il était grand temps de faire diversion. J'ouvris une boîte de craies de couleur et en fis la distribution, invitant les enfants à venir au tableau y dessiner chacun sa maison. Ceux qui d'abord ne saisirent pas le sens de mes paroles, comprirent dès qu'ils eurent vu de leurs compagnons en train d'esquisser des carrés munis de trous pour indiquer portes et fenêtres. Allégrement ils se mirent à en faire autant et, selon leur conception égalitaire au possible, il parut que tous habitaient à peu près la même maison.

Je dressai en haut du tableau un bâtiment qui était ni plus ni moins que les maisons mises bout à bout et les unes au-dessus des autres. Les enfants reconnurent leur école et se prirent à rire dans leur contentement de se situer. Je traçai maintenant un chemin descendant de l'école vers le bas où étaient les maisons. Mon gai petit élève eut le premier l'idée de se représenter sur cette route par un bâton surmonté d'un rond où les yeux étaient placés sur les côtés de la tête comme souvent chez les insectes. Alors tous voulurent être sur cette route. Elle se couvrit de petits bonshommes s'en allant à l'école ou en revenant.

J'écrivis le nom de chacun dans un ballon au-dessus des images. Ma classe en fut enchantée. Quelques-uns se plurent à ajouter à leur personnage quelque détail qui le distinguerait des autres. Roger, qui était arrivé en chapeau de paille de fermier, travailla bien fort à coiffer le bâton qui le représentait. Cela fournit le curieux spectacle d'une énorme boule se mouvant sur de petits bouts de jambe. Roger se prit à rire aussi fort qu'il avait pleuré. Une sorte de bonheur commençait à habiter ma classe.

Je jetai un coup d'œil sur Vincento. Ses gémissements s'espaçaient. Sans se hasarder à découvrir son visage, il tachait entre ses doigts écartés de suivre ce qui se passait et qui apparemment l'étonnait beaucoup. Surpris à un moment d'entendre rire, il s'oublia à laisser retomber une de ses mains. Dans un fin regard il découvrit que tous sauf lui avaient leur maison et leur nom au tableau. Sur son petit visage gonflé et rougi par les larmes, se peignit, au milieu de la détresse, le désir d'y être lui aussi représenté.

Je m'avançai vers lui, un bâton de craie à la main, me faisant toute conciliante.

Pendant la lecture

Remarquez comment la personnalité et les sentiments de l'institutrice (la narratrice) influencent la narration.

—Viens donc, Vincento, dessiner la maison où tu habites avec ton papa et ta maman.

Ses troublants yeux de braise aux longs cils soyeux[6] me regardèrent en face.
105 Je ne savais que penser de leur expression, ni hostile ni confiante. J'avançai encore d'un pas. Soudain, il se souleva et, en équilibre sur un pied, détendit l'autre comme sous la poussée d'un ressort. Il m'atteignit en pleine jambe de la pointe de sa bottine ferrée. Cette fois, je ne pus réprimer une grimace. Vincento en eut l'air ravi. Quoique le dos au mur et accroupi, il faisait front, me donnant
110 à entendre que de lui à moi ce ne pouvait être qu'œil pour œil, dent pour dent. Peut-être était-ce l'affaire de la clé qu'il avait tellement sur le cœur. Plus qu'une peine d'âme, la rancune semblait maintenant le tenir.

—C'est bon, dis-je, on n'a pas besoin de toi, et j'allai m'occuper des autres enfants qui, eux, par gentillesse ou pour se faire bien voir, me marquèrent une
115 affection accrue. (…)

Après le déjeuner, je revins à l'école, (…) j'arrivai à un angle de l'école. Il y avait là, à quelques pieds du sol, une fenêtre à embrasure profonde. J'y distinguai une toute petite forme tapie dans l'ombre. Dieu du ciel, serait-ce mon petit desperado venu m'attaquer à découvert ?

120 La forme menue risqua la tête hors de sa cachette. C'était bien Vincento. Ses yeux brillants m'enveloppèrent dans un regard d'une intensité passionnée. (…) Ensuite—et aujourd'hui encore me paraît impossible ce qu'il accomplit—il grimpa à moi comme un chat à un arbre, s'aidant à petits coups de genoux qui m'enserrèrent les hanches, puis la taille. Parvenu au cou, il me le serra à
125 m'étouffer. Et il se mit à me couvrir de gros baisers mouillés qui goûtaient l'ail, le ravioli, la réglisse[7]. J'en eus les joues barbouillées[8]. J'avais beau, le souffle court, le supplier : « Allons, c'est assez, Vincento… » il me serrait avec une force incroyable chez un si petit être. Et il me déversait dans l'oreille un flot de mots en langue italienne qui me semblaient de tendresse. (…)

130 Enfin il se laissa déposer sur le sol. Il tremblait de cet anxieux grand bonheur qui s'était abattu sur lui, bien petit encore pour en supporter l'intensité. Il me prit la main et me tira vers ma classe plus vite que je n'y avais jamais été de moi-même.

Il me conduisit de force à mon pupitre, en choisit un pour lui au plus près,
135 s'y assit, les coudes sur la tablette, le visage entre ses mains. Et, faute de savoir me dire son sentiment, il s'abîma, comme on dit, à me manger des yeux.

Pourtant… ensuite… passée cette journée de violence… je ne me rappelle plus grand-chose de mon petit Vincento… tout le reste fondu sans doute en une égale douceur.

---

6. silky
7. licorice
8. smeared

Après la lecture

Vérifiez votre compréhension

1. Quels élèves étaient dans la classe de la narratrice ?

2. Qu'est-ce qui s'est passé quand l'institutrice a enfin réussi à calmer les enfants ?

3. Qu'est-ce que l'enfant italien demandait à son père ?

4. Qu'est-ce qui a attiré l'attention de la narratrice sur Vincento et son père avant leur arrivée dans la classe ?

5. Quelle a été la réaction de Vincento lorsque la narratrice s'est approchée de lui ?

6. Décrivez le comportement de Vincento après le départ de son père.

7. Que veut dire la narratrice quand elle dit que Vincento avait « son sort entre ses seules mains » (l. 61) ?

8. Qui sont les « pleurnicheurs » (l. 67) ?

9. Comment est-ce que les autres garçons ont réagi aux efforts de Vincento après le départ de son père ?

10. Qu'a dessiné le « gai petit élève » quand il a vu le dessin de l'école fait par l'institutrice ?

11. Selon l'institutrice, quel est le résultat de la classe de dessin ?

En y réfléchissant

1. D'après ce récit comment cette classe est-elle différente des autres classes de cette école ?

2. À votre avis, pourquoi Vincento ne veut-il pas rester à l'école ?

3. Quels moyens l'institutrice emploie-t-elle pour se faire comprendre par les élèves qui ne parlent pas français ? Y réussit-elle ?

4. Que veut dire la narratrice quand elle dit « il parut que tous habitaient à peu près la même maison » (l. 77–78) ?

Perspectives culturelles

Qu'est-ce que vous remarquez d'intéressant dans l'école de Vincento ?

Pendant très longtemps, on a séparé les garçons et les filles dans les écoles françaises, notamment dans les écoles primaires. Souvenez-vous du « Petit Nicolas » qui retrouve ses amis à l'école de garçons de son quartier ?

Au Canada aussi où se passe l'histoire de Vincento, on sépare encore filles et garçons dans les écoles. Est-ce une bonne idée de séparer les garçons et les filles à l'école ? Pourquoi ? Pourquoi pas ? Quels en sont les avantages ou les inconvénients ?

Travaillez en groupes de trois ou quatre élèves. Sur une grande feuille de papier faites un schéma en T avec deux colonnes *avantages* et *inconvénients*. Débattez de la pratique de séparer garçons et filles. Puis discutez de vos arguments avec les autres groups de la classe.

Pour améliorer votre vocabulaire

1. **Synonymes :** Trouvez un synonyme pour chaque mot ou chaque expression de la liste. Vous trouverez ces mots dans le texte.

   a. l'institutrice (l. 2)
   b. le désarroi (l. 5)
   c. amplifier (l. 8)
   d. l'allure (l. 9)
   e. traîner (l. 9)
   f. empoigner (l. 12)
   g. freiner (l. 11)
   h. la frayeur (l. 38)
   i. foncer (l. 57)
   j. esquisser (l. 75)

2. **Antonymes :** Trouvez un antonyme pour chaque mot ou chaque expression de la liste. Vous trouverez ces mots dans le texte.

   a. serein (l. 15)
   b. le cauchemar (l. 18)
   c. souffreteux (l. 26)
   d. la douleur (l. 22)
   e. honteux (l. 59)
   f. gonflé (l. 99)
   g. une intensité (l. 121)
   h. suivre (l. 95)

3. **Définitions :** Associez les mots de la première colonne avec les définitions possibles de la seconde. Vérifiez le contexte dans lequel se trouvent ces mots.

   1. un navire (l. 9)
   2. emporter (l. 13)
   3. accroché (l. 24)
   4. cramponner (l. 28)
   5. aboutir (l. 40)
   6. la volée (l. 58)
   7. esquisser (l. 75)
   8. furtif (l. 20)
   9. conciliant (l. 101)
   10. le seuil (l. 8)

   a. sans autre
   b. suspendu
   c. dessiner
   d. emmener
   e. le troupeau volant
   f. attacher
   g. injurier
   h. complaisant
   i. l'entrée
   j. un bateau
   k. terminer
   l. de manière secrète

Béni ou le paradis privé

Avant la lecture

Stratégie pour la lecture : *Pour tirer une conclusion (suite)*

Nous avons vu avec quel art Gabrielle Roy entraînait ses lecteurs à partager les émotions des personnages de son récit pour qu'ils en tirent eux-même leurs propres conclusions. Le texte d'Azouz Bégag, *Béni et le paradis privé* est un extrait chargé lui aussi d'émotions. En effet, le narrateur, Béni est humilié par un de ses professeurs devant ses camarades. Au lieu de se laisser aller, il se prend en charge et réussit même à désamorcer la situation. Essayez de capturer les émotions qu'éprouve le jeune narrateur. Relevez les exemples, dans le texte, où le jeune narrateur exprime ses émotions. Quelle est son attitude ?

Pour connaître l'auteur

Azouz Bégag (1957–) Homme politique, écrivain et chercheur en économie et sociologie, Azouz Bégag est né en 1957 à Villeurbanne, une banlieue de Lyon. Son premier roman, *Le Gone du Chaâba* traite de la double culture des immigrés d'Algérie et de leurs enfants qui habitent en France et ne s'identifient ni à la culture algérienne, ni à la culture française. Dans ses livres, il parle de la prévalence du multiculturalisme en Europe, mais aussi des différents problèmes auxquels sont confrontés les jeunes d'origine maghrébine assis entre deux cultures, entre tradition et modernisme, ballotés entre racisme et intégration, chômage et pauvreté, espoir et désespoir. Azouz Bégag a été ministre délégué, chargé de la promotion de l'égalité des chances de 2005 à 2007. Il est l'auteur de plus de vingt livres.

La quête de soi : L'aliénation et l'assimilation

Dans cette sélection, il s'agit d'un professeur de lycée qui n'essaie pas de bien accueillir tous ses élèves dans une école publique à Lyon.

Béni ou le paradis privé

Azouz Bégag

Pendant la lecture

- Notez l'attitude du narrateur lors de cet épisode.

- Relevez tout ce qui rend le texte plus réaliste (noms, produits, etc.).

- Remarquez les éléments de la culture arabe que mentionne l'auteur.

Et je peux pas supporter qu'on me demande mon nom. C'est pas pour faire semblant que je déteste qu'on m'appelle Ben Abdallah, même si c'est le nom de mon ancêtre mort du typhus à Sétif[9] au début du siècle. Mais j'aime surtout quand on m'appelle Béni, parce que là, on voit pas que je suis arabe. Pas comme Ben Abdallah que je suis obligé de porter comme une djellaba[10] toute la journée 5 en classe.

J'ai commencé à vouloir changer de prénom à cause de l'école. Les profs n'arrivaient jamais à prononcer correctement le mien, soi-disant[11] parce qu'ils n'avaient pas l'habitude. Mon œil ![12], oui ! Moi je crois plutôt que c'était pour faire rire la classe. Et que faisait-elle la classe pour faire plaisir aux profs ? Elle 10 riait à pleines dents évidemment. Au début je me forçais à rire avec tout le monde pour ne pas être trop différent et pour montrer que je prenais ces plaisanteries à la rigolade[13]. Mais ensuite, je ne riais plus. Je laissais faire et point c'est marre.

Maintenant, je suis en seconde[14] au lycée. Dans trois ans, ce n'est plus 15 le BEPC[15] que ma mère va afficher au-dessus de la télé, mais le BAC d'électronicien, Le Brevet des Algériens Calés (en électronique). Et là, ça va être une fête où il va pleuvoir des grains de couscous pendant des jours et des jours, accompagnés de jolis morceaux de mouton à la sauce piquante, de bouteilles de Coca-Cola et d'orangeade, et de pastèques grosses comme la lune. 20

Une fête en mon honneur et celui de notre famille.

Mais il faut que je surmonte la honte quotidienne de Ben Abdallah.

Pour passer du cours de français au cours d'anglais, de maths, de physique… on doit changer de prof, malheureusement, et chaque fois, il faut que je me paye l'appel. Ça commence toujours bien, Alain Armand, Thierry Boidard… 25

---

9. village universitaire d'Algérie
10. loose-fitting Moroccan robe
11. self-styled
12. Yeah, right !
13. as a joke
14. sophomore
15. Brevet d'Études du Premier Cycle, a high school diploma

et ça s'écrase sur moi : Benadla, Benaballa, Benbella disent même ceux qui se trompent d'époque et mélangent tous les Ben. Obligé je corrige le prof qui se casse la langue sur mon nom : « Ben Abdallah, m'sieur. » Tout le monde se marre autour de moi. Je rougis, je transpire des pieds et des mains, et surtout je ne sais pas où regarder. C'est ça le plus dur. Même quand personne ne rigole, je sens chacun se retenir et, d'un côté comme de l'autre, je suis coincé[16].

On rentre chez le prof d'anglais. Un raciste qui souffre pas les gros Arabes. Ça se voit comme un nez au milieu de la figure. Au début de l'année, il m'a humilié en pleine classe. On faisait une traduction de texte et, à un moment donné, il pose une question : quelle forme emploie-t-on après la conjonction « aussi », lorsqu'elle est placée en tête de phrase ? Et il se tait[17]. La classe aussi, à croire que j'étais le seul à connaître la réponse. Je regarde autour de moi, les yeux des élèves étaient promeneurs, les lèvres sifflantes, les épaules arc-boutées sur les tables. Je lève le doigt en l'air, le prof dit oui et moi je donne la réponse, très sûr de moi grâce à ma mémoire infaillible :

—M'sieur, on emploie la forme interrogative, c'est-à-dire, par exemple : je lis beaucoup à la maison, aussi suis-je capable de répondre aisément à votre question.

Silence de mort dans les rangs.

M. Agostini, dans un accent londonien parfait s'exclame :

—Very good, Ben Alla !

—Ben Abdallah ! Sir.

Bien calé sur son bureau, il sourit, se met à regarder toute la classe d'un œil de prof écœuré avant de dire :

—Si c'est pas un comble[18] que le seul étranger de la classe soit le seul à pouvoir se vanter de connaître notre langue !

Naturellement, le silence heurtait encore plus les oreilles. Les autres prenaient cette erreur pour argent comptant[19].

—M'sieur, faut dire quand même que je suis pas totalement étranger puisque je suis né à Lyon comme tout le monde, je fais remarquer.

Michel Faure qui était assis à mon côté me corrige : —Pas tous, moi je suis né à Oran[20] !

Et quelques téméraires[21] se mettent à rire à voix haute pour décrisper[22] la situation. Je continue sur ma lancée :

---

16. boxed in
17. remained quiet
18. last straw
19. take at face value
20. coastal city of Algeria
21. daredevils
22. defuse

60 —Autrement dit, je suis né à Lyon, aussi puis-je demander à être considéré comme un Lyonnais.

Et cette fois, même Agostini se met à rire et l'affaire est classée sans dégâts pour les Français. Mais il m'avait quand même traité d'étranger devant toute la classe. C'était toujours à cause de mon nom. Du côté du racisme il était pas clair

65 le prof d'anglais dont les parents avaient quitté leur botte[23] natale il y a plusieurs années. J'avais failli lui dire qu'il était sans doute plus étranger que moi, mais ce n'est jamais bon de déstabiliser un prof devant sa classe.

Après le coup de la forme interrogative, M. Agostini faisait presque systématiquement l'appel en demandant :

70 —Ben Abdallah Bellaouina est-il présent ?

—Présent, m'sieur !

Il se moquait. Ça se voyait bien que j'étais dans la classe, non ? J'étais facilement reconnaissable !

Les autres profs étaient moins vicieux. Au début de l'année, l'un avait

75 demandé quel était le nom de famille dans les deux morceaux, l'autre la signification, comme si moi je me cassais la tête de savoir ce que voulait dire Thierry Boidard ou Michel Faure.

Fils de serviteur d'Allah : voilà la définition de Ben Abdallah. Fils élevé à la puissance deux[24] d'Allah. Ça devrait impressionner, normalement, mais voilà,

80 comme on n'est pas au pays des djellabas[25] et des mosquées, ça n'impressionne pas le Lyonnais des Terreaux ou de la Croix-Rousse[26]. Au contraire, ça fait rire. Qu'Allah me pardonne, mais quand j'aurai les moyens et quand je serai plus sûr de moi, je changerai de nom. Je prendrai André par exemple. Parce que franchement, faut avouer que ça sert strictement à rien de s'appeler Ben

85 Abdallah quand on veut être comme tout le monde.

Bien sûr, les profs pourraient m'appeler Béni et je serais mieux dans ma peau, mais ils n'aiment pas les familiarités avec les élèves.

Abboue[27] ne serait pas content du tout s'il apprenait le fond secret de mes pensées. Jamais de la vie il ne pourrait m'appeler André, sa langue elle-même

90 refuserait de prononcer ce nom de traître. Certaines choses ne méritent pas d'être dites aux parents.

---

23. bundle of hay
24. to the second power, squared
25. robes
26. neighborhoods in Lyon
27. *le grand-père du personnage*

Après la lecture

Vérifiez votre compréhension

1. Qu'est-ce qui gêne le narrateur ?

2. D'où vient ce nom ?

3. Quel genre de nom préfère-t-il ? Donnez des exemples.

4. Qui lui a donné ces noms ?

5. Pourquoi préfère-t-il qu'on l'appelle Béni ?

6. À quoi le narrateur compare-t-il son nom ?

7. Quelle était la réaction de la classe aux prononciations maladroites du nom de Béni ?

8. Qu'est-ce qu'on servira à la fête qu'imagine Béni ?

9. Mais, qu'est-ce que Béni doit faire avant d'assister à sa propre fête ?

10. Quelle est la réaction de Béni quand un prof prononce mal son nom ?

11. Pourquoi Béni a-t-il des ennuis avec le prof d'anglais ?

12. Comment M. Agostini a-t-il humilié Béni ? (Racontez l'épisode.)

13. Pourquoi est-ce que Béni a corrigé le prof d'anglais ?

14. Qui est Michel Faure ?

15. Pourquoi M. Agostini croyait-il que Béni était immigré ?

16. Que veut dire « Ben Abdallah » ? Est-ce que ce nom impressionne les Lyonnais ?

17. Pourquoi est-ce que les profs ne l'appellent pas tout simplement Béni ?

18. Quel nom voudrait-il porter ? Quelle serait la réaction d'Abboue ?

En y réfléchissant

1. Pourquoi Béni veut-il changer de prénom ? N'avez-vous pas voulu un jour changer de nom ?

2. Quand le narrateur dit « Il faut que je surmonte la honte quotidienne de Ben Abdallah, » qu'est-ce que cela veut dire ?

3. Quand le narrateur dit « il faut que je me paye l'appel, » qu'est-ce qu'il veut dire ?

4. Comment les élèves qui ne savent pas répondre à la question du prof d'anglais, manifestent-ils leur ignorance ?

5. Quel mot pourrait-on substituer à la ligne 49 pour « écœuré » ?

6. Quelle est l'opinion de M. Agostini sur Béni ?

7. Comment Béni a-t-il pu décrisper la situation grâce à son intelligence ?

8. Quel secret garde Béni de sa famille ? Pourquoi ?

9. Quelle est la conséquence de cet épisode ?

Comparaisons culturelles

Les effets de l'immigration

Béni, bien qu'il soit né en France et qu'il soit français, a un nom difficile à prononcer. Il est évidemment assez souvent victime de racisme. Cela est vrai pour un grand nombre d'enfants de la deuxième et maintenant de la troisième génération d'immigrés. Par petits groupes de trois ou quatre élèves, répondez aux questions suivantes et notez vos réponses sur une grande feuille de papier. Répondez en vous référant à votre expérience personnelle, à la situation aux États-Unis et à ce que vous venez de lire.

1. Quels autres problèmes de racisme et d'assimilation pourraient rencontrer les immigrés et les enfants des immigrés ?

2. Quels aspects de leurs cultures les immigrés conservent-ils ?

3. Dans quelle mesure s'intègrent-ils à la nouvelle culture, la culture nationale de leur pays d'adoption ?

Pour améliorer votre vocabulaire

1. **Synonymes :** Trouvez un synonyme pour chaque mot ou chaque expression de la liste. Vous trouverez ces mots dans le texte.

   a. être obligé (l. 5)
   b. avoir l'habitude (l. 9)
   c. se forcer à (l. 11)
   d. afficher (l. 16)
   e. surmonter (l. 22)
   f. s'écraser (l. 26)
   g. rigoler (l. 30)
   h. strictement (l. 84)
   i. avouer (l. 84)
   j. traître (l. 90)

2. **Antonymes :** Trouvez un antonyme pour chaque mot ou chaque expression de la liste. Vous trouverez ces mots dans le texte.

   a. coincé (l. 31)
   b. écœuré (l. 49)
   c. se vanter (l. 51)
   d. vicieux (l. 74)
   e. traître (l. 90)

3. **Définitions :** Associez les mots de la première colonne avec les définitions possibles de la seconde. Vérifiez le contexte dans lequel se trouvent ces mots.

1. les plaisanteries (l. 12)	a. qui nuit
2. l'appel (l. 25)	b. grincer
3. coincer (l. 31)	c. certain
4. le promeneur (l. 38)	d. confesser
5. infaillible (l. 40)	e. carrément
6. écœuré (l. 49)	f. affaiblir
7. vanter (l. 51)	g. blagues
8. avouer (l. 84)	h. glorifier
9. déstabiliser (l. 67)	i. dégoûté
10. franchement (l. 84)	j. bloquer
	k. sollicitation
	l. flâneur

Allons au-delà

Pour communiquer

A Écouter

Dans ce podcast, on évoque les droits des immigrés et comment ils se comparent à ceux des nationaux. Écoutez l'extrait audio et répondez aux questions suivantes.

1. De qui parle-t-on quand on dit qu'ils n'ont pas les mêmes droits que les nationaux ?

2. Entre qui est-ce qu'on tente de rétablir une égalité de droits ?

3. Qui a beaucoup moins de droits que d'autres ?

4. Quel est le pourcentage de la population immigrée, selon les chiffres cités ?

5. Pourquoi est-ce que la pression migratoire continue ?

B Dessiner une carte heuristique (*Mind map*) : La classe des immigrés

Travaillez en petits groupes de trois élèves. Prenez une grande feuille de papier sur laquelle vous allez dessiner une carte heuristique.

Imaginez cette situation. Un groupe d'immigrés de plusieurs pays francophones a déménagé dans votre ville. Ils ne parlent que français, mais ils suivent un cours de langue anglaise. Les petits détails de la culture américaine pourtant leur échappent. Ce sera la tâche de votre groupe d'organiser un curriculum pour un cours de culture américaine.

1. Utiliser cette carte heuristique pour organiser vos idées pour ce cours.

2. Quels thèmes y mettrez-vous ? Quels repas ? Quelles fêtes ? Quelles traditions ? Quels titres ? Quels centres d'achats ? Quels événements sportifs ?

3. Quels détails y ajouterez-vous ?

4. Après avoir organisé votre cours, discutez-en et préparez-vous à présenter à la classe un plan bien organisé avec quelques détails. Pratiquez votre présentation, parce qu'il ne suffit pas de lire à haute voix votre carte.

5. Comme dans toutes vos présentations, n'oubliez pas de préparer deux ou trois questions pour ceux qui vous écoutent.

C Écrire : Un magazine pour les immigrants

Travaillez seul(e) pour préparer quelques pages d'un magazine pour des immigrants. Pour cela, vous aurez besoin d'un panneau coloré et de plusieurs feuilles de papier sans lignes que vous afficherez sur votre panneau.

1. Commencez avec « la table des matières » qui fournira une liste des articles qu'on trouvera dans le magazine tout entier aussi bien que des sections du magazine, c'est-à-dire les rubriques qu'on y trouvera régulièrement dans les différents numéros. N'oubliez pas de créer un titre pour votre magazine.

2. Pour les trois autres pages que vous afficherez, choisissez parmi ces suggestions :

   a. l'extrait d'un conte pour enfant, traitant de l'immigration

   b. un article qui explique une tradition américaine, une recette ou un article sur un autre thème

   c. une interview (imaginée) avec un immigré célèbre

   d. une bande dessinée

   e. des jeux (mots-croisés, mots cachés)

   f. une réclame

   g. des petites annonces (*classified ads*)

   h. un carnet de voyage

   i. **une de vos idées personnelles à condition qu'elle traite des immigrants**

   NOTE : Il n'est pas nécessaire que les articles, les bandes, etc. soient complets sur la page.

3. Attachez vos quatre pages sur le panneau et affichez votre magazine dans la salle de classe ou ailleurs selon les instructions de votre professeur.

D Jeu de rôle : Si M. Agostini se montrait encore plus raciste

Travaillez avec un partenaire. Imaginez une autre situation au lycée de Béni où M. Agostini ou un autre prof se montre de nouveau raciste envers Béni ou un autre élève.

1. Avant de commencer, présentez la situation à votre auditoire.

2. Jouez les deux rôles. Assurez-vous qu'il y a une action ou une déclaration par le professeur qui provoque une réaction de la part de l'élève.

3. Terminez votre jeu de rôles avec une déclaration en aparté [*aside*] de la part de l'élève sur ce qu'il veut garder de sa culture et ce qu'il accepte de perdre.

4. Puis après votre jeu, discutez pour savoir comment un immigrant peut améliorer sa situation.

5. Si vous présentez ensuite votre jeu de rôles devant la classe, préparez deux ou trois questions pour les autres élèves.

E Débat : FLS—le français langue seconde

Travaillez dans un groupe de quatre ou cinq élèves. Pour débattre de ce problème, choisissez un animateur et divisez votre groupe en deux. Un groupe défendra le FLS tandis que l'autre argumentera contre.

Voici la situation : Les écoles françaises enseignent la langue française à des milliers de jeunes qui immigrent en France et qui parlent d'autres langues. On combine ces leçons avec des cours où la dépendance sur la langue n'est pas trop rigoureuse : les arts plastiques, les maths, la musique,

l'éducation physique. Aussitôt que l'élève aura appris assez de français pour fonctionner dans une salle de classe, on l'intègrera dans les cours avec des francophones. Le même système d'éducation bilingue existe aux États-Unis et au Canada.

1. Qu'est-ce que vous en pensez ? Avez-vous vu les résultats d'un tel programme dans votre école ? Mettez-vous à la place d'un nouvel arrivant. Est-ce que vous êtes pour ou contre le genre d'attention accordée aux nouveaux arrivants ? Est-il suffisant de passer deux ou trois ans en rattrapage linguistique tout en abandonnant provisoirement les matières scolaires, ou bien vaut-il mieux offrir des cours de sciences, d'histoire, de maths, etc. dans la langue maternelle du nouvel arrivant ? Y a-t-il d'autres moyens pour faire apprendre le français aux immigrés ? Que proposeriez-vous ?

2. Pensez à des arguments pour et contre en considérant les questions ci-dessus.

3. Pratiquez votre débat et organisez vos questions, vos réponses et vos réfutations.

4. Puis, présentez votre débat devant la classe.

5. N'oubliez pas de préparer quelques questions pour poser à vos camarades de classe qui vous écoutent.

F À vos stylos ! L'ethnicité

Doit-on garder quelques aspects de sa culture tout en essayant de s'assimiler à une nouvelle culture ? Quelle est votre opinion ? Comment peut-on garder ses traditions ethniques ? Quelles traditions doit-on garder ? Quels éléments de la culture maternelle doit-on abandonner ? Soutenez votre opinion dans un essai de cinq paragraphes. N'oubliez pas que la structure de l'essai demande un paragraphe d'introduction, trois paragraphes de détails (d'exemples, d'arguments de soutien), et un paragraphe de conclusion.

G Comparer

Comparez les deux camemberts et comparez les populations et les pays d'origine des immigrants au Canada et en France.

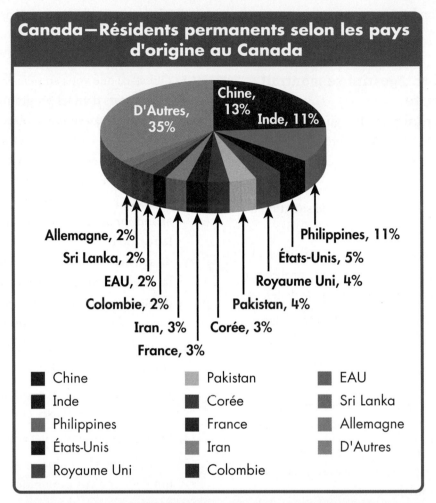

Canada—Résidents permanents selon les pays d'origine au Canada

Chine, 13%
Inde, 11%
D'Autres, 35%
Philippines, 11%
États-Unis, 5%
Royaume Uni, 4%
Pakistan, 4%
Corée, 3%
France, 3%
Iran, 3%
Colombie, 2%
EAU, 2%
Sri Lanka, 2%
Allemagne, 2%

- Chine
- Inde
- Philippines
- États-Unis
- Royaume Uni
- Pakistan
- Corée
- France
- Iran
- Colombie
- EAU
- Sri Lanka
- Allemagne
- D'Autres

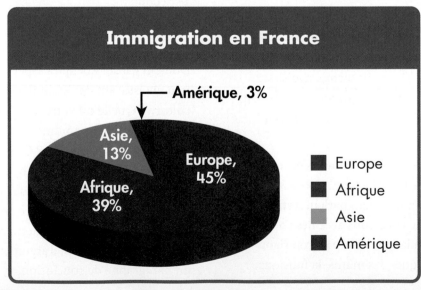

Immigration en France

Amérique, 3%
Asie, 13%
Europe, 45%
Afrique, 39%

- Europe
- Afrique
- Asie
- Amérique

La quête de soi : L'aliénation et l'assimilation

Dans cette sélection, il s'agit d'un groupe d'élèves venus de l'étranger dont le but est de s'intégrer, pas de se faire remarquer.

Immigration — Ces étrangers, élèves modèles

Ils sont ravis d'aller à l'école, apprennent le français en quelques mois. Mais le système ne peut plus les absorber.

En 1983, lorsque Ferroudja Allouache est arrivée d'Algérie, elle avait 11 ans et n'avait jamais été à l'école. « *La France, c'était merveilleux : même ma mère ne pouvait plus m'empêcher d'aller à l'école !* »
5 Aujourd'hui, la jeune femme enseigne à son tour le français à des élèves fraîchement arrivés sur le territoire national et qui ne parlent pas notre langue.

On les appelle des « primo-arrivants ». Pour
10 eux, notre pays a mis au point un dispositif d'intégration progressive dans le système scolaire classique. Ces enfants reçoivent ensemble des cours intensifs de français, mais suivent en classe « normale » les cours qui n'exigent pas la maîtrise
15 de la langue, comme le sport, les arts plastiques et les maths. Cette intégration peut se prolonger un an quelle que soit la situation administrative des parents. **Tout le monde y gagne.**

Ils viennent de tous les pays. Ils sont chinois,
20 portugais, philippins, azerbaïdjanais, maliens… La majorité sont sans-papiers. « *Le système en scolarise plus de 32 000 : l'équivalent d'une académie* », souligne Luc Ferry[28]. Un chiffre en forte hausse ces derniers temps, en particulier dans la région
25 parisienne. À Paris, Michel Redon, qui dirige le service concerné, reconnaît qu'en trois mois il a

reçu 1 000 enfants supplémentaires, soit un tiers des effectifs actuels. Dans l'académie de Versailles, en 1999, on en comptait 3 000. En juin 2002, ils étaient 5 000 : une augmentation de près de 70 %. 30
« *La part des enfants de plus de 10 ans et qui n'ont jamais été scolarisés augmente. Ça ne facilite pas notre tâche* », reconnaît Jeanne Clisson, responsable au rectorat de Versailles.

Luc Ferry va plus loin : il évoque « *l'explosion* 35 *du dispositif* » si les flux d'immigration ne ralentissent pas. « *À Paris, on commence à manquer de structures* », concède Jean-Luc Garcia, principal du collège Molière, dans le 16e arrondissement. Car ces structures coûtent cher. 40

Mais, pour tous les acteurs du dispositif, le jeu en vaut la chandelle. « *Tout le monde y gagne* », affirme Jean-Luc Garcia. Cet ancien prof de maths a reçu ces élèves dans sa classe. « *On apprend beaucoup à leur contact. On invente pour eux des* 45 *moyens qui servent ensuite aux élèves les plus en difficulté.* »

Car, paradoxalement, ces enfants si particuliers, parfois traumatisés, sont des élèves modèles : « *Ils n'ont rien à voir avec la seconde génération* 50 *issue de l'immigration, celle qui a tant de mal à s'intégrer. Pour eux, l'école est une chance* », affirme

28. l'ancien ministre d'éducation nationale

Francis Cagniart, le principal du collège Charles-Péguy, dans le 19e arrondissement : « *La classe*
55 *que j'accueille existe depuis six ans. Elle regroupe 15 enfants qui n'ont jamais été à l'école auparavant. Chaque année, 3 ou 4 intègrent le collège au bout d'un an et continuent une scolarité tout à fait normale.* »
60   Ferroudja Allouache veut leur consacrer une thèse : « *Les élèves qui réussissent sont invisibles. Leur but, c'est de s'intégrer, pas de se faire remarquer.* » Démonstration dans la classe d'Anne Gruneberg au collège Molière, où les élèves prennent un
65 plaisir visible à se retrouver. Ils chuchotent en français, leur seule langue commune. « *Ici, il y a*

plus de 10 nationalités, explique l'enseignante. *Ils travaillent par petits groupes, selon leur niveau de français.* » Divya est arrivée il y a quelques semaines à peine de Madras. Elle s'accroche. Alexandro 70 est colombien. Il est là depuis septembre et récite avec chaleur un poème de François Coppée. Il y a un an, Fidan ne parlait pas un mot de français, aujourd'hui elle est en seconde européenne, la meilleure classe du lycée. Selon elle, la réussite 75 dépend certainement de « *ce qui se passe à la maison* », manière pudique d'évoquer les drames que beaucoup ont traversés. « *Mais en classe, on ne parle jamais du passé ou de nos problèmes de papiers.* » Le mythe républicain ne veut pas mourir. 80

Questions de compréhension

1. Quel est le travail de Ferroudja Allouache ?
   a. Elle est professeur de français langue seconde.
   b. Elle accueille les immigrés en France.
   c. C'est une élève.
   d. Elle est douanière.

2. Qui sont les « primo-arrivants » ?
   a. Ceux qui ne parlent pas français.
   b. Les immigrés qui ne vont pas à l'école.
   c. Les élèves récemment arrivés en France qui ne parlent pas la langue.
   d. Les premiers enseignants des immigrés.

3. Quel est le plan pour l'éducation des immigrés ?
   a. De prolonger l'étude de la langue française.
   b. De suivre les cours normaux.
   c. D'offrir les cours de français pendant que l'élève suit les cours qui n'ont pas besoin d'une connaissance de la langue.
   d. De ne pas exiger la maîtrise de la langue des nouveaux immigrés.

4. Qu'est-ce que ces immigrés ont en commun ?
   a. Ils n'ont pas de documentation.
   b. Ils viennent d'Asie.
   c. Ils s'installent dans la région parisienne.
   d. Ce sont un tiers des effectifs actuels.

5. Quelle population est en train d'augmenter ?
   a. Celle des enfants de moins de dix ans.
   b. Celle des immigrés de plus de dix ans qui ne sont jamais allés à l'école.
   c. Celle des enfants dans le bassin parisien.
   d. Celle des enfants à l'académie.

6. Lorsque Jeanne Clisson dit « Ça ne facilite pas notre tâche », de quoi parle-t-elle ?
   a. Du fait qu'il y a beaucoup plus d'élèves.
   b. Du fait qu'elle est responsable au rectorat de Versailles.
   c. Du fait que la plupart des élèves ont plus de dix ans.
   d. Du fait que les élèves qui viennent ne sont jamais allés à l'école.

7. Que veut dire Jean-Luc Garcia quand il dit « on commence à manquer de structures » ?

    a. Que les anciens profs des immigrés n'étaient pas assez sévères.

    b. Qu'il n'y a pas assez d'écoles.

    c. Que le logement à Paris est insuffisant.

    d. Que les profs à Paris ne sont pas assez strictes.

8. Que signifie « le jeu en vaut la chandelle » ?

    a. Que le gouvernement traite de ce problème comme un jeu.

    b. Que l'explosion du nombre de nouveaux élèves force à prendre des décisions.

    c. Que l'attention aux nouveaux élèves va trop loin.

    d. Que tout le monde gagne lorsque ces élèves sont intégrés

9. Selon Jean-Luc Garcia, comment est-ce que tout le monde gagne dans cette situation ?

    a. Il y a plus de travail pour les acteurs.

    b. On s'enrichit du contact avec la nouvelle culture qu'apportent les immigrés.

    c. On apprend à servir les nouveaux.

    d. Les professeurs inventent de nouvelles méthodes pour se débrouiller.

10. Que veut dire « les élèves qui réussissent sont invisibles » ?

    a. Que ce genre d'élève ne se fait pas remarquer.

    b. Qu'on n'entend jamais parler de leur succès.

    c. Que ces élèves ont du succès dans les travaux manuels, mais pas en français.

    d. Que le public ne peut généralement pas observer la classe.

11. Quel est ce « mythe républicain » ?

    a. Que tout le monde parle une seule langue dans tout le pays.

    b. Que toute la France se réunisse sous un drapeau national.

    c. L'intégration et la socialisation du peuple.

    d. La documentation de tout le monde.

Revenez sur ces questions

Après avoir considéré les lectures et les discussions de ce chapitre, reprenez-en la discussion.

- Comment est-ce qu'on révèle son identité dans différentes situations ? Comment est-ce que les enfants réagissent aux différences culturelles ?

- Comment la langue et la culture influencent-elles l'identité ? En s'assimilant à un nouvel environnement, qu'est-ce qu'on perd, et qu'est-ce qu'on peut garder ?

- Comment se développe l'identité avec le temps ? Face à ses problèmes, comment l'immigrant peut-il améliorer sa situation ?

CHAPITRE 17

Revenons aux valeurs traditionnelles

- En quoi la société dans laquelle on grandit influence-t-elle la moralité personnelle ?

- Quels genres d'événements peuvent mettre à l'épreuve ou modifier un système de valeurs personnel ?

- Quelles questions de moralité se posent aux parents et influencent l'identité des enfants ?

Contexte : Les croyances et les systèmes de valeurs

LECTURE Guy de Maupassant : *Aux champs*

Déchiffrons l'image

Van Gogh « Les mangeurs de pommes de terre »

1. À quelle époque se passe cette scène ? Comment le savez-vous ?

2. Qui sont ces personnes et qu'est-ce qu'elles font ?

3. Où sont ces personnes ?

4. Dites ce que doit être la vie de ces personnes.

Lecture

Aux champs

Avant la lecture

Stratégies pour la lecture : *Le style conversationnel et le dialecte*

Nous avons déjà brièvement étudié le style conversationnel dans le contexte d'une narration à la première personne. *Aux champs* nous offre un style conversationnel différent, avec des personnages qui parlent un dialecte normand, de la région d'origine de l'auteur.

Lisez à haute voix les trois citations suivantes extraites du texte pour en déchiffrer le sens.

—*C'te rente de douze cents francs, ce s'ra promis d'vant l'notaire ?*

—*Ça travaillera dans quéqu'z'ans ct'éfant ; i nous faut cent vingt francs.*

—*J't'ai pas vendu, mé, j't'ai pas vendu, mon p'tiot. J'vends pas m's éfants, mé. J'sieus pas riche, mais vends pas m's éfants.*

Après avoir déchiffré le langage, nous pouvons nous demander pourquoi l'auteur emploie le dialecte. D'abord pour raconter son histoire. Ensuite parce qu'il rend le récit plus vivant et plus réel. C'est une interprétation théâtrale qui met en scène une langue particulière. Le lecteur devra néanmoins se poser quelques questions, notamment :

1. Comment les deux accents s'opposent-ils ? Quel est l'effet produit lorsque que l'on entend les différents accents des personnages ?

2. Qu'est-ce que le dialecte révèle des personnages qui le parlent ?

3. Qu'est-ce que l'auteur cherche à mettre en relief quand certains de ses personnages emploient un dialecte ?

4. Quelle est l'attitude de l'auteur envers les gens qui parlent avec cet accent ? Est-elle positive ou négative ?

« C'te rente de douze cents francs, ce s'ra promis d'vant l'notaire ? »

La quête de soi : Les croyances et les systèmes de valeur

Dans cette sélection, il s'agit d'une femme qui va à la campagne pour trouver une réponse à sa vie. L'auteur met en relief le contraste entre deux classes sociales : une femme riche et deux familles paysannes qui vivent avec différentes valeurs. Cette histoire est tirée du recueil « Scènes de la vie de province ».

Aux champs
Guy de Maupassant

Pendant la lecture

Notez les éléments qui soulignent la pauvreté des deux familles.

À Octave Mirbeau

Les deux chaumières étaient côte à côte, au pied d'une colline, proches d'une petite ville de bains. Les deux paysans besognaient dur sur la terre inféconde pour élever tous leurs petits. Chaque ménage en avait quatre. Devant les deux portes voisines, toute la marmaille[1] grouillait[2] du matin au soir. Les deux aînés avaient six ans et les deux cadets quinze mois environ ; les mariages et, ensuite   5
les naissances, s'étaient produites à peu près simultanément dans l'une et l'autre maison.

Les deux mères distinguaient à peine leurs produits dans le tas ; et les deux pères confondaient tout à fait. Les huit noms dansaient dans leur tête, se mêlaient sans cesse ; et, quand il fallait en appeler un, les hommes souvent en   10
criaient trois avant d'arriver au véritable.

La première des deux demeures[3], en venant de la station d'eaux de Rolleport, était occupée par les Tuvache, qui avaient trois filles et un garçon ; l'autre masure[4] abritait les Vallin, qui avaient une fille et trois garçons.

Pendant la lecture

Observez les similarités et les différences entre les familles Vallin et Tuvache. Comment réagissent-elles aux événements ?

Tout cela vivait péniblement de soupe, de pomme de terre et de grand air.   15
À sept heures, le matin, puis à midi, puis à six heures, le soir, les ménagères réunissaient leurs mioches[5] pour donner la pâtée, comme des gardeurs d'oies assemblent leurs bêtes. Les enfants étaient assis, par rang d'âge, devant la table en bois, vernie par cinquante ans d'usage. Le dernier moutard[6] avait à peine la bouche au niveau de la planche. On posait devant eux l'assiette creuse pleine   20
de pain molli dans l'eau où avaient cuit les pommes de terre, un demi-chou et trois oignons ; et toute la lignée mangeait jusqu'à plus faim. La mère empâtait

1. horde of children
2. milled about
3. abodes
4. shack
5. kids
6. kid, brat

elle-même le petit. Un peu de viande au pot-au-feu, le dimanche, était une fête pour tous, et le père, ce jour-là, s'attardait au repas en répétant : « Je m'y ferais
25 bien tous les jours. »

Par un après-midi du mois d'août, une légère voiture s'arrêta brusquement devant les deux chaumières, et une jeune femme, qui conduisait elle-même, dit au monsieur assis à côté d'elle :

—Oh ! regarde, Henri, ce tas d'enfants ! Sont-ils jolis, comme ça, à grouiller
30 dans la poussière.

L'homme ne répondit rien, accoutumé à ces admirations qui étaient une douleur et presque un reproche pour lui.

La jeune femme reprit :

—Il faut que je les embrasse ! Oh ! comme je voudrais en avoir un, celui-là,
35 le tout petit.

Et, sautant de la voiture, elle courut aux enfants, prit un des deux derniers, celui des Tuvache, et, l'enlevant dans ses bras, elle le baisa passionnément sur ses joues sales, sur ses cheveux blonds frisés et pommadés de terre, sur ses menottes qu'il agitait pour se débarrasser des caresses ennuyeuses.

40 Puis elle remonta dans sa voiture et partit au grand trot. Mais elle revint la semaine suivante, s'assit elle-même par terre, prit le moutard dans ses bras, le bourra de gâteaux, donna des bonbons à tous les autres ; et joua avec eux comme une gamine, tandis que son mari attendait patiemment dans sa frêle voiture.

45 Elle revint encore, fit connaissance avec les parents, reparut tous les jours, les poches pleines de friandises et de sous.

Elle s'appelait Mme Henri d'Hubières.

Un matin, en arrivant, son mari descendit avec elle ; et, sans s'arrêter aux mioches, qui la connaissaient bien maintenant, elle pénétra dans la demeure
50 des paysans.

Ils étaient là, en train de fendre du bois pour la soupe ; ils se redressèrent tout surpris, donnèrent des chaises et attendirent. Alors la jeune femme, d'une voix entrecoupée, tremblante commença :

—Mes braves gens, je viens vous trouver parce que je voudrais bien… je
55 voudrais bien emmener avec moi votre… votre petit garçon…

Les campagnards, stupéfaits et sans idée, ne répondirent pas.

Elle reprit haleine et continua.

—Nous n'avons pas d'enfants ; nous sommes seuls, mon mari et moi… Nous le garderions… voulez-vous ?

60 La paysanne commençait à comprendre. Elle demanda :

—Vous voulez nous prend'e Charlot ? Ah ben non, pour sûr.

Alors M. d'Hubières intervint :

—Ma femme s'est mal expliquée. Nous voulons l'adopter, mais il reviendra vous voir. S'il tourne bien, comme tout porte à le croire, il sera notre héritier. Si nous avions, par hasard, des enfants, il partagerait également avec eux. Mais s'il ne répondait pas à nos soins, nous lui donnerions, à sa majorité, une somme de vingt mille francs, qui sera immédiatement déposée en son nom chez un notaire. Et, comme on a aussi pensé à vous, on vous servira jusqu'à votre mort, une rente de cent francs par mois. Avez-vous bien compris ?

La fermière s'était levée, toute furieuse.

—Vous voulez que j'vous vendions Charlot ? Ah ! mais non ; c'est pas des choses qu'on d'mande à une mère çà ! Ah ! mais non ! Ce serait abomination.

L'homme ne disait rien, grave et réfléchi ; mais il approuvait sa femme d'un mouvement continu de la tête.

Mme d'Hubières, éperdue, se mit à pleurer, et, se tournant vers son mari, avec une voix pleine de sanglots, une voix d'enfant dont tous les désirs ordinaires sont satisfaits, elle balbutia :

—Ils ne veulent pas, Henri, ils ne veulent pas !

Alors ils firent une dernière tentative.

—Mais, mes amis, songez à l'avenir de votre enfant, à son bonheur, à...

La paysanne, exaspérée, lui coupa la parole :

—C'est tout vu, c'est tout entendu, c'est tout réfléchi... Allez-vous-en, et pi, que j'vous revoie point par ici. C'est i permis d'vouloir prendre un éfant comme ça !

Alors Mme d'Hubières, en sortant, s'avisa qu'ils étaient deux tout petits, et elle demanda à travers ses larmes, avec une ténacité de femme volontaire et gâtée, qui ne veut jamais attendre :

—Mais l'autre petit n'est pas à vous ?

Le père Tuvache répondit :

—Non, c'est aux voisins ; vous pouvez y aller si vous voulez.

Et il rentra dans sa maison, où retentissait la voix indignée de sa femme.

Les Vallin étaient à table, en train de manger avec lenteur des tranches de pain qu'ils frottaient parcimonieusement avec un peu de beurre piqué au couteau, dans une assiette entre eux deux.

M. d'Hubières recommença ses propositions, mais avec plus d'insinuations, de précautions oratoires, d'astuce.[7]

Les deux ruraux hochaient la tête en signe de refus ; mais quand ils apprirent qu'ils auraient cent francs par mois, ils se considèrent, se consultant de l'œil, très ébranlés.[8]

7. astutely
8. weakened

100   Ils gardèrent longtemps le silence, torturés, hésitants. La femme enfin demanda :

     —Qué qu't'en dis, l'homme ? Il prononça d'un ton sentencieux :

     —J'dis qu'c'est point méprisable.

     Alors Mme d'Hubières, qui tremblait d'angoisse, leur parla de l'avenir du 105 petit, de son bonheur, et de tout l'argent qu'il pourrait leur donner plus tard.

     Le paysan demanda :

     —C'te rente de douze cents francs, ce s'ra promis d'vant l'notaire ?

     M. d'Hubières répondit :

     —Mais certainement, dès demain.

110   La fermière, qui méditait, reprit :

     —Cent francs par mois, c'est point suffisant pour nous priver du p'tit ; ça travaillera dans quéqu'z'ans ct'éfant ; i nous faut cent vingt francs.

     Mme d'Hubières trépignant[9] d'impatience, les accorda tout de suite ; et, comme elle voulait enlever l'enfant, elle donna cent francs en cadeau pendant 115 que son mari faisait un écrit. Le maire et un voisin, appelé aussitôt, servirent de témoins complaisants.

     Et la jeune femme, radieuse, emporta le marmot hurlant, comme on emporte un bibelot désiré d'un magasin.

     Les Tuvache sur leur porte, le regardaient partir muets, sévères, regrettant 120 peut-être leur refus.

     On n'entendit plus du tout parler du petit Jean Vallin. Les parents, chaque mois, allaient toucher leurs cent vingt francs chez le notaire ; et ils étaient fâchés avec leurs voisins parce que la mère Tuvache les agonisait d'ignominies,[10] répétant sans cesse de porte en porte qu'il fallait être dénaturé pour vendre son 125 enfant, que c'était une horreur, une saleté, une corromperie.

     Et parfois elle prenait en ses bras son Charlot avec ostentation, lui criant, comme s'il eût compris :

     —J't'ai pas vendu, mé, j't'ai pas vendu, mon p'tiot. J'vends pas m's éfants, mé. J'sieus pas riche, mais vends pas m's éfants.

130   Et, pendant des années et encore des années, ce fut ainsi chaque jour des allusions grossières qui étaient vociférées devant la porte, de façon à entrer dans la maison voisine. La mère Tuvache avait fini par se croire supérieure à toute la contrée parce qu'elle n'avait pas vendu Charlot. Et ceux qui parlaient d'elle disaient :

135   —J'sais ben que c'était engageant, c'est égal, elle s'a conduite comme une bonne mère.

---

9. stamping her foot
10. dying of disgrace

On la citait ; et Charlot, qui prenait dix-huit ans, élevé dans cette idée qu'on lui répétait sans répit, se jugeait lui-même supérieur à ses camarades, parce qu'on ne l'avait pas vendu.

Les Vallin vivotaient[11] à leur aise, grâce à la pension. La fureur[12] inapaisable[13]   140 des Tuvache, restés misérables, venait de là.

Leur fils aîné partit au service. Le second mourut ; Charlot resta seul à peiner avec le vieux père pour nourrir la mère et deux autres sœurs cadettes qu'il avait.

Il prenait vingt et un ans, quand, un matin, une brillante voiture s'arrêta   145 devant les deux chaumières. Un jeune monsieur, avec une chaîne de montre en or, descendit, donnant la main à une vieille dame en cheveux blancs. La vieille dame lui dit :

—C'est là, mon enfant, à la seconde maison.

Et il entra comme chez lui dans la masure des Vallin.   150

La vieille mère lavait ses tabliers ; le père, infirme, sommeillait près de l'âtre.[14] Tous deux levèrent la tête, et le jeune homme dit :

—Bonjour, papa ; bonjour maman.

Ils se dressèrent, effarés. La paysanne laissa tomber d'émoi son savon dans son eau et balbutia :   155

—C'est-i té, m'n éfant ? C'est-i té, m'n éfant ?

Il la prit dans ses bras et l'embrassa, en répétant : « Bonjour, maman. » Tandis que le vieux, tout tremblant, disait, de son ton calme qu'il ne perdait jamais : « Te v'là-t'i revenu, Jean ? » Comme s'il l'avait vu un mois auparavant.

Et, quand ils se furent reconnus, les parents voulurent tout de suite sortir le   160 fieu dans le pays pour le montrer. On le conduisit chez le maire, chez l'adjoint, chez le curé, chez l'instituteur.

Charlot, debout sur le seuil de sa chaumière, le regardait passer.

Le soir, au souper il dit aux vieux :

—Faut-i qu'vous ayez été sots pour laisser prendre le p'tit aux Vallin !   165

Sa mère répondit obstinément :

—J'voulions point vendre not' éfant !

Le père ne disait rien.

Le fils reprit :

—C'est-i pas malheureux d'être sacrifié comme ça !   170

Alors le père Tuvache articula d'un ton coléreux :

—Vas-tu pas nous r'procher d' t'avoir gardé ?

---

11. got by
12. anger
13. unquenchable
14. hearth

Et le jeune homme, brutalement :

—Oui, j'vous le r'proche, que vous n'êtes que des niants.[15] Des parents
175 comme vous, ça fait l'malheur des éfants. Qu'vous mériteriez que j'vous quitte.

La bonne femme pleurait dans son assiette. Elle gémit tout en avalant des
cuillerées de soupe dont elle répandait la moitié :

—Tuez-vous donc pour élever d's éfants !

Alors le gars, rudement :

180 —J'aimerais mieux n'être point né que d'être c'que j'suis. Quand j'ai vu
l'autre, tantôt, mon sang n'a fait qu'un tour. Je m'suis dit : « V'là c'que j'serais
maintenant ! »

Il se leva.

—Tenez, j'sens bien que je ferai mieux de n'pas rester ici, parce que j'vous le
185 reprocherais du matin au soir, et que j'vous ferais une vie d'misère. Ça, voyez-
vous, j'vous l'pardonnerai jamais !

Les deux vieux se taisaient, atterrés, larmoyants.[16]

Il reprit :

—Non, c't' idée-là, ce serait trop dur. J'aime mieux m'en aller chercher ma vie
190 aut'part !

Il ouvrit la porte. Un bruit de voix entra. Les Vallin festoyaient[17] avec l'enfant
revenu.

Alors Charlot tapa du pied et, se tournant vers ses parents, cria :

—Manants[18], va !

195 Et il disparut dans la nuit.

15. nothings
16. weepy
17. feasted
18. Hicks!

Après la lecture

Vérifiez votre compréhension

1. Décrivez la région où habitent ces deux familles.
2. Qu'est-ce qu'on mangeait d'ordinaire chez eux ?
3. En quoi le repas du dimanche était-il différent ?
4. Qu'est-ce qui est arrivé par un après-midi du mois d'août ?
5. Que voulait la femme ?
6. Quelle a été la première réaction des parents ?
7. Quelle a été la réaction de Mme d'Hubières quand les Tuvache lui ont répondu ?
8. Comment M. d'Hubières change-t-il sa présentation quand il parle aux Vallin ?
9. Qu'est-ce qui mollit et fait céder les Vallin ?
10. À quoi peut faire penser le départ des Hubières avec le petit ?
11. Que pensaient les villageois des Vallin ?
12. Quelle est l'attitude Charlot vis à vis des autres enfants à cause des propos de sa mère ?
13. Quand est-ce que Jean est rentré chez lui ?
14. Quel est le sujet de la discussion de Charlot avec ses parents ce soir-là ?
15. Qu'est-ce qui se passe à la fin du conte ?

En y réfléchissant

1. Quelle est l'opinion de l'auteur dans ce conte ?
2. Qu'est-ce qui justifie pour les Vallin la vente de leur fils ?
3. Quand Mme Tuvache dit, « J'vends pas m's éfants, mé. J'sieus pas riche, mais vends pas m's éfants », ne trouvez-vous pas qu'elle est un peu trop dramatique ? Qu'est-ce qu'elle gagne à se positionner ainsi ?
4. Croyez-vous que Mme Vallin soit blessée par Mme Tuvache ?
5. Y a-t-il quelque chose dans le conte qui vous conduise à penser que ce sera Mme Tuvache qui perdra tout à la fin ?

Perspectives culturelles

On mentionne souvent « le notaire. » Le métier de notaire date du Moyen Âge. C'est un officier public en France. Il a plusieurs pouvoirs dont celui de faire saisir un débiteur, conclure un contrat de mariage, préparer des contrats sous une forme authentique, faire procéder à une vente immobilière, inscrire des testaments, et procéder à des actes touchant à la vie de la famille. C'est un juriste investi de l'autorité publique. Vous pouvez vous informer sur les nombreuses activités et obligations d'un notaire aujourd'hui sur le site : www.notaires.fr.

1. Pour aller plus loin, comparez le travail d'un notaire avec celui d'un avocat. Ou bien, recherchez les associations de notaires dans le monde. Notez que les notaires existent presque partout en Europe, sauf dans les pays anglo-saxons et scandinaves.

2. Vous pouvez également chercher pour voir si la fonction de « notary public » américain ou canadien correspond à celle de notaire.

Pour améliorer votre vocabulaire

1. **Synonymes :** Trouvez un synonyme pour chaque mot ou chaque expression de la liste. Vous trouverez ces mots dans le texte.

   a. la chaumière (l. 1) **f.** songer (l. 80)
   b. le mioche (l. 17) **g.** méditer (l. 110)
   c. fendre (l. 51) **h.** la contrée (l. 133)
   d. l'haleine (l. 57) **i.** coléreux (l. 171)
   e. le sanglot (l. 76) **j.** festoyer (l. 191)

2. **Antonymes :** Trouvez un antonyme pour chaque mot ou chaque expression de la liste. Vous trouverez ces mots dans le texte.

   a. aîné (l. 4) **e.** le refus (l. 97)
   b. la naissance (l. 6) **f.** la saleté (l. 125)
   c. frisé (l. 38) **g.** inapaisable (l. 140)
   d. furieux (l. 70) **h.** auparavant (l. 159)

3. **Définitions :** Associez les mots de la première colonne avec les définitions possibles de la seconde. Vérifiez le contexte dans lequel se trouvent ces mots.

   1. distinguer (l. 8) **a.** avec difficulté
   2. péniblement (l. 15) **b.** un morceau
   3. tandis que (l. 43) **c.** quelqu'un qui habite dans un lieu rural
   4. le campagnard (l. 56) **d.** un essai
   5. une rente (l. 69) **e.** pendant que
   6. la tentative (l. 79) **f.** après que
   7. la tranche (l. 92) **g.** quelqu'un qui voit quelque chose et peut le raconter
   8. le témoin (l. 116) **h.** voir la différence entre deux objets
   i. là où mange un animal, surtout un cochon
   j. une somme régulièrement payée

Allons au-delà

Pour communiquer

A Écouter

Dans cette sélection de Radio-France Internationale, il s'agit des effets de l'islam dans le monde occidental et des réformes engagées par cette religion. Écoutez l'extrait audio et répondez aux questions suivantes.

1. Selon la speakerine, quel effet a l'islam sur le monde occidental ?

2. Qu'est-ce que *Islam, l'avenir de la tradition entre révolution et occidentalisation* ?

3. Selon le professeur, quelle est la position de l'islam vis-à-vis du réformisme ?

4. De quoi l'islam est-il une réforme ?

5. Que causent au passé ceux qui vivent dans ce passé ?

B Débat : Pourquoi est-ce que les Français célèbrent les fêtes catholiques ?

Travaillez en groupes de quatre ou cinq élèves. Le chef du groupe en sera l'animateur, les autres élèves se répartiront pour défendre les arguments pour ou contre :

1. L'animateur posera des questions auxquelles chaque représentant répondra. Commencez avec les questions suivantes, puis chaque groupe formulera des questions pour continuer le débat.

   a. Est-il juste que la France célèbre comme congés des fêtes catholiques telles que le lundi de Pâques, l'Ascension, la Pentecôte, l'Assomption, la Toussaint, Noël ?

   b. Est-ce que la célébration de ces fêtes est démodée ?

   c. Pourrait-on également célébrer le Rosh Hashana ? le Yom Kippour ?

   d. Devrait-on aussi célébrer des fêtes musulmanes comme Eid al-Fitr, Eid al-Adha ?

   e. Y a-t-il d'autres fêtes religieuses qu'on pourrait ajouter à cette liste ? Lesquelles ?

2. Organisez votre débat, puis présentez-le à la classe.

3. N'oubliez pas de préparez deux ou trois questions que vous poserez à la classe.

C La chronologie : Les religions non-catholiques en France

Décrivez quelques aspects de l'histoire des religions non-catholiques en France : le protestantisme, le judaïsme, i'islam.

Travaillez en groupes de trois ou quatre élèves. Prenez une grande feuille de papier et organisez-la sur la ligne du temps. Préparez une chronologie des religions depuis le Moyen Âge et indiquez les événements marquants les concernant : mentionnez le massacre de la Saint Barthélemy, les Camisards, l'égalité de droits accordée aux Juifs par Napoléon, l'Affaire Dreyfus, les émeutes de 2005 dans les banlieues.

1. Quels sont les événements et les idées qui ont illustré non seulement la pratique des différentes religions en France, mais aussi les difficultés qu'elles ont eues pour s'exprimer ?

2. Y a-t-il des événements historiques importants concernant ces religions pendant ces périodes ? Quelles sont-ils ?

3. Vous pouvez également rechercher le nombre de personnes qui ont pratiqué ces religions jusqu'à nos jours. Si les chiffres ne sont pas lisibles, transformez-les en pourcentages (sous forme de tableaux « camemberts »).

4. Affichez votre chronologie dans la salle de classe.

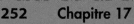

D Un sondage : La politesse

Travaillez en petits groupes.

1. Chacun d'entre vous choisira une question.

2. Posez la question aux autres membres de la classe (en français) ainsi qu'à vos amis et parents.

3. D'après les informations que vous obtiendrez, trouvez les moyens de les visualiser. Ajoutez sur votre poster une illustration, la légende de votre tableau ainsi qu'une conclusion sur ce que ce sondage vous a appris.

4. Présentez vos posters à la classe et affichez-les là où votre professeur vous le dira.

Sondages possibles :

> Où est-ce que les enfants apprennent les bonnes manières ?

> Pourquoi est-ce que les bonnes manières sont importantes ?

> Est-ce que les différentes cultures ont des systèmes de bonnes manières différentes ?

> Est-ce que les personnes d'âges différents ont des manières divergentes ?

> En quoi classe sociale et bonnes manières sont-elles liées ?

> Doit-on enseigner les bonnes manières dans les écoles ?

> Qu'est-ce qu'on met sous la rubrique « manières » ?

> Est-ce que les bonnes manières sont toujours d'actualité aujourd'hui ?

> Quand avez-vous rencontré pour la dernière fois quelqu'un qui avait de très bonnes manières ?

> Quand avez-vous rencontré pour la dernière fois quelqu'un qui avait de très mauvaises manières ?

E Discussion et schéma : D'accord ou pas d'accord

Discutez de ces phrases en groupe de trois élèves. Prenez une grande feuille de papier pour en faire une affiche.

1. Dans votre groupe, discutez de ces phrases. Puis, votez.

   a. Mme d'Hubières a raison d'aller dans la campagne faire du shopping pour un enfant.

   b. M. et Mme d'Hubières sont capables d'être de bons parents.

   c. Mme Vallin aurait mieux fait d'arranger une adoption du fils plutôt qu'une vente.

   d. On doit permettre l'adoption par tout parent qui cherche à avoir un enfant.

   e. M. et Mme d'Hubières ont le droit d'avoir un enfant par n'importe quel moyen.

   f. Mme Vallin a raison de vendre son fils.

   g. Mme Tuvache est une meilleure mère parce qu'elle n'a pas vendu son fils.

   h. On doit permettre la vente de bébés par les parents qui le souhaitent.

   i. Jean a une meilleure vie parce que la famille d'Hubières est riche.

   j. Charlot a une meilleure vie parce que sa famille l'entoure avec amour.

2. Sur les deux colonnes d'un schéma en « T » mettez les phrases pour lesquelles vous avez voté oui et non.

3. Présentez vos réponses à la classe et défendez vos choix par rapport aux autres élèves du groupe.

F Jeu de rôle : Deux familles

Dans une de ces émissions de télévision populaire les deux femmes proclament en public leur droit à diriger leurs propres affaires. L'animateur essaie de contrôler la situation qui naît des rapports entre ces personnes et la salle, tout en posant des questions qui fâchent. Les questions continuent.

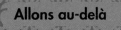

Question de départ : Étudiez les rapports entre les deux familles au début et à la fin. Ont-ils changé ?

1. Pour votre émission, travaillez en groupes de cinq élèves : l'animateur, Mme Tuvache et son fils Charlot, Mme Vallin et son fils Jean.

2. Préparez en premier lieu les questions que l'animateur va poser aux joueurs.

3. Préparez aussi les réponses.

4. Organisez la suite de votre « émission ».

5. Expliquez à vos spectateurs leur rôle comme auditoire « actif ».

6. Faites votre présentation !

ⓖ À vos stylos ! Déclaration de prise de position *[Position paper]* sur les droits de l'enfant

« Les enfants ne doivent pas être séparés de leurs parents sauf en vertu d'une décision prise par les autorités compétentes dans l'intérêt des enfants. » Cela est un des articles sur les « droits de l'enfant » proposé par la Convention Internationale des Droits de l'Enfant de l'Assemblée Générale des Nations Unies.

1. Commentez ce « droit » inhérent aux enfants ou bien choisissez un autre droit du site de la convention à www.droitsenfant.com/resume. htm pour le commenter.

2. Écrivez un essai en cinq paragraphes (introduction, trois points, conclusion) pour donner votre point de vue pour ou contre.

ⓗ Comparer

Discutez de la religion et de la pratique religieuse. Tirez des conclusions de la comparaison entre sexes, âges, ou autres catégories démographiques ou sociales.

Comparez les pourcentages sur le camembert ci-dessous et comparez-les avec ce que vous vous attendiez à propos des religions en France.

L'appartenance à une religion ne se confond pas avec la pratique religieuse

En %

	Pratique religieuse régulière	Pratique religieuse occasionnelle	Pas de pratique, mais le sentiment d'appartenir à une religion	Ni pratique ni sentiment d'appartenance	Total
Sexe					
Hommes	10,7	21,8	37,2	30,3	100,0
Femmes	19,6	25,5	33,6	21,3	100,0
Tranche d'âge					
15 à 24 ans	7,6	20,2	32,3	39,9	100,0
25 à 39 ans	8,1	21,8	35,2	34,9	100,0
40 à 59 ans	13,9	27,0	37,2	21,9	100,0
60 ans ou plus	27,5	24,3	34,7	13,5	100,0
Résidence					
Rural	18,2	29,3	31,9	20,7	100,0
Urbain	14,7	22,1	36,3	26,9	100,0
Catégorie socioprofessionnelle					
Agriculteurs exploitants	23,8	36,3	30,2	9,7	100,0
Artisans, commerçants, chefs d'entreprises	11,2	25,8	37,0	26,0	100,0
Cadres et professions intellectuelles supérieures	12,2	21,2	32,8	33,8	100,0
Professions intermédiaires	12,8	22,5	32,7	32,0	100,0
Employés	10,5	24,9	39,6	25,1	100,0
Ouvriers	10,0	23,1	36,0	31,0	100,0
Ensemble des actifs	*11,5*	*23,8*	*35,9*	*28,9*	*100,0*
Retraités	25,3	24,0	35,9	14,8	100,0
Autres personnes sans activité professionnelle	15,7	23,8	30,8	29,7	100,0
Nationalité					
Français	14,8	23,7	35,5	26,0	100,0
Etranger	31,0	26,5	29,8	12,8	100,0
Ensemble	**15,6**	**23,8**	**35,2**	**25,4**	**100,0**

Lecture : 10,7 % des hommes ont une pratique religieuse régulière.
Champ : Personnes de plus de 14 ans ayant accepté de répondre, soit 98,2 % des personnes interrogées, France métropolitaine.
Source : Enquête permanente sur les conditions de vie (EPCV), octobre 1996, Insee

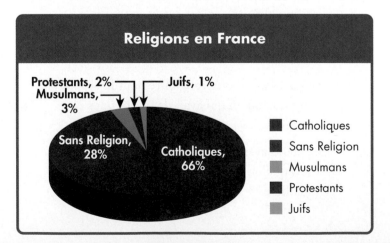

Religions en France

Protestants, 2%
Musulmans, 3%
Juifs, 1%
Sans Religion, 28%
Catholiques, 66%

- Catholiques
- Sans Religion
- Musulmans
- Protestants
- Juifs

La quête de soi : Les croyances et les systèmes de valeur

Dans cette sélection, il s'agit d'un jeune franco-algérien et de son talisman musulman. Au début, il parle de son frère et il fait des comparaisons.

Béni ou le paradis privé

Azouz Bégag

Quand même, le Bon Dieu n'était pas pour rien dans la différence entre sa bêtise et mon intelligence. Dans ma tête il avait pu faire le plein, et dans la sienne, il en avait mis pour dix francs,
5   parce que le réservoir était sans doute trop petit. Mes parents savaient. Surtout ma mère qui a enfoui dans mon oreiller, sous mon matelas, dans la doublure de ma veste, dans mon cartable d'école, dans le col de mes chemises, de minuscules sachets
10 de tissu scellés par une cordelette, protégeant un morceau de papier, presque banal. Sur ce coin de page de cahier, une main experte a écrit à l'encre noire des choses en arabe, paroles de pureté prononcées par Mohamed il y a déjà plusieurs siècles.
15   Je savais que le marabout de Villeurbanne, Si Ammar, était à l'origine de ces affaires de bonnes femmes arabes qui voulaient demander à Dieu de veiller sur leurs enfants, de pourvoir à leur richesse matérielle ou à leur vie sentimentale.
20 Ma mère m'avait bien averti de ne jamais ouvrir le message de Dieu, sous peine… Mais ça me démangeait trop. Avec une terrible angoisse de voir un démon au rire caverneux surgir en face de moi, un jour j'ai éventré le sachet de protection,
25 les mains tremblantes, puis j'ai déplié le minuscule papier. Rien ne s'est passé. L'écriture était intacte, la parole d'Allah conservée sous le poids de l'encre noire qui avait malgré tout un peu dégouliné.

C'était écrit en arabe, et il n'y avait pas de traduction en français pour les gens comme moi. Je n'ai   30 donc pas pu savoir exactement ce dont on voulait me protéger. Mais je croyais pas tellement à ces histoires.
    La preuve ! Quelques jours après ce sacrilège, j'ai gagné le BEPC sans la moindre ambiguïté. En   35 oral de français, je suis tombé sur un texte d'Émile Zola : *Germinal*. Une examinatrice, anormalement belle pour une prof, m'a demandé de lire le texte pour commencer. J'ai lu en déballant toute ma verve, en faisant le comédien sur scène. Et dès   40 que j'ai vu dans ses yeux qu'elle aimait ma façon de dire les choses, j'ai mis tout le paquet et j'en rajoutais encore plus. Éberluée, admirative, choquée, elle était. Quinze sur vingt, Ben Abdallah… Béni.   45
    Quand je me suis levé pour partir, elle m'a demandé en souriant :
    —De quelle origine vous êtes ?
    —Humaine, j'ai dit pour plaisanter.
    —Non, allez, sérieusement, elle a demandé en   50 égal à moi.
    —Algérien.
    —Pour un étranger, vous maîtrisez plutôt bien le français. Félicitations.
    —Je suis né à Lyon, j'ai corrigé.   55
    —Félicitations quand même.

Questions de compréhension

1. À quoi Béni compare-t-il son cerveau et celui de son frère ?

   a. Aux réservoirs d'eau.
   b. Aux réservoirs d'essence.
   c. À son matelas.
   d. À son oreiller.

2. Qu'est-ce que ses « parents savaient » ?

   a. Que le réservoir de son frère était trop petit.
   b. Que Béni était plus croyant que son frère.
   c. Que Béni portait des fétiches.
   d. Que le frère n'était pas aussi intelligent que Béni.

3. Où Béni trouve-t-il des petits sachets de tissu ?

   a. Dans le réservoir.
   b. Presque partout.
   c. Sous son lit.
   d. Avec son frère.

4. Qu'est-ce qui décrit le mieux le talisman que portait Béni ?

   a. C'est un bout de papier enveloppé dans un petit sac.
   b. Il y a un groupe de femmes arabes qui les confectionnent.
   c. C'est écrit par un marabout.
   d. C'est fait à la main.

5. Que fait ce marabout de particulier ?

   a. Il répond aux besoins des mères qui veulent protéger leurs enfants.
   b. Il organise les affaires des femmes.
   c. Il écrit à la main des versets du Coran sur du papier.
   d. Il protège les petits morceaux de papier qui ont trait au Coran.

6. Quels sont les sentiments du narrateur quand il décide enfin d'ouvrir le petit bout de papier ?

   a. Il est fier de le faire, parce que son frère ne le saura pas.
   b. Il est soulagé de connaître enfin le message.
   c. Il a peur que le diable en sorte.
   d. Cela lui est indifférent.

7. Quel mot pourrait-on substituer à « dégouliné » ? (l. 28)

   a. Griffonné.
   b. Coulé.
   c. Perdu de l'importance.
   d. Taché.

8. Pourquoi Béni n'a-t-il pas compris le message d'Allah ?

   a. Il ne comprend pas l'arabe.
   b. Le message est trop flou.
   c. L'écriture n'est pas assez nette.
   d. Le français est trop compliqué pour le jeune Béni.

9. À quoi renvoie le « sacrilège » dont parle le narrateur ?

   a. À quelque chose qui s'est passé auparavant.
   b. À la révélation du porte-bonheur.
   c. Au fait qu'il ne lisait pas l'arabe.
   d. À son examen du BEPC.

10. Comment Béni a-t-il impressionné l'examinatrice ?

    a. Il a lu un texte de Zola à haute voix.
    b. Lui et ses amis ont mis en scène un épisode de *Germinal*.
    c. Il est devenu comédien.
    d. Il a obtenu quinze sur vingt.

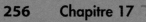

11. Pourquoi l'examinatrice est-elle surprise que le narrateur connaisse si bien la langue française ?

   a. Parce qu'elle croit qu'il est étranger.
   b. Parce qu'il connaît Zola.
   c. Parce qu'il est algérien.
   d. Parce qu'elle ne connaît pas son origine.

Revenez sur ces questions

Après avoir considéré les lectures et les discussions de ce chapitre, reprenez-en la discussion.

- En quoi la société dans laquelle on grandit influence-t-elle la moralité personnelle ?

- Quels genres d'événements peuvent mettre à l'épreuve ou modifier un système de valeurs personnel ?

- Quelles questions de moralité se posent aux parents et influencent l'identité des enfants ?

Je parle français, moi !

Les questions du chapitre

- Comment la langue exprime-t-elle et influence-t-elle l'identité ?

- Pourquoi la langue est-elle souvent une source de conflits ? De quels genres de conflits s'agit-il ?

- Comment la langue reflète-t-elle la culture ?

Contexte : La langue et l'identité

PREMIÈRE LECTURE Jean Arceneaux : *Schizophrénie linguistique*

Déchiffrons l'image

1. Qu'est-ce que c'est le CODOFIL ? Quel est, d'après vous, le but d'une telle organisation ?

2. Connaissez-vous d'autres organisations de ce genre ?

3. Quelles sont les couleurs de cette cocarde ? Que vous rappellent-elles ?

4. Quel symbole rappelle la France d'autrefois ? Quelle est l'histoire de ce symbole ?

« Comment la langue exprime-t-elle et influence-t-elle l'identité ? »

Schizophrénie linguistique

Avant la lecture

Stratégies pour la lecture : *Le langage figuré*

Il y a plusieurs tropes qu'emploient les écrivains pour rendre leurs textes plus attrayants : ce sont, eux aussi, des artisans. Ces tropes sont des figures de style qui enrichissent l'écriture. Parmi les figures de style, on trouve également :

- **l'anaphore** (*f*) : la répétition d'un même mot ou d'un même groupe de mots en début de phrase.

- **l'hyperbole** (*f*) : l'exagération grâce à un mot ou une phrase. *J'ai des millions d'amis qui me soutiennent.*

- **la litote** : le déguisement d'une idée sous un mot neutre ou par la négation du contraire. *Dis, il n'est pas stupide, lui. Il le comprendra.*

Dans les lignes tirées du poème que vous allez lire, identifiez le langage figuré :

1. *Ça gêne pas.*
2. *Après <u>mille fois</u>…*
3. *Faut dépasser ça.*

   Faut parler anglais.

   Faut regarder la télévision en anglais.

   Faut écouter la radio en anglais.
4. *Et ni <u>anywhere else</u> non plus.*

Pour connaître l'auteur

Jean Arceneaux

Barry Jean Ancelet, connu sous le nom de Jean Arceneaux, est né en Louisiane. Il est diplômé de français de l'Université de Louisiane à Lafayette, et en 1977, il en devient membre en qualité de professeur de folklore et d'études francophones. Sous le pseudonyme de Jean Arceneaux, il écrit sur la culture Cadienne. Il a été nommé chevalier dans l'Ordre des Palmes académiques et dans l'Ordre des Arts et des Lettres pour sa contribution à la culture française. Il est aussi membre de l'Ordre des Francophones d'Amérique. Il a travaillé sur « Linguistic Diversity in the U.S. » pour la *Modern Language Association* des États-Unis.

Réponses :
1. litote ; 2. hyperbole ; 3. anaphore ; 4. hyperbole.

La quête de soi : La langue et l'identité

Dans ce poème, il s'agit de la dichotomie entre les langues française et anglaise en Louisiane et l'effet de cette dichotomie linguistique sur le jeune narrateur.

Schizophrénie linguistique (extrait)

Jean Arceneaux

Pendant la lecture

Remarquez l'échange constant entre l'anglais et le français dans *Schizophrénie linguistique*.

I will not speak French on the school grounds.
I will not speak French on the school grounds.
I will not speak French…
I will not speak French…
I will not speak French…   5
Hé ! Ils sont pas bêtes, …
Après mille fois, ça commence à pénétrer
Dans n'importe quel esprit.
Ça fait mal ; ça fait honte ;
Puis là, ça fait plus mal.   10
Ça devient automatique.
Et on ne speak pas French on the school grounds
Et ni anywhere else non plus.
Jamais avec des étrangers.
On sait jamais qui a l'autorité   15
De faire écrire ses sacrées lignes
À n'importe quel âge.
Surtout pas avec les enfants.
Faut jamais que eux, ils passent leur temps de recess
À écrire ces sacrées lignes.   20
Faut pas qu'ils aient besoin d'écrire ça
Parce qu'il faut pas qu'ils parlent français du tout.
Ça laisse voir qu'on est rien que des Cadiens.
Don't mind us, we're just poor coonasses[1].
Basse classe, faut cacher ça.   25
Faut dépasser ça.
Faut parler anglais.

---

1. pejorative reference

Faut regarder la télévision en anglais.
Faut écouter la radio en anglais.
30 Comme de bons Américains.
Why not just go ahead and learn English.
Don't fight it. It's much easier anyway.
No bilingual bills, no bilingual publicity.
No danger of internal frontiers.
35 Enseignez l'anglais aux enfants.
Rendez-les tout le long,
Tout le long jusqu'aux discos,
Jusqu'au Million Dollar Man.
On a pas réellement besoin de parler français quand même.
40 C'est les États-Unis ici,
Land of the free.
On restera toujours rien que des poor coonasses.
Coonass. Non, non. Ça gêne pas.
C'est juste un petit nom.
45 Ça veut rien dire.
C'est pour s'amuser. Ça gêne pas.
On aime ça. C'est cute.
Ça nous fait pas fâchés. Ça nous fait rire.
Mais quand on doit rire, c'est en quelle langue qu'on rit ?
50 Et pour pleurer, c'est en quelle langue qu'on pleure ?
Et pour crier ?
Et chanter ?
Et aimer ?
Et vivre ?
55 Juillet 1978

Pendant la lecture

Notez les références aux idées, aux lieux et aux objets culturels particuliers à certaines cultures.

Après la lecture

Vérifiez votre compréhension

1. Pourquoi le premier vers du poème est-il répété plusieurs fois ?
2. Que signifie le vers « Et on ne speak pas French on the school grounds » ?
3. Pourquoi « Et ni anywhere else non plus » ?
4. Expliquez le vers « Basse classe, faut cacher ça ». Mais comment peut-on le cacher ?

En y réfléchissant

1. Pourquoi est-ce que « Ça fait mal ; ça fait honte » ?
2. Comment la schizophrénie linguistique commence-t-elle à se manifester » ?
3. Que révèle le vers « Ça laisse voir qu'on est rien que des Cadiens » ?
4. Quelle est l'ironie du vers « Land of the free » ?
5. Comment l'attitude de l'auteur s'exprime-t-elle dans ce poème ?
6. Que veut dire « No danger of internal frontiers » ?
7. Montrez comment l'Américain et la langue anglaise sont vues comme paternalistes.

Comparaisons culturelles

Ce poème se moque de l'obligation faite aux francophones de Louisiane de parler anglais et des méthodes dont ils ont été les victimes. Vous retrouverez ici sans doute quelques références à des procédés que vous connaissez. Il faut montrer la supériorité de la langue anglaise.

Peut-on faire une comparaison avec les immigrés et la langue française en France aujourd'hui ? De quelle manière ?

Pour améliorer votre vocabulaire

1. **Synonymes :** Trouvez un synonyme pour chaque mot ou chaque expression de la liste. Vous trouverez ces mots dans le texte.

   a. bête (l. 6)
   b. pénétrer (l. 7)
   c. n'importe quel (l. 8)
   d. l'esprit (l. 8)
   e. l'autorité (l. 15)
   f. bas, basse (l. 25)

g. cacher (l. 25)

h. réellement (l. 39)

i. gêner (l. 46)

j. fâché (l. 48)

2. **Antonymes :** Trouvez un antonyme pour chaque mot ou chaque expression de la liste. Vous trouverez ces mots dans le texte.

a. la honte (l. 9)

b. automatique (l. 11)

c. l'étranger (l. 14)

d. laisser voir (l. 23)

e. bas, basse (l. 25)

3. **Définitions :** Associez les mots de la première colonne avec les définitions possibles de la seconde. Vérifiez le contexte dans lequel se trouvent ces mots.

1. bête (l. 6)	**a.** la souveraineté
2. pénétrer (l. 7)	**b.** le camion
3. automatique (l. 11)	**c.** doubler
4. l'étranger (l. 14)	**d.** qui n'est pas indigène
5. l'autorité (l. 15)	**e.** la musique
6. sacré (l. 16)	**f.** détestable
7. laisser (l. 23)	**g.** apprendre
8. cacher (l. 25)	**h.** stupide
9. dépasser (l. 26)	**i.** permettre
10. enseigner (l. 35)	**j.** percer
	k. machinal
	l. dissimuler

« *Et on ne speak pas French on the school grounds*
Et ni anywhere else non plus. »

Allons au-delà

Pour communiquer

A Écouter

Dans cette baladodiffusion il s'agit d'un bilan de l'utilisation de la langue française en Algérie. Écoutez l'extrait audio et répondez aux questions suivantes.

1. De quoi s'agit-il dans ce podcast ?
2. Qui parle français en Algérie ?
3. La jeune génération parle-t-elle français ?
4. Quel est l'état du français en Algérie de nos jours ?
5. Dans quels domaines le français reste-t-il une langue importante ?

B Recherches : La culture dans la langue

La culture s'exprime souvent dans le choix d'un mot. En anglais, on dit « as good as gold » tandis qu'en français on préfère « bon comme le pain ». Ce qui nous permet d'apprécier ce qui « est bon ».

1. Travaillez en petits groupes de trois ou quatre.
2. Cherchez dans un dictionnaire l'expression française qui correspond à des expressions anglaises et vice versa.
3. Discutez ensuite de vos trouvailles avec votre groupe et avec la classe.
4. Enfin, essayez d'employez quelques-unes de ces expressions dans des phrases écrites.

Recherchez ces expressions en français :

as good as gold	to run like a bat out of hell
as blind as a bat	
to sleep like a log	the straw that broke the camel's back
to have a housewarming	
the big cheese	between a rock and a hard place
as quiet as a mouse	
to rain cats and dogs	to have your cake and eat it too

as white as snow	to have other fish to fry
at twilight	to cost an arm and a leg
to sell like hotcakes	every man for himself!
clean as a whistle	when pigs fly
as easy as pie	

Recherchez ces expressions en anglais et pensez à la culture qui les a produites :

à bon chat bon rat	à la Saint Glinglin
avoir un chat dans la gorge	j'ai une faim de loup
ça a coûté les yeux de la tête	c'est en forgeant qu'on devient forgeron
à l'heure du laitier	se faire poser un lapin
j'étais trempé jusqu' aux os	mettre du beurre dans les épinards
occupe-toi de tes oignons	revenons à nos moutons

C Carte, recherches et dissertation : La schizophrénie linguistique américaine ?

Y a-t-il une schizophrénie linguistique aux États-Unis ? Quelles langues parle-t-on dans la région où vous habitez ? Qui parle ces langues ? Est-ce que vous parlez une langue à la maison et une autre à l'école ou dans la rue ?

1. Formez un petit groupe et prenez une grande feuille de papier. Sur le papier, tracez une carte des États-Unis.
2. Indiquez sur la carte les lieux où on parle des langues différentes.
3. Afin de vous guider, voilà quelques langues à placer : *l'espagnol, l'italien, le portugais, l'allemand, les langues scandinaves surtout le norvégien et le suédois, le chinois, le japonais, l'hébreu, le tchèque, le polonais, le russe, le kréyol, le grec, l'arabe, le coréen, le basque, l'inuit, les langues indiennes-américaines, le néerlandais.*

4. Maintenant, avec l'aide de la carte, chacun de vous écrira une dissertation qui traitera du thème *la schizophrénie linguistique aux États-Unis.*

5. Organisez votre essai avec une introduction, trois points de discussion et une conclusion.

Ⓓ À vos stylos ! Schizophrénie linguistique : *Je fais du français dans mon lycée !*

Trop souvent aux États Unis, on élimine les programmes de français dans nos écoles. Comment les élèves peuvent-ils apporter leur soutien aux programmes ? Écrivez un poème sur *La Schizophrénie linguistique* qui incorporera deux langues, dont le français. Vous pourrez le présenter sous forme de rap.

1. Travaillez en groupes de trois élèves.

2. Proposez un plan et son développement.

3. Utilisez les deux langues. Faites référence à la culture française que vous avez apprise. Vous soulignerez l'importance d'étudier le français.

4. Donnez une copie de votre poème au professeur et présentez votre rap à la classe.

5. Peut-être aurez-vous aussi l'occasion de filmer votre présentation.

Ⓔ Présentation : Aux caméras ! La langue de chez nous

Imaginez que vous êtes metteur en scène et que quelqu'un vous a demandé de faire un vidéo-clip pour la chanson *La langue de chez nous.*

1. Formez un groupe de trois ou quatre élèves.

2. Trouvez la chanson *La langue de chez nous* en format mp3 (ou qui marche avec les logiciels que vous utilisez).

3. Découpez la chanson pour dresser une liste des photos et des images dont vous aurez besoin pour tourner le film.

4. Incorporez-les dans votre film.

5. Ajoutez la musique !

6. Montrez votre clip à la classe et à d'autres classes.

Ⓕ Comparer : Un peu de vocabulaire cadien

Lisez la liste des expressions et des mots cadiens ci-dessus et comparez-les avec le français standard. Voyez-vous comment, sous diverses influences historique ou américaine ces mots se sont développés ? Amusez-vous à écrire quelques phrases en utilisant ces mots.

cadien : français standard
accroire : *croire*
l'almanaque (f.) : *le calendrier*
asteur : *maintenant*
attendre : *entendre*
au ras de : *près de*
avenant : *gentil*
barrer : *fermer à clef*
la bête puante : *skunk*
le capot : *le manteau*
la catin : *la poupée*
le chaoui : *le raton laveur*
le char : *la voiture*
le chat tigre : *bobcat*
le déjeuner : *le petit déjeuner*
le dîner : *le déjeuner*
doucement : *lentement*
espérer : *attendre*
itou : *aussi*
se lamenter : *se plaindre*
la laveuse : *la machine à laver*
la mouche à miel : *l'abeille*
mouiller : *pleuvoir*
l'ouvrage : *le travail*
par rapport à : *à cause de*
par rapport que : *parce que*
la pistache de terre : *la cacahuète*
quoi faire : *pourquoi*
le rat de bois : *opossum*
le souper : *le dîner*
le tayau : *bloodhound*
vaillant : *gentil*
vous autres : *vous*
zirable : *dégoûtant*

THÈME DU COURS

La quête de soi : La langue et l'identité

Dans cette sélection on évoque les difficultés qui s'attachent à l'orthographe du français. Cet article a été publié dans le magazine hebdomadaire *L'Express* en 2005.

Faut-il simplifier l'orthographe ?

Les piètres résultats des élèves en dictée relancent la querelle séculaire entre ceux qui veulent rapprocher l'écrit de l'oral et les puristes qui brandissent l'argument de la sauvegarde du français. Même
5 *les modestes rectifications adoptées par l'Académie française en 1990 sont restées lettre morte. Et l'enseignement n'évolue pas plus.*

Selon l'enquête menée par ces professeurs à la rentrée 2004, un élève de seconde sur trois est incapable
10 d'écrire sans faire moins de deux fautes par ligne. Et 56% d'entre eux auraient écopé d'un zéro pointé à la dictée du brevet de 1988. A la fac, ce n'est pas mieux. Exemple, cette copie d'un étudiant de première année de lettres classiques à Toulouse : « Le Dieu
15 Arès est née des amours conflictuel d'Héra et de Zeus, dans un climat parentale tendue. Arès, qui représente la guerre cruel et istérique serra blaissé à l'épaule ! »

Pauvres élèves : à leur décharge, il faut bien
20 reconnaître que la langue française est un pur bonheur pour les amateurs de chausse-trapes, de singularités, d'anomalies et autres adeptes de la dictée de Bernard Pivot. Quant aux collectionneurs de fossiles sémantiques, ils se régalent.
25 « L'histoire et l'étymologie se dessinent derrière notre langue », explique le linguiste Alain Bentolila. Une étude publiée en 2003 par le British Journal of Psychology a testé le niveau de connaissance orthographique des enfants de cours
30 préparatoire dans plusieurs pays d'Europe. Chacun a dû écrire, dans sa langue maternelle, des mots courants comme « heure », « voir », « air », « femme », « vent », « idée » et « monsieur ». Les

petits Grecs, Finlandais, Italiens, Espagnols, Allemands, Norvégiens, Suédois et Néerlandais ont 35 tous commis moins de 10% d'erreurs. Leurs camarades français ont fait beaucoup moins bien : 21% de fautes. Mieux, tout de même, que les Portugais (26%), les Danois (30%) et les Britanniques (66%).

Faut-il pour autant simplifier l'orthographe ? 40 Voilà des siècles que les Français s'étripent sur le sujet. « La querelle des Anciens et des Modernes a opposé, dès les débuts de l'Académie française, en 1635, ceux qui ne voulaient pas la modifier parce que sa connaissance permet de distinguer les hon- 45 nêtes hommes des simples femmes et des enfants et ceux qui souhaitaient rapprocher l'écrit de l'oral, raconte la linguiste Liliane Sprenger-Charolles. Dans ce dernier camp, on trouve des hommes de lettres tels que Corneille et Littré. » Voltaire aussi, 50 qui disait : « L'écriture est la peinture de la voix : plus elle est ressemblante, meilleure elle est. »

Dernière tentative en date de simplification de l'orthographe, les modestes rectifications - facultatives au demeurant - qu'a acceptées l'Académie en 55 1990 sont restées lettre morte. Le nénufar, l'ognon et le portemonnaie ont fait sauter les puristes au plafond, comme la suppression des accents circonflexes sur les lettres « i » et « u ». « La relation à l'orthographe est émotionnelle, car elle fait partie 60 de la culture, analyse Monika Keller, professeur de français dans le Bade-Wurtemberg, qui a consacré sa thèse aux essais de réforme de l'orthographe française. D'accord, elle est trop compliquée, mais, quand il s'agit d'écrire tel ou tel mot autrement, on 65 se dit que ce n'est tout de même pas possible ! »

Questions de compréhension

1. Selon l'article, jusqu'à quel niveau de la scolarité les élèves éprouvent-ils des difficultés en orthographe ?
   a. De l'école primaire à l'université.
   b. Jusqu'à la classe de seconde.
   c. Jusqu'à la première, au lycée.
   d. Dans les écoles primaires et les C.E.S.

2. Quelle est la bonne orthographe pour « Arès, cruel et istérique serra blaissé à lépaule » ?
   a. Arès, cruelle est hystérique, sera blasé à l'épaule.
   b. Arès, cruel et hystérique, sera blessé à l'épaule.
   c. Arès, cruelle, est hystérique sera blessée à l'épaule.
   d. Arès, cruel est hystérique, et il sera béni à l'épaule.

3. Quel est le sens du mot « chausse-trape » (ligne 21) tel qu'il est utilisé dans l'article ?
   a. Pièges.
   b. Exercices difficiles.
   c. Fautes.
   d. Peccadilles.

4. Que veut dire le linguiste Alain Bentolila quand il écrit : « L'histoire et l'étymologie se dessinent derrière notre langue » ?
   a. Que les images qu'apporte chaque mot font référence à un temps lointain.
   b. Que le niveau de connaissance orthographique des enfants est historiquement faible.
   c. Que le Français n'a jamais été fort quand il s'agit de faire des dictées.
   d. Qu'on peut tracer certains éléments de l'histoire à travers l'orthographe et le choix des mots.

5. D'après l'étude britannique, qu'est-ce qu'on peut conclure ?
   a. Que la langue française est la plus difficile à maîtriser de toutes les langues.
   b. Que l'anglais est aussi plus difficile à épeler que le français.
   c. Que le grec est la langue la plus facile de toutes.
   d. Que moins d'enfants savent bien écrire leur langue maternelle.

6. Pourquoi est-ce plus facile à dire qu'à faire quand il s'agit de simplifier l'orthographe ?
   a. La langue française est trop chargée de pièges historiques.
   b. La langue française est trop difficile à simplifier sans perdre les nuances.
   c. La querelle se poursuit depuis les débuts de l'Académie française.
   d. Les distinctions se perdront et on ne pourra pas bien communiquer.

7. Quel est le but de cet article ?
   a. D'offrir une autre voix à ceux qui veulent une orthographe simplifiée.
   b. D'esquisser l'histoire de l'orthographe du français.
   c. De se moquer des puristes.
   d. De montrer comment les Français diffèrent dans leur rapport à la langue.

8. À quel public est destiné un article tel que celui-ci ?
   a. Aux puristes de la langue française.
   b. Aux psychologues qui s'intéressent à la question d'orthographe chez les enfants.
   c. Aux professeurs de français de l'étranger.
   d. À tous ceux qui se battent tous les jours avec les pièges de l'orthographe.

Revenez sur ces questions

Après avoir considéré les lectures et les discussions de ce chapitre, reprenez-en la discussion.

- Comment la langue exprime-t-elle et influence-t-elle l'identité ?
- Pourquoi la langue est-elle souvent une source de conflits ? De quels genres de conflits s'agit-il ?
- Comment la langue reflète-t-elle la culture ?

Le patriotisme, c'est l'amour des siens

Les questions du chapitre

- Quelle est la source de l'orgueil nationaliste et patriotique qu'expriment tant de gens ?
- Que doit-on au pays dans lequel on habite ? au pays natal ?
- Qu'est-ce que la nation est en droit d'attendre de ses citoyens ?

Contexte : Le nationalisme et le patriotisme

LECTURE Alphonse Daudet : *La dernière classe*

Déchiffrons l'image

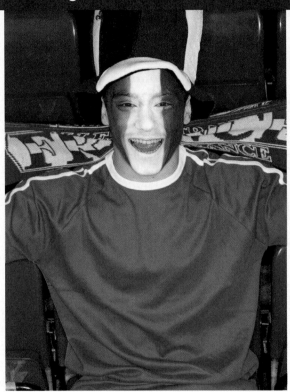

1. Quels éléments culturels s'expriment dans cette photo ?

2. Quelles sont les circonstances qui appellent les gens à manifester leur patriotisme ?

3. Avez-vous déjà manifesté de façon patriotique ? Dans quelles circonstances ?

4. À part le drapeau tricolore bleu, blanc, rouge, quelles autres marques de l'identité culturelle française connaissez-vous ? Quels symboles américains pouvez-vous citer ?

Lecture

La dernière classe

Avant la lecture

Stratégies pour la lecture : *Pour deviner les mots inconnus*

Quand nous lisons un texte en français, il y a toujours des mots que nous ne connaissons pas ; mais nous n'avons pas toujours assez de temps pour les chercher dans un dictionnaire. D'ailleurs, la recherche de tous ces mots interromprait la lecture. Que faire, alors ? On peut tout d'abord essayer de trouver le sens d'un mot en se posant les questions suivantes :

- Est-ce que ce mot est important pour la compréhension du texte ? Si, après avoir lu et compris le texte, vous répondez par la négative, continuez à lire le texte. Si vous répondez affirmativement, continuez à vous poser des questions.

- Y a-t-il quelque chose dans le contexte de la phrase qui pourrait m'aider à comprendre ?

- Est-ce que le mot semble faire partie d'une famille de mots que je connais déjà ?

- Est-ce que le mot est apparenté à un mot anglais ?

Pratiquez ces stratégies pour les mots soulignés dans ce texte :

On entendait les <u>merles</u> siffler à la <u>lisière</u> du bois […] cela me tentait bien plus que la règle des participes ; mais j'eus la force de résister et je courus bien vite vers l'école. En passant devant la <u>mairie</u>, je vis qu'il y avait du monde arrêté près du petit <u>grillage</u> aux affiches.

Depuis deux ans, c'est de là que nous sont venues toutes les mauvaises nouvelles…

1. Le sens de « les merles » ne semble pas très important à la compréhension globale du texte. C'est quelque chose qui siffle, qui se trouve près de la forêt et qui tente le narrateur. Un train siffle, mais on ne le trouve pas près du bois. Alors, c'est probablement un oiseau.

2. « La lisière » ne semble pas non plus un mot important. Il désigne une partie du bois. Puisque le narrateur n'est pas dans la forêt, la « lisière » en est certainement le bord.

3. « La mairie » doit être un lieu, parce que le narrateur passe devant. Peut-être important, mais… Nous connaissons le mot « maire », la « mairie » doit venir de la même famille. Est-ce le bâtiment dans lequel travaille le maire ?

4. D'après le contexte, « le grillage » est quelque chose qu'on met devant les affiches qui annoncent les évènements importants de la commune, de la région et du pays. Puisque le paragraphe suivant le reprend par « là », on peut penser que ce mot est important à la compréhension.

La quête de soi : Le nationalisme et le patriotisme

Dans cette sélection, il s'agit de la dernière classe de langue française dans une école d'Alsace avant que la région ne soit annexée par l'Allemagne à la fin de la guerre de 1870.

La dernière classe

Alphonse Daudet

Pendant la lecture

Notez les détails qui indiquent deux camps opposés.

Ce matin-là, j'étais très en retard pour aller à l'école, et j'avais grand-peur d'être grondé, d'autant que M. Hamel nous avait dit qu'il nous interrogerait sur les participes, et je n'en savais pas le premier mot. Un moment l'idée me vint de manquer la classe et de prendre ma course à travers champs. Le temps était si chaud, si clair !   5

On entendait les merles siffler à la lisière du bois, et dans le pré Rippert derrière la scierie, les Prussiens qui faisaient l'exercice. Tout cela me tentait bien plus que la règle des participes ; mais j'eus la force de résister et je courus bien vite vers l'école. En passant devant la mairie, je vis qu'il y avait du monde arrêté près du petit grillage aux affiches.   10

Depuis deux ans, c'est de là que nous sont venues toutes les mauvaises nouvelles, les batailles perdues, les réquisitions, les ordres de la Commandanture ; et je pensai sans m'arrêter :

« Qu'est-ce qu'il y a encore ? »

Alors, comme je traversais la place en courant, le forgeron Wachter, qui était   15
là avec son apprenti en train de lire l'affiche, me cria :

« Ne te dépêche pas tant, petit ; tu y arriveras toujours assez tôt à ton école ! »

Je crus qu'il se moquait de moi, et j'entrai tout essoufflé dans la petite cour de M. Hamel. D'ordinaire, au commencement de la classe, il se faisait un grand tapage qu'on entendait jusque dans la rue, les pupitres ouverts, fermés, les   20
leçons qu'on répétait très haut tous ensemble en se bouchant les oreilles pour mieux apprendre, et la grosse règle du maître qui tapait sur les tables :

« Un peu de silence ! »

Je comptais sur tout ce train pour gagner mon banc sans être vu ; mais, justement, ce jour-là, tout était tranquille comme un matin de dimanche.   25
Par la fenêtre ouverte, je voyais mes camarades déjà rangés à leurs places, et M. Hamel, qui passait et repassait avec la terrible règle en fer sous le bras. Il fallut ouvrir la porte et entrer au milieu de ce grand calme. Vous pensez si j'étais rouge et si j'avais peur !

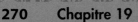

30 Eh bien ! non. M. Hamel me regarda sans colère et me dit très doucement :
« Va vite à ta place, mon petit Franz, nous allions commencer sans toi. »

J'enjambai le banc et je m'assis tout de suite à mon pupitre. Alors seulement, un peu remis de ma frayeur, je remarquai que notre maître avait sa belle redingote verte, son jabot plissé fin et la calotte de soie noire brodée qu'il ne mettait 35 que les jours d'inspection ou de distribution de prix. Du reste, toute la classe avait quelque chose d'extraordinaire et de solennel.

Mais ce qui me surprit le plus, ce fut de voir au fond de la salle, sur les bancs qui restaient vides d'habitude, des gens du village assis et silencieux comme nous, le vieux Hauser avec son tricorne, l'ancien maire, l'ancien facteur, et puis 40 d'autres personnes encore. Tout ce monde-là paraissait triste ; et Hauser avait apporté un vieil abécédaire mangé aux bords qu'il tenait grand ouvert sur ses genoux, avec ses grosses lunettes posées en travers des pages.

Pendant que je m'étonnais de tout cela, M. Hamel était monté dans sa chaire, et de la même voix douce et grave dont il m'avait reçu, il nous dit :

45 « Mes enfants, c'est la dernière fois que je vous fais la classe. L'ordre est venu de Berlin de ne plus enseigner que l'allemand dans les écoles de l'Alsace et de la Lorraine… Le nouveau maître arrive demain. Aujourd'hui, c'est votre dernière leçon de français. Je vous prie d'être bien attentifs. »

Ces quelques paroles me bouleversèrent. Ah ! les misérables, voilà ce qu'ils 50 avaient affiché à la mairie. Ma dernière leçon de français !… Et moi qui savais à peine écrire ! Je n'apprendrais donc jamais ! Il faudrait donc en rester là !… Comme je m'en voulais maintenant du temps perdu, des classes manquées à courir les nids ou à faire des glissades sur la Saar ! Mes livres que tout à l'heure encore je trouvais si ennuyeux, si lourds à porter, ma grammaire, mon histoire 55 sainte me semblaient à présent de vieux amis qui me feraient beaucoup de peine à quitter.

C'est comme M. Hamel. L'idée qu'il allait partir, que je ne le verrais plus, me faisait oublier les punitions, les coups de règle. Pauvre homme ! C'est en l'honneur de cette dernière classe qu'il avait mis ses beaux habits du diman- 60 che, et maintenant je comprenais pourquoi ces vieux du village étaient venus s'asseoir au bout de la salle. Cela semblait dire qu'ils regrettaient de ne pas y être venus plus souvent, à cette école.

C'était aussi comme une façon de remercier notre maître de ses quarante ans de bons services, et de rendre leurs devoirs à la patrie qui s'en allait…

65 J'en étais là de mes réflexions quand j'entendis appeler mon nom. C'était mon tour de réciter. Que n'aurais-je pas donné pour pouvoir dire tout au long cette fameuse règle des participes, bien haut, bien clair, sans une faute ? Mais je m'embrouillai aux premiers mots et je restai debout à me balancer dans mon banc, le cœur gros, sans oser lever la tête.

Pendant la lecture

Notez la précision avec laquelle l'auteur décrit la scène.

Pendant la lecture

Observez les émotions du jeune narrateur.

J'entendais M. Hamel qui me parlait :   70

« Je ne te gronderai pas, mon petit Franz, tu dois être assez puni…. voilà ce que c'est. Tous les jours on se dit : « Bah ! j'ai bien le temps. J'apprendrai demain. » Et puis tu vois ce qui arrive… Ah ! ç'a été le grand malheur de notre Alsace de toujours remettre son instruction à demain. Maintenant ces gens-là sont en droit de nous dire : « Comment ! vous prétendiez être Français, et vous ne savez   75 ni parler ni écrire votre langue ! » Dans tout ça, mon pauvre Franz, ce n'est pas encore toi le plus coupable. Nous avons tous notre bonne part de reproches à nous faire. Vos parents n'ont pas assez tenu à vous voir instruits. Ils aimaient mieux vous envoyer travailler à la terre ou aux filatures pour avoir quelques sous de plus. Moi-même, n'ai-je rien à me reprocher ? Est-ce que je ne vous ai pas   80 souvent fait arroser mon jardin au lieu de travailler ? Et quand je voulais aller pêcher des truites, est-ce que je me gênais pour vous donner congé ?… »

Alors, d'une chose à l'autre, M. Hamel se mit à nous parler de la langue française, disant que c'était la plus belle langue du monde, la plus claire, la plus solide ; qu'il fallait la garder entre nous et ne jamais l'oublier, parce que, quand   85 un peuple tombe esclave, tant qu'il tient bien sa langue, c'est comme s'il tenait la clef de sa prison… Puis il prit une grammaire et nous lut notre leçon. J'étais étonné de voir comme je comprenais. Tout ce qu'il disait me semblait facile, facile. Je crois aussi que je n'avais jamais si bien écouté et que lui non plus n'avait jamais mis tant de patience à ses explications. On aurait dit qu'avant de   90 s'en aller le pauvre homme voulait nous donner tout son savoir, nous le faire entrer dans la tête d'un seul coup.

La leçon finie, on passa à l'écriture. Pour ce jour-là, M. Hamel nous avait préparé des exemples tout neufs, sur lesquels était écrit en belle ronde : *France, Alsace, France, Alsace.* Cela faisait comme des petits drapeaux qui flottaient   95 tout autour de la classe, pendus à la tringle de nos pupitres. Il fallait voir comme chacun s'appliquait, et quel silence ! On n'entendait rien que le grince- ment des plumes sur le papier.

Un moment des hannetons entrèrent ; mais personne n'y fit attention, pas même les tout petits, qui s'appliquaient à tracer leurs *bâtons*, avec un cœur, une   100 conscience, comme si cela encore était du français…

Sur la toiture de l'école, des pigeons roucoulaient tout bas, et je me disais en les écoutant :

« Est-ce qu'on ne va pas les obliger à chanter en allemand, eux aussi ? ».

De temps en temps, quand je levais les yeux de dessus ma page, je voyais M.   105 Hamel immobile dans sa chaire et fixant les objets autour de lui, comme s'il avait voulu emporter dans son regard toute sa petite maison d'école…. Pensez !

depuis quarante ans, il était là à la même place, avec sa cour en face de lui et sa classe toute pareille.

110   Seulement les bancs, les pupitres s'étaient polis, frottés par l'usage ; les noyers de la cour avaient grandi, et le houblon qu'il avait planté lui-même enguirlandait maintenant les fenêtres jusqu'au toit. Quel crève-cœur ça devait être pour ce pauvre homme de quitter toutes ces choses et d'entendre sa sœur qui allait, venait, dans la chambre au-dessus, en train de fermer leurs malles ! Car ils

115 devaient partir le lendemain, s'en aller du pays pour toujours. Tout de même, il eut le courage de nous faire la classe jusqu'au bout.

    Après l'écriture, nous eûmes la leçon d'histoire ; ensuite les petits chantèrent BA BE BI BO BU. Là-bas, au fond de la salle, le vieux Hauser avait mis ses lunettes, et, tenant son abécédaire à deux mains, il épelait les lettres avec eux.

120 On voyait qu'il s'appliquait lui aussi ; sa voix tremblait d'émotion, et c'était si drôle de l'entendre, que nous avions tous envie de rire et de pleurer. Ah ! je m'en souviendrai de cette dernière classe….

    Tout à coup, l'horloge de l'église sonna midi, puis l'*Angelus*. Au même moment, les trompettes des Prussiens qui revenaient de l'exercice éclatèrent sous

125 nos fenêtres…

    M. Hamel se leva, tout pâle, dans sa chaire. Jamais il ne m'avait paru si grand.

    « Mes amis, dit-il, mes, je… je…. »

    Mais quelque chose l'étouffait, il ne pouvait pas achever sa phrase. Alors, il se tourna vers le tableau, prit un morceau de craie et, appuyant de toutes ses

130 forces, il écrivit aussi gros qu'il put :

« VIVE LA FRANCE ! »

    Puis il resta là, la tête appuyée au mur, et, sans parler, avec sa main, il nous faisait signe : « C'est fini… allez-vous-en. »

« VIVE LA FRANCE ! »

Après la lecture

Vérifiez votre compréhension

1. Quel rôle joue le narrateur dans cette histoire ?
2. Pourquoi le narrateur envisage-t-il de ne pas aller à l'école ?
3. Pourquoi y a-t-il du monde devant la mairie ? Que se passe-t-il ?
4. Pourquoi le jeune narrateur essaie-t-il de prendre sa place à l'école sans être vu ?
5. Quelle est la réaction de M. Hamel quand entre le jeune narrateur ?
6. Qui se trouve au fond de la salle de classe ?
7. Que dit M. Hamel à la classe ?
8. Quelle est la réaction de Franz ?
9. Est-ce que Franz sait sa leçon ? Que fait le maître ?
10. Commentez le petit discours de M. Hamel après la récitation de Franz.
11. Comment cette leçon est-elle différente de celles données dans le passé ?
12. Que pense Franz en entendant les pigeons ?
13. Depuis combien de temps est-ce que M. Hamel est instituteur dans cette école ? Que fait sa sœur ?
14. Quelles sont les trompettes qui sonnent ?
15. Qu'est-ce que le maître écrit au tableau ?

En y réfléchissant

1. Quels sont les éléments qui indiquent que cette histoire se passe tout de suite après la guerre ?
2. Pourquoi la dernière classe de français a-t-elle lieu ce jour-là ?
3. Pourquoi les habitants du village ont-ils assisté à cette classe de français ?
4. Comment savons-nous que ces élèves ne prennent pas habituellement leurs leçons au sérieux ?
5. Quelle est la réaction de Franz au moment où il est interrogé ? Pourquoi pense-t-il ainsi ?
6. Commentez la phrase de M. Hamel « Vous prétendiez être Français, et vous ne savez ni parler ni écrire votre langue ! »
7. Comment M. Hamel caractérise-t-il la langue française ?
8. Est-ce que Franz se considère comme français ou allemand ?
9. Pourquoi le maître écrit-il son dernier message au tableau ?

Perspectives culturelles

La région d'Alsace-Lorraine où se déroule l'histoire de *La dernière classe* connaît une longue histoire de partage et de dispute territoriale entre la France et l'Allemagne. Ce récit date de 1873 et raconte le transfert de cette région à l'Allemagne à l'issue de la guerre Franco-prussienne.

- Notez qu'il y a très peu de références au nom de la région, mais l'auteur l'illustre par des noms de personnes évocateurs : Franz, Wachter, Hauser.

- On aurait pu retrouver cette histoire dans la France d'après 1940, pas forcément en Alsace, mais dans les régions occupées. Si on récrivait cette histoire, quels détails changeraient ?

Pour améliorer votre vocabulaire

1. **Synonymes** : Trouvez un synonyme pour chaque mot ou chaque expression de la liste. Vous trouverez ces mots dans le texte.

   a. grondé (l. 2)
   b. manquer (l. 4)
   c. enjamber (l. 32)
   d. la frayeur (l. 33)
   e. l'abécédaire (l. 41)
   f. s'embrouiller (l. 68)
   g. oser (l. 69)
   h. prétendre (l. 75)
   i. le reproche (l. 77)
   j. le crève-cœur (l. 112)

2. **Antonymes** : Trouvez un antonyme pour chaque mot ou chaque expression de la liste. Vous trouverez ces mots dans le texte.

   a. enseigner (l. 46)
   b. bouleverser (l. 49)
   c. coupable (l. 77)
   d. tout neuf (l. 94)
   e. immobile (l. 106)

3. **Définitions** : Associez les mots de la première colonne avec les définitions possibles de la seconde. Vérifiez le contexte dans lequel se trouvent ces mots.

   1. interroger (l. 2)
   2. à la lisière (l. 6)
   3. remarquer (l. 33)
   4. attentif (l. 48)
   5. à peine (l. 51)
   6. une faute (l. 67)
   7. arroser (l. 81)
   8. les truites (l. 82)
   9. le congé (l. 82)
   10. étonné (l. 88)

   a. irriguer
   b. guère
   c. voir
   d. un délit
   e. le cadeau
   f. poser des questions
   g. vacance
   h. surpris
   i. au bord
   j. alerte
   k. des poissons
   l. une douleur

Allons au-delà

Pour communiquer

A Écouter

Dans ce podcast, on traite de questions sociales et juridiques concernant l'immigration et l'intégration. Écoutez l'extrait audio et répondez aux questions suivantes.

1. De quoi parle-t-on dans ce discours ?

2. Le problème n'est pas d'organiser l'immigration, mais comment ?

3. Comment s'acquiert la nationalité française ?

4. Quel est le fondement de l'acquisition de nationalité française ?

5. Expliquez le « jus voluntatis » (le droit de volonté) ?

B Présentation : La salle de classe

Travaillez en groupes de deux ou trois. Prenez une grande feuille de papier pour dessiner un schéma heuristique.

1. Choisissez des phrases et des groupes de mots qui décrivent votre salle de classe au printemps et mettez-les sur la carte.

2. Inspirez-vous de la description de *La dernière classe*. Soyez précis.

3. En dessinant la carte, consultez vos camarades de classe pour savoir où mettre chaque élément.

4. Après avoir terminé votre carte, affichez-la dans la salle de classe.

5. Votre professeur décidera comment et quand la présenter à la classe. Notez le nouveau vocabulaire et les nouvelles tournures de phrases que vous avez apprises.

C À vos stylos ! Un poème collectif, *La patrie*

Travaillez en groupes de trois ou quatre.

1. Sur une fiche, chaque élève écrit le mot qui vient à l'esprit quand on pense à la patrie. Chaque élève fera deux ou trois fiches.

2. Classez les mots par ordre logique.

3. Mettez ensuite ces mots dans des phrases. Vous pouvez utiliser plusieurs mots par phrase.

4. En groupes, organisez ces phrases par ordre logique. Vous obtiendrez ainsi un petit poème.

5. Rédigez votre poème et présentez-le à la classe.

D Aux affiches ! À bas l'affiche officielle

Imaginez le texte de l'affiche que lisent les villageois dans *La dernière classe*. Que dit-il ? Le narrateur dit que cette grille d'affichage contenait « toutes les mauvaises nouvelles, les batailles perdues, les réquisitions, les ordres de la Commandanture. »

Écrivez vos propres affiches qui ne seraient pas dictées par le gouvernement d'occupation et qui s'adresseraient aux habitants du village. Travaillez en groupes de trois élèves.

1. Recherchez des événements et des circonstances de cette période pour donner un caractère plausible à vos affiches.

2. Qu'est-ce que la nation attend de ses citoyens en temps de guerre ou d'occupation ?

3. Dessinez vos affiches en prenant soin qu'elles correspondent aux exigences historiques et illustrent le thème.

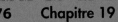

E **Présentation : Aux caméras ! Hymnes et chansons à la gloire du pays ou de la nation**

Imaginez que vous êtes metteur en scène et que quelqu'un vous a demandé de réaliser un vidéo-clip pour *O ! Canada !, La Marseillaise,* l'hymne national d'un pays francophone, ou une chanson qui chante les louanges d'un pays, telle que *Mon Pays* de Gilles Vigneault, ou encore une chanson qui représente la France (ou autre pays francophone) telle que *La Vie en Rose* ou *Sur le Pont d'Avignon.*

1. Formez un groupe de trois ou quatre élèves.

2. Trouvez la chanson en format mp3 (ou compatible avec les logiciels que vous utilisez).

3. Découpez la chanson pour dresser une liste des photos et des images dont vous aurez besoin pour tourner le film.

4. Incorporez-les à votre film.

5. Si possible, ajoutez des sous-titres qui affichent les paroles de la chanson en français. Ou si vous travaillez en PowerPoint, vous pouvez utiliser des surtitres et consacrer les sous-titres à une traduction.

6. Ajoutez la musique !

7. Montrez votre clip à la classe et à d'autres classes.

F **À vos stylos !** *Ma langue*

Dans une composition de cinq paragraphes, commentez la citation de *La dernière classe :* « *Quand un peuple tombe esclave, tant qu'il tient bien sa langue, c'est comme s'il tenait la clé de sa prison.* » N'oubliez pas de commencer par un paragraphe d'introduction, puis de continuer en trois points et proposer une conclusion convaincante.

G **Comparer**

Depuis le XVIIIe siècle, la représentation de la Liberté par les arts (peinture, sculpture, littérature) a beaucoup évolué. Est-ce que l'interprétation que nous en avons a elle-aussi évolué ? Cherchez des représentations collectives ou personnelles de la liberté et montrez comment elles ont évolué avec le temps ou comment, à l'inverse, elles n'ont pas évolué.

THÈME DU COURS

La quête de soi : Le nationalisme et le patriotisme

Dans cette sélection, il s'agit de symboles qui illustrent la France.

La République, ses symboles et ses emblèmes

Le coq

Le coq est l'emblème de la France. En effet, le mot latin *gallus* a une double signification : coq et Gaulois.

5   Par sa fière allure et par son chant associé au lever du soleil, il est… le symbole de l'énergie solaire, de la lumière naissante, en même temps que de la vigilance guerrière.

    Sous la Révolution, le coq sym-
10 bolisait l'identité nationale. Mais sous le Premier Empire, le coq est remplacé par l'aigle. Le coq redevient ensuite un symbole,
15 notamment sous la Troisième République. Il représente le courage et la fierté face à l'aigle prussien. Même s'il n'est pas
20 un symbole officiel, c'est un signe de reconnaissance nationale. Aussi est-il l'emblème des équipes sportives nationales.

Le bonnet phrygien

25 Le bonnet phrygien ou bonnet rouge : À Rome, les affranchis—esclaves récemment libérés—se coiffaient d'un bonnet conique. Ce souvenir, associé au fait que les gens du peuple portaient souvent un bonnet de laine rouge à la fin de l'Ancien Régime, fit du bonnet phrygien en   30 1792, un signe de ralliement révolutionnaire. Il figura sur le sceau de l'État, sur le drapeau des insurgés de la révolution de juin 1848, et servit de coiffure à Marianne sous la Troisième République.   35

Marianne

Marianne, allégorie de la République, apparaît dans un concours officiel en 1848 et décore les mairies à partir de 1877.

    En 1792, c'est une chanson occitane qui, la   40 première, désigne la République par le nom de Marianne.

    Emblème clandestin sous le Second Empire, Marianne devient peu à peu un   45 emblème officiel sous la Troisième République.

    Le buste de Marianne est placé dans toutes les mairies.   50

    L'image d'une Marianne associée au drapeau tricolore, constitue depuis 1999 en

55 France, le logo des documents des ministères, préfectures et ambassades.

La Semeuse

Création d'Oscar Roty en 1897, la Semeuse est une jeune femme debout en mouvement, coiffée d'un
60 bonnet phrygien, vêtue d'une tunique ; elle tient un sac de grains dans la main gauche et des épis de blé dans la droite.

Personnification de l'énergie humaine,
65 elle figure sur les pièces d'argent de la Troisième République et en 1960 sur les nou-
70 veaux francs. Elle figure aujourd'hui sur les faces nationales des centimes d'Euro.

Le drapeau tricolore

La loi du 27 pluviôse an II (15 février 1794)
75 fait du drapeau tricolore le drapeau national. Le pavillon est « formé des trois couleurs nationales disposées en trois bandes égales posées verticalement », le bleu devant être, selon les recommandations du peintre David,
80 attaché à la hampe.

De 1814 à 1830, le drapeau tricolore a été remplacé par un drapeau blanc. Mais en juillet 1830, Louis-Philippe, reconnaissant le caractère national de la révolution déclare : « La nation reprend ses
85 couleurs. Il ne sera plus porté d'autre cocarde que la cocarde tricolore. »

Aujourd'hui l'article 2 de la Constitution de la Cinquième République précise que : « L'emblème national est le drapeau tricolore
90 bleu, blanc, rouge. »

La Marseillaise

Peu après la déclaration de guerre par la France révolutionnaire au roi de Bohême et de Hongrie, Rouget de Lisle, capitaine du génie, écrit et
95 compose le *Chant de guerre pour l'armée du Rhin* à Strasbourg. Ce chant de guerre révolutionnaire connaît une diffusion rapide. En route vers la capitale les fédérés marseillais en chantent les strophes. Lors de l'assaut des Tuileries qui marque la
100 chute de la royauté le 10 août 1792 ils reprennent ce qui devient l'hymne des Marseillais. En l'an II, il devient le chant de la République combattante. *La Marseillaise* est chantée à Valmy puis à Jemmapes. Le 26 messidor an III (14 juillet 1795) *La*
105 *Marseillaise* est déclarée par la Convention, chant national.

Liberté, égalité, fraternité

La devise républicaine trouve sa source dans la philosophie des Lumières et dans les paroles du Serment du jeu de Paume. « La liberté et l'égalité
110 réunies composeront une République parfaite, grâce à la fraternité. C'est la fraternité qui portera les citoyens réunis en Assemblée de représentants à concilier tous leurs droits, de manière à demeurer des hommes libres et à devenir, autant qu'il est
115 possible, des égaux. » (Manuel républicain des Droits de l'Homme et du Citoyen de Renouvier). Pour Pierre Leroux, « La Révolution Française a résumé la politique dans ces trois mots sacramentels : Liberté, Égalité, Fraternité. Ce n'est pas
120 seulement sur nos monuments, sur nos monnaies, sur nos drapeaux, que cette devise de nos pères fut écrite ; elle était gravée dans leur cœur, elle était pour eux l'expression même de la Divinité. »
125 Inscrite au fronton des édifices publics à l'occasion de la célébration du 14 juillet 1880, la

devise est enseignée en instruction civique et illustrée par les manuels scolaires sous la Troisième République. Elle est inscrite dans la Constitution de 1946 et l'article 2 de la Constitution du 4 octobre 1958 précise que la devise de la République est « Liberté, Égalité, Fraternité ».

Questions de compréhension

1. Lequel des emblèmes cités se trouve dans toutes les mairies ?

   a. Le coq.
   b. Marianne.
   c. La semeuse.
   d. La devise nationale.

2. Lequel des symboles a un nom qui remonte aux Romains et signifie « Gaulois » ?

   a. Le coq.
   b. Le bonnet phrygien.
   c. Marianne.
   d. La semeuse.

3. Que fait la semeuse, dans sa représentation ?

   a. Elle montre le soleil.
   b. Elle est en train de s'habiller d'une robe.
   c. Elle coupe du blé.
   d. Elle jette les grains pour planter.

4. Pourquoi le drapeau national a-t-il, dans l'ordre, le bleu, le blanc et le rouge ?

   a. À cause d'un article de la Constitution de la Cinquième République.
   b. À cause d'une déclaration de Louis-Philippe.
   c. Parce que le peintre David l'a suggéré.
   d. Parce qu'une loi du 27 pluviôse an II l'a commandé.

5. Quels symboles, aujourd'hui associés, se retrouvent sur les documents officiels ?

   a. Marianne et les trois couleurs.
   b. La devise nationale et les trois couleurs.
   c. La semeuse et les trois couleurs.
   d. Marianne et la devise nationale.

6. Pourquoi a-t-on écrit la *Marseillaise* ?

   a. Pour créer un hymne national.
   b. Pour accompagner l'assaut des Tuileries.
   c. Pour célébrer et faire marcher l'armée.
   d. Pour diffuser rapidement la pensée révolutionnaire.

7. D'où vient la devise nationale ?

   a. Des édifices publics en 1880.
   b. De la philosophie du XVIIIème siècle.
   c. De la Constitution de 1946.
   d. Du Serment du jeu de Paume.

8. À quelle audience est destinée cette page Web ?

   a. Aux historiens.
   b. Aux Sénateurs et aux membres du gouvernement.
   c. Au peuple français.
   d. Aux immigrés qui seront testés sur sa compréhension.

9. Quel est le but de ce texte ?

a. D'expliquer pourquoi la France a choisi ces symboles.

b. De conserver en mémoire chacun de ces symboles.

c. De montrer comment une nation choisit ses symboles afin de servir de modèles aux pays émergeants.

d. De servir de texte aux élèves qui étudient le français.

Revenez sur ces questions

Après avoir considéré les lectures et les discussions de ce chapitre, reprenez-en la discussion.

- Quelle est la source de l'orgueil nationaliste et patriotique qu'expriment tant de gens ?

- Que doit-on au pays dans lequel on habite ? au pays natal ?

- Qu'est-ce que la nation est en droit d'attendre de ses citoyens ?

- Comment les traits de l'identité s'expriment-ils en fonction des circonstances ?
- En quoi la langue et la culture influencent-elles l'identité ?
- Comment notre identité évolue-t-elle avec le temps ?

Contextes :

- **L'aliénation et l'assimilation**
- **Les croyances et les systèmes de valeur**
- **La langue et l'identité**
- **Le nationalisme et le patriotisme**

Activité de révision
Selon moi

Pensez à un personnage dans la littérature, dans un film ou à la télévision qui a surmonté l'un des obstacles mentionnés dans cette unité. Comment cet obstacle a-t-il bloqué le personnage ? Comment le personnage a-t-il trouvé la force de le surmonter ? Organisez vos idées sous forme d'un plan qui vous aidera à préparer votre présentation.

Première partie : Décrivez la situation dans laquelle se trouve le personnage et l'obstacle auquel il doit faire face.

Deuxième partie : Servez-vous d'exemples tirés de la vie du personnage.

Troisième partie : Tournez-vous maintenant vers les effets de cet obstacle sur d'autres personnes dans d'autres situations ? Comparez-les. Quelqu'un de célèbre en a-t-il parlé ?

Quatrième partie : Comment ce genre d'obstacle est-il surmonté dans le monde francophone ?

Cinquième partie : Tirez une conclusion des idées que vous avez présentées. Quelles sont les solutions envisageables ?

Un peu d'aide
....

Ces questions pourront vous aider à organiser vos idées :

1. Quels sont les causes et les effets sur les personnes ou les groupes de personnes que vous mentionnez ? Quelles conclusions en tirez-vous ?

2. Qu'est-ce que vous auriez fait sur le plan personnel ?

3. Essayez de formuler une conclusion qui résume tout ce que vous dites.

La famille et la communauté

Questions centrales au débat

À la fin de cette unité, vous pourrez répondre à ces questions :

- Comment des sociétés différentes conçoivent-elles la famille ?

- Comment les personnes contribuent-elles au bien-être de la communauté ?

- En quoi le rôle de la famille et de la communauté diffère-t-il d'une société à une autre dans le monde ?

Gravir l'échelle sociale

Les questions du chapitre

- Par quelles normes socio-économiques les classes sociales se distinguent-elles ?

- Quelles règles explicites ou implicites existent dans les classes d'âges ou les classes sociales ?

- On ne peut arrêter son propre vieillissement, mais comment peut-on faire évoluer son appartenance à une classe sociale ?

Contexte : Les rapports sociaux

LECTURE Guy de Maupassant : *La parure*

Déchiffrons l'image

1. À quoi rêve la femme sur la photo ? Comment croyez-vous qu'elle imagine la vie ?

2. À votre avis, a-t-elle les moyens d'acheter les bijoux qu'elle admire ? Sur quoi est-ce que vous fondez votre décision ? Si elle ne peut pas acheter ces bijoux, pourrait-elle se contenter de bijoux de fantaisie ?

Lecture

La parure

Avant la lecture

Stratégies pour la lecture : *Pour trouver les détails importants*

Pour connaître l'auteur

Guy de Maupassant
(1850–1893)
Henri René Albert Guy de Maupassant est un écrivain français très connu du XIXe siècle. Il est né au Château de Miromesnil près de Dieppe en 1850. Il fait son service militaire pendant la guerre avec la Prusse, période qui inspirera plusieurs de ses contes. Débutant comme poète, avec le recueil *Des vers* (1880), il se fait rapidement connaître dans le domaine du conte où il dépeint la vie en province aussi bien que la vie parisienne. Son goût pour les intrigues au dénouement inattendu, le rapproche de l'écrivain américain O. Henry (William Sydney Porter). La fin ironique du conte est propre aux deux auteurs.

Dans *La parure*, Maupassant plante le décor et indique au lecteur grâce à de nombreux détails que les personnages principaux ne sont pas riches, malgré le désir de la femme de gravir l'échelle sociale.

Notez les détails qui ont trait à la pauvreté et ceux suggérant la richesse dont elle rêve.

1. *Elle souffrait de la pauvreté de son logement, de <u>la misère des murs</u>, de <u>l'usure des sièges</u>, de <u>la laideur des étoffes</u>. Toutes ces choses, dont une autre femme de sa caste ne se serait même pas aperçue, la torturaient et l'indignaient. La vue de la petite Bretonne qui faisait son <u>humble ménage</u> éveillait en elle des regrets désolés et des rêves éperdus.*

2. *Elle songeait aux <u>antichambres nettes</u>, capitonnées avec des <u>tentures orientales</u>, éclairées par de <u>hautes torchères de bronze</u>, et aux <u>deux grands valets en culotte courte</u> qui dorment dans les <u>larges fauteuils</u>, assoupis par la chaleur lourde du <u>calorifère</u>. Elle songeait aux <u>grands salons vêtus de soie ancienne</u>, aux <u>meubles fins</u> portant des <u>bibelots inestimables</u>, et aux <u>petits salons coquets parfumés</u>, faits pour la causerie de cinq heures avec les amis les plus intimes, les hommes connus et recherchés dont toutes les femmes envient et désirent l'attention.*

Les détails de la description montrent qu'elle (1) souffre de la pauvreté et plus loin qu'elle (2) songe à la richesse. Déterminez, dans le paragraphe suivant, quels sont les signes de pauvreté ou de richesse qui illustrent la problématique principale du conte.

Quand elle s'asseyait, pour dîner, devant la table ronde couverte d'une nappe de trois jours, en face de son mari qui découvrait la soupière en déclarant d'un air enchanté :

« Ah ! le bon pot-au-feu ! je ne sais rien de meilleur que cela », elle songeait aux dîners fins, aux argenteries reluisantes, aux tapisseries peuplant les murailles de personnages anciens et d'oiseaux étranges au milieu d'une forêt de féerie ; elle songeait aux plats exquis servis en des vaisselles merveilleuses, aux galanteries chuchotées et écoutées avec un sourire de sphinx, tout en mangeant la chair rose d'une truite ou des ailes de gélinotte.

La famille et la communauté : Les rapports sociaux

Dans cette histoire, une jeune femme pauvre cherche à vivre au-dessus de ses moyens. Elle va payer très cher pour ce moment de gloire. Cette nouvelle de Maupassant est d'abord parue dans le quotidien *Le Gaulois*, puis a été intégrée au recueil *Contes du jour et de la nuit* en 1885.

La parure

Guy de Maupassant

Pendant la lecture

Notez les descriptions de la vie que mène Mme Loisel et de la vie qu'elle aimerait mener.

C'était une de ces jolies et charmantes filles, nées, comme par une erreur du destin, dans une famille d'employés. Elle n'avait pas de dot, pas d'espérances, aucun moyen d'être connue, comprise, aimée, épousée par un homme riche et distingué ; et elle se laissa marier avec un petit commis du ministère de l'Instruction publique. 5

Elle fut simple, ne pouvant être parée, mais malheureuse comme une déclassée ; car les femmes n'ont point de caste ni de race, leur beauté, leur grâce et leur charme leur servant de naissance et de famille. Leur finesse native, leur instinct d'élégance, leur souplesse d'esprit sont leur seule hiérarchie, et font des filles du peuple les égales des plus grandes dames. 10

Elle souffrait sans cesse, se sentant née pour toutes les délicatesses et tous les luxes. Elle souffrait de la pauvreté de son logement, de la misère des murs, de l'usure des sièges, de la laideur des étoffes. Toutes ces choses, dont une autre femme de sa caste ne se serait même pas aperçue, la torturaient et l'indignaient. La vue de la petite Bretonne qui faisait son humble ménage éveillait en elle 15 des regrets désolés et des rêves éperdus. Elle songeait aux antichambres nettes, capitonnées avec des tentures orientales, éclairées par de hautes torchères de bronze, et aux deux grands valets en culotte courte qui dorment dans les larges fauteuils, assoupis par la chaleur lourde du calorifère.[1] Elle songeait aux grands salons vêtus de soie ancienne, aux meubles fins portant des bibelots inesti- 20 mables, et aux petits salons coquets parfumés, faits pour la causerie de cinq heures avec les amis les plus intimes, les hommes connus et recherchés dont toutes les femmes envient et désirent l'attention.

Quand elle s'asseyait, pour dîner, devant la table ronde couverte d'une nappe de trois jours, en face de son mari qui découvrait la soupière en déclarant 25 d'un air enchanté : « Ah ! le bon pot-au-feu ![2] je ne sais rien de meilleur que cela », elle songeait aux dîners fins, aux argenteries reluisantes, aux tapisseries

---
1. heater
2. stew

peuplant les murailles de personnages anciens et d'oiseaux étranges au milieu d'une forêt de féerie ; elle songeait aux plats exquis servis en des vaisselles
30 merveilleuses, aux galanteries chuchotées et écoutées avec un sourire de sphinx, tout en mangeant la chair[3] rose d'une truite ou des ailes de gélinotte.

Elle n'avait pas de toilettes, pas de bijoux, rien. Et elle n'aimait que cela ; elle se sentait faite pour cela. Elle eût tant désiré plaire, être enviée, être séduisante et recherchée.

35 Elle avait une amie riche, une camarade de couvent qu'elle ne voulait plus aller voir, tant elle souffrait en revenant. Et elle pleurait pendant des jours entiers, de chagrin, de regret, de désespoir et de détresse.

Or, un soir, son mari rentra, l'air glorieux et tenant à la main un large enveloppe.

—Tiens, dit-il, voici quelque chose pour toi.

40 Elle déchira vivement le papier et en tira une carte qui portait ces mots :

« Le ministre de l'Instruction publique et Mme Georges Ramponneau prient M. et Mme Loisel de leur faire l'honneur de venir passer la soirée à l'hôtel du ministère, le lundi 18 janvier. »

Au lieu d'être ravie, comme l'espérait son mari, elle jeta avec dépit l'invitation
45 sur la table, murmurant :

—Que veux-tu que je fasse de cela ?

—Mais, ma chérie, je pensais que tu serais contente. Tu ne sors jamais, et c'est une occasion, cela, une belle ! J'ai eu une peine infinie à l'obtenir. Tout le monde en veut ; c'est très recherché et on n'en donne pas beaucoup aux
50 employés. Tu verras là tout le monde officiel.

Elle le regardait d'un œil irrité, et elle déclara avec impatience :

—Que veux-tu que je me mette sur le dos pour aller là ?

Il n'y avait pas songé ; il balbutia :

—Mais la robe avec laquelle tu vas au théâtre. Elle me semble très bien, à
55 moi...

Il se tut, stupéfait, éperdu,[4] en voyant que sa femme pleurait. Deux grosses larmes descendaient lentement des coins des yeux vers les coins de la bouche ; il bégaya :

—Qu'as-tu ? qu'as-tu ?

60 Mais, par un effort violent, elle avait dompté sa peine et elle répondit d'une voix calme en essuyant ses joues humides :

—Rien. Seulement je n'ai pas de toilette[5] et par conséquent, je ne peux aller à cette fête. Donne ta carte à quelque collègue dont la femme sera mieux nippée que moi.

---

3. meat
4. bewildered
5. elegant dress

Pendant la lecture

Dites ce qu'il faudrait qu'il advienne pour satisfaire Mme Loisel.

Il était désolé. Il reprit :   65

—Voyons, Mathilde. Combien cela coûterait-il, une toilette convenable, qui pourrait te servir encore en d'autres occasions, quelque chose de très simple ?

Elle réfléchit quelques secondes, établissant ses comptes et songeant aussi à la somme qu'elle pouvait demander sans s'attirer un refus immédiat et une exclamation effarée du commis économe.   70

Enfin, elle répondit en hésitant :

—Je ne sais pas au juste, mais il me semble qu'avec quatre cents francs je pourrais arriver.

Il avait un peu pâli, car il réservait juste cette somme pour acheter un fusil et s'offrir des parties de chasse, l'été suivant, dans la plaine de Nanterre, avec   75
quelques amis qui allaient tirer des alouettes, par là, le dimanche.

Il dit cependant :

—Soit.[6] Je te donne quatre cents francs. Mais tâche d'avoir une belle robe.

Le jour de la fête approchait, et Mme Loisel semblait triste, inquiète, anxieuse. Sa toilette était prête cependant. Son mari lui dit un soir :   80

—Qu'as-tu ? Voyons, tu es toute drôle depuis trois jours.

Et elle répondit :

—Cela m'ennuie de n'avoir pas un bijou, pas une pierre, rien à mettre sur moi. J'aurai l'air misère comme tout. J'aimerais presque mieux ne pas aller à cette soirée.   85

Il reprit :

—Tu mettras des fleurs naturelles. C'est très chic en cette saison-ci. Pour dix francs tu auras deux ou trois roses magnifiques.

Elle n'était point convaincue.

—Non… il n'y a rien de plus humiliant que d'avoir l'air pauvre au milieu de   90
femmes riches.

Mais son mari s'écria :

—Que tu es bête ! Va trouver ton amie Mme Forestier et demande-lui de te prêter des bijoux. Tu es bien assez liée avec elle pour faire cela.

Elle poussa un cri de joie.   95

—C'est vrai. Je n'y avais point pensé.

Le lendemain, elle se rendit chez son amie et lui conta sa détresse. Mme Forestier alla vers son armoire à glace, prit un large coffret, l'apporta, l'ouvrit, et dit à Mme Loisel :

—Choisis, ma chère.   100

Elle vit d'abord des bracelets, puis un collier de perles, puis une croix véni-tienne, or et pierreries, d'un admirable travail. Elle essayait les parures devant

---

6. So be it.

la glace, hésitait, ne pouvait se décider à les quitter, à les rendre. Elle demandait toujours :

105 —Tu n'as plus rien d'autre ?

—Mais si. Cherche. Je ne sais pas ce qui peut te plaire.

Tout à coup elle découvrit, dans une boîte de satin noir, une superbe rivière[7] de diamants ; et son cœur se mit à battre d'un désir immodéré. Ses mains tremblaient en la prenant. Elle l'attacha autour de sa gorge, sur sa robe montante. Et

110 demeura en extase devant elle-même.

Puis, elle demanda, hésitante, pleine d'angoisse :

—Peux-tu me prêter cela, rien que cela ?

—Mais oui, certainement.

Elle sauta au cou de son amie, l'embrassa avec emportement, puis s'enfuit

115 avec son trésor.

Le jour de la fête arriva. Mme Loisel eut un succès. Elle était plus jolie que toutes, élégante, gracieuse, souriante et folle de joie. Tous les hommes la regardaient, demandaient son nom, cherchaient à être présentés. Tous les attachés du cabinet voulaient valser avec elle. Le Ministre la remarqua.

120 Elle dansait avec ivresse, avec emportement, grisée par le plaisir, ne pensant plus à rien, dans le triomphe de sa beauté, dans la gloire de son succès, dans une sorte de nuage de bonheur fait de tous ces hommages, de toutes ces admirations, de tous ces désirs éveillés, de cette victoire si complète et si douce au cœur des femmes.

125 Elle partit vers quatre heures du matin. Son mari, depuis minuit, dormait dans un petit salon désert avec trois autres messieurs dont les femmes s'amusaient beaucoup.

Il lui jeta sur les épaules les vêtements qu'il avait apportés pour la sortie, modestes vêtements de la vie ordinaire, dont la pauvreté jurait avec l'élégance

130 de la toilette de bal. Elle le sentit et voulut s'enfuir, pour ne pas être remarquée par les autres femmes qui s'enveloppaient de riches fourrures.

Loisel la retenait :

—Attends donc. Tu vas attraper froid dehors. Je vais appeler un fiacre.

Mais elle ne l'écoutait point et descendait rapidement l'escalier. Lorsqu'ils

135 furent dans la rue, ils ne trouvèrent pas de voiture ; et ils se mirent à chercher, criant après les cochers qu'ils voyaient passer de loin.

Ils descendaient vers la Seine, désespérés, grelottants. Enfin, ils trouvèrent sur le quai un de ces vieux coupés noctambules qu'on ne voit dans Paris que la nuit venue, comme s'ils eussent été honteux de leur misère pendant le jour.

---

7. necklace

Pendant la lecture

Observez l'ironie qui touche Mme Loisel et le dernier trait qui rend l'histoire encore plus ironique.

Il les ramena jusqu'à leur porte, rue des Martyrs, et ils remontèrent 140
tristement chez eux. C'était fini, pour elle. Et il songeait, lui, qu'il lui faudrait
être au Ministère à dix heures.

Elle ôta les vêtements dont elle s'était enveloppée les épaules, devant la glace,
afin de se voir encore une fois dans sa gloire. Mais soudain elle poussa un cri.
Elle n'avait plus sa rivière autour du cou ! 145

Son mari, à moitié dévêtu déjà, demanda :

—Qu'est-ce que tu as ?

Elle se tourna vers lui, affolée :[8]

—J'ai… j'ai… je n'ai plus la rivière de Mme Forestier.

Il se dressa, éperdu : 150

—Quoi !… comment !… Ce n'est pas possible !

Et ils cherchèrent dans les plis de la robe, dans les plis du manteau, dans les
poches, partout. Ils ne la trouvèrent point.

Il demandait :

—Tu es sûre que tu l'avais encore en quittant le bal ? 155

—Oui, je l'ai touchée dans le vestibule du Ministère.

—Mais si tu l'avais perdue dans la rue, nous l'aurions entendue tomber. Elle
doit être dans le fiacre.

—Oui. C'est probable. As-tu pris le numéro ?

—Non. Et toi, tu ne l'as pas regardé ? 160

—Non.

Ils se contemplaient atterrés. Enfin Loisel se rhabilla.

—Je vais, dit-il, refaire tout le trajet que nous avons fait à pied, pour voir si je
ne la retrouverai pas.

Et il sortit. Elle demeura en toilette de soirée, sans force pour se coucher, 165
abattue sur une chaise, sans feu, sans pensée.

Son mari rentra vers sept heures. Il n'avait rien trouvé.

Il se rendit à la Préfecture de police, aux journaux, pour faire promettre une
récompense, aux compagnies de petites voitures, partout enfin où un soupçon
d'espoir le poussait. 170

Elle attendit tout le jour, dans le même état d'effarement devant cet affreux
désastre.

Loisel revint le soir, avec la figure creusée, pâlie ; il n'avait rien découvert.

—Il faut, dit-il, écrire à ton amie que tu as brisé la fermeture de sa rivière et
que tu la fais réparer. Cela nous donnera le temps de nous retourner. 175

Elle écrivit sous sa dictée.

Au bout d'une semaine, ils avaient perdu toute espérance.

---

8. distraught

Et Loisel, vieilli de cinq ans, déclara :

—Il faut aviser à remplacer ce bijou.

180   Ils prirent, le lendemain, la boîte qui l'avait renfermé, et se rendirent chez le joaillier, dont le nom se trouvait dedans. Il consulta ses livres :

—Ce n'est pas moi, madame, qui ai vendu cette rivière ; j'ai dû seulement fournir l'écrin.

Alors ils allèrent de bijoutier en bijoutier, cherchant une parure pareille à
185   l'autre, consultant leurs souvenirs, malades tous deux de chagrin et d'angoisse.

Ils trouvèrent, dans une boutique du Palais Royal, un chapelet de diamants qui leur parut entièrement semblable à celui qu'ils cherchaient. Il valait quarante mille francs. On le leur laisserait à trente-six mille.

Ils prièrent donc le joaillier de ne pas le vendre avant trois jours. Et ils firent
190   condition qu'on le reprendrait pour trente-quatre mille francs, si le premier était retrouvé avant la fin de février.

Loisel possédait dix-huit mille francs que lui avait laissés son père. Il emprunterait le reste.

Il emprunta, demandant mille francs à l'un, cinq cents à l'autre, cinq louis
195   par-ci, trois louis par-là. Il fit des billets, prit des engagements ruineux, eut affaire aux usuriers, à toutes les races de prêteurs. Il compromit toute la fin de son existence, risqua sa signature sans savoir même s'il pourrait y faire honneur, et, épouvanté par les angoisses de l'avenir, par la noire misère qui allait s'abattre sur lui, par la perspective de toutes les privations physiques et de
200   toutes les tortures morales, il alla chercher la rivière nouvelle, en déposant sur le comptoir du marchand trente-six mille francs.

Quand Mme Loisel reporta la parure à Mme Forestier, celle-ci lui dit, d'un air froissé :

—Tu aurais dû me la rendre plus tôt, car je pouvais en avoir besoin.

205   Elle n'ouvrit pas l'écrin, ce que redoutait son amie. Si elle s'était aperçue de la substitution, qu'aurait-elle pensé ? qu'aurait-elle dit ? Ne l'aurait-elle pas prise pour une voleuse ?

Mme Loisel connut la vie horrible des nécessiteux. Elle prit son parti, d'ailleurs, tout d'un coup, héroïquement. Il fallait payer cette dette effroyable.
210   Elle payerait. On renvoya la bonne ; on changea de logement ; on loua sous les toits une mansarde.⁹

Elle connut les gros travaux du ménage, les odieuses besognes de la cuisine. Elle lava la vaisselle, usant ses ongles roses sur les poteries grasses et le fond des casseroles. Elle savonna le linge sale, les chemises et les torchons, qu'elle
215   faisait sécher sur une corde ; elle descendit à la rue, chaque matin, les ordures,

---

9. an attic apartment (cheapest rent)

et monta l'eau, s'arrêtant à chaque étage pour souffler. Et, vêtue comme une femme du peuple, elle alla chez le fruitier, chez l'épicier, chez le boucher, le panier au bras, marchandant, injuriée, défendant sou à sou son misérable argent.

Il fallait chaque mois payer des billets, en renouveler d'autres, obtenir du temps. 220

Le mari travaillait, le soir, à mettre au net les comptes d'un commerçant, et la nuit, souvent, il faisait de la copie à cinq sous la page.

Et cette vie dura dix ans.

Au bout de dix ans, ils avaient tout restitué, tout, avec le taux de l'usure, et l'accumulation des intérêts superposés. 225

Mme Loisel semblait vieille, maintenant. Elle était devenue la femme forte, et dure, et rude, des ménages pauvres. Mal peignée, avec les jupes de travers et les mains rouges, elle parlait haut, lavait à grande eau les planchers. Mais parfois, lorsque son mari était au bureau, elle s'asseyait auprès de la fenêtre, et elle songeait à cette soirée d'autrefois, à ce bal où elle avait été si belle et si fêtée. 230

Que serait-il arrivé si elle n'avait point perdu cette parure ? Qui sait ? qui sait ? Comme la vie est singulière, changeante ! Comme il faut peu de chose pour vous perdre ou vous sauver !

Or, un dimanche, comme elle était allée faire un tour aux Champs-Elysées pour se délasser des besognes de la semaine, elle aperçut tout à coup une 235 femme qui promenait un enfant. C'était Mme Forestier, toujours jeune, toujours belle, toujours séduisante.

Mme Loisel se sentit émue. Allait-elle lui parler ? Oui, certes. Et maintenant qu'elle avait payé, elle lui dirait tout. Pourquoi pas ?

Elle s'approcha. 240

—Bonjour, Jeanne.

L'autre ne la reconnaissait point, s'étonnant d'être appelée ainsi familièrement par cette bourgeoise.

Elle balbutia :

—Mais… madame !… Je ne sais… Vous devez vous tromper. 245

—Non. Je suis Mathilde Loisel.

Son amie poussa un cri.

—Oh ! … ma pauvre Mathilde, comme tu es changée !…

—Oui, j'ai eu des jours bien durs, depuis que je ne t'ai vue ; et bien des misères… et cela à cause de toi !… 250

—De moi . . . Comment ça ?

—Tu te rappelles bien cette rivière de diamants que tu m'as prêtée pour aller à la fête du Ministère.

—Oui. Eh bien ?

—Eh bien, je l'ai perdue. 255

—Comment ! puisque tu me l'as rapportée.

—Je t'en ai rapporté une autre toute pareille. Et voilà dix ans que nous la payons. Tu comprends que ça n'était pas aisé pour nous, qui n'avions rien... Enfin c'est fini, et je suis rudement contente.

260   Mme Forestier s'était arrêtée.

—Tu dis que tu as acheté une rivière de diamants pour remplacer la mienne ?

—Oui. Tu ne t'en étais pas aperçue, hein ! Elles étaient bien pareilles.

Et elle souriait d'une joie orgueilleuse et naïve.

Mme Forestier, fort émue, lui prit les deux mains.

265   —Oh ! ma pauvre Mathilde ! Mais la mienne était fausse. Elle valait au plus cinq cents francs !...

Après la lecture

Vérifiez votre compréhension

1. Quels sont les signes qui indiquent la classe sociale du personnage principal ?

2. Pourquoi le nom de l'héroïne n'est pas mentionné avant l'invitation à la soirée ? Quel effet est-ce que cela produit sur le lecteur vis-à-vis de Mme Loisel ?

3. Quels signes de pauvreté peut-on observer dans l'appartement des Loisel ?

4. Contrastez le repas des Loisel avec celui qu'aurait préféré Mme Loisel.

5. Avec quoi le mari est-il rentré ?

6. Quelle est la réaction de Mme Loisel ?

7. Pourquoi Mme Loisel pleure-t-elle ?

8. Est-ce que l'achat d'une robe satisfait les besoins de Mme Loisel ?

9. Pourquoi Mme Loisel est-elle triste quand le jour de la fête s'approche ?

10. Pourquoi Mme Loisel n'est-elle pas allée chez Mme Forestier auparavant ? Est-ce une bonne idée de lui rendre visite ? Pourquoi ?

11. Mme Loisel a-t-elle eu beaucoup de chance au bal ?

12. Pourquoi Mme Loisel voulait-elle partir rapidement du bal ?

13. Après être rentrée du bal, pourquoi Mme Loisel a-t-elle poussé un cri ?

14. Pendant que M. Loisel est parti à la recherche de la parure, que fait Mme Loisel ?

15. Qu'est-ce qui pourrait être fait à ce point de l'histoire, quand le mari rentre à l'appartement ?

En y réfléchissant

1. Quand, au début de l'histoire, Maupassant décrit Mme Loisel comme
   « née, comme par une erreur du destin, dans une famille d'employés, »
   est-ce que c'est l'opinion du narrateur ou celle de quelqu'un d'autre ?

2. Pourquoi Mme Loisel a-t-elle décidé d'emprunter des bijoux ? Est-ce que
   c'était une bonne décision ? Qu'est-ce qu'elle aurait pu faire au lieu de les
   emprunter ?

3. Aurait-elle dû emprunter une robe du soir aussi ? Expliquez.

4. Pourquoi Mme Loisel n'a-t-elle pas dit la vérité à Mme Forestier dès le
   début ?

5. Comment est-ce que sa vie aurait été différente si elle lui avait dit la vérité ?

Perspectives culturelles

Ce conte évoque de nombreux aspects de la culture française, de la pauvreté
du pot-au-feu à la richesse de la rivière de diamants. Ils sont représentés par
des personnages qui appartiennent aux diverses classes sociales ou qui veulent
être vus comme riches. La littérature française abonde en personnages qui
luttent pour accéder à un rang social supérieur, comme Mme Loisel. Mais si
cette situation existe dans la littérature, c'est qu'elle existe aussi dans la vie.

1. Pensez aux divisions sociales qui existent dans la France contemporaine :
   les cadres, les ouvriers, les immigrés, la vieille aristocratie, les riches.
   Imaginez comment une telle histoire se déroulerait aujourd'hui dans
   différents milieux. Est-ce qu'elle se déroulerait dans une maison de haute
   couture avec des mannequins ? Dans une usine d'automobiles Renault ?
   Dans une HLM ?

2. Préparez une explication ou un résumé de votre nouveau conte.

Pour améliorer votre vocabulaire

1. **Synonymes :** Trouvez un synonyme pour chaque mot ou chaque expression de la liste. Vous trouverez ces mots dans le texte.

   a. paré (l. 6)

   b. la caste (l. 14)

   c. tâcher (l. 78)

   d. un bijou (l. 83)

   e. un coffret (l. 98)

   f. se mettre à (l. 108)

   g. valser (l. 119)

   h. un fiacre (l. 133)

   i. la glace (l. 143)

   j. le trajet (l. 163)

   k. vieilli (l. 178)

   l. entièrement (l. 187)

2. **Antonymes :** Trouvez un antonyme pour chaque mot ou chaque expression de la liste. Vous trouverez ces mots dans le texte.

   a. la pauvreté (l. 12)

   b. la laideur (l. 13)

   c. étrange (l. 28)

   d. la détresse (l. 97)

   e. l'espoir (l. 170)

3. **Définitions :** Associez les mots de la première colonne avec les définitions possibles de la seconde. Vérifiez le contexte dans lequel se trouvent ces mots.

1. la dot (l. 2)	**a.** qui rôde pendant la nuit
2. éveiller (l. 15)	**b.** offrir à quelqu'un pour un certain temps
3. le couvent (l. 35)	**c.** un appartement sous les toits d'un immeuble
4. noctambule (l. 138)	**d.** un paiement avant le mariage
5. emprunter (l. 193)	**e.** un fiacre disponible seulement le soir
6. une mansarde (l. 211)	**f.** une école religieuse
7. odieux (l. 212)	**g.** un taux élevé d'intérêt
8. l'usure (f) (l. 224)	**h.** susciter
9. prêter (l. 252)	**i.** substituer
10. remplacer (l. 261)	**j.** méprisable
	k. celui qui emploie quelque chose
	l. accepter en prêt de quelqu'un

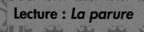

Allons au-delà

Pour communiquer

Ⓐ Écouter

Dans ce passage audio, il s'agit des enfants des rues et l'état de la société rurale du Moyen Âge à nos jours. Écoutez l'extrait audio et répondez aux questions suivantes.

1. Quelle est l'idée principale de ce passage audio ?

2. Qu'est-ce qui a provoqué l'augmentation du nombre d'enfants à la rue ?

3. Comment la société a-t-elle changé ?

4. Qu'est-ce qui est arrivé à la société paysanne ?

5. Tout n'est pas causé uniquement par la pauvreté, mais par quoi d'autre ?

6. Comment traitait-on la pauvreté dans le monde auparavant ?

Ⓑ Discussion et présentation : Le point de non-retour

Formez un groupe de trois élèves pour décider de ce que vous percevez comme le point de non-retour dans le dénouement de l'histoire.

1. Vous avez lu *La parure* et vous en connaissez le dénouement.

2. Chacun de vous dira quel était selon lui (elle) le moment de non-retour. À quel moment le dénouement était-il devenu inévitable ?

3. Si vous ne pensez pas qu'il y ait eu un tel moment, donnez vos raisons pour prouver que la fin n'était pas inévitable.

4. Expliquez votre point de vue au groupe.

5. Discutez-en pour vous mettre d'accord sur un éventuel point de non-retour.

6. Présentez vos conclusions à la classe.

Ⓒ Schéma en T : Signes de pauvreté / Signes de richesse

Par quelles normes socio-économiques les classes sociales se distinguent-elles ? Travaillez en groupes de quatre élèves.

1. Prenez deux grandes feuilles de papier pour esquisser deux schémas en « T ».

2. Les deux schémas seront marqués : « Signes de pauvreté / Signes de richesse ». L'un s'appliquera au conte *La parure*, tandis que l'autre indiquera les mêmes signes dans notre vie quotidienne.

3. Deux élèves travailleront avec le premier schéma, pendant que les autres travailleront le second. Après un certain temps, échangez les schémas pour les enrichir de nouvelles idées.

4. Ceux qui travaillent avec le schéma sur *La parure* doivent citer le texte et indiquer la ligne de la citation.

5. Après avoir terminé votre travail, votre professeur vous dira si vous devez vous préparer à expliquer vos schémas à la classe.

Ⓓ Jeu de rôle : Dans d'autres contextes

Imaginez les personnages de l'histoire dans des scènes que l'auteur n'a pas mises dans son conte. Que diraient-ils ? Quelle serait la scène ?

1. Travaillez avec un autre élève. Choisissez une des scènes suivantes pour la développer.

2. Pensez à la situation. Répétez votre présentation.

3. Enfin, montez sur la scène.

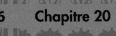

4. N'oubliez pas d'avoir une ou deux questions prêtes pour solliciter votre public.

> Mme Loisel chez le bijoutier.

> M. Loisel au commissariat de police.

> M. Loisel à la banque.

> Mme Loisel confesse la perte du bijou à Mme Forestier.

> Mme Loisel chez son psychologue.

> Mme Forestier avec ses amies après avoir découvert la vérité.

E À vos stylos ! Et ensuite ?

L'auteur dit « Au bout de dix ans, ils avaient tout restitué. » Mais, qu'est-ce qu'ils feront ensuite ? Essayez de continuer l'histoire de Mme Loisel. Qu'est-ce qu'elle fait ? Où va-t-elle ? A-t-elle changé d'attitude et abandonné son désir d'ascension sociale ? Écrivez un essai de cinq paragraphes avec une introduction, trois points de développement et une conclusion.

F Comparer

Lisez le poème ci-dessus où le poète, Pierre de Ronsard, annonce son amour pour la femme même quand elle sera vieille. Puis, répondez aux questions qui suivent.

D'après le poème de Ronsard, pensez à quoi vous ressemblerez quand vous serez vieux (vieille).

1. Comment serez-vous à quatre-vingt-dix ans ?

2. Comment serez-vous physiquement ? Comment seront votre visage, vos mains, vos jambes, votre corps ?

3. Quelle sera votre capacité mentale ? votre capacité physique ?

4. Comment organiserez-vous votre journée ? Que ferez-vous ?

Écrivez trois paragraphes à ce sujet et accompagnez-les d'un dessin de vous-même à 90 ans.

Quand vous serez bien vieille, au soir, à la chandelle

Quand vous serez bien vieille, au soir à la chandelle,
Assise auprès du feu, dévidant et filant,
Direz chantant mes vers, en vous émerveillant :
« Ronsard me célébrait du temps que j'étais belle. »

5 Lors, vous n'aurez servante oyant telle nouvelle,
Déjà sous le labeur à demi sommeillant,
Qui au bruit de Ronsard ne s'aille réveillant,
Bénissant votre nom de louange immortelle.

Je serai sous la terre, et fantôme sans os
10 Par les ombres myrteux je prendrai mon repos ;
Vous serez au foyer une vieille accroupie,

Regrettant mon amour et votre fier dédain.
Vivez, si m'en croyez, n'attendez à demain :
Cueillez dès aujourd'hui les roses de la vie.

THÈME DU COURS

La famille et la communauté : Les rapports sociaux

Dans cette sélection, il s'agit d'une femme qui ouvre sa « maison » aux petits enfants du bidonville où ils habitent.

Le Gone du Chaâba

Azouz Bégag

La grande dame du Chaâba est outrée par le comportement de son sous-chef. Elle l'aura au tournant.

Déterminée, elle rentre chez elle, suivant Rabah
5 à quelques mètres.

Nous sommes jeudi et, comme tous les jeudis, elle invite quelques-uns d'entre nous dans sa maisonnette. Suprême récompense ! Délice incomparable pour les élus.

10 Tandis que nous évaluons la richesse que nous avons exhumée du déchargement, la Louise, talonnée par Moustaf, passe dans les rangs pour désigner du doigt ceux qui auront la chance de pénétrer son palais.

15 Aujourd'hui, je fais partie de ceux-là.

Elle passe derrière Rabah qui fait mine de l'ignorer. Méprisant, il résiste comme un buffle à l'envie de l'insulter et continue d'ausculter son moteur.

20 C'est fait. Le comité est constitué. Nous suivons notre hôtesse jusqu'au grand portail de sa résidence.

—Arrêtez là ! Je vais enfermer le Pollo.

Elle pénètre dans son jardin où rôdent les quarante kilos de l'immense chien-loup noir qui
25 est chargé de veiller sur le patrimoine des maîtres pendant leur absence, tenant compagnie aux pigeons, aux colombes, aux poules et aux lapins. Toute cette basse-cour est enfermée dans de grandes cages qui donnent sur le chemin, côté baraques.
30

Au sifflement presque imperceptible, Pollo répond instinctivement. Il arrive sur elle en trois foulées majestueuses. Elle l'emprisonne pour nous frayer un passage.

De l'autre côté des grillages, le loup se couche
35 sur les quatre pattes, pose son menton sur la pelouse et fixe ses yeux noirs sur nous, sans relâche. Ses dents acérées nous souhaitent la bienvenue.

Nous longeons les cages pour déboucher sur l'entrée de la maison. Alors, nous foulons la
40 caverne de Louise Baba.

M. Gu est déjà là. Se dandinant sur sa chaise, il tire paisiblement sur sa pipe et sourit en nous voyant entrer.

La pièce est très étroite et sombre. Une seule
45 petite fenêtre donne sur le boulevard de ceinture. Au-dessus d'elle, une horloge en bois sonne toutes les heures et pousse dehors un rossignol en couleurs qui chante *cou-cou* pour annoncer l'heure.

La Louise nous installe autour d'une table au
50 milieu de la pièce, malheureusement trop petite pour accueillir la quarantaine de gones qui meurent d'envie de visiter le château.

Elle verse des litres de lait dans une énorme marmite qu'elle pose sur le réchaud, place un
55

bol devant chacun de nous, verse au fond une cuillerée de chocolat, coupe des tartines de pain et laisse le beurre et la confiture à portée de main.

J'attends de voir le lait monter.

60 Et puis c'est la grande bouffe de 4 heures. Les tartines sucrées s'activent entre le bol et ma bouche à une vitesse qui laisse M. Gu perplexe. Il sait que chez nous il n'y a jamais de chocolat, pas plus de confiture. Au menu de 4 heures, seulement 65 du pain et des carrés de sucre.

Silencieusement, je déguste l'aubaine.

—Vous avez fini, maintenant ? demande la Louise.

Le 4 heures est digéré.

70 —Bon, alors vous allez tous nettoyer le jardin avec le Gu, d'accord ?

—Qu'est-ce qu'il faut faire, Louise ? demande Moustaf.

—Il faut enlever les feuilles mortes, arracher les mauvaises herbes et passer le râteau. Mais suivez 75 le Gu, il va vous montrer…

Les volontaires répondent présent. La candidature pour le jeudi prochain est à ce prix.

Malade ! Rabah était malade en nous regardant sortir du palais, repus. 80

La Louise a touché son rival en plein cœur, l'a humilié devant tous les gones. C'était mal connaître Rabah que de croire qu'il allait se satisfaire de cette reprise de volée.

Questions de compréhension

1. Comment la Louise invite-t-elle les enfants ?

   a. Elle chuchote dans l'oreille de chacun.
   b. Elle les désigne du doigt.
   c. Ils sont tous invités.
   d. C'est son sous-chef qui le fait.

2. Qui protège la maison ?

   a. Son mari.
   b. Rabah.
   c. Un grand chien.
   d. M. Gu.

3. Qui est M. Gu ?

   a. Un perroquet.
   b. Un petit singe.
   c. Le chien-loup.
   d. Un homme.

4. Pourquoi les enfants veulent-ils assister à la petite fête de la Louise ?

   a. À cause du casse-croûte.
   b. À cause du lait frais qu'on y sert.
   c. Parce qu'il y en a une quarantaine qui veulent être invités.
   d. Parce qu'on voudrait voir l'intérieur du palais.

5. Quel en est le prix d'entrée ?

   a. 40 F chacun.
   b. On doit travailler ensuite dans le jardin.
   c. Poser sa candidature pour jeudi prochain.
   d. Le courage de passer par l'entrée dans la maisonnette.

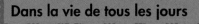

6. En quoi consiste le repas ?

   a. Le petit déjeuner.
   b. Du lait avec des biscuits.
   c. Le déjeuner.
   d. Du lait et du chocolat.

7. Comment peut-on décrire le passage dans la maisonnette ?

   a. Bordé de cages aux animaux.
   b. Tapissé de lierre et d'autres plantes.
   c. Sombre et obscur.
   d. Sale et jonché de déchets.

8. Qu'est-ce qui constitue le « patrimoine » ?
   (l. 25)

   a. Les cages aux oiseaux.
   b. Tous les objets qu'a amassés la Louise.
   c. Le repas que sert la Louise.
   d. Les animaux qui habitent avec la Louise.

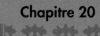

Après avoir considéré les lectures et les discussions de ce chapitre, reprenez-en la discussion.

- Par quelles normes socio-économiques les classes sociales se distinguent-elles ?

- Quelles règles explicites ou implicites existent dans les classes d'âges ou les classes sociales ?

- On ne peut arrêter son propre vieillissement, mais comment peut-on faire évoluer son appartenance à une classe sociale ?

CHAPITRE 21

Allons les enfants !

Contexte : L'enfance et l'adolescence

··

LECTURE Sempé et Goscinny : *Le petit Nicolas*

Déchiffrons l'image

1. Qu'est-ce qui distingue cette vieille salle de classe française des salles modernes ? Comment la salle de classe française diffère-t-elle des salles américaines ?

2. Qu'est-ce que l'image vous apprend sur l'éducation primaire dans les années 50 ? Quelles sont vos impressions sur l'éducation de nos jours ?

Les questions du chapitre

- Comment la famille organise-t-elle l'éducation de l'enfant ?

- Qui d'autre, à part la famille, concourt à l'éducation de l'enfant ?

- Que pensez-vous de l'adage « il faut tout un village pour élever un enfant » ? Comment, dans ces conditions, est-ce que le rôle de la famille et de la communauté diffèrent ou convergent ?

Le petit Nicolas : *On a eu l'inspecteur*

Avant la lecture

Stratégies pour la lecture : *Pour se souvenir des personnages*
··

Il y a plusieurs personnages dans les histoires du petit Nicolas qui apparaissent très régulièrement. Chacun a ses propres traits qui le distinguent des autres. Marquez le nom de chaque personnage dans la grille ci-dessous ainsi que les informations qui le concernent.

nom du personnage	description	verbes	noms
Alceste	mange tout le temps	manger	la tartine

Le petit Nicolas : *On a eu l'inspecteur*

René Goscinny

La maîtresse est entrée en classe toute nerveuse. « M. l'Inspecteur est dans l'école, elle nous a dit, je compte sur vous pour être sages et faire une bonne impression. » Nous on a promis qu'on se tiendrait bien, d'ailleurs, la maîtresse a tort de s'inquiéter, nous sommes presque toujours sages. « Je vous signale, a dit la maîtresse, que c'est un nouvel inspecteur, l'ancien était déjà habitué à 5
vous, mais il a pris sa retraite… » Et puis, la maîtresse nous a fait des tas et des tas de recommandations, elle nous a défendu de parler sans être interrogés, de rire sans sa permission, elle nous a demandé de ne pas laisser tomber des billes comme la dernière fois que l'inspecteur est venu et qu'il s'est retrouvé par terre, elle a demandé à Alceste de cesser de manger quand l'inspecteur serait là et 10
elle a dit à Clotaire, qui est le dernier de la classe, de ne pas se faire remarquer. Quelquefois je me demande si la maîtresse ne nous prend pas pour des guignols.[1] Mais, comme on l'aime bien, la maîtresse, on lui a promis tout ce qu'elle a voulu. La maîtresse a regardé pour voir si la classe et nous nous étions bien propres et elle a dit que la classe était plus propre que certains d'entre nous. Et 15
puis, elle a demandé à Agnan, qui est le premier de la classe et le chouchou, de mettre de l'encre dans les encriers, au cas où l'inspecteur voudrait nous faire une dictée. Agnan a pris la grande bouteille d'encre et il allait commencer à verser dans les encriers du premier banc, là où sont assis Cyrille et Joachim, quand quelqu'un a crié : « Voilà l'inspecteur ! » Agnan a eu tellement peur qu'il 20
a renversé de l'encre partout sur le banc. C'était une blague, l'inspecteur n'était pas là et la maîtresse était très fâchée. « Je vous ai vu, Clotaire, elle a dit. C'est vous l'auteur de cette plaisanterie stupide. Allez au piquet ! » Clotaire s'est mis à pleurer, il a dit que s'il allait au piquet, il allait se faire remarquer et l'inspecteur allait lui poser des tas de questions et lui il ne savait rien et il allait se mettre à 25
pleurer et que ce n'était pas une blague, qu'il avait vu l'inspecteur passer dans la cour avec le directeur et comme c'était vrai, la maîtresse a dit que bon, ça allait

---

1. idiots

pour cette fois-ci. Ce qui était embêtant, c'est que le premier banc était tout plein d'encre, la maîtresse a dit alors qu'il fallait passer ce banc au dernier rang,

30 là où on ne le verrait pas. On s'est mis au travail et ça a été une drôle d'affaire, parce qu'il fallait remuer tous les bancs et on s'amusait bien et l'inspecteur est entré avec le directeur.

On n'a pas eu à se lever, parce qu'on était tous debout, et tout le monde avait l'air bien étonné. « Ce sont les petits, ils… ils sont un peu dissipés », a dit le

35 directeur. « Je vois, a dit l'inspecteur, asseyez-vous, mes enfants. » On s'est tous assis, et, comme nous avions retourné leur banc pour le changer de place, Cyrille et Joachim tournaient le dos au tableau. L'inspecteur a regardé la maîtresse et il lui a demandé si ces deux élèves étaient toujours placés comme ça. La maîtresse, elle a fait la tête de Clotaire quand on l'interroge, mais elle n'a pas pleuré.

40 « Un petit incident… » elle a dit. L'inspecteur n'avait pas l'air très content, il avait de gros sourcils, tout près des yeux. « Il faut avoir un peu d'autorité, il a dit. Allons, mes enfants, mettez ce banc à sa place. » On s'est tous levés et l'inspecteur s'est mis à crier : « Pas tous à la fois : vous deux seulement ! » Cyrille et Joachim ont retourné le banc et se sont assis. L'inspecteur a fait un

45 sourire et il a appuyé ses mains sur le banc. « Bien, il a dit, que faisiez-vous, avant que je n'arrive ? —On changeait le banc de place », a répondu Cyrille. « Ne parlons plus de ce banc ! a crié l'inspecteur, qui avait l'air d'être nerveux. Et d'abord, pourquoi changiez-vous ce banc de place ? —À cause de l'encre », dit Joachim, « L'encre ? » a demandé l'inspecteur et il a regardé ses mains qui

50 étaient toutes bleues. L'inspecteur a fait un gros soupir et il a essuyé ses doigts avec un mouchoir.

Nous, on a vu que l'inspecteur, la maîtresse et le directeur n'avaient pas l'air de rigoler. On a décidé d'être drôlement sages.

« Vous avez, je vois, quelques ennuis avec la discipline, a dit l'inspecteur à

55 la maîtresse, il faut user d'un peu de psychologie élémentaire », et puis, il s'est tourné vers nous, avec un grand sourire et il a éloigné ses sourcils de ses yeux. « Mes enfants, je veux être votre ami. Il ne faut pas avoir peur de moi, je sais que vous aimez vous amuser, et moi aussi, j'aime bien rire. D'ailleurs, tenez, vous connaissez l'histoire des deux sourds : un sourd dit à l'autre : tu vas à la pêche ?

60 et l'autre dit : non, je vais à la pêche. Alors le premier dit : ah bon, je croyais que tu allais à la pêche. » C'est dommage que la maîtresse nous ait défendu de rire sans sa permission, parce qu'on a eu un mal fou à se retenir. Moi, je vais raconter l'histoire ce soir à papa, ça va le faire rigoler, je suis sûr qu'il ne la connaît pas. L'inspecteur, qui n'avait besoin de la permission de personne,

65 a beaucoup ri, mais comme il a vu que personne ne disait rien dans la classe, il a remis ses sourcils en place, il a toussé et il dit : « Bon, assez ri, au travail.

Pendant la lecture

Notez les différences qui existent entre la salle de classe dans le contexte de cette histoire et celle que vous connaissez.

—Nous étions en train d'étudier les fables, a dit la maîtresse, *Le Corbeau et le Renard.* —Parfait, parfait, a dit l'inspecteur, eh bien, continuez. » La maîtresse a fait semblant de chercher au hasard dans la classe, et puis, elle a montré Agnan du doigt : « Vous, Agnan, récitez-nous la fable. » Mais l'inspecteur a levé la main. « Vous permettez ? » il a dit à la maîtresse, et puis, il a montré Clotaire. « Vous, là-bas, dans le fond, récitez-moi cette fable. » Clotaire a ouvert la bouche et il s'est mis à pleurer. « Mais, qu'est-ce qu'il a ? » a demandé l'inspecteur. La maîtresse a dit qu'il fallait excuser Clotaire, qu'il était très timide, alors, c'est Rufus qui a été interrogé. Rufus c'est un copain, et son papa, il est agent de police. Rufus a dit qu'il ne connaissait pas la fable par cœur, mais qu'il savait à peu près de quoi il s'agissait et il a commencé à expliquer que c'était l'histoire d'un corbeau qui tenait dans son bec un roquefort.[2] « Un roquefort ? » a demandé l'inspecteur, qui avait l'air de plus en plus étonné, « Mais non, a dit Alceste, c'était un camembert.[3] —Pas du tout, a dit Rufus, le camembert, le corbeau il n'aurait pas pu le tenir dans son bec, ça coule et puis ça sent pas bon ! —Ça sent pas bon, mais c'est chouette à manger, a répondu Alceste. Et puis, ça ne veut rien dire, le savon ça sent bon, mais c'est très mauvais à manger, j'ai essayé, une fois. —Bah ! a dit Rufus, tu es bête et je vais dire à mon papa de donner des tas de contraventions[4] à ton papa ! » Et ils se sont battus.

Tout le monde était levé et criait, sauf Clotaire qui pleurait toujours dans son coin et Agnan qui était allé au tableau et qui récitait *Le corbeau et le renard.* La maîtresse, l'inspecteur et le directeur criaient « Assez ! ». On a tous bien rigolé.

Quand ça s'est arrêté et que tout le monde s'est assis, l'inspecteur a sorti son mouchoir et il s'est essuyé la figure, il s'est mis de l'encre partout et c'est dommage qu'on n'ait pas le droit de rire, parce qu'il faudra se retenir jusqu'à la récréation et ça ne va pas être facile.

L'inspecteur s'est approché de la maîtresse et il lui a serré la main. « Vous avez toute ma sympathie, Mademoiselle. Jamais, comme aujourd'hui, je ne me suis aperçu à quel point notre métier est un sacerdoce.[5] Continuez ! Courage ! Bravo ! » Et il est parti, très vite, avec le directeur.

Nous, on l'aime bien, notre maîtresse, mais elle a été drôlement injuste. C'est grâce à nous qu'elle s'est fait féliciter, et elle nous a tous mis en retenue !

---

2. a type of cheese
3. another type of cheese
4. fines or tickets
5. sacrifice

Après la lecture

Vérifiez votre compréhension

1. Où est l'ancien inspecteur ?
2. Que demande la maîtresse à Alceste ?
3. Qui a crié « Voilà l'inspecteur ! » Pourquoi ?
4. Pourquoi est-ce que la maîtresse est fâchée ?
5. Quelle punition est-ce que la maîtresse a donnée à Clotaire ?
6. Qu'est-ce qui est arrivé pendant que les enfants remuaient les bancs ?
7. Pourquoi est-ce que les enfants n'ont pas eu à se lever ?
8. Comment le directeur explique-t-il la classe aux petits ?
9. Pourquoi la maîtresse fait-elle la tête de Clotaire ?
10. Pourquoi l'inspecteur ne voulait-il plus parler du banc ?
11. Qu'est-ce que c'est l'histoire des deux sourds ?
12. Pourquoi l'inspecteur peut-il rire quand il raconte une histoire drôle ?
13. Quelle est la leçon du jour ?
14. Pourquoi est-ce que la maîtresse a demandé à Agnan de réciter la fable ?
15. Qui est-ce que l'inspecteur a choisi ?
16. Comment Rufus a-t-il expliqué la fable ?
17. Selon Alceste, pourquoi est-ce que le corbeau ne pouvait pas tenir un camembert dans son bec ?
18. Expliquez la chorégraphie esquissée pendant la scène de la fable.
19. Pourquoi personne n'a ri quand l'inspecteur s'est essuyé le visage ?
20. Quelle est l'ironie de la scène ?

En y réfléchissant

1. Quel genre d'école est-ce ? Qu'est-ce que cela vous apprend sur les écoles des années cinquante en France ?
2. Qu'est-ce que vous pensez des noms des enfants dans cette école ?
3. Expliquez « elle a fait la tête de Clotaire quand on l'interroge ». Donnez d'autres exemples pris dans l'histoire ou dans la vie de tous les jours.
4. Comment le narrateur décrit-il les sourcils de l'inspecteur ? Pourquoi ces observations sont-elles importantes ?
5. Comment cette histoire illustre-t-elle l'adage « il faut tout un village pour élever un enfant » ?

Perspectives culturelles

Cette histoire date d'un temps révolu, celui des années 1950 quand les écoles en France étaient tout à fait différentes de ce qu'elles sont aujourd'hui. À cette époque-là, il y avait des objets aujourd'hui disparus. Pouvez-vous les identifier en faisant une recherche sur internet ?

- l'encrier, l'encre, la bouteille d'encre, la plume
- le banc, le pupitre
- le tableau (noir)

Le ministère de l'éducation nationale était représenté par des « inspecteurs de l'éducation nationale » dont les missions incluaient :

- inspecter et conseiller les personnels enseignants
- évaluer les enseignements et les écoles
- assurer le plan éducatif dans les classes

L'arrivée de l'inspecteur, probablement aujourd'hui encore, est un événement qui inquiète les personnels de l'école : la maîtresse et le directeur.

1. De nos jours, il y a toujours des maîtresses et des maîtres. Mais comment les appelle-t-on ? Cherchez sur internet le nom des différents personnels d'éducation. Vous pouvez commencer par : l'instituteur/l'institutrice, le surveillant, le professeur des écoles, le bibliothécaire…

Pour améliorer votre vocabulaire

1. **Synonymes :** Trouvez un synonyme pour chaque mot ou chaque expression de la liste. Vous trouverez ces mots dans le texte.

    a. la maîtresse (l. 1)
    b. sage (l. 2)
    c. le chouchou (l. 16)
    d. une blague (l. 21)
    e. l'auteur (l. 23)
    f. remuer (l. 31)
    g. étonné (l. 34)
    h. appuyer (l. 45)
    i. nerveux (l. 47)
    j. le métier (l. 95)

2. **Antonymes :** Trouvez un antonyme pour chaque mot ou chaque expression de la liste. Vous trouverez ces mots dans le texte.

   a. avoir tort (l. 4)
   b. propre (l. 15)
   c. fâché (l. 22)
   d. debout (l. 33)
   e. un sourire (l. 45)
   f. élémentaire (l. 55)
   g. défendre (l. 61)
   h. timide (l. 74)

3. **Définitions :** Associez les mots de la première colonne avec les définitions possibles de la seconde. Vérifiez le contexte dans lequel se trouvent ces mots.

   1. prendre la retraite (l. 6)
   2. des tas et des tas (l. 6)
   3. des guignols (l. 12)
   4. l'encrier (l. 17)
   5. le banc (l. 19)
   6. la plaisanterie (l. 23)
   7. le piquet (l. 23)
   8. rigoler (l. 53)
   9. drôlement (l. 53)
   10. l'ennui (l. 54)

   a. le récipient qui contient de l'encre pour écrire
   b. très
   c. cesser le travail après un certain âge
   d. le coin
   e. des idiots
   f. bureau de change
   g. le siège
   h. un problème
   i. une blague
   j. beaucoup
   k. amusant
   l. rire

Allons au-delà

Pour communiquer

Ⓐ Écouter

Dans ce podcast, il s'agit d'une biographie de Léopold Sédar Senghor, auteur, poète, et ancien président du Sénégal dont on évoque la jeunesse. Écoutez l'extrait audio et répondez aux questions suivantes.

1. De quoi parle-t-on dans ce passage audio ?

2. Pourquoi ne peut-on pas être certain de la date de naissance de Senghor ?

3. Qui est-ce qui a fondé Joal ?

4. Comment est la structure familiale à Joal ?

5. Qu'est-ce que rêvait d'être le jeune Senghor ?

Ⓑ Débat : Il faut tout un village pour élever un enfant

Travaillez en groupes de quatre. Pensez au proverbe « Il faut tout un village pour élever un enfant ».

1. En travaillant avec vos partenaires choisissez de défendre soit le pour soit le contre et formulez votre position.

2. Recherchez le vocabulaire dont vous aurez besoin. N'oubliez pas de consulter les listes de mots utiles à la fin de ce livre.

3. Échangez vos informations et préparez-vous à débattre devant la classe.

4. Débattez.

5. Comme toujours, ayez une ou deux questions à poser à votre public.

Ⓒ Votons ! La bonne blague

1. Racontez à la classe une bonne blague que vous avez jouée à quelqu'un. Si vous ne l'avez jamais fait, pensez à une situation où vous pourriez le faire. Ou bien inventez une situation de ce type.

2. Après avoir écouté toutes les bonnes blagues, la classe votera pour…

   a. la plus amusante

   b. la plus astucieuse

   c. la mieux exécutée

   d. la meilleure présentation en français

   e. *et d'autres prix que vous déterminerez par avance !*

Ⓓ Jeu de rôle : À la table ronde ! Situations

Discutez de ces situations en groupes de trois élèves.

1. Imaginez que vous faites du baby-sitting et vous ne pouvez pas contrôler les enfants qui font ce qu'ils veulent. Qu'est-ce que vous faites ?

2. Le professeur donne un devoir où vous devez apprendre par cœur un poème ou une fable. Quand vous vous présentez en classe, vous vous rendez compte que vous avez oublié de faire vos devoirs. Qu'est-ce que vous faites ?

3. Imaginez que vous êtes en classe et le directeur de l'école entre. Changez-vous de comportement ? Comment réagissent les autres élèves ?

4. Y a-t-il des épisodes où vous avez dénoté de la frustration chez un de vos professeurs ? Expliquez la situation et pourquoi le professeur était-il frustré.

5. L'histoire des sourds et d'autres histoires plates. L'inspecteur voulait amuser la classe des petits avec son histoire de sourds. Il y a plusieurs plaisanteries ou histoires amusantes qui sont populaires parmi les enfants. Histoires d'éléphants, histoires de « Toc, toc ! » et ainsi de suite. Certaines plaisanteries sont intraduisibles dans une autre langue. Il y en a pourtant d'autres que vous pourriez facilement rendre en français. Cherchez ces histoires et racontez-les à vos camarades.

Ⓔ À vos stylos ! Gardez le style !

Écrivez votre propre histoire de Nicolas et ses copains. Vous pouvez imaginer votre conte comme vous le souhaitez, ou choisir l'une des situations ci-dessous. Essayez d'employer le même registre de vocabulaire et d'expressions que celui du Petit Nicolas afin de conserver son style original !

On va à la plage	*On va au restaurant*	*Bonne fête, Alceste !*
On visite la ferme	*On va au cinéma*	*On joue au base-ball*
Au parc d'attractions	*On va au musée d'histoire naturelle*	*Il neige !*
On joue dans l'orchestre	*À un match de hockey*	*On va à la tour Eiffel*
On va en train	*On prépare un gâteau*	*À Notre-Dame de Paris*

Ⓕ À vos stylos ! : Les stéréotypes

L'histoire du petit Nicolas est pleine de personnages qui représentent des stéréotypes : des adultes et des enfants. Notez comment nous classons les personnes selon leurs traits de caractère ou leur apparence physique.

1. Pensez à une situation tirée de votre vie personnelle où les stéréotypes (le préjugé, la race) ont influencé une décision, une action, un événement ou une opinion. Peut-être que cela vous est arrivé ou que vous l'avez constaté chez quelqu'un d'autre.

2. Montrez comment le stéréotype a conditionné la décision et la/les conséquence(s) de cette décision. N'oubliez pas d'écrire votre essai en cinq paragraphes, dont une introduction, trois points et une conclusion.

Ⓖ Comparer

Servez-vous de ce schéma pour comparer votre école à une école dans le système d'éducation en France.

Ans	Lycée
17–18	terminale
16–17	première
15–16	seconde
	CES Collège d'Enseignement Secondaire
14–15	troisième
13–14	quatrième
12–13	cinquième
11–12	sixième
	École Primaire
10–11	Cours Moyen 2 (CM2)
9–10	Cours Moyen 1 (CM1)
8–9	Cours élémentaire niveau 2 (CE2)
7–8	Cours élémentaire niveau 1 (CE1)
6–7	Cours préparatoire (CP)
2–6	École maternelle

La littérature comparée

Lisez le poème *Le cancre* de Jacques Prévert.
Ensuite, répondez aux questions.

Le Cancre

Il dit non avec la tête
mais il dit oui avec le cœur
il dit oui à ce qu'il aime
il dit non au professeur
5 il est debout
on le questionne
et tous les problèmes sont posés
soudain le fou rire le prend
et il efface tout
10 les chiffres et les mots
les dates et les noms
les phrases et les pièges
et malgré les menaces du maître
sous les huées des enfants prodiges
15 avec les craies de toutes les couleurs
sur le tableau noir du malheur
il dessine le visage du bonheur

Questions de compréhension

1. Est-ce que vous connaissez un élève qui ressemble à celui du poème ?

2. Est-ce que vous avez vu un élève semblable dans un film ou dans une émission de télévision ?

3. Pensez à un genre d'élève qui correspond à un autre stéréotype : (l'athlète, la pom-pom girl, un membre de l'orchestre, le surdoué, etc.).

   a. Comment est cet élève ? *(adjectifs)*
   b. Que fait-il en classe ? *(verbes)*
   c. Comment caractériseriez-vous ses rapports avec (a) les autres élèves ? (b) les professeurs ?
   d. Mettez-vous à sa place : Que pense-t-il ? Qu'est-ce qui l'anime ?
   e. Créez votre propre poème dans le style du *Cancre*.

THÈME DU COURS

La famille et la communauté : L'enfance et l'adolescence

Dans cette sélection, il s'agit d'un jeune homme qui ne se plaît ni chez son père ni chez sa mère.

« Driss » tiré de Shérazade

Leïla Sebbar

—C'est lui qui (…) m'a jamais aimé il aime les autres les enfants de sa deuxième ou troisième femme moi il m'aime pas je suis le fils de celle qu'il a répudiée il l'a renvoyée au Maroc dans son village
5 chez sa mère avec les deux plus jeunes et moi pourquoi il m'a gardé avec lui je voulais aller là-bas où est ma mère et il a dit non il dit toujours non quand je veux quelque chose sa dernière femme est jeune il fait tout pour elle et ses enfants pour moi rien il
10 m'a jamais aidé à l'école j'ai travaillé tout seul si les notes étaient mauvaises il me frappait un jour il m'a frappé avec son ceinturon après avoir mis du sel sur ma peau mouillée quand je dis ça on me croit pas j'ai des copains arabes leur père est pas comme ça
15 il les frappe pas il leur demande si ça va mon père quand j'ai travaillé la première fois comme soudeur avec mon C.A.P. il m'a pris tout mon argent et chaque mois il disait que je devais lui donner ma paye parce qu'il m'avait élevé et il avait dépensé
20 beaucoup d'argent pour ça à la fin j'en ai eu marre je suis parti sa femme était bien contente elle dit toujours qu'il est pas assez sévère avec moi je suis parti je voulais aller au Maroc mais j'avais pas d'argent je voulais voir ma mère ça fait sept ans qu'elle est
25 partie je l'ai pas revue mon père m'empêche de retourner au Maroc je suis né là-bas à cinq ans je suis venu ici avec ma mère à Gennevilliers d'abord

et après à Sarcelles quand ma mère est arrivée mon père s'était mis avec une Française ma mère a voulu repartir mon père lui a dit qu'il quitterait la Fran- 30
çaise si elle restait elle est restée mais ça n'allait pas mon père était avec ma mère et il voyait toujours la Française je l'ai vu une fois avec elle dans un café je l'ai dit à ma mère elle le savait elle s'est disputée avec mon père il l'a répudiée elle est partie après ça 35
mon père s'est marié avec une jeune Marocaine une cousine du village elle est venue ici pour lui quand j'ai quitté la maison de mon père j'ai travaillé et avec l'argent je suis parti au Maroc voir ma mère elle avait demandé le divorce je le savais pas elle s'était 40
remariée avec un homme plus vieux que mon père mais qui avait pas d'enfant il est gentil avec elle il s'occupe de mes frères et sœurs il travaille ma mère dit qu'elle est bien comme ça mais moi je pouvais pas rester là-bas sans travail sans argent le nouveau 45
mari de ma mère m'a dit de rester mais j'ai dit non et je crois que ma mère préfère que je travaille en France je suis parti ma mère m'a dit que je peux aller là-bas quand je veux mais je vais pas y retourner mon père quand je suis revenu chez lui au 50
lieu de m'embrasser comme un père embrasse son fils chez nous il m'a attrapé il m'a enfermé dans une chambre et il m'a frappé en me disant qu'on lui avait dit que je volais des voitures que j'étais un voyou j'ai juré que c'était faux il m'a pas cru il m'a dit que 55

sa maison c'est plus la mienne il m'a maudit il m'a
dit qu'il veut plus me voir j'ai pris mes affaires dans
une valise et je suis parti j'ai retrouvé mon travail
je vivais dans un pavillon tout seul je m'ennuyais
60 je lavais mon linge je faisais la cuisine j'avais pas
ma mère ni mes sœurs ni personne pour me faire
tout ça j'ai pas pu rester là pourtant j'ai connu une
fille une Française qui allait au collège elle était très
amoureuse de moi moi je l'aimais bien sans plus j'ai
65 jamais vu sa famille ni sa maison je l'accompagnais
jusqu'au coin c'est tout quand je téléphonais je
disais c'est Philippe et comme on trouve que j'ai pas
d'accent on me prend pas pour un Arabe sa mère
me croyait Français elle me passait sa fille et comme
70 ça je pouvais lui parler elle m'a dit que si son père

savait il me casserait la figure c'est son beau-père et
c'est un flic depuis que je suis ici je la vois plus j'ai
des nouvelles par un copain il me donne des lettres
mais j'ai pas tellement envie de la voir elle est trop
accroché (…) une fois avant de venir habiter ici un   75
cousin m'a vu dans la rue il est venu m'inviter à son
mariage je suis allé à la fête j'ai vu mon père avec sa
femme et ses enfants je me suis dirigé vers lui pour
lui dire bonjour il a refusé de me saluer devant tout
le monde c'était un affront public il m'a renié (…)   80
mon père c'est fini je le revois plus il existe plus je
préfère aller en prison plutôt que chez lui…

Driss crachait de mépris en parlant, il parlait fort,
sanglotait par moments, à la fin, il s'est endormi.

Questions de compréhension

1. Par rapport aux femmes de son père, qui est Driss ?

   a. L'aîné des enfants de la deuxième.

   b. L'aîné de la première.

   c. Le fils de la troisième.

   d. Le plus jeune de la deuxième.

2. Driss ne semble-t-il pas s'entendre avec son père pour toutes les raisons suivantes **sauf** :

   a. Il dit toujours non.

   b. Il ne l'a jamais aidé à l'école.

   c. Il l'a gardé avec lui.

   d. Il l'a frappé avec son ceinturon.

3. Qu'est-ce qui est arrivé lorsque Driss a eu son premier boulot ?

   a. Il a dû céder son salaire à son père.

   b. On l'a nommé premier soudeur.

   c. Il a oublié son masque de soudeur.

   d. Son père l'a frappé.

4. Pourquoi est-ce que la femme de son père est contente ?

   a. Parce que Driss est allé au Maroc.

   b. Parce que Driss en a assez.

   c. Parce que le père n'est pas assez sévère avec Driss.

   d. Parce que Driss est parti de la maison.

5. Où est né Driss ?

   a. Au Maroc.

   b. À Gennevilliers.

   c. À Sarcelles.

   d. En France.

6. Pourquoi la mère de Driss est-elle retournée au Maroc ?

   a. Parce qu'elle n'aimait pas la vie à Sarcelles.

   b. Parce que son mari s'était mis avec une Française.

   c. Parce qu'elle s'est disputée avec son mari.

   d. Parce que Driss est parti au Maroc.

7. Qu'est devenue la mère au Maroc ?

   a. Elle a un nouveau mari qui n'est pas gentil avec les enfants.

   b. Elle s'est remariée avec un homme plus vieux et sans travail.

   c. Elle est sans travail et sans argent.

   d. Elle a un nouveau mari qui aime ses enfants ; elle se sent bien.

8. Bien que sa mère soit accueillante, pourquoi est-ce que Driss ne retournera-t-il pas auprès d'elle ?

   a. Il n'aime pas le nouveau mari de sa mère.

   b. Le nouveau mari s'occupe des autres enfants mais pas de lui.

   c. Il se sent déplacé.

   d. Il n'a pas de travail.

9. Quel est l'effet produit par le manque de ponctuation dans ce paragraphe ?

   a. Cela souligne le fait que Driss n'a pas bien fait à l'école.

   b. Cela donne une certaine rapidité à l'histoire qu'il raconte.

   c. Cela sert à confondre le lecteur et compliquer l'histoire.

   d. Cela donne un certain calme à la narration.

Revenez sur ces questions

Après avoir considéré les lectures et les discussions de ce chapitre, reprenez-en la discussion.

- Comment la famille organise-t-elle l'éducation de l'enfant ?

- Qui d'autre, à part la famille, concourt à l'éducation de l'enfant ?

- Que pensez-vous de l'adage « il faut tout un village pour élever un enfant. » Comment, dans ces conditions, est-ce que le rôle de la famille et de la communauté diffèrent ou convergent ?

CHAPITRE 22

Joyeuse fête ! Célébrez !

Les questions du chapitre

- Quelles sont les fêtes et les cérémonies qui font partie de la vie familiale ? Quelles sont les fêtes qu'on célèbre avec des amis ?

- Quel rôle jouent les fêtes dans la culture ?

- Quelles sont les céré-monies qui marquent les étapes de la vie ? Pourquoi les cérémonies regroupent-elles la famille et parfois les amis d'un participant ?

Contexte : Les coutumes

LECTURE **Marcel Pagnol :** *Manon des sources*

Déchiffrons l'image

1. Quelles fêtes est-ce qu'on célèbre qui n'ont trait ni à la religion ni à la nation ?

2. Est-ce qu'aujourd'hui les gens s'intéressent aux fêtes qui concernent des personnes d'autres nationalités et religions ?

3. Avez-vous déjà assisté à une célébration ou à une cérémonie qui vous était étrangère ? Expliquez.

Manon des sources

Avant la lecture

Stratégies pour la lecture :
Le déchiffrage d'une description : la visualisation

Certains textes offrent de riches descriptions qui mettent le thème en valeur et sont nécessaires à la compréhension du récit. Il est donc important de les comprendre parfaitement et de les visualiser.

Pendant la lecture, vous devez vous demander : « Quelle est cette image ? Comment imaginez-vous cette personne ou cette chose ? »

Lisez cette description tirée de Manon des sources et imaginez l'homme dont on parle :

> *Vêtu de sa belle redingote noire—celle-là même qu'il mettait pour rendre visite à M. le préfet—, ceint de son écharpe tricolore, et coiffé d'un chapeau gibus, M. le maire fit trois bonds…*

> *La « galerie » endimanchée admirait sa jaquette bleu marine, sa large cravate où brillait une perle bossue, et surtout un chapeau de soie d'une hauteur si grande qu'il n'eût étonné personne s'il en avait tiré des lapins vivants.*

Cherchez les mots que vous ne comprenez pas sur internet ou dans un dictionnaire de manière à visualiser l'uniforme que M. le maire revêt dans l'exercice de ses fonctions officielles.

Pour connaître l'auteur

Marcel Pagnol
(1895–1974) est un romancier, scénariste et cinéaste, né à Aubagne près de Marseille. Il sera le premier réalisateur à être élu à l'Académie française. Bien qu'il ait appris à lire, sa mère ne lui permettra pas d'avoir des livres avant l'âge de six ans. Plusieurs événements de son enfance se trouvent dans ses romans. Armé de son bac, il commence des études de littérature à Aix-en-Provence et devient professeur d'anglais. Il déménage ensuite à Paris et commence à écrire des pièces de théâtre, puis des scénarios de films. Sa carrière de romancier sera couronnée de succès. On peut citer notamment *La gloire de mon père*, *Le château de ma mère*, *Jean de Florette* et *Manon des sources*.

La famille et la communauté : Les coutumes

Dans cette sélection, l'auteur décrit une partie de pétanque et un mariage typique dans une petite ville du sud de la France. Cet épisode est tiré du roman *Manon des Sources* qui est la suite à *Jean de Florette*.

Le mariage de Manon (tiré de *Manon des sources*)
Marcel Pagnol

Pendant la lecture

Notez les détails de la description.

Vêtu de sa belle redingote noire—celle-là même qu'il mettait pour rendre visite à M. le préfet—, ceint de son écharpe tricolore, et coiffé d'un chapeau gibus, M. le maire fit trois bonds et réussit un « carreau » qui fut applaudi par l'assistance, à la grande consternation de Casimir, qui se croyait déjà vainqueur… M. Belloiseau, qui arbitrait ce duel, proclama « 14 à 14 ». 5

La « galerie » endimanchée admirait sa jaquette bleu marine, sa large cravate où brillait une perle bossue, et surtout un chapeau de soie d'une hauteur si grande qu'il n'eût étonné personne s'il en avait tiré des lapins vivants.

Pourtant, ce n'était pas la fête paroissiale, ni même un dimanche : c'était un joli matin d'avril et le jour même du mariage de M. l'instituteur ; mais en 10 attendant l'arrivée des futurs époux, le maire et Casimir n'avaient pu résister à la vue d'un panier de boules, et Philoxène avait aussitôt tiré ses gants blancs en offrant au forgeron de « lui donner une leçon » : proposition que l'autre avait acceptée en ricanant de pitié.

Ils étaient donc 14 à 14, et c'est fort gravement qu'ils entamèrent la « mène » 15 suivante, qui devait être la dernière, et dont les péripéties angoissantes serraient la gorge des spectateurs muets, lorsque le cortège nuptial parut.

Pendant la lecture

Essayez de visualiser les personnages et la scène.

En tête, venait la mariée, la petite Manon, si grande à cause de ses talons de dame, qu'on ne l'eût pas reconnue de loin sans sa robe traditionnelle de tulle blanc, et sur ses cheveux dorés, la couronne de vraies fleurs d'oranger. C'était 20 un précieux cadeau de Pamphile et de Casimir, qui étaient allés les voler la nuit chez le notaire des Ombrées, un original qui entretenait à grande peine un bigaradier[1], dans une petite serre[2] au fond de son jardin…

En descendant la côte qui menait à la mairie, elle s'appuyait sur le bras de Victor, un Victor grandiose, …dont les reflets avaient ébloui plus d'un souffleur. 25

Sous un large feutre de mousquetaire, ses gros yeux noirs brillaient d'émotion et de fierté.

---

1. bitter orange tree
2. greenhouse

Derrière eux marchaient gravement Bernard et sa mère. Elle était vêtue de dentelle beige des pieds à la tête, et souriait à travers une voilette légère qui
30 flottait autour de son large chapeau de paille, tandis que Bernard se tenait très droit dans un complet tout neuf—et ça se voyait—qui venait certainement de la Belle-Jardinière. De plus, sous les pointes rabattues d'un col dur, il avait une cravate de soie bleu d'azur piquée d'un petit saphir. C'est-à-dire qu'ils étaient tous les deux encore plus beaux que d'habitude : mais on voyait bien qu'ils le
35 savaient, et qu'ils n'étaient pas modestes du tout.

Ensuite, venait Anglade qui avait acheté un beau feutre gris pour le mariage de la « cousinette ».

Il donnait dignement l'appui de son bras à Aimée, dont le maquillage (qui eût paru insuffisant sur une scène d'opéra) était peut-être un peu trop brillant
40 pour une mairie de village, mais sa capeline de tulle ombrait avantageusement ses beaux yeux…

Enfin, derrière elle, marchaient quatre messieurs pareillement vêtus, de redingotes noires et de chapeaux melons. C'étaient des invités de Victor, dont on devrait comprendre bientôt le mérite.

45 Comme ils entraient sur l'esplanade, Philoxène leva la main pour les arrêter, et cria :

« Une seconde, pour l'estocade finale ! »

Il confia son gibus à Pamphile, se pencha en arrière, et tint un instant la boule à la hauteur de ses yeux ; puis, dans un grand silence, il bondit en avant :
50 on entendait claquer le « carreau », puis des applaudissements crépitèrent.

Philoxène salua modestement et tout le monde allait entrer à sa suite dans la mairie, lorsque la mariée lâcha soudain le bras de Victor, releva sa belle robe, et courut vers un petit groupe à demi caché derrière le tronc d'un platane : Enzo, Giacomo et Baptistine. Les bûcherons étaient merveilleusement propres,
55 mais dans leurs costumes de gala, ils avaient l'air de gigantesques perroquets : chapeau vert olive, cravates roses, vestons bleus, souliers jaune clair à claque[3] verte. Manon les ramena chacun par un bras, tandis que Baptistine, tout habillée de gris, prenait la fuite : ce fut Bernard qui la rattrapa, et qui la remit aux mains de Pamphile, à demi étranglé par un col amidonné.

60 Le cortège entra dans la salle de la mairie, décorée de romarins et de jaunes genêts[4] en fleur.

Tous les enfants de l'école, qu'Éliacin empêchait de pénétrer dans le saint des saints, criaient leur déception—mais ils en furent dédommagés par un épisode des plus remarquables.

---

3. overshoes, spats
4. broom (flowering bush)

M. Belloiseau, ayant salué fort galamment la mariée, mit son merveilleux 65
chapeau de soie sous son bras, et d'un geste vif, l'aplatit au point d'en faire une
galette… Les enfants, charmés par cette crise de folie subite, allèrent coller leur
nez aux vitres des fenêtres, dans l'espoir d'en voir d'autres conséquences : mais
M. Belloiseau alla s'asseoir avec beaucoup de dignité, et borna son extravagance
à éventer son visage avec la platitude de ce couvre-chef sacrifiée, tandis que 70
M. le maire prenait la parole….

À la sortie de la mairie, les enfants stupéfaits assistèrent à un nouvel exploit
de M. Belloiseau : ils l'attendaient, espérant jouir de sa surprise lorsqu'il tenterait
de remettre sur son crâne ce chapeau qu'il avait si comiquement aplati sans s'en
apercevoir : mais la surprise fut pour eux, car M. Belloiseau, tout en parlant 75
à Anglade, prit la noire galette qu'il portait sous son bras, et d'une simple
chiquenaude qui produisit une petite explosion, il en refit un chapeau tout neuf
qu'il posa sur sa tête sans même interrompre la conversation.

* * *

Pendant la lecture

Faites attention aux éléments qui dénotent une cérémonie.

La cérémonie à l'église fut tout à fait réussie. Manon ne manifesta aucune 80
émotion, si ce n'est par quelques rougeurs et pâleurs qui conviennent à une
mariée, et Bernard fut superbe d'assurance et d'autorité. Naturellement, Magali
pleurait. Aimée et Victor n'étaient pas auprès des jeunes époux, mais là-haut,
dans la galerie, près de l'harmonium, avec leurs mystérieux invités.

Le petit vieux était un organiste qui révéla aux Bastidiens la véritable sonorité 85
de l'antique instrument. Les trois autres étaient les meilleurs choristes de l'opéra
de Marseille. Leurs voix savantes harmonieusement superposées sur les basses
de l'harmonium supportaient la pathétique voix de Victor, et l'angélique soprano
d'Aimée : la voûte de la petite église, qui les entendaient la première, les réfléchissait sur les fidèles, si bien que cette musique céleste semblait descendre 90
vraiment du ciel. D'ailleurs, M. Belloiseau lui-même affirma plus tard que cette
messe chantée eût fait honneur à une cathédrale, le jour d'un mariage princier.

C'est à la sortie, tandis que l'instituteur, sur le parvis, lançait aux enfants des
poignées de pièces de dix sous, que le Papet surgit au fond de la place. Son bras
gauche serrait sur sa poitrine une épaisse gerbe d'œillets[5] blancs et rouges, et il 95
descendit vers l'église. Il n'avait pas de canne, et l'on voyait bien qu'il faisait des
efforts pour marcher d'un pas assuré. Cette arrivée parut surprenante à toute la
compagnie. À cause de la beauté de son costume, et de son air solennel, on crut
qu'il venait, en signe de réconciliation, offrir des fleurs à la mariée, et qu'elle
l'inviterait peut-être à la noce. Les courses et les cris des enfants cessèrent, tous 100
se taisaient, immobiles, et Manon inquiète et gênée serra le bras de son mari.
Elle chuchota : « Je ne vais pas savoir que lui répondre… »

---

5. carnations

Après la lecture

Vérifiez votre compréhension

1. Décrivez le maire. Pourquoi est-il habillé ainsi ?

2. Pourquoi le maire fait-il trois bonds ? Qu'est-ce qu'un carreau ?

3. Quelle est cette galerie « endimanchée » ?

4. Quel genre de fête est-ce ? Pourquoi l'auteur insiste-t-il sur le fait que la fête n'est **pas** autre chose ?

5. Qu'est-ce qui met fin au match de boules ?

6. D'où viennent les fleurs d'oranger ?

7. Qui est Victor ?

8. Que pensez-vous de la description de Bernard et de sa mère ?

9. Pourquoi l'auteur souligne-t-il que les participants sont « plus beaux que d'habitude » ?

10. Pourquoi Philoxène arrête-t-elle la procession ?

11. Où vont-ils après la partie de pétanque ?

12. Que font les enfants ? Pourquoi ?

13. Comment M. Belloiseau étonne-t-il les enfants après la cérémonie ?

14. Où vont les mariés et leurs invités ensuite ?

15. Qui est l'organiste ? Qui sont les chanteurs ?

16. Quelle est la réaction de M. Belloiseau après avoir entendu la musique de la messe ?

En y réfléchissant

1. Pourquoi l'auteur insiste-t-il sur « celle-là même qu'il mettait pour rendre visite à M. le préfet » ?

2. Qu'est-ce qu'un chapeau « gibus » ? Comment voyez-vous ce chapeau dans le contexte ? Quelle est la réaction des villageois ? Pourquoi ?

3. Qui applaudit le maire ? Pourquoi ?

4. Pourquoi l'auteur saute-t-il de la description des vêtements à l'explication de la partie de pétanque ?

5. Qu'est-ce que c'est la « Belle-Jardinière » ? Pourquoi est-ce que cela fait partie de la description ?

6. Pourquoi l'auteur décrit-il les vêtements de façon aussi détaillée ?

7. Pourquoi vont-ils à l'église ?

8. L'instituteur jette des pièces d'argent aux enfants. C'est une vieille tradition qui représente la dot de la mariée. Pourquoi l'auteur prête-t-il tant d'attention à ces détails ?

9. Pourquoi y a-t-il deux cérémonies de mariage ?

Perspectives culturelles

Dans ce texte, M. le maire s'habille avec tous les attributs de sa fonction afin de faire savoir à tous qu'il est bien le maire de cette commune. Peut-être un peu trop cérémonieux, il passe par le centre de la ville pour se rendre à la mairie où il doit célébrer le mariage civil. Le mariage civil est l'une des deux cérémonies ; l'autre est la cérémonie religieuse. En effet, la France est un pays laïc depuis la loi de 1905 sur la séparation de l'église et de l'état. La laïcité est importante pour les Français, mais elle est aussi source de débats et de remises en question.

1. Cherchez des situations de la vie quotidienne où l'église s'oppose à la laïcité prônée par l'État. Comment ces débats se résolvent-ils ?

Pour améliorer votre vocabulaire

1. **Synonymes :** Trouvez un synonyme pour chaque mot ou chaque expression de la liste. Vous trouverez ces mots dans le texte.

   a. un bond (l. 3)
   b. l'assistance (l. 4)
   c. endimanché (l. 6)
   d. paroissial (l. 9)
   e. la péripétie (l. 16)
   f. ricaner (l. 14)
   g. pareillement (l. 42)
   h. étrangler (l. 59)
   i. borner (l. 69)
   j. princier (l. 92)

2. **Antonymes :** Trouvez un antonyme pour chaque mot ou chaque expression de la liste. Vous trouverez ces mots dans le texte.

   a. muet (l. 17)
   b. dignement (l. 38)
   c. la fierté (l. 27)
   d. gigantesque (l. 55)
   e. aplatir (l. 66)

3. **Définitions :** Associez les mots de la première colonne avec ceux de la seconde. Vérifiez le contexte dans lequel ces mots se trouvent dans le texte.

   1. coiffé (l. 2)
   2. l'assistance (l. 4)
   3. ricaner (l. 14)
   4. entamer (l. 15)
   5. la péripétie (l. 16)
   6. nuptial (l. 17)
   7. ombrer (l. 40)
   8. l'estocade (l. 47)
   9. se pencher (l. 48)
   10. coller (l. 67)

   a. l'attaque
   b. matrimonial
   c. l'aide
   d. entailler
   e. rire
   f. fixer
   g. couvert
   h. mettre autour du cou
   i. l'incident
   j. protéger
   k. se courber
   l. le public

Allons au-delà

Pour communiquer

A Écouter

Dans ce podcast, il s'agit d'un auteur qui parle de son livre sur Halloween et ses origines. Écoutez l'extrait audio et répondez aux questions suivantes.

1. De quoi s'agit-il dans ce podcast ?

2. Qu'est-ce c'est « La face cachée d'Halloween » ?

3. Comment M. LeGuay voit-il Halloween ? Quelles en sont les sources ?

4. Combien d'argent Halloween rapporte-t-il dans le monde ?

5. Dans quels pays est-ce que la pénétration d'Halloween est la plus forte ?

6. Quel est le rapport entre Halloween et la fête celte de Samain ?

B Aux affiches ! Inventez une fête

Travaillez avec un partenaire. Pensez à une raison un peu « différente » pour célébrer une fête et créez une nouvelle fête. Préparez une présentation à faire devant la classe et…

1. Expliquez les raisons de la fête.

2. Dites comment on célèbre cette fête (ce qui se passe, les « traditions », les décorations, le repas).

3. Annoncez la date choisie pour la fête et pourquoi elle a lieu à cette date.

4. Préparez aussi :

   a. une affiche qui annonce cette fête et qui rappelle sa célébration

   b. une ou deux cartes de vœux concernant la fête

   c. un exemple de décorations envisagées

   d. des invitations à la fête

5. Quand vous aurez déterminé tout ce qu'il est nécessaire de prévoir pour célébrer cette fête, présentez-la à la classe.

6. N'oubliez pas de préparer une ou deux questions pour vérifier l'attention de votre public.

C À vos stylos ! Un petit mot

Imaginez que vous venez de célébrer une fête française *relativement inconnue* aux États-Unis. Écrivez une carte postale ou un courriel à un ami pour lui expliquer ce que vous avez appris et ce que vous avez fait à cette occasion.

D Jeu de rôle : Un personnage fictif

Travaillez avec un partenaire et jouez les deux rôles : celui d'un enfant et celui d'un personnage fictif qui rappelle une fête ou une tradition que vous connaissez telle que : le Père Noël, le Lapin de Pâques, La Fée aux dents, le croquemitaine, la Saint Valentin, une sorcière, un Pèlerin de Plymouth, la marmotte de Punxsutawney, un gnome, ou un lutin irlandais.

1. Préparez les questions et les réponses.

   a. Assurez-vous que vos questions portent bien sur la vie et les fonctions du personnage.

   b. Essayez d'utiliser le vocabulaire qui appartient à la description du personnage.

2. Pratiquez votre jeu de rôles.

3. Présentez votre jeu de rôles à la classe.

4. N'oubliez pas de préparer une question ou deux pour vous assurer que votre public est attentif.

E Débat : La tradition : À quoi bon ?

Quelles sont les traditions (peut-être venues de l'étranger ?) que vous conservez dans votre famille ? Y a-t-il quelque chose que vous faites pour Noël qui vient du pays de vos ancêtres ? Avez-vous quelque chose de particulier que vous mangez lors de Thanksgiving ? Célébrez-vous une fête que peu de gens connaissent ?

Travaillez en groupes de quatre élèves. Divisez chaque groupe en deux camps.

1. Le premier camp présentera les avantages de la tradition.

2. Le deuxième donnera ses idées sur les inconvénients des traditions.

3. Déterminer en groupe les questions qui charpenteront votre débat.

4. Organisez vos réponses et vos idées.

5. Puis, débattez !

F Comparer

Les vacances scolaires en France

Noël	jusqu'au lundi 4 janvier 2010
Hiver*	du samedi 13 février 2010 au lundi 1er mars 2010
Printemps*	du samedi 10 avril au lundi 26 avril 2010
Été	du vendredi 2 juillet au jeudi 2 septembre 2010
Toussaint	du samedi 23 octobre 2010 au jeudi 4 novembre 2010
Noël	à partir du samedi 18 décembre 2010

* Certaines vacances dépendent de la région et varient suivant le calendrier.

Comparez vos vacances scolaires avec celles des élèves français.

La famille et la communauté : Les coutumes

Dans cette sélection, il s'agit de la foire qui a lieu à la Sainte-Catherine et des coutumes qui entourent cette fête. La Sainte-Catherine est depuis longtemps une des fortes traditions de la France et ici on découvre les attributs de cette fête.

La Foire de la Sainte-Catherine

Le 25 novembre 2009 à Vesoul

De la convivialité, des bonnes affaires, des chapeaux extravagants, des petits cochons en pain d'épice ou en chair et en os, des tracteurs, des
5 arbres à replanter, parfois la visite de Saint-Nicolas : C'est la Foire de la Sainte-Catherine à Vesoul !

Depuis plus de 700 ans, chaque 25 novembre ou presque, le centre ville de Vesoul devient piéton et accueille des exposants venus de la France
10 entière. Devenue un rendez-vous haut-saônois incontournable, la foire de la Sainte-Catherine est indissociable de ses deux symboles : le cochon de pain d'épice avec son sifflet en guise de petite queue, et les Catherinettes, jeunes célibataires de
15 25 ans coiffées de chapeaux improbables…

Petite histoire de la Sainte-Catherine

La foire de la Sainte-Catherine a été officiellement créée à Vesoul en 1295, mais elle existait sans doute bien avant cette date. Cela en fait l'une des plus
20 anciennes foires paysannes de France. Elle s'est toujours tenue le 25 novembre : les vendanges et les travaux des champs étaient alors terminés, les provisions engrangées. Les paysans franc-comtois pouvaient quitter leur ferme quelques jours, le
25 temps de venir à Vesoul vendre leur surplus, ou acheter ce qu'ils ne produisaient pas. Ils venaient surtout acheter un petit cochon, qu'ils

engraisseraient pendant l'hiver et mangeraient au printemps. Peu à peu, le traditionnel marché aux bestiaux s'est donc transformé en une petite foire. 30
Les visiteurs étaient pauvres, le troc régnait donc en maître dans la cité vésulienne.

Au XVc siècle, Louis XI envahit la région : Vesoul est rasée, et la foire de la Sainte-Catherine disparaît… pour mieux renaître ! Le 25 novembre 35
est en effet à nouveau fêté à partir de 1479. De nouveaux produits (des épices notamment) apparaissent sur les étals, les spectacles de rues animent Vesoul et attirent un nouveau public bourgeois. Le marché aux bestiaux se développe alors 40
et devient l'un des plus gros de la région.

Au XVIIIe siècle, les guérisseurs et les arracheurs de dents font à leur tour leur apparition sur la foire de la Sainte-Catherine. La foire disparaîtra encore à quelques reprises, notamment pendant 45
la première Guerre Mondiale. Mais à chaque fois, dès la fin des conflits, elle réapparaît plus populaire que jamais…

Les symboles de la Sainte-Catherine

Que serait la Sainte-Catherine sans ses cochons de 50
pain d'épice et ses catherinettes ? Deux symboles aux origines presqu'aussi anciennes que la foire elle-même…

Le petit cochon de pain d'épice

55 Autrefois, les paysans venaient à la foire afin
d'acheter un cochon à engraisser. Une tradition qui
se perpétue aujourd'hui avec les petits cochons de
pain d'épice… Avec son sifflet à la place de la queue,
cette friandise plaît beaucoup aux enfants, mais
60 aussi aux adultes gourmands ! Elle est parfois remplacée par un Saint-Nicolas, de pain d'épice lui aussi.

Les Catherinettes

Les Catherinettes sont des jeunes filles de 25 ans
pas encore mariées. Elles se voient offrir par leurs
65 collègues ou leur famille un chapeau, qui doit être
le plus original possible et évoquer la profession
de la jeune fille. L'Office de Tourisme de Vesoul
organise chaque année un concours du plus beau
chapeau, avec de nombreux lots à gagner.

70 Une tradition sympathique, mais dont l'origine
est mal connue. Il faut dire que la légende de la
Sainte-Catherine est née il y a très longtemps,
dans un pays bien loin de Vesoul… Catherine était
en effet une princesse arménienne, très belle et
75 cultivée, qui aurait été exécutée en l'an 307 pour
avoir refusé de se marier avec l'empereur romain
Maxence. Elle est devenue la patronne des jeunes
filles célibataires au Moyen-Âge. La fille la plus
âgée de chaque famille déposait alors une coiffe
80 sur la tête des statues de Sainte-Catherine exposées
dans les églises, demandant ainsi à la sainte de lui
envoyer un bon mari… Ce furent ensuite les ou-
vrières non mariées qui se coiffaient de bonnets de
papier. Et de fil en aiguille, la Sainte-Catherine est
devenue le jour où on fête les vieilles filles, celles-ci 85
étant surnommées les Catherinettes. Mais Sainte-
Catherine est également la patronne des étudiants,
des philosophes, des charrons, des meuniers, des
tourneurs, des potiers, et des démouleurs !

La Foire de la Sainte-Catherine   90
aujourd'hui

Son grand âge ne semble avoir aucune conséquence sur la Foire de la Sainte-Catherine. Au
contraire, elle ne s'est jamais aussi bien portée !
Chaque 25 novembre, des milliers de personnes   95
convergent vers le centre ville de Vesoul, devenu
entièrement piéton pour l'occasion. Le marché
du bétail existe toujours, et occupe notamment
la place Rênet. Les maquignons et les expositions
de tracteurs dernier cri rappellent les origines   100
paysannes de la foire. Les pépiniéristes sont
également nombreux, puisque selon le proverbe,
« *À la Sainte-Catherine, tout arbre prend racine* » !

Les autres rues et places de Vesoul sont quant
à elles occupées par une grande braderie, avec des   105
marchands ambulants venus de toute la France.
Vêtements, bijoux, bibelots, nourriture, chaussures,
électroménager : on trouve vraiment de tout à
Vesoul le 25 novembre ! Le marché couvert accueille en outre des artisans et des producteurs, qui   110
selon les années proposent du foie gras, de la confiture maison, des objets en bois faits main… Les
plus jeunes ne sont pas oubliés : un manège pour
enfants leur est réservé et, s'ils sont sages, peut-être
rencontreront-ils Saint-Nicolas…   115

Questions de compréhension

1. Quand est-ce qu'on célèbre la Sainte-
   Catherine ?

   a. Le vingt-cinq novembre.
   b. Un weekend d'automne.
   c. Quand la foire revient à Vesoul.
   d. Juste avant le premier givre.

2. Quels sont les deux symboles de la fête ?

   a. Les femmes en chapeaux extravagants et
      les cochons en pain d'épice.
   b. Les tracteurs et les arbres.
   c. Les chapeaux et les arbres.
   d. Les cochons vivants et les tracteurs.

3. Quelle est l'origine du cochon en pain d'épice ?

   a. Au début les cochons mangeaient tous les pains d'épice à la foire.
   b. Les paysans les achetaient depuis le XVe siècle.
   c. Les deux symboles viennent d'origines presqu'aussi anciennes que la foire elle-même.
   d. Deux traditions se sont mariées.

4. Qui sont les Catherinettes ?

   a. Celles qui respectent la Ste. Catherine.
   b. Les princesses arméniennes.
   c. Les jeunes filles de 25 ans qui ne sont pas encore mariées.
   d. Les disciples de Ste. Catherine.

5. Qu'est-ce qu'une « vieille fille » ?

   a. Une fille âgée de plus de 20 ans.
   b. Une fille âgée de plus de 25 ans.
   c. La patronne des jeunes filles célibataires.
   d. Une femme non-mariée.

6. Qu'est-ce qu'on peut acheter à la grande braderie ?

   a. Des cochons en pain d'épice.
   b. Des chapeaux extravagants.
   c. De l'artisanat particulier à la Bretagne.
   d. Presque tout.

7. Pourquoi la date est-elle fixée au 25 novembre ?

   a. C'est la date fixée par un comité haut-saônais.
   b. C'est l'anniversaire de Ste. Catherine et la date vient après les vendanges.
   c. C'est le pape qui a fixé la date au XIIIème siècle.
   d. Parce que c'est le moment de venir à Vesoul pour vendre le surplus.

8. Quelle est l'interprétation du proverbe « *À la Sainte-Catherine, tout arbre prend racine* » ?

   a. Qu'il vaut mieux planter les graines en novembre.
   b. Qu'après la Ste-Catherine, il y aura un redoux avant l'hiver.
   c. Que les dernières feuilles tombent à la Ste.-Catherine.
   d. Qu'il faut bien arroser à la Ste-Catherine avec l'arrivée du temps froid.

Revenez sur ces questions

Après avoir considéré les lectures et les discussions de ce chapitre, reprenez-en la discussion.

- Quelles sont les fêtes et les cérémonies qui font partie de la vie familiale ? Quelles sont les fêtes qu'on célèbre avec des amis ?

- Quel rôle jouent les fêtes dans la culture ?

- Quelles sont les cérémonies qui marquent les étapes de la vie ? Pourquoi les cérémonies regroupent-elles la famille et parfois les amis d'un participant ?

CHAPITRE 23

La famille, une incroyable richesse

Contexte : La famille

LECTURE Charles Perrault : *Cendrillon*

Déchiffrons l'image

1. Qui sont les personnes sur l'image ? Que font-elles ?

2. Qui sont les personnes à l'arrière-plan ? Que font-elles ?

3. Quelle est la fête qu'on célèbre ?

4. À votre avis, qu'est-ce qui s'est passé juste avant cette scène ?

5. À quels adjectifs pensez-vous quand vous regardez cette image ?

Les questions du chapitre

- Quelle était la composition de la famille à l'époque de cette histoire, pour vos parents et vos grands-parents, et aujourd'hui ? Quels sont les changements intervenus ?

- Quel rôle joue chaque membre de la famille ? Quelle est sa contribution ? Comment la structure de la famille change-t-elle sous l'influence de la modification des divers rôles ?

- Est-ce que les structures familiales changent sous l'influence de la société ? Quels autres types de structure familiale y a-t-il dans le monde ?

Cendrillon

Avant la lecture

Stratégies pour la lecture : *Formules littéraires*

Pour connaître l'auteur

Charles Perrault (1628–1703) est un auteur classique qui s'est intéressé aux contes de fées. Parmi ses œuvres on compte *Le petit chaperon rouge, La belle au bois dormant, Barbe bleue* et *Cendrillon*. Ses contes ont été interprétés sous forme d'opéra, de ballet, à la télévision et au cinéma. Né à Paris dans une riche famille bourgeoise, Perrault commence des études de droit, puis entre au service de l'État. À l'âge de 67 ans, il quitte son travail et écrit des récits pour enfants. Avec ses histoires charmantes et troublantes, il a contribué à créer un nouveau genre, le conte de fées.

Les contes de fées se déroulent presque tous suivant le même schéma. Ils mettent en scène des personnages-types parmi lesquels :

- la jeune fille pauvre et innocente
- le jeune garçon qui va mettre sa virilité à l'épreuve
- les animaux qui aident le héros ou l'héroïne
- le méchant
- un personnage royal ou princier : la reine, le roi, le prince, la princesse
- le héros : le prince, le chevalier
- le coureur des bois (personnage de substitution qui fait le mal pour quelqu'un qui ne peut pas l'exercer)
- un chœur (grec) : les nains, les villageois
- la fée (*deus ex machina* au féminin)
- la famille (ou la belle-famille)

Les contes ont également une structure semblable :

A. Le commencement : la description du cadre, des personnages et de la situation

B. La difficulté s'annonce

C. L'arrivée du méchant et le drame qui se noue

D. Le point culminant de l'intrigue

E. L'action : Un duel entre le héros et le méchant (ou le bien contre le mal)

F. Le *deus ex machina* (quelqu'un qui apparaît tout à coup pour aider au dénouement)

G. Le triomphe : le bon est vainqueur et le méchant reconnaît sa défaite

H. La fin heureuse (ou de « conte de fées »)

1. Pensons à l'histoire de Blanche-Neige. Une jeune fille innocente va bientôt être confrontée à une difficulté majeure : elle est plus belle que la reine.

- Qui sont les autres personnages du répertoire qui entrent en scène tout de suite après ?
- Comment l'intrigue progresse-t-elle ensuite ?

2. Au point culminant de l'histoire Blanche-Neige mange une pomme empoisonnée et elle meurt. Les nains, à la manière du chœur antique se lamentent de la mort de la jeune princesse. Mais, *deus ex machina*, le beau prince arrive pour ramener la princesse à la vie.

- Y a-t-il d'autres personnages qui entrent alors en scène ?
- Comment l'intrigue progresse-t-elle ensuite ?

Vous trouverez dans *Cendrillon* plusieurs de ces éléments.

La famille et la communauté : La famille

Dans cette sélection, nous examinerons le texte original du conte de fée *Cendrillon* tel que Charles Perrault l'a écrit au XVIIe siècle. Nul doute que vous trouverez des différences avec les versions que vous connaissez.

Cendrillon

Charles Perrault

Pendant la lecture

Notez les différences entre l'histoire de Cendrillon que vous connaissez déjà et le récit original.

Pendant la lecture

Étudiez la relation entre Cendrillon et les autres femmes de l'histoire.

Il était une fois un gentilhomme qui épousa en secondes noces une femme, la plus hautaine et la plus fière qu'on eût jamais vue. Elle avait deux filles de son humeur, et qui lui ressemblaient en toutes choses. Le mari avait de son côté une jeune fille, mais d'une douceur et d'une bonté sans exemple ; elle tenait cela de sa mère, qui était la meilleure femme du monde. Les noces ne furent pas plus 5 tôt faites, que la belle-mère fit éclater sa mauvaise humeur ; elle ne put souffrir les bonnes qualités de cette jeune enfant, qui rendaient ses filles encore plus haïssables. Elle la chargea des plus viles occupations de la maison : c'était elle qui nettoyait la vaisselle et les montées, qui frottait la chambre de madame, et celles de mesdemoiselles ses filles. Elle couchait tout en haut de la maison, dans 10 un grenier, sur une méchante paillasse, pendant que ses sœurs étaient dans des chambres parquetées, où elles avaient des lits des plus à la mode, et des miroirs où elles se voyaient depuis les pieds jusqu'à la tête. La pauvre fille souffrait tout avec patience, et n'osait s'en plaindre à son père qui l'aurait grondée, parce que sa femme le gouvernait entièrement. Lorsqu'elle avait fait son ouvrage, elle s'en 15 allait au coin de la cheminée, et s'asseoir dans les cendres, ce qui faisait qu'on l'appelait communément dans le logis Cucendron.[1] La cadette, qui n'était pas si malhonnête que son aînée, l'appelait Cendrillon ; cependant Cendrillon, avec ses méchants habits, ne laissait pas d'être cent fois plus belle que ses sœurs, quoique vêtues très magnifiquement. 20

Il arriva que le fils du roi donna un bal, et qu'il y invita toutes les personnes de qualité : nos deux demoiselles en furent aussi invitées, car elles faisaient grande figure dans le pays. Les voilà bien aises et bien occupées à choisir les habits et les coiffures qui leur siéraient[2] le mieux ; nouvelle peine pour Cendrillon, car c'était elle qui repassait le linge de ses sœurs et qui godronnait 25 leurs manchettes[3] : on ne parlait que de la manière dont on s'habillerait.

1. another name for Cendrillon
2. befit
3. sleeves

— Moi, dit l'aînée, je mettrai mon habit de velours rouge et ma garniture[4] d'Angleterre.

— Moi, dit la cadette, je n'aurai que ma jupe ordinaire ; mais par contre, je
30 mettrai mon manteau à fleurs d'or, et ma barrière de diamants, qui n'est pas des plus indifférentes.

On envoya chercher la bonne coiffeuse, pour dresser les cornettes à deux rangs, et on fit acheter des mouches de la bonne faiseuse : elles appelèrent Cendrillon pour lui demander son avis, car elle avait bon goût. Cendrillon les
35 conseilla le mieux du monde, et s'offrit même à les coiffer ; ce qu'elles voulurent bien. En les coiffant, elles lui disaient :

— Cendrillon, serais-tu bien aise d'aller au bal ?

— Hélas, mesdemoiselles, vous vous moquez de moi, ce n'est pas là ce qu'il me faut.

40 — Tu as raison, on rirait bien si on voyait un Cucendron aller au bal.

Une autre que Cendrillon les aurait coiffées de travers ; mais elle était bonne, et elle les coiffa parfaitement bien. Elles furent près de deux jours sans manger, tant elles étaient emplies de joie. On rompit plus de douze lacets[5] à force de les serrer pour leur rendre la taille plus menue, et elles étaient toujours devant leur
45 miroir. Enfin l'heureux jour arriva, on partit, et Cendrillon les suivit des yeux le plus longtemps qu'elle put ; lorsqu'elle ne les vit plus, elle se mit à pleurer. Sa marraine, qui la vit tout en pleurs, lui demanda ce qu'elle avait :

— Je voudrais bien… je voudrais bien…

Elle pleurait si fort qu'elle ne put achever. Sa marraine, qui était fée, lui dit :
50 — Tu voudrais bien aller au bal, n'est-ce pas ?

— Hélas oui, dit Cendrillon en soupirant.

— Hé bien, seras-tu bonne fille ? dit sa marraine, je t'y ferai aller.

Elle la mena dans sa chambre, et lui dit :

— Va dans le jardin et apporte-moi une citrouille.

55 Cendrillon alla aussitôt cueillir la plus belle qu'elle put trouver, et la porta à sa marraine, ne pouvant deviner comment cette citrouille pourrait la faire aller au bal. Sa marraine la creusa, et n'ayant laissé que l'écorce, la frappa de sa baguette, et la citrouille fut aussitôt changée en un beau carrosse tout doré. Ensuite elle alla regarder dans sa souricière, où elle trouva six souris toutes en
60 vie ; elle dit à Cendrillon de lever un peu la trappe de la souricière, et à chaque souris qui sortait, elle lui donnait un coup de sa baguette, et la souris était aussitôt changée en un beau cheval ; ce qui fit un bel attelage[6] de six chevaux, d'un

---

4. trim
5. laces (In those days corsets were tightened by laces.)
6. team of horses

beau gris de souris pommelé. Comme elle était en peine de quoi elle ferait un cocher :

— Je vais voir, dit Cendrillon, s'il n'y a point quelque rat dans la ratière, nous en 65 ferons un cocher.

— Tu as raison, dit sa marraine, va voir.

Cendrillon lui apporta la ratière, où il y avait trois gros rats. La fée en prit un d'entre les trois, à cause de sa maîtresse barbe, et l'ayant touché, il fut changé en un gros cocher, qui avait une des plus belles moustaches qu'on ait jamais vues. 70 Ensuite elle lui dit :

— Va dans le jardin, tu y trouveras six lézards derrière l'arrosoir,[7] apporte-les-moi.

Elle ne les eut pas plus tôt apportés, que la marraine les changea en six laquais,[8] qui montèrent aussitôt derrière le carrosse avec leurs habits chamarrés, 75 et qui s'y tenaient accrochés, comme s'ils n'eussent fait autre chose toute leur vie. La fée dit alors à Cendrillon :

— Hé bien, voilà de quoi aller au bal, n'es-tu pas bien aise ?

— Oui, mais est-ce que j'irai comme ça avec mes vilains habits ?

Pendant la lecture

Observez comment sont utilisés les objets de la vie courante pour créer la fantaisie et décrire la richesse.

Sa marraine ne fit que la toucher avec sa baguette, et en même temps ses 80 habits furent changés en des habits de drap d'or et d'argent tout chamarrés de pierreries ;[9] elle lui donna ensuite une paire de pantoufles de verre,[10] les plus jolies du monde. Quand elle fut ainsi parée, elle monta en carrosse ; mais sa marraine lui recommanda instamment de ne pas dépasser minuit, l'avertissant que si elle demeurait au bal un moment de plus, son carrosse redeviendrait 85 citrouille, ses chevaux des souris, ses laquais des lézards, et que ses vieux habits reprendraient leur première forme. Elle promit à sa marraine qu'elle ne manquerait pas de sortir du bal avant minuit. Elle part, ne se sentant pas de joie.

Le fils du roi, qu'on alla avertir qu'il venait d'arriver une grande princesse qu'on ne connaissait point, courut la recevoir ; il lui donna la main à la descente du 90 carrosse, et la mena dans la salle où était la compagnie. Il se fit alors un grand silence ; on cessa de danser, et les violons ne jouèrent plus, tant on était attentif à contempler les grandes beautés de cette inconnue. On n'entendait qu'un bruit confus :

— Ha, qu'elle est belle ! 95

Le roi même, tout vieux qu'il était, ne lassait pas de la regarder, et de dire tout bas à la reine qu'il y avait longtemps qu'il n'avait vu une si belle et si aimable dame. Toutes les dames étaient attentives à considérer sa coiffure et ses

---

7. watering can
8. lackeys
9. gems
10. glass slippers (Les éditions antérieures disent « pantoufles de vair, » [fur slippers], ce qui a plus de sens selon le contexte. La mauvaise traduction ajoute pourtant du romance au conte.)

habits, pour en avoir dès le lendemain de semblables, pourvu qu'il se trouvât
des étoffes assez belles, et des ouvriers assez habiles. Le fils du roi la mit à la
place d'honneur, et ensuite la prit pour la mener danser : elle dansa avec tant
de grâce, qu'on l'admira encore davantage. On apporta une fort belle collation, dont le jeune prince ne mangea point, tant il était occupé à la contempler.
Elle alla s'asseoir auprès de ses sœurs, et leur fit mille honnêtetés : elle leur fit
part des oranges et des citrons que le Prince lui avait donnés, ce qui les étonna
fort, car elles ne la connaissaient point. Lorsqu'elles causaient ainsi, Cendrillon
entendit sonner onze heures trois quarts : elle fit aussitôt une grande révérence
à la compagnie, et s'en alla le plus vite qu'elle put. Dès qu'elle fut arrivée, elle alla
trouver sa marraine, et après l'avoir remerciée, elle lui dit qu'elle souhaiterait
bien aller encore le lendemain au bal, parce que le fils du roi l'en avait priée.
Comme elle était occupée à raconter à sa marraine tout ce qui s'était passé au
bal, les deux sœurs frappèrent à la porte ; Cendrillon alla leur ouvrir :
— Que vous avez mis longtemps à revenir ! », leur dit-elle en bâillant, en se
frottant les yeux, et en s'étendant comme si elle n'eût fait que de se réveiller ; elle
n'avait cependant pas eu envie de dormir depuis qu'elles s'étaient quittées.
— Si tu étais venue au bal, lui dit une de ses sœurs, tu ne t'y serais pas ennuyée :
il y est venu la plus belle princesse, la plus belle qu'on puisse jamais voir ; elle
nous a fait mille civilités, elle nous a donné des oranges et des citrons.
Cendrillon ne se sentait pas de joie : elle leur demanda le nom de cette
princesse ; mais elles lui répondirent qu'on ne la connaissait pas, que le fils du
roi en était fort en peine, et qu'il donnerait toutes choses au monde pour savoir
qui elle était. Cendrillon sourit et leur dit :
— Elle était donc bien belle ? Mon Dieu, que vous êtes heureuses, ne pourrais-
je point la voir ? Hélas ! Mademoiselle Javotte, prêtez-moi votre habit jaune que
vous mettez tous les jours.
— Vraiment, dit Mademoiselle Javotte, je suis de cet avis ! Prêtez votre habit à
un vilain cucendron comme cela, il faudrait que je fusse bien folle.
Cendrillon s'attendait bien à ce refus, et elle en fut bien aise, car elle aurait
été grandement embarrassée si sa sœur eût bien voulu lui prêter son habit. Le
lendemain les deux sœurs furent au bal, et Cendrillon aussi, mais encore plus
parée que la première fois. Le fils du roi fut toujours auprès d'elle, et ne cessa
de lui conter des douceurs ; la jeune demoiselle ne s'ennuyait point, et oublia ce
que sa marraine lui avait recommandé ; de sorte qu'elle entendit sonner le premier coup de minuit, lorsqu'elle ne croyait pas qu'il fût encore onze heures : elle
se leva et s'enfuit aussi légèrement qu'aurait fait une biche. Le prince la suivit,
mais il ne put l'attraper ; elle laissa tomber une de ses pantoufles de verre, que le

prince ramassa bien soigneusement. Cendrillon arriva chez elle bien essoufflée, sans carrosse, sans laquais, et avec ses méchants habits, rien ne lui étant resté de toute sa magnificence qu'une de ses petites pantoufles, la pareille de celle qu'elle avait laissée tomber. On demanda aux gardes de la porte du palais s'ils n'avaient   140
point vu sortir une princesse ; ils dirent qu'ils n'avaient vu sortir personne, qu'une jeune fille fort mal vêtue, et qui avait plus l'air d'une paysanne que d'une demoiselle. Quand ses deux sœurs revinrent du bal, Cendrillon leur demanda si elles s'étaient encore bien diverties, et si belle dame y avait été. Elles lui dirent que oui, mais qu'elle s'était enfuie lorsque minuit avait sonné, et si promptement   145
qu'elle avait laissé tomber une de ses petites pantoufles de verre, la plus jolie du monde ; que le fils du roi l'avait ramassée, et qu'il n'avait fait que la regarder pendant tout le reste du bal, et qu'assurément il était fort amoureux de la belle dame à qui appartenait la petite pantoufle. Elles dirent vrai, car peu de jours après, le fils du roi fit publier à son de trompe qu'il épouserait celle dont le pied   150
serait bien juste à la pantoufle. On commença à l'essayer aux princesses, ensuite aux duchesses, et à toute la cour, mais inutilement. On la porta chez les deux sœurs, qui firent tout leur possible pour faire entrer leur pied dans la pantoufle, mais elles ne purent en venir à bout. Cendrillon qui les regardait, et qui reconnut sa pantoufle, dit en riant :   155
— Que je voie si elle ne me serait pas bonne !

Ses sœurs se mirent à rire et à se moquer d'elle. Le gentilhomme qui faisait l'essai de la pantoufle, ayant regardé attentivement Cendrillon, et la trouvant fort belle, dit que cela était juste, et qu'il avait ordre de l'essayer à toutes les filles. Il fit asseoir Cendrillon, et approchant la pantoufle de son petit pied, il vit   160
qu'elle y entrait sans peine, et qu'elle y était juste comme de cire. L'étonnement des deux sœurs fut grand, mais plus grand encore quand Cendrillon tira de sa poche l'autre petite pantoufle qu'elle mit à son pied. Là-dessus arriva la marraine qui, ayant donné un coup de sa baguette sur les habits de Cendrillon, les fit devenir encore plus magnifiques que tous les autres.   165

Alors ses deux sœurs la reconnurent pour la belle dame qu'elles avaient vue au bal. Elles se jetèrent à ses pieds pour lui demander pardon de tous les mauvais traitements qu'elles lui avaient fait souffrir. Cendrillon les releva, et leur dit, en les embrassant, qu'elle leur pardonnait de bon cœur, et qu'elle les priait de l'aimer bien toujours. On la mena chez le jeune prince, parée comme elle   170
était : il la trouva encore plus belle que jamais, et peu de jours après il l'épousa. Cendrillon, qui était aussi bonne que belle, fit loger ses deux sœurs au palais, et les maria dès le jour même à deux grands seigneurs de la cour.

Après la lecture

Vérifiez votre compréhension

1. Décrivez la femme que le gentilhomme épouse en secondes noces.
2. De quoi cette femme charge la jeune fille ?
3. Sur quoi couche Cendrillon ?
4. Que fait Cendrillon, une fois son travail terminé ?
5. Qui a coiffé les deux sœurs avant qu'elles aillent au bal ?
6. Quel genre de conseils donne Cendrillon ?
7. Pourquoi les sœurs se moquent-elles de Cendrillon ?
8. Qu'est-ce qui arriverait si Cendrillon restait au bal après minuit ?
9. Qui fait entrer Cendrillon au bal ? Pourquoi ?
10. Quelle est la réaction de la sœur de Cendrillon quand cette dernière lui demande d'emprunter sa robe ? Et quelle est celle de Cendrillon ?
11. Pourquoi le prince demande-t-il aux jeunes filles de son royaume d'essayer la pantoufle ?
12. Pourquoi le gentilhomme décide-t-il de laisser Cendrillon essayer la pantoufle ?
13. Pourquoi la marraine est-elle revenue ?
14. Comment Cendrillon montre-t-elle sa bonté ?

En y réfléchissant

1. Pourquoi Cendrillon ne peut-elle pas aller au bal ?
2. Pourquoi est-ce que le père n'a rien fait quand il s'agissait d'aller au bal ?
3. Pourquoi est-ce que le père disparaît juste après le début du conte ?
4. Que symbolise le couvre-feu de minuit ?
5. Pourquoi l'auteur insiste-t-il sur les citrons et les oranges ? Que symbolisent ces fruits ?
6. Quelles différences notez-vous entre l'histoire que vous venez de lire et la version que vous connaissiez ?
7. Quelles libertés est-ce que les auteurs du dessin animé de Disney ont prises en adaptant l'histoire ?

Perspectives culturelles

Les contes de fées se déroulent dans le milieu des riches et de la royauté, car le public à qui ils étaient destinés faisait partie de cette haute classe sociale. Mais le message ou la moralité dépasse les limites de cette seule classe.

1. Situez cette histoire dans un milieu qui reflète la France contemporaine. Peut-être dans une HLM, dans un environnement où la race ou l'origine nationale jouent un rôle important, dans la vie quotidienne de chacun ?

2. Puis expliquez comment votre histoire se déroulerait dans ce cadre particulier.

Pour améliorer votre vocabulaire

1. **Synonymes** : Trouvez un synonyme pour chaque mot ou chaque expression de la liste. Vous trouverez ces mots dans le texte.

   a. les noces (l. 1)
   b. vile (l. 8)
   c. l'ouvrage (l. 15)
   d. se mettre à (l. 46)
   e. le carrosse (l. 58)
   f. chamarré (l. 75)
   g. cesser (l. 92)
   h. contempler (l. 93)
   i. une collation (l. 102)
   j. causer (l. 106)

2. **Antonymes** : Trouvez un antonyme pour chaque mot ou chaque expression de la liste. Vous trouverez ces mots dans le texte.

   a. hautaine (l. 2)
   b. la douceur (l. 4)
   c. haïssable (l. 8)
   d. patience (l. 14)
   e. aîné (l. 18)
   f. empli (l. 43)
   g. le lendemain (l. 99)

3. **Définitions** : Associez les mots et les définitions de la première colonne avec ceux de la seconde. Vérifiez le contexte dans lequel ces mots se trouvent dans le conte.

   1. fier (l. 2)
   2. nettoyer (l. 9)
   3. gouverner (l. 15)
   4. vêtu (l. 20)
   5. empli (l. 43)
   6. creuser (l. 57)
   7. la baguette (l. 58)
   8. le lendemain (l. 99)
   9. faire part (l. 104)
   10. épouser (l. 150)

   a. plein
   b. le bâton
   c. confondre
   d. laver
   e. le jour qui suit
   f. orgueilleux
   g. marier
   h. habillé
   i. régner
   j. contrôler
   k. vider
   l. partager

Allons au-delà

Pour communiquer

Ⓐ Écouter

Dans cette sélection, il s'agit de la famille, de la fonction économique qu'elle remplit, ainsi que des raisons et conséquences d'élever une famille. Écoutez l'extrait audio et répondez aux questions suivantes.

1. De quoi s'agit-il dans ce podcast ?

2. Quelle est la différence la plus marquante entre les familles avec des enfants et les couples sans enfants ?

3. Qu'est-ce qui revient le plus cher pour élever un enfant : les allocations familiales payées à la famille, la famille d'accueil, la famille ou l'organisme public ?

4. Selon les économistes, à quoi sert la famille ?

5. Que font les entreprises en France pour aider les nouveaux parents ?

Ⓑ Présentation en groupe : Révisons la structure

Travaillez en groupes de trois élèves. Prenez une grande feuille de papier.

1. Retracez l'histoire de *Cendrillon* en notant les différentes étapes. Indiquez l'étape et ce qui se passe.

2. Utilisez un dessin qui illustre clairement le moment où l'action se noue et le moment où elle se dénoue.

3. Sur d'autres pages notez les personnages-types qui font partie de cette histoire.

4. Préparez une présentation de l'histoire et de ses *dramatis personae*.

5. Si vous présentez à la classe, n'oubliez pas de préparer deux ou trois questions destinées à votre public.

Ⓒ Schéma en « T » : Les messages des contes de fée

Travaillez en petits groupes de trois ou quatre.

1. Prenez une grande feuille de papier et esquissez un schéma en « T ».

2. Écrivez en tête des colonnes « le bien » et « le mal ».

3. Pensez alors aux messages représentant le bien pour un enfant, par exemple des parents qui l'aiment bien.

4. Pensez aussi aux représentations du mal que l'enfant peut découvrir dans les contes. Par exemple, qu'un géant peut triompher et faire du mal aux plus petits.

5. Discutez de vos idées et préparez une présentation pour la classe.

6. N'oubliez pas de préparer aussi une question ou deux destinées à votre public.

Ⓓ Jeu de rôle : Avez-vous des questions ?

Travaillez en groupes de cinq élèves. Deux d'entre vous joueront le Prince et Cendrillon. Les trois autres joueront les journalistes.

1. Imaginez que vous assistiez à une conférence de presse donnée par le prince et Cendrillon, au cours de laquelle ils annoncent leur mariage. Quelles questions poseriez-vous ?

   a. Veillez à ce que la notion de classe sociale apparaisse dans vos questions.

   b. S'il est possible, situez votre histoire dans un nouveau milieu pour lui donner encore plus de relief.

   c. N'oubliez pas l'importance que joue la structure familiale dans le jeu des questions-réponses.

2. Préparez-vous à jouer vos rôles devant la classe en vous servant de vos questions et de vos réponses.

E À vos stylos ! Au-delà de la fin

À la fin de l'histoire, il semble que tous les rapports, même ceux entre Cendrillon et ses sœurs, sont redevenus normaux. Mais est-ce la vérité ? Ajoutez un épisode à cette histoire, sur la période après le mariage de Cendrillon avec son prince et sur la façon dont elle communique désormais avec ses sœurs.

1. Décrivez les événements de ce nouvel épisode.

2. Donnez les traits de personnalité de chaque personnage.

3. Ecrivez un ou deux paragraphes.

F Comparer

1. Quelles illustrations de contes de fées vous ont marqué ? Desquelles vous souvenez-vous ? Comment était l'atmosphère : gaie et claire, sombre et lugubre, horrible et maléfique ?

2. Comparez ces illustrations avec celles que vous avez vues quand vous étiez enfant. En quoi sont elles semblables ou différentes ?

THÈME DU COURS

La famille et la communauté : La famille

Dans cette sélection, il s'agit d'enfants adoptés et la façon dont ils doivent s'adapter à un nouvel environnement. Cet article vient des publications adaptées par Radio-Canada.

Des enfants adoptés qui s'adaptent bien

Il existe plusieurs clichés liés à l'adoption internationale : enfants meurtris, malades, agressifs, etc.

Des chercheurs néerlandais montrent plutôt que les enfants s'adaptent bien à leurs nouveaux milieux de vies.

Une équipe de l'université de Leiden affirme que le risque pour les enfants adoptés à l'étranger de connaître de l'anxiété et de l'agressivité n'est que très légèrement supérieur à celui des enfants vivant avec leurs parents biologiques.

D'une situation difficile à enviable

Les chercheurs soutiennent qu'avant l'adoption, la plupart des enfants n'ont pas les soins médicaux requis, ils sont souvent mal alimentés, ils vivent une séparation maternelle difficile et ils sont victimes de négligence et d'agressions dans les orphelinats.

Toutefois, ces jeunes, habituellement originaires de pays instables, se révèlent tout à fait capables de grandir et de s'épanouir dans leur nouvel environnement, tout comme les enfants qui vivent dans leur milieu familial d'origine.

Une étude complète

Les auteurs ont analysé les résultats de 137 études sur l'adoption, menées entre 1950 et 2005 auprès de familles vivant aux États-Unis, au Canada, en Europe, en Australie, en Nouvelle-Zélande et en Israël.

Ainsi, près de 30 000 enfants adoptés et 100 000 enfants vivant avec leurs parents naturels, ont été observés.

D'une manière générale, les troubles du comportement comme l'agressivité ou l'anxiété étaient relativement peu courants chez tous les enfants étudiés, mais quand même plus nombreux chez ceux qui ont été adoptés.

Fait particulier : le risque était moins élevé chez les enfants adoptés à l'étranger que chez les enfants adoptés dans leur pays. Les enfants adoptés à l'étranger avaient 20% plus de risque d'être perturbés, et 10% plus de risque d'être anxieux ou en retrait que les enfants non adoptés, contre 60% pour les enfants adoptés dans leur pays.

Ils étaient aussi deux fois plus nombreux à recevoir des soins psychiatriques ou psychologiques, contre quatre fois pour les enfants adoptés dans leur propre pays.

Ces données montrent aussi le statut des parents qui adoptent à l'étranger. Il s'agit souvent de familles aisées qui ont davantage recours à de l'aide pour leurs enfants.

Par ailleurs, les enfants adoptés dans leur pays ont parfois été ballottés de famille d'accueil en famille d'accueil avant leur adoption et ils risquent d'en souffrir.

Les résultats complets sont publiés dans le *Journal of the American Medical Association*.

Questions de compréhension

1. Quelle est la conclusion de l'étude hollandaise ?

   a. Que les enfants adoptés souffrent de nombreux problèmes.

   b. Que les enfants adoptés sont agressifs.

   c. Que les enfants adoptés s'accommodent bien d'un nouvel environnement.

   d. Que les enfants adoptés cherchent de meilleures conditions de vie.

2. Selon l'étude, quel est le niveau d'anxiété des enfants adoptés ?

   a. Supérieur à celui des enfants étrangers.

   b. Supérieur à celui des enfants agressifs.

   c. Supérieur à celui des enfants qui vivent avec leurs parents biologiques.

   d. Supérieur à celui des enfants vivants.

3. Selon l'article, qu'est-ce qui n'est **pas** vrai des enfants **avant** l'adoption ?

   a. Ils s'épanouissent dans leur nouvel environnement.

   b. Ils sont mal nourris.

   c. Ils ont besoin de soins médicaux.

   d. Ils sont victimes d'agressions.

4. Malgré la négligence et l'agression, de quoi ces enfants sont-ils capables ?

   a. De grandir dans un nouvel environnement.

   b. De vivre dans un milieu familial.

   c. De venir d'un pays instable.

   d. De survivre une séparation maternelle.

5. Quelle est la conclusion de l'étude néerlandaise ?

   a. Que la plupart des enfants adoptés préfèrent aller dans des pays anglophones.

   b. Que les enfants adoptés s'acclimatent à leur nouvel environnement.

   c. Que les enfants adoptés sont nés dans des pays instables.

   d. Que les enfants adoptés grandissent mal.

6. Quelle conclusion peut-on tirer de l'article ?

   a. Que les enfants adoptés dans leur propre pays se portent mieux.

   b. Que les enfants adoptés à l'étranger se portent mieux.

   c. Que les enfants adoptés à l'étranger risquent d'être perturbés.

   d. Que les enfants adoptés dans leur propre pays sont plus anxieux.

7. Quel autre facteur doit-on considérer lorsqu'on voit les chiffres concernant l'adaptabilité des enfants ?

   a. Le taux d'adoption.

   b. Le pays d'origine.

   c. Si les enfants sont adoptés dans leur propre pays ou s'ils vont à l'étranger.

   d. Le risque d'agression et de violence parmi les enfants adoptés.

8. À quel public s'adresse cet article ?

   a. Aux enfants adoptés.

   b. Aux parents d'enfants adoptés.

   c. Aux psychiatres et psychologues.

   d. Au grand public.

Après avoir considéré les lectures et les discussions de ce chapitre, reprenez-en la discussion.

- Quelle était la composition de la famille à l'époque de cette histoire, pour vos parents et vos grands-parents, et aujourd'hui ? Quels sont les changements intervenus ?

- Quel rôle joue chaque membre de la famille ? Quelle est sa contribution ? Comment la structure de la famille change-t-elle sous l'influence de la modification des divers rôles ?

- Est-ce que les structures familiales changent sous l'influence de la société ? Quels autres types de structure familiale y a-t-il dans le monde ?

Contexte : L'amitié et l'amour

....

LECTURE Conte médiéval : *La légende de Tristan et Iseult*

Déchiffrons l'image

1. Êtes-vous déjà tombé amoureux de quelqu'un que vous avez rencontré lors d'un voyage ou pendant des vacances ? Ou bien connaissez-vous quelqu'un qui soit tombé amoureux dans de telles circonstances ? Décrivez.

2. Les feuilletons de télévision semblent ne montrer que des femmes qui tombent amoureuses des petits amis de leurs sœurs, de leurs amis, de leurs patrons. Décrivez une de ces histoires et dites comment elle s'est achevée.

3. Dans l'histoire que vous allez lire, un des personnages cherche à éviter la jalousie de son ami en prenant des mesures extraordinaires, tandis que pour un autre personnage, au contraire la jalousie le conduit à la catastrophe. Avez-vous déjà été jaloux (jalouse) ? De quoi ? De qui ? Qu'est-ce que vous diriez à un ami qui est jaloux ? Avez-vous été témoin de jalousies qui ont provoqué des résultats inattendus ?

Les questions du chapitre

• Pourquoi l'amitié et l'amour sont-ils si importants pour la société ? Qu'est-ce qu'il faut faire pour entretenir un rapport amical ou plus sérieux ?

• En quoi est-ce que l'amitié ou l'amour contribuent au bien-être du groupe ?

• En quoi l'amitié et l'amour peuvent-ils être différents dans des cultures étrangères ?

Lecture

La légende de Tristan et Iseult

Avant la lecture

Stratégies pour la lecture : *Les mots émergents pour prédire le sens*

Quand on parcourt rapidement un texte, certains mots émergent de la page. Mis ensemble, ils permettent de découvrir l'histoire. Voici quelques-uns de ces mots extraits du texte que vous allez lire :

Iseult

Tristan

le roi Marc

emmener

le héros

tomber amoureux

blesser

le respect

l'épée

se marier

trouver la fille

blonde

une potion d'amour

la nef

partir

En vous servant de ces mots, faites deux ou trois phrases qui prédisent l'histoire que vous allez lire. Après avoir lu l'histoire, revoyez ces phrases pour savoir si vous aviez raison.

La famille et la communauté : L'amitié et l'amour

Dans cette sélection, il s'agit de l'histoire classique de deux amants et de la tragédie qui les attend.

La légende de Tristan et Iseult

Tristan est élevé par son oncle, le roi Marc de Cornouailles. Celui-ci veut que Tristan soit son successeur au trône du royaume. Cornouailles doit chaque an- née payer un tribut de trois cents jeunes gens et trois cents jeunes filles au roi d'Irlande. Le héros Tristan décide de mettre fin à cette tradition, et il décide d'aller se battre avec le roi d'Irlande, Morholt. Il décapite et tue le géant Morholt, mais il 5 *est gravement blessé par l'épée de son adversaire. Voyant que sa blessure pourrit et ne guérit pas, Tristan décide d'embarquer seul en mer où il pourra mourir en paix.*

Privée de son capitaine pour la guider, la nef est rejetée sur le rivage où le jeune prince est trouvé à demi-mort. On prévient la reine qui est reine d'Irlande et 10 *également la sœur de Morholt. La reine, magicienne, fait entrer Tristan dans son château et avec l'aide de sa fille, le guérit avec ses herbes. Cette jeune fille est d'une beauté extraordinaire et a les cheveux d'un blond si rare qu'on l'appelle Iseult la Blonde. Grâce aux soins de la reine et de sa fille, Tristan se rétablit. Craignant d'être reconnu par les Irlandais, Tristan embarque sur une nef par une nuit noire* 15 *et part en Cornouailles.*

Le roi Marc est fou de joie de retrouver son neveu et il annonce qu'il choisit Tristan comme héritier et qu'il veut lui léguer son domaine. Les grands barons jaloux de Tristan et avides du royaume supplient le roi de se remarier. Par hasard, deux oiseaux apportent un long cheveu blond au roi, et celui-ci annonce 20 *qu'il acceptera de se marier avec la femme à qui appartient le cheveu blond. Tristan reconnaît le cheveu d'Iseult et promet à son oncle de trouver la femme qu'il cherche. Le jeune prince explique au roi que la femme à qui appartient le cheveu est la fille du roi d'Irlande. Le roi Marc autorise Tristan à aller chercher la jeune fille en Irlande.* 25

Tristan arrive en Irlande et transmet à la reine l'offre du roi Marc. Tristan et Iseult sont prêts à partir. La mère d'Iseult craint pourtant qu'Iseult ne soit pas heureuse en Cornouailles : cette magicienne mélange ses herbes et prépare un philtre ou une potion d'amour, le met dans une fiole et le donne à sa fille qui

30 *part avec Tristan pour se marier avec le roi Marc. Pendant le voyage, les deux*
jeunes gens ont soif ; ils prennent la fiole et boivent le philtre magique. Tristan et
Iseult tombent amoureux l'un de l'autre. Mais, Iseult a promis d'épouser le roi de
Cornouailles. Hélas, les amants se rencontrent en secret, et le roi a des doutes sur
la relation entre Tristan et sa femme. À cause de son amour pour Iseult et son
35 *respect pour le roi Marc, Tristan décide de partir.*

Pour oublier sa peine, Tristan se mit à voyager. Un jour qu'il traversait la petite Bretagne, que l'on nomme aussi Armorique, le vieux duc le reçut à sa cour. Il avait une fille belle et sage. On l'appelait Iseult aux Blanches Mains. Son nom émut Tristan et il trouva à son visage un air de ressemblance avec celui de

40 l'autre Iseult. Il crut pouvoir l'aimer comme on aime un reflet et l'épousa.

Malgré tous ses efforts, il ne réussit pourtant pas à chasser de son cœur l'amour d'Iseult la Blonde. Iseult aux Blanches Mains le comprit vite et ne rêva plus que de se venger. Elle y parvint, voici comment.

Une nouvelle fois, Tristan avait reçu, lors d'un combat, une blessure

45 empoisonnée que personne ne savait soigner et le mal, chaque jour, empirait. Il se sentait mourir.

Il envoya un messager à la cour du roi Marc pour supplier Iseult de venir près de lui. Peut-être parviendrait-elle à le guérir comme jadis[1] sa mère l'avait fait. Et si c'était impossible, s'il devait mourir, ce serait du moins auprès d'elle.

50 Le messager partit et Tristan se mit à guetter chaque jour sur le rivage le retour de la nef qui l'avait emportée vers la Cornouailles. Il gardait l'espoir de la voir ramener Iseult.

Cette dernière était partie, dès l'arrivée du messager, dans une hâte folle de revoir Tristan et de le guérir. Mais le voyage était long. Des orages et des

55 tempêtes, des vents contraires et violents retardèrent encore la marche de la nef. Iseult se désespérait.

Tristan, de son côté, s'affaiblissait de plus en plus. Bientôt il n'eut plus la force de guetter sur le rivage et dut rester étendu dans sa chambre. Assise à son chevet, Iseult aux Blanches Mains surveillait pour lui l'horizon.

60 Un jour parut enfin la nef tant attendue. Tristan se soulevant à demi sur son lit, s'enquit avec angoisse de la couleur de la voile. Il avait ordonné que l'on mette une voile blanche si la nef ramenait à son bord Iseult, une noire dans le cas contraire.

Iseult aux Blanches Mains tenait enfin sa vengeance et répondit, au mépris

65 de la vérité :

— La voile est noire.

---

1. ages ago

Pendant la lecture

Notez comment l'auteur donne des détails qui font avancer l'intrigue.

Pendant la lecture

Remarquez la simplicité de l'intrigue.

Pendant la lecture

Notez que l'histoire des voiles et celle de l'erreur fatale se retrouvent dans plusieurs œuvres de la littérature européenne.

Le visage de Tristan perdit alors toute couleur et ses traits s'affaissèrent. Il ne lutta plus pour vivre et, se tournant vers la muraille, il rendit le dernier soupir.

Cependant Iseult la Blonde débarquait en tout hâte et courait au château. Déjà les cloches sonnaient le glas[2] et les gens dans les rues disaient : « Tristan est mort ! » 70

La douleur la poignit et la fit suffoquer mais elle entra dans la salle où il gisait[3] et, le tenant embrassé, mourut à son tour de la violence de son désespoir.

Une nef emporta leurs corps embaumés à Tintagel, chez le roi Marc. Quand il les vit couchés, morts, côte à côte, il se souvint de la cabane dans la forêt du 75
Morois où il les avait surpris un matin, endormis. Et il ordonna qu'on les mette en un même lieu dans deux tombes semblables et que sur l'une on plante un rosier rouge, sur l'autre un cep[4] de vigne, de manière qu'avec le temps rameaux et fleurs se mêlent si étroitement qu'à l'image des deux amants on ne puisse plus les séparer. 80

« *Le visage de Tristan perdit alors toute couleur et ses traits s'affaissèrent. Il ne lutta plus pour vivre et, se tournant vers la muraille, il rendit le dernier soupir.* »

2. toll
3. lying sick or dead
4. vine stock

Après la lecture

Vérifiez votre compréhension

1. Qui est Morholt et pourquoi est-il important pour cette histoire ?

2. Qu'est-ce qui arrive après le combat entre Tristan et Morholt ?

3. Expliquez le rétablissement de Tristan.

4. Quelle est la réaction du roi Marc lors du retour de Tristan ?

5. Pourquoi est-ce que Tristan va en Irlande ?

6. Que craint la mère d'Iseult ?

7. Qu'est-ce qui arrive pendant le voyage ?

8. Pourquoi Tristan décide-t-il de s'en aller ?

9. Qui est Iseult aux Blanches Mains et comment figure-t-elle dans cette légende ?

10. Qu'est-ce qui est arrivé à Tristan ? Quel est le résultat ?

11. Pourquoi Tristan envoie-t-il un messager à la cour du roi Marc ?

12. Est-ce que Iseult la Blonde a accepté d'accompagner le messager ?

13. Quel plan est-ce que Tristan avait conclu avec le messager ?

14. Quand la nef avec Iseult arrive, qu'est-ce que sa femme annonce à Tristan ?

15. Que fait Tristan ?

16. Qu'est-ce que le roi Marc a commandé ?

En y réfléchissant

1. Qu'est-ce que la mère d'Iseult souhaite pour sa fille ? Quelle opinion a-t-elle de sa fille ?

2. Est-ce que Tristan et Iseult ont bu le philtre par accident ou est-ce qu'ils ont décidé de le faire (même si la décision n'était pas consciente) ?

3. Est-ce une bonne idée que Tristan s'en aille vers un autre pays pour ne pas déshonorer son oncle ou bien est-ce que cette idée est sans effet ? Qu'est-ce qu'il aurait pu faire ?

4. Expliquez la tâche du serviteur qui va chercher Iseult.

5. Est-ce que la jalousie de la femme de Tristan est normale ? Est-ce que son attitude est excessive ?

6. Quelles conclusions tirez-vous de ce que fait Iseult quand elle voit Tristan mort ?

Approches transdisciplinaires

Il serait bien difficile d'étudier l'histoire de Tristan et Iseult dans une perspective culturelle. L'histoire a des racines dans le mythe antique de *Thésée* mais a pour cadre la culture celtique d'Irlande et de Cornouailles dont la Bretagne faisait partie. Elle a été reprise à l'opéra, au théâtre, souvent avec l'histoire originale, quelquefois avec les aspects que l'on retrouve par exemple dans *Roméo et Juliette*. Elle a aussi fait l'objet de peintures, de tapisseries, de sculptures et de vitraux.

1. Recherchez sur internet des œuvres d'art qui ont comme thème l'histoire de Tristan et Iseult.

2. Comparez les différentes formes d'expression artistique pour mieux comprendre l'histoire de cette relation entre deux amants.

Pour améliorer votre vocabulaire

1. **Synonymes :** Trouvez un synonyme pour chaque mot ou chaque expression de la liste. Vous trouverez ces mots dans le texte.

   a. successor (l. 2)   **f.** parvenir (l. 48)

   b. l'adversaire (l. 6)   **g.** guetter (l. 50)

   c. la nef (l. 9)   **h.** une hâte (l. 53)

   d. mélanger (l. 28)   **i.** surveiller (l. 59)

   e. se mettre à (l. 36)

2. **Antonymes :** Trouvez un antonyme pour chaque mot ou chaque expression de la liste. Vous trouverez ces mots dans le texte.

   a. guérir (l. 7)   **f.** l'espoir (l. 51)

   b. le doute (l. 33)   **g.** retarder (l. 55)

   c. oublier (l. 36)   **h.** affaiblir (l. 57)

   d. sage (l. 38)   **i.** la vérité (l. 65)

   e. empirer (l. 45)   **j.** se mêler (l. 79)

3. **Définitions :** Associez les mots de la première colonne avec les définitions de la seconde. Vérifiez le contexte dans lequel ces mots se trouvent.

   1. une voile (l. 61)   **a.** monter, mettre en haut
   2. le philtre (l. 31)   **b.** le lieu d'enterrement
   3. la tombe (l. 77)   **c.** accompagner
   4. oublier (l. 36)   **d.** devenir tout blanc
                            e. un grand tissu qui prend le vent pour pousser un bateau
                            f. ne pas se rappeler
                            g. la potion

Allons au-delà

Pour communiquer

A Écouter

Dans cette sélection, on entend lire une lettre que la romancière George Sand (Aurore Dupin) a écrite au XIXème siècle au dramaturge et poète Alfred de Musset. Écoutez l'extrait audio et répondez aux questions suivantes.

1. De quoi s'agit-il dans cc podcast ?

2. Quelle est la première réaction de Georges Sand lorsqu'elle reçoit la lettre ?

3. Quels noms Sand donne-t-elle à Alfred de Musset ?

4. Pendant combien de temps veut-elle poursuivre sa liaison ?

5. Comment caractériseriez-vous les rapports entre Georges Sand et son ami Alfred de Musset ?

B Débat : Les personnages malhonnêtes…

Dans l'histoire de *Tristan et Iseult*, comme dans d'autres histoires d'amour bien sûr, on trouve aussi des personnages malhonnêtes. La mère d'Iseult n'aurait-elle pas pu préparer une potion d'antidote ? La femme de Tristan manquait-elle à ce point d'assurance qu'elle devait mentir lorsque son mari était à l'agonie ? Le roi Marc n'a-t-il pas vu l'amour entre Tristan et Iseult ?

Travaillez en groupes de quatre élèves.

1. Discutez les deux aspects de cette question. Puis divisez-vous en deux camps, le pour et le contre.

2. Formulez les questions qui alimenteront le débat.

3. Pensez aux réponses.

4. Puis, débattez !

C Diffusion : Interview des personnages

C'est une de ces émissions de télé avec Tristan, Iseult et deux autres amants que vous choisirez tels que Roméo et Juliette, Superman et Lois Lane, Lancelot et Guinevière, où ceux qui sont sur la scène veulent maîtriser tous les moments de leur vie et où le public dans la salle crie et lance des critiques. L'animateur essaie de garder le contrôle de la situation devant les caméras quand il pose des questions délicates. L'un après l'autre, les personnages montent sur scène : retrouvailles, sanglots, questions, réactions. Et les questions continuent.

1. Préparez des questions de départ :

   a. Racontez-nous votre histoire d'amour.

   b. Quels conseils est-ce que Tristan pourrait donner à l'autre homme ? Et l'autre à Tristan ?

   c. Pourquoi est-ce que Tristan a choisi un philtre d'amour ? N'était-il pas capable d'attirer l'amour d'une femme ?

   d. Croyez-vous aux coups de foudre en amour ?

   e. Quel rôle la jalousie joue-t-elle dans votre histoire ? Vaut-elle un mensonge ?

2. Pour votre émission, travaillez en groupe de cinq élèves : l'animateur, Tristan, Iseult, les deux autres, peut-être le roi Marc et la femme de Tristan.

3. Préparez les questions que l'animateur va poser aux joueurs.

4. Préparez aussi les réponses et les questions entre personnages.

5. Organisez la suite de votre « émission ».

6. Expliquez à vos spectateurs leur rôle de public « participant ».

7. Faites votre présentation !

D Schéma en « T » : Les histoires à recette

Sans vous référer aux deux histoires que vous connaissez, en groupes de trois élèves, dites quelle est la meilleure façon d'écrire une histoire d'amour.

1. Prenez une grande feuille de papier et esquissez un schéma en « T ».

2. Dans la colonne de gauche, dressez la liste des éléments qui composent en général une histoire d'amour.

3. Puis, pour la colonne de droite choisissez l'une des deux histoires, telle que vous l'avez travaillée en classe.

4. Trouvez les éléments de cette histoire qui montrent qu'elle suit la formule que vous avez décrite.

5. Il se peut que vous trouviez de nouveaux éléments en analysant votre histoire.

E Discussion : Situations

Mettez-vous par groupes de trois élèves et discutez les questions suivantes :

1. Un de vos amis a décidé de s'abonner à un site internet de rencontres amoureuses. Quels conseils lui donneriez-vous ?

2. Imaginez qu'un de vos amis vous annonce qu'il vient de découvrir que son mariage est déjà arrangé par ses parents depuis longtemps avec une personne d'un pays étranger. Votre ami(e) a déjà un copain / une copine. Quels conseils lui donneriez-vous ?

3. Un de vos amis vous confie qu'il est tombé amoureux d'une jeune femme qui a déjà un petit ami, mais il ne lui a pas encore dévoilé ses sentiments. Que lui dites-vous ?

4. Un ami vous offre une amulette ou un grigri porte-bonheur. Vous avez en effet un grand besoin de chance, mais l'amulette est véritablement laide et un peu trop grande. Comment pensez-vous résoudre cette difficulté ?

5. Vous échangez des cadeaux avec un groupe d'amis. Vous trouvez dans l'un d'eux quelque chose dont vous avez envie depuis longtemps. Vous êtes très content(e) et vous remerciez la personne qui vous a offert le cadeau. Cette personne vous révèle alors que le cadeau était prévu pour quelqu'un d'autre et que vous l'avez ouvert par erreur. Que faites-vous ?

6. Comment est-ce que l'amitié et l'amour contribuent au bien-être d'un groupe ?

7. Qu'est-ce qu'il faut faire pour maintenir un rapport amical ou plus sérieux ?

F À vos stylos ! Moderniser l'histoire

L'histoire de Tristan et Iseult met en œuvre des éléments que l'on retrouve à diverses époques depuis l'antiquité, comme le mythe de Thésée et la pièce de Shakespeare *Roméo et Juliette*. Chaque interprétation de l'histoire de Tristan et Iseult reflète une culture à un moment donné pour un public donné. Essayez d'adapter cette histoire à la culture américaine avec les éléments de la vie quotidienne de votre génération. Écrivez au moins 300 mots.

G Comparer

Comparez l'histoire d'amour de Tristan et Iseult à celle de Roméo et Juliette, Antoine et Cléopâtre, Superman et Lois Lane, Lancelot et Guinevière, la Belle et la Bête ou autre histoire d'amour célèbre. Qu'est-ce qu'elles ont en commun ? De différent ?

La famille et la communauté : L'amitié et l'amour

Dans cette sélection, *Pour toi mon amour*, de Jacques Prévert, il s'agit d'un poème d'amour.

Je suis allé au marché aux oiseaux
Et j'ai acheté des oiseaux
Pour toi
Mon amour
5 Je suis allé au marché aux fleurs
Et j'ai acheté des fleurs
Pour toi
Mon amour

Je suis allé au marché à la ferraille
Et j'ai acheté des chaînes   10
De lourdes chaînes
Pour toi
Mon amour

Et je suis allé au marché aux esclaves
Et je t'ai cherchée   15
Mais je ne t'ai pas trouvée
Mon amour

Après la lecture

1. Combien de strophes comporte le poème ? En quoi sont-elles différentes ou semblables ?

2. Où va le narrateur dans les deux premières strophes ? Qu'est-ce qu'il achète ?

3. Comment les deux dernières strophes diffèrent-elles des premières ? Où va le narrateur ? Qu'est-ce qu'il cherche ?

4. Que révèle la troisième strophe de l'attitude du narrateur ? la quatrième ?

5. Pourquoi est-ce que le poète cherche un oiseau comme cadeau ? Qu'est-ce que cela révèle des rapports entre le poète et son amour ?

6. Commentez la juxtaposition de l'oiseau et des chaînes ? N'est-ce pas un oxymore ?

7. Comment la dernière strophe est-elle différente ? Qu'est-ce que cette strophe révèle sur les rapports entre le poète et son amour ?

Revenez sur ces questions

Après avoir considéré les lectures et les discussions de ce chapitre, reprenez-en la discussion.

- Pourquoi l'amitié et l'amour sont-ils si importants pour la société ? Qu'est-ce qu'il faut faire pour entretenir un rapport amical ou plus sérieux ?

- En quoi est-ce que l'amitié ou l'amour contribuent au bien-être du groupe ?

- En quoi l'amitié et l'amour peuvent-ils être différents dans des cultures étrangères ?

- Comment des sociétés différentes conçoivent-elles la famille ?

- Comment les personnes contribuent-elles au bien-être de la communauté ?

- En quoi le rôle de la famille et de la communauté diffère-t-il d'une société à une autre dans le monde ?

Contextes :

- **Les rapports sociaux**
- **L'enfance et l'adolescence**
- **L'adolescence**
- **Les coutumes**
- **La famille**
- **L'amitié et l'amour**

Activité de révision
Selon moi

Nous passons notre vie entourés de notre famille et de notre communauté. Dites comment les institutions ou les groupes évoqués dans ce chapitre vous ont personnellement aidé à grandir. Servez-vous d'exemples tirés de votre vie personnelle. Organisez vos idées sous forme d'un plan qui vous aidera à préparer votre présentation.

Première partie : Présentez la situation et expliquez pourquoi il faut lui prêter attention. Retracez son évolution. Quelle est son influence sur votre vie ?

Deuxième partie : Servez-vous d'exemples tirés de votre vie personnelle pour montrer son importance.

Troisième partie : Tournez-vous maintenant vers ses effets sur votre communauté, ou en général aux États-Unis. Que vous en disent l'histoire ou les médias ? Quelqu'un de célèbre en a-t-il parlé ?

Quatrième partie : Comment aborde-t-on ce genre de situation dans le monde francophone ?

Cinquième partie : Tirez une conclusion des idées que vous avez présentées. Quelles sont les solutions envisageables ?

Un peu d'aide
....

Ces questions pourront vous aider à organiser vos idées :

1. Quels sont les causes et les effets sur les personnes ou les groupes de personnes que vous mentionnez ? Quelles conclusions en tirez-vous ?

2. Qu'est-ce que vous auriez fait sur le plan personnel ?

3. Essayez de formuler une conclusion qui résume tout ce que vous dites.

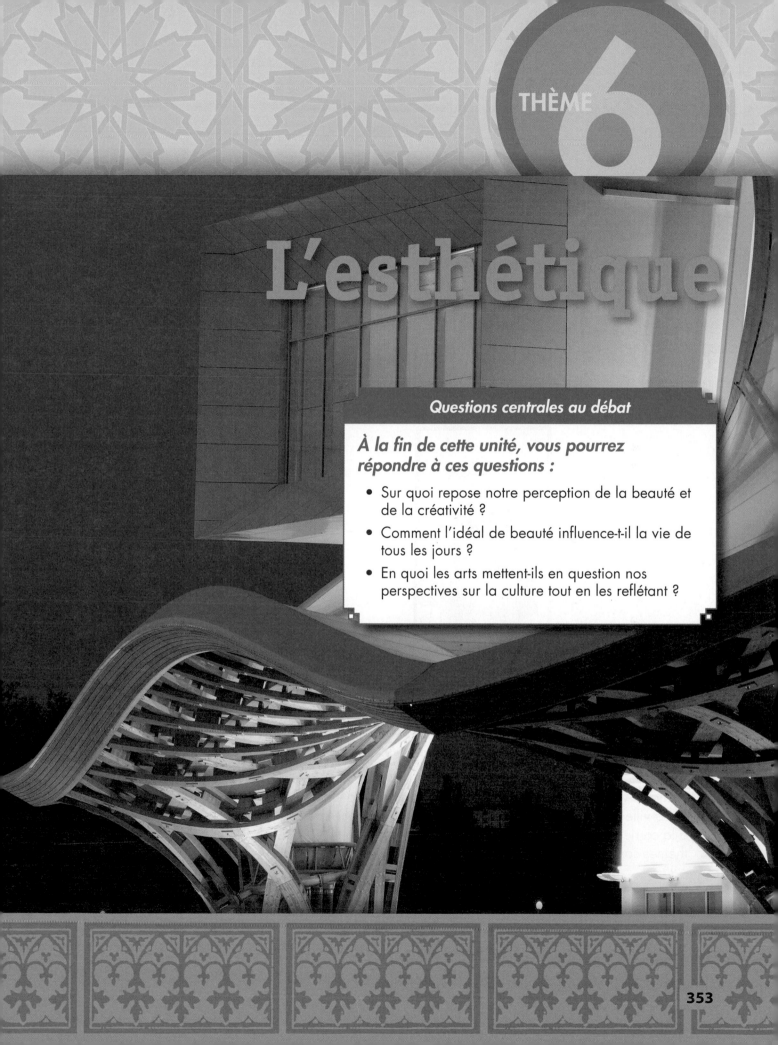

6

L'esthétique

Questions centrales au débat

À la fin de cette unité, vous pourrez répondre à ces questions :

- Sur quoi repose notre perception de la beauté et de la créativité ?

- Comment l'idéal de beauté influence-t-il la vie de tous les jours ?

- En quoi les arts mettent-ils en question nos perspectives sur la culture tout en les reflétant ?

CHAPITRE 25

Vive la France !

Contexte : Le patrimoine

PREMIÈRE LECTURE François Villon : *La ballade des pendus*

DEUXIÈME LECTURE Pierre de Ronsard : *Mignonne, allons voir si la rose*

TROISIÈME LECTURE Jean de la Fontaine : *Le corbeau et le renard*

QUATRIÈME LECTURE Paul Verlaine : *Il pleure dans mon cœur*

Déchiffrons l'image

1. Est-ce que la poésie peut figurer dans le patrimoine d'une culture ? Comment ? Pourquoi ?

2. François Villon était un poète de la fin du Moyen-Âge et un brigand de la ville de Paris. En quoi le fait d'être un voyou peut-il contribuer à la carrière d'un auteur et poète, surtout au Moyen Âge ? Quels thèmes sont, à votre avis, abordés dans son œuvre poétique ?

3. Plusieurs poèmes de Villon ont un thème religieux. À quoi pouvez-vous attribuer cela ? D'autres de ses poèmes sont noirs, rudes et grossiers. À quoi pouvez-vous attribuer cela ?

Les questions du chapitre

- Par quel cheminement peut-on accéder à l'idée de beauté ? Qu'est-ce qui constitue la beauté ?

- Comment notre idéal de beauté s'exprime-t-il dans la vie de tous les jours ? Pourquoi choisit-on ce qu'il y a de beau et rejette-t-on ce qu'il y a de moins beau ?

- Qu'est-ce qui constitue le patrimoine d'un pays ?

Lectures

Avant la lecture

Stratégies pour la lecture : *Démystifions la poésie*
....

La poésie française comprend plusieurs sortes de rimes.

La rime

La rime suffisante comprend le son d'une voyelle et celui d'une consonne. Les deux sons sont les mêmes dans les deux mots qui riment.

  fromage – langage   écoute – doute

La rime pauvre ne comprend que la voyelle qui rime entre les deux mots.

  bois – voix   défaut – chaud

La rime féminine se trouve dans un mot qui se termine par l'**e muet**.

  joie – proie   treille – vermeille

La rime masculine comprend tous les autres sons.

  chanté – été   morceau – vermisseau

La versification française est une alternance entre les rimes masculines et féminines.

Le groupement des rimes

La rime plate suit le schéma *aa-bb-cc.*

La rime croisée est en *abab.*
La rime embrassée prend la forme *abba.*
Le vers libre incorpore tous les schémas.
Le vers blanc ne comporte pas de rime.

Identifiez les rimes suivantes :

1. Mignonne, allons voir si la rose
 Qui ce matin avait déclose
 Sa robe de pourpre au soleil,
 A point perdu cette vesprée

2. Maître corbeau, sur un arbre perché,
 Tenait en son bec un fromage.
 Maître renard par l'odeur alléché,
 Lui tint à peu près ce langage :

3. En sa plus verte nouveauté,
 Cueillez, cueillez votre jeunesse
 Comme à cette fleur, la vieillesse
 Fera ternir votre beauté.

Réponses : 1. La rime plate, rime suffisante et féminine alternée avec féminine ; 2. La rime croisée, la rime suffisante et masculine alternée avec la féminine ; 3. La rime embrassée, la rime suffisante et masculine alternée avec la féminine.

Première lecture

L'esthétique : *Le patrimoine*

Dans ce poème, Villon, condamné à mort, est horrifié à l'idée d'être pendu. De cette angoisse, il nous laisse cette marche funèbre c'est le mort de demain qui s'adresse aux vivants et les implore d'avoir pitié. La vision de ses frères du gibet, par son réalisme fait encore frissonner et émeut le lecteur d'aujourd'hui.

L'Épitaphe de Villon ou « Ballade des pendus »

François Villon

Pendant la lecture

Notez la rime : le genre de rime et le groupement des rimes.

Frères humains, qui après nous vivez,
N'ayez les cœurs contre nous endurcis,
Car, si pitié de nous pauvres avez,
Dieu en aura plus tôt de vous mercis.
5 Vous nous voyez ci attachés, cinq, six :
Quant de la chair, que trop avons nourrie,
Elle est piéça dévorée et pourrie,
Et nous, les os, devenons cendre et poudre.
De notre mal personne ne s'en rie ;
10 Mais priez Dieu que tous nous veuille
        absoudre !

Se frères vous clamons, pas n'en devez
Avoir dédain, quoique fûmes occis[1]
Par justice. Toutefois, vous savez
15 Que tous hommes n'ont pas le sens rassis.
Excusez-nous, puisque sommes transis,
Envers le fils de la Vierge Marie,
Que sa grâce ne soit pour nous tarie,
Nous préservant de l'infernale foudre.
20 Nous sommes morts, âme ne nous harie[2],
Mais priez Dieu que tous nous veuille absoudre !

---

1. tués
2. tracasse, tourmente

François Villon (c. 1431–après le 5 janvier 1463) est un poète français, brigand et vagabond connu principalement pour ses *Testaments* et sa *Ballade des pendus* qu'il a écrite pendant un de ses séjours en prison. Il est étudiant à Paris, mais est souvent impliqué dans des bagarres de tavernes, où il joue du couteau. Suite à de nombreuses affaires criminelles, Villon est banni de Paris. On n'en entendra jamais plus parler de son vivant.

La pluie nous a débués[3] et lavés,
Et le soleil desséchés et noircis.
Pies, corbeaux nous ont les yeux cavés[4],
25 Et arraché la barbe et les sourcils.
Jamais nul temps nous ne sommes assis
Puis çà, puis là, comme le vent varie,
À son plaisir sans cesser nous charrie,
Plus becquetés d'oiseaux que dés à coudre.
30 Ne soyez donc de notre confrérie ;
Mais priez Dieu que tous nous veuille absoudre !

Prince Jésus, qui sur tous a maistrie[5],
Garde qu'Enfer n'ait de nous seigneurie :
À lui n'ayons que faire ne que soudre.
35 Hommes, ici n'a point de moquerie ;
Mais priez Dieu que tous nous veuille absoudre !

Pendant la lecture

Chez Villon, notez les images et le ton du poète : comment qualifier sa voix ?

« Frères humains, qui après nous vivez,
N'ayez les cœurs contre nous endurcis »

---

3. lessivé
4. crevés
5. puissance

Après la lecture

Vérifiez votre compréhension

1. À qui le poète s'adresse-t-il ?
2. Qui parle dans le poème ?
3. Quelle est l'image évoquée par la première strophe ?
4. Qu'est-ce que le narrateur attend des prières ?
5. Qu'est-ce que le narrateur demande dans la deuxième strophe ?
6. Quelle image offre le narrateur dans la troisième strophe ?
7. Que demande le narrateur dans l'envoi (quatrième strophe) ?

En y réfléchissant

1. D'après sa biographie, imaginez les circonstances dans lesquelles Villon a écrit ce poème ?
2. Où sont les « nous pauvres » dont parle le poète ?
3. Montrez comment l'image des « nous pauvres » devient de plus en plus nette et dramatique.
4. Certainement le poète parle aux générations qui suivront, mais n'y a-t-il pas un autre destinataire ?
5. Quelle est l'effet de la répétition du vers qui commence par « Mais priez Dieu… » ?
6. Décrivez les images de ce poème.
7. Dessinez les images de ce poème.

Perspectives culturelles

La France a toujours connu des exécutions publiques. Il suffit de voir les images et de lire les comptes-rendus des guillotinages sur la Place de la Concorde pendant la Révolution. La dernière exécution publique a eu lieu à Marseille en 1977 ; peu après, en 1981 la France a aboli la peine de mort.

1. Quels sont les pays qui influencent la France, ou qui sont influencés par la France, mais qui ont toujours la peine de mort ?
2. Quelles autres peines sont prévues par la loi dans ces pays ?

Deuxième lecture

L'esthétique : *Le patrimoine*

Dans cette ode à Cassandre, le poète reprend le thème familier de *carpe diem* où il s'agit de profiter du moment présent. *Mignonne, allons voir si la rose…* écrit en 1545, est un des poèmes les plus connus de Ronsard.

Mignonne, allons voir si la rose…

Pierre de Ronsard

Pendant la lecture

Dans ce poème de Ronsard, notez la façon dont les images évoluent.

Pendant la lecture

Notez aussi, chez Ronsard, la structure du poème.

Mignonne, allons voir si la rose
Qui ce matin avait déclose
Sa robe de pourpre au soleil,
A point perdu cette vesprée,
5 Les plis de sa robe pourprée,
Et son teint au vôtre pareil.

Las ! Voyez comme en peu d'espace,
Mignonne, elle a dessus la place,
Las, las ses beautés laissé choir[6] !
10 Ô vraiment marâtre Nature,
Puis qu'une telle fleur ne dure
Que du matin jusques au soir !

Donc, si vous me croyez, mignonne,
Tandis que votre âge fleuronne
15 En sa plus verte nouveauté,
Cueillez, cueillez votre jeunesse :
Comme à cette fleur, la vieillesse
Fera ternir votre beauté.

6. tomber

Pour connaître l'auteur

Pierre de Ronsard (1524–1585), poète français, est souvent appelé « le prince des poètes. » Il visite l'Écosse, l'Angleterre et la Hollande avant de retourner en France où il traduit les auteurs classiques en français moderne. Dès 1550, il publie ses *Odes*, *Amours de Cassandre* et autres recueils de poésie. S'il n'a pas introduit le sonnet en France, il devient pourtant le maître de cette forme de poésie. Il fait partie d'un groupe de poètes (parmi lesquels Du Bellay) qui écrit et théorise sur la poésie. Ses œuvres sont restées célèbres pour leur langue, leurs images et l'élégance de la métrique.

Après la lecture

Vérifiez votre compréhension

1. Qui parle ? À qui ? Où est-on ?

2. En quelle saison sommes-nous ?

3. Qu'est-ce que le poète et « Mignonne » ont vu ce matin ?

4. Quelle métaphore le poète crée-t-il dans la première strophe ?

5. Que suggère le mot « Las ! » ? En quoi donne-t-il le ton de la strophe ?

6. Qu'est-il arrivé à la rose ?

7. Quel est le thème du poème repris par cette strophe ? Comment est-il annoncé ?

8. Quel est le message du poète à sa « Mignonne » ?

En y réfléchissant

1. Que révèle le premier mot du poème ?

2. Pourquoi Ronsard choisit-il une rose et pas une autre fleur ?

3. Qu'est-ce que la « robe de pourpre » ? Pourquoi « pourpre » et pas une autre couleur ?

4. Est-ce que le poète compare la « Mignonne » à une fleur ?

5. À quel moment de la journée se situe la deuxième strophe ?

6. Comment le poète décrit-il les pétales de la fleur dans cette deuxième strophe ?

7. Quel est le message du poème ? Quelle est la phrase en latin ?

8. Expliquez la structure du poème.

Approches transdisciplinaires

Le thème de « *carpe diem* » (profite du jour présent) vient d'une maxime de l'Antiquité. Les poètes français de la Pléiade ont souvent utilisé ce thème hérité d'Horace, poète romain, dans la poésie du XVIe siècle.

1. Cherchez dans la musique populaire une représentation du thème de « *carpe diem* ». Copiez les paroles pour la classe et faites jouer un enregistrement en cours.

Troisième lecture

L'esthétique : *Le patrimoine*

Dans cette poésie, La Fontaine reprend une fable d'Ésope. *Le Corbeau et le Renard* est une des fables les plus connues et les plus citées dans l'histoire de la littérature.

Le corbeau et le renard

Jean de la Fontaine

Pendant la lecture

Avec La Fontaine, observez les animaux choisis pour la scène et décrivez leurs traits ou leurs caractéristiques.

Pendant la lecture

Remarquez comment la scène conduit à la formulation de la morale. Est-ce que celle-ci est implicite ou explicite ?

Maître Corbeau, sur un arbre perché,
Tenait en son bec un fromage.
Maître Renard par l'odeur alléché[7],
Lui tint à peu près ce langage :
5 « Hé bonjour Monsieur du Corbeau.
Que vous êtes joli ! que vous me semblez
    beau !
Sans mentir, si votre ramage[8]
Se rapporte[9] à votre plumage,
10 Vous êtes le phénix des hôtes de ces bois »
À ces mots le Corbeau ne se sent pas de joie ;
Et pour montrer sa belle voix,
Il ouvre un large bec, laisse tomber sa proie.
Le renard s'en saisit et dit : « Mon bon
15   Monsieur,
Apprenez que tout flatteur[10]
Vit aux dépens de[11] celui qui l'écoute :
Cette leçon vaut bien un fromage, sans
    doute. »
20 Le Corbeau, honteux et confus,
Jura mais un peu tard, qu'on ne l'y prendrait plus.

---

7. tempted
8. songs
9. is similar to
10. flatterer
11. at the expense of

Pour connaître l'auteur

Jean de la Fontaine (1621–1695) Né à Château-Thierry (Champagne), Jean de la Fontaine compose d'abord de la poésie pour son commanditaire et protecteur, le noble Jean Fouquet. Installé à Paris, il fréquente les salons littéraires et se fait reconnaître parmi les plus grands auteurs de son époque. Ses *Fables choisies mises en vers* reprennent pour la plupart les histoires d'Ésope, poète grec de l'antiquité. Elles témoignent d'une connaissance très étendue de la politique de son époque, de la maîtrise parfaite d'un style littéraire, d'une perspicacité aigüe de la nature humaine et d'un esprit de satiriste délié.

Après la lecture

Vérifiez votre compréhension

1. Où se trouvent le corbeau et le renard au début de la scène ?

2. Que veut le renard ?

3. Qu'est-ce qu'il fait pour l'obtenir ?

4. Quelle est la réaction du corbeau ?

5. Quelle est la morale de l'histoire ?

En y réfléchissant

1. Quels adjectifs peut-on employer pour décrire le renard ? le corbeau ? Pourquoi est-ce que le poète n'utilise pas beaucoup d'adjectifs ?

2. Est-ce que le renard aurait pu obtenir le fromage d'une autre manière ? Comment ?

3. À votre avis, est-ce que le corbeau a laissé tomber le fromage charmé par les paroles du renard ? Qu'est-ce que vous auriez fait à la place du corbeau ?

Perspectives culturelles

Au XVIIe siècle, époque du classicisme, beaucoup d'auteurs reprennent des œuvres de l'Antiquité pour les traduire et les mettre au goût du jour, les adapter. La Fontaine a ajouté la satire à ses fables en permettant d'identifier certains de ses contemporains. Le critique Silvestre de Sacy a écrit que les Fables de la Fontaine donnent du plaisir à trois âges : les enfants qui aiment l'histoire, les étudiants qui s'étonnent de son art littéraire, et l'homme d'expérience qui sourit aux commentaires sur la vie.

1. Y a-t-il de nos jours des artistes, auteurs, cinéastes, personnalités de télévision qui sont des maîtres de l'art de la satire ? Qui sont-ils ? Qu'est-ce qui fait de ces personnes les maîtres de leur art ?

2. Y a-t-il de nos jours des arts qui touchent à trois âges en même temps ? Pensez aux livres, aux émissions de télévision, aux films. Qu'est-ce qui vous paraît évident ?

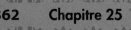

Quatrième lecture

L'esthétique : *Le patrimoine*

Ce poème est une variation sur la mélancolie et la tristesse qu'éprouve Verlaine. L'identification pluie/larme en forme la trame. Verlaine, aussi surnommé le Prince des poètes et pour qui la poésie est de la musique avant toute chose, est un des poètes les plus connus du XIXe siècle.

Il pleure dans mon cœur
Paul Verlaine

Pour connaître l'auteur

Paul Verlaine (1844–1896) est un des poètes du mouvement symboliste du XIXe siècle. On le considère comme l'un des meilleurs poètes de l'époque. Il commence très jeune à écrire des poèmes, influencé par le Parnasse. Il fréquente les salons littéraires où il fait la connaissance de plusieurs poètes déjà établis et connus. Son recueil *Poèmes saturniens* (1866) traduit sa propre maturité. Au cours d'un incident dramatique il tire un coup de pistolet sur le poète Arthur Rimbaud. À sa sortie de prison, il continuera à écrire en évoquant des thèmes tels que la drogue et l'alcool.

Pendant la lecture

Écoutez les sonorités qui se dégagent du poème de Verlaine. Notez la tonalité choisie.

> Il pleure dans mon cœur
> Comme il pleut sur la ville ;
> Quelle est cette langueur
> Qui pénètre mon cœur ?
>
> 5   Ô bruit doux de la pluie
> Par terre et sur les toits !
> Pour un cœur qui s'ennuie,
> Ô le chant de la pluie !

Pendant la lecture

Notez la structure du poème et l'organisation en strophes.

> Il pleure sans raison
> 10   Dans ce cœur qui s'écœure.
> Quoi ! nulle trahison ?…
> Ce deuil est sans raison.
>
> C'est bien la pire peine
> De ne savoir pourquoi
> 15   Sans amour et sans haine
> Mon cœur a tant de peine !

Après la lecture

Vérifiez votre compréhension

1. À quelle comparaison se livre le poète ?
2. Dans quel état d'âme se trouve-t-il ?
3. Où entend-il la pluie ?
4. Comment le poète associe-t-il les verbes *pleuvoir* et *pleurer* ?
5. De quel deuil parle-t-il ?
6. Quel est pour lui la pire peine ?

En y réfléchissant

1. Dans quelles dispositions se trouve le poète ? Quelles en sont les indications ?
2. Expliquez le passage d'une strophe de questions à une strophe d'exclamations.
3. Quelle est la question posée par le poète ? Quel est le thème du poème ?
4. Comment le choix des sons des voyelles souligne-t-il le thème ?
5. Comment est créée l'impression de monotonie de la pluie ?

Perspectives culturelles

La poésie de Paul Verlaine est encore très populaire parmi les Français, peut-être parce qu'elle est actuelle. Elle est souvent citée. Pendant la Deuxième guerre mondiale, son poème *Chanson d'automne* est devenu très populaire.

1. Pourquoi est-ce que ces vers ont-ils soudain pris tant d'importance ?
2. Quel événement a été annoncé sur les ondes de la BBC lorsque les deux premiers vers ont été lus à un jour d'intervalle au début du mois de juin 1944 ?

Pour améliorer votre vocabulaire

1. **Synonymes :** Trouvez un synonyme pour chaque mot ou chaque expression de la liste. Vous trouverez ces mots dans les textes.

   a. absoudre (Villon, l. 11)
   b. le teint (Ronsard, l. 6)
   c. ternir (Ronsard, l. 18)
   d. la langueur (Verlaine, l. 3)
   e. pénétrer (Verlaine, l. 4)
   f. la trahison (Verlaine, l. 11)
   g. le deuil (Verlaine, l. 12)
   h. la haine (Verlaine, l. 15)

2. **Antonymes :** Trouvez un antonyme pour chaque mot ou chaque expression de la liste. Vous trouverez ces mots dans les textes.

   a. endurci (Villon, l. 2)
   b. desséché (Villon, l. 23)
   c. honteux (La Fontaine, l. 20)
   d. la trahison (Verlaine, l. 11)

Allons au-delà

Pour communiquer

A Écouter

Dans cette balladodiffusion de Radio-Canada, on parle de l'homme de Néandertal et des éléments de vie « civilisée » qu'on vient de découvrir chez lui. Écoutez l'extrait audio et répondez aux questions suivantes.

1. De quoi parle-t-on dans ce podcast ?

2. Qu'est-ce que nous n'avons pas cru de l'homme de Néandertal ?

3. Quels sont les éléments de vie « civilisée » qu'on a trouvés chez l'homme de Néandertal ?

4. Selon le savant, d'où vient une partie du patrimoine génétique de l'homme ? Quel en est le pourcentage ?

5. Quel est le résultat des études de Richard Greene ?

B Aux affiches : Le patrimoine
La capsule mémorielle

Travaillez en petits groupes de trois ou quatre. Vous êtes chargé de préparer la capsule mémorielle qui expliquera un aspect de la culture française à une civilisation éloignée dans le temps et dans l'espace. Qu'est-ce que vous y mettrez ? De quoi faut-il absolument se souvenir ?

1. Discutez de cette question. Cherchez à diviser le travail en catégories : sciences, arts et littérature, culture populaire.

2. Demandez à chaque membre du groupe de trouver quelque chose pour représenter la France dans chacune des catégories.

3. Créez une affiche qui symbolise et qui illustre ce que vous mettrez dans la capsule mémorielle.

4. Discutez de vos idées en groupe.

5. Présentez votre « capsule mémorielle » à la classe.

6. Comme toujours, ayez une ou deux questions à poser à votre public.

7. Il se peut que votre professeur vous demande de vous intéresser dans le même esprit à un autre pays francophone.

C Présentation : Le rap

Comparons Villon aux rappeurs de notre époque. Quels sont les rappeurs que vous connaissez ? Connaissez-vous des rappeurs de langue française ? Travaillez en groupes de trois ou quatre élèves.

1. Utilisez l'internet pour faire des recherches sur le rap français et ses interprètes.
   a. Trouvez un clip vidéo.
   b. Puis cherchez les paroles.

2. Mettez votre clip dans une présentation PowerPoint.

3. Mettez les paroles de la chanson en haut de l'écran, au-dessus de l'image.

4. Traduisez les paroles en anglais et mettez-les en sous-titres, au dessous de l'image.

5. Synchronisez la présentation des images et des textes.

6. Présentez votre clip-vidéo à la classe.

D Jeu de rôle : Interrogez des personnages historiques

Travaillez en groupe de quatre ou cinq élèves. L'animateur d'une émission télévisée a invité les trois ou quatre personnes les plus importantes de l'histoire de France pour les interroger en direct.

1. Déterminez avec le groupe qui jouera quel rôle.

2. Identifiez les contributions de ces personnages à la société française.

3. Formulez des questions à donner à l'animateur.

4. S'il en avait l'occasion, dites quelles questions est-ce que votre personnage poserait aux autres personnages ?

5. Répétez vos interviews en groupe avant de les faire devant la classe.

6. N'oubliez pas de préparer une ou deux questions pour vérifier que votre public reste attentif.

E À vos stylos ! La création littéraire

Écrivez une fable (prose ou poésie) qui illustre ce proverbe : « Mieux vaut tard que jamais ». Suivez le schéma de présentation des fables.

ou bien
Composez un poème au sujet de l'automne, à la façon de Verlaine.

ou encore
Choisissez votre propre sujet.

F Comparer
La littérature comparée
Comparez les fables de La Fontaine avec d'autres « fables » que vous connaissez ou que vous avez vues dans ce livre comme « La lance de l'hyène ». En quoi sont-elles semblables ou différentes ?

« Mieux vaut tard que jamais »

L'esthétique : *Le patrimoine*

Dans cet article, il s'agit de l'Île de la Réunion qui vient d'être ajoutée à la liste du Patrimoine mondial établi par l'UNESCO. On y énumère les raisons qui font de la Réunion le candidat idéal. L'article vient du journal *Le Figaro*.

La Réunion, perle de l'humanité

Après Albi, les pitons, cirques et remparts de l'île ont été distingués hier par l'Unesco. Il s'agit du deuxième site ultramarin promu.

Vingt-quatre heures après la cité épiscopale d'Albi,
5 l'île tropicale et volcanique de la Réunion vient d'entrer au Patrimoine mondial de l'humanité. « L'Unesco reconnaît que l'ensemble des pitons, cirques et remparts crée un paysage spectaculaire et contribue significativement à la conservation
10 de la biodiversité terrestre », s'est réjoui le Parc national de la Réunion.

Paradis des randonneurs et des courses de montagne, le site distingué correspond à la zone centrale du parc créé en 2007, qui couvre 40% de
15 la surface de ce département français d'outre-mer situé dans l'archipel des Mascareignes, au sud-ouest de l'océan Indien. Là se trouve le fameux piton de la Fournaise, qui entre régulièrement en éruption.

20 Dans la foulée d'Albi, l'île de la Réunion est ainsi devenue le trente-cinquième site français sur la liste du Patrimoine mondial. Elle est le quatrième site naturel après, notamment, le golfe de Porto en Corse, qui englobe les calanche de Piana, le golfe
25 de Girolata et la réserve de Scandola (1983) et le Mont-Perdu dans les Pyrénées (1997), classé à la fois bien culturel et naturel.

Surtout, elle est le deuxième site ultramarin au monde inscrit à l'Unesco, après la grande barrière de corail de la Nouvelle-Calédonie (2008). 30

Panoramas vertigineux

« Cette inscription est l'aboutissement d'un travail de longue haleine, piloté par le Parc national de la Réunion, auquel se sont associés, avec enthousiasme et conviction, la population réunionnaise ainsi 35 que toutes les composantes de la société civile de l'île », se sont satisfaits hier les ministres Jean-Louis Borloo (Écologie), Marie-Luce Penchard (Outre-Mer) ainsi que la secrétaire d'État Chantal Jouanno (Écologie) dans un communiqué 40 commun.

Malgré son jeune âge, l'île ayant émergé à la surface de l'océan Indien il y a trois millions d'années seulement, c'est un véritable « livre ouvert sur l'histoire de la Terre », peut-on lire dans 45 le dossier présenté lors du comité du Patrimoine mondial, dont la 34e session s'achève aujourd'hui à Brasilia. Elle ne s'étire que sur 2500 km², mais elle culmine à 3070 mètres, au piton des Neiges. Son relief est profondément érodé, ses panora- 50 mas vertigineux, avec des remparts de plusieurs centaines de mètres de hauteur comme autant de lignes directrices des paysages. Plus d'un tiers de la surface de l'île a conservé ses caractéristiques

55 originelles, et la Réunion abrite 230 espèces végétales uniques au monde.

Alors que le tourisme est une priorité pour l'île qui ne veut plus être perçue comme un « produit complémentaire de l'île Maurice », ce classement, considéré comme un véritable label, représente 60 une manne inespérée. Selon Fabienne Couapel-Sauret, élue de la région, « un site classé voit sa fréquentation augmenter de 15% la première année, 20% à 40% les années suivantes ».

Questions de compréhension

1. Pourquoi L'UNESCO a-t-elle choisi de faire entrer l'Île de la Réunion dans le Patrimoine mondial de l'humanité ?

   a. Parce que le site d'Albi était trop particulier.
   b. À cause de son paysage spectaculaire.
   c. Parce qu'il correspond à la zone centrale du parc.
   d. Parce qu'il s'agit du deuxième site ultramarin promu.

2. Est-ce que toute l'île fait partie du Patrimoine ?

   a. Oui, sauf pour la partie de l'île où il y a le volcan.
   b. Oui, parce que c'est une perle de l'océan Indien.
   c. Non, seulement deux cinquièmes.
   d. Non, seulement le volcan.

3. Qu'est-ce que c'est la Fournaise ?

   a. L'archipel.
   b. La baie.
   c. Un département français d'outre-mer.
   d. Un volcan.

4. Combien de sites français font partie du Patrimoine mondial ?

   a. Deux : Albi et la Réunion.
   b. Plusieurs : Albi, Les Mascareignes, Piana, Girolate et la Nouvelle Calédonie.
   c. Trente-cinq.
   d. Aucun.

5. Quelle est la première ressource de l'île ?

   a. Le tourisme.
   b. La végétation.
   c. Les produits de l'île Maurice.
   d. Le commerce avec le Brésil.

6. À quoi est-ce que la Réunion peut s'attendre pendant les prochaines années ?

   a. À une augmentation des subventions de la République.
   b. À l'arrivée de nombreux touristes.
   c. À une augmentation du commerce des fruits et légumes.
   d. À un partenariat avec l'île Maurice.

7. Pourquoi la Réunion fait-elle partie de la France ?

   a. C'est une colonie depuis longtemps.
   b. C'est une île de l'archipel des Mascareignes.
   c. C'est une île volcanique.
   d. C'est un département d'outre-mer.

8. En quoi l'île est-elle un « livre ouvert sur l'histoire de la Terre » ?

   a. Entre trente et quarante pour cent de la surface de l'île a conservé ses caractéristiques originelles.
   b. Son relief est profondément érodé.
   c. On peut en lire le dossier.
   d. C'est une île qui émerge à la surface de l'océan Indien.

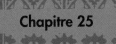

Après avoir considéré les lectures et les discussions de ce chapitre, reprenez-en la discussion.

- Par quel cheminement peut-on accéder à l'idée de beauté ? Qu'est-ce qui constitue la beauté ?

- Comment notre idéal de beauté s'exprime-t-il dans la vie de tous les jours ? Pourquoi choisit-on ce qu'il y a de beau et rejette-t-on ce qu'il y a de moins beau ?

- Qu'est-ce qui constitue le patrimoine d'un pays ?

France, mère des arts !

Contexte : L'architecture, les arts visuels, le beau

· ·

LECTURE **Marguerite Yourcenar :** *Comment Wang-Fô fut sauvé*

Les questions du chapitre

- À quoi reconnaissons-nous la beauté ?

- Comment établit-on les critères qui déterminent ce qui est beau ? Qui établit ces critères ?

- Comment la beauté visuelle (l'art, l'architecture) enrichit-elle notre vie quotidienne ?

Déchiffrons l'image

1. Par quels signes (caractéristiques) pouvez-vous identifier l'art baroque ? classique ? romantique ? réaliste ? impressionniste ? cubiste ?

2. Qu'est-ce qui fait de ce tableau de Monet *(Soleil levant)* une peinture impressionniste ? Connaissez-vous d'autres tableaux impressionnistes ? Lesquels ?

3. Avez-vous une peinture ou une statue que vous aimez tout particulièrement ? Laquelle ? Décrivez-la.

4. Quel est votre objet d'art préféré ? Pourquoi aimez-vous cet objet ?

Lecture

Comment Wang-Fô fut sauvé

Pour connaître l'auteur

Marguerite Yourcenar (1903–1987) Née en Belgique, Yourcenar est la première femme à entrer à l'Académie française. Son nom **Yourcenar** est une anagramme de **Crayencour.** Elle a enseigné la littérature à New York City et à Sarah Lawrence College, mais elle a passé une grande partie de sa vie à Mount Desert Island, aux États-Unis dans l'État du Maine. Pendant sa vie elle a, entre autres, lutté pour les droits des animaux : « Les animaux sont mes amis et je ne mange pas mes amis. » Elle a écrit de nombreux romans, parfois d'inspiration autobiographique et toujours superbement documentés dans une langue d'une rare précision et élégance. Elle a aussi traduit Virginia Woolf en français.

Avant la lecture

Stratégies pour la lecture : *La leçon de vocabulaire*

Comme de nombreux auteurs, Marguerite Yourcenar est un artisan des mots. Elle travaille son texte pour trouver le mot juste, celui qui convient à l'image ou au sentiment qu'elle veut exprimer. Ouvrir un livre de Marguerite Yourcenar, c'est un peu comme entrer dans son atelier de mots.

Mais ne nous laissons pas intimider par la profusion et la richesse des mots. Comment les apprivoiser ?

On peut d'abord identifier les mots nécessaires à la compréhension en les vérifiant dans un dictionnaire. Mais c'est souvent le contexte qui nous fournira les premiers indices menant à une définition. Il suffira ensuite de le remettre dans un contexte actif. Le tableau ci-dessous a pour but d'esquisser une méthode qui permette de deviner le sens des mots. Trois mots ont été extraits de *Comment Wang-Fô fut sauvé*. Le contexte du mot est chaque fois indiqué. Dans la troisième colonne, un étudiant devinera le sens du mot. L'avant-dernière colonne donne le sens du mot tel qu'il faut le retenir. Une phrase personnelle complètera le schéma.

mot	contexte	je devine	explication	emploi personnel
les astres	Wang-Fô s'arrêtait la nuit pour contempler les astres.	?	les étoiles	Il y a trois astres qui forment Orion.
troquer	Wang-Fô troquait ses peintures contre une ration de bouillie de millet.	*jeter ??*	échanger	Je vais troquer mes devoirs contre un sandwich pendant le déjeuner.
un roseau	L'épouse de Ling était frêle comme un roseau.	*une fleur*	une massette (*reed*)	As-tu vu les roseaux qui se trouvent le long de la voie du train ?

Copiez ce schéma dans votre cahier ou sur une feuille de papier et cherchez à deviner les mots soulignés. Suivez les étapes indiquées sur le schéma.

Ling paya l'écot du vieux peintre : comme Wang-Fô était sans argent et sans hôte, il lui offrit humblement un gîte. Ils firent route ensemble ; Ling tenait une lanterne ; sa lueur projetait dans les flaques des feux inattendus.

L'esthétique : *L'architecture, les arts visuels, le beau*

Dans cette sélection, il s'agit d'un vieux peintre chinois et son disciple qui traversent la Chine avant leur arrestation au nom de l'empereur.

Comment Wang-Fô fut sauvé

Marguerite Yourcenar

Pendant la lecture

Observez comment le narrateur fait la chronique de la transformation de Ling.

Le vieux peintre Wang-Fô et son disciple Ling erraient le long des routes du royaume de Han.

Ils avançaient lentement, car Wang-Fô s'arrêtait la nuit pour contempler les astres, le jour pour regarder les libellules.[1] Ils étaient peu chargés, car Wang-Fô aimait l'image des choses, et non les choses elles-mêmes, et nul objet du monde ne lui semblait digne d'être acquis, sauf des pinceaux, des pots de laque et d'encres de Chine, des rouleaux de soie et de papier de riz. Ils étaient pauvres, car Wang-Fô troquait ses peintures contre une ration de bouillie de millet et dédaignai les pièces d'argent. Son disciple Ling, pliant sous le poids d'un sac plein d'esquisses, courbait respectueusement le dos comme s'il portait la voûte céleste, car ce sac, aux yeux de Ling, était rempli de montagnes sous la neige, de fleuves au printemps, et du visage de la lune d'été.   5

10

Ling n'était pas né pour courir les routes au côté d'un vieil homme qui s'emparait de l'aurore et captait le crépuscule. Son père était changeur d'or ; sa mère était l'unique enfant d'un marchand de jade qui lui avait légué ses biens en la maudissant parce qu'elle n'était pas un fils. Ling avait grandi dans une maison d'où la richesse éliminait les hasards. Cette existence soigneusement calfeutrée l'avait rendu timide : il craignait les insectes, le tonnerre et le visage des morts. Quand il eut quinze ans, son père lui choisit une épouse et la prit très belle, car l'idée du bonheur qu'il procurait à son fils le consolait d'avoir atteint l'âge où la nuit sert à dormir. L'épouse de Ling était frêle comme un roseau, enfantine comme du lait, douce comme la salive, salée comme les larmes. Après les noces, les parents de Ling poussèrent la discrétion jusqu'à mourir, et leur fils resta seul dans sa maison peinte de cinabre, en compagnie de sa jeune femme, qui souriait sans cesse, et d'un prunier qui chaque printemps donnait des fleurs roses. Ling aima cette femme au cœur limpide comme on aime un miroir qui ne se ternirait   15

20

25

---

1. butterflies

pas, un talisman qui protégerait toujours. Il fréquentait les maisons de thé pour obéir à la mode et favorisait modérément les acrobates et les danseuses.

Une nuit, dans une taverne, il eut Wang-Fô pour compagnon de table. Le
30 vieil homme avait bu pour se mettre en état de mieux peindre un ivrogne ; sa tête penchait de côté, comme s'il s'efforçait de mesurer la distance qui séparait sa main de la tasse. L'alcool de riz déliait la langue de cet artisan taciturne, et Wang ce soir-là parlait comme si le silence était un mur, et les mots des couleurs destinées à le couvrir. Grâce à lui, Ling connut la beauté des faces de buveurs
35 estompées par la fumée des boissons chaudes, la splendeur brune des viandes inégalement léchées par les coups de langue du feu, et l'exquise roseur des taches de vin parsemant les nappes comme des pétales fanés. Un coup de vent creva la fenêtre ; l'averse entra dans la chambre. Wang-Fô se pencha pour faire admirer à Ling la zébrure livide de l'éclair, et Ling, émerveillé, cessa d'avoir peur de l'orage.

40 Ling paya l'écot du vieux peintre : comme Wang-Fô était sans argent et sans hôte, il lui offrit humblement un gîte. Ils firent route ensemble ; Ling tenait une lanterne ; sa lueur projetait dans les flaques des feux inattendus. Ce soir-là, Ling apprit avec surprise que les murs de sa maison n'étaient pas rouges, comme il l'avait cru, mais qu'ils avaient la couleur d'une orange prête à pourrir.
45 Dans la cour, Wang-Fô remarqua la forme délicate d'un arbuste, auquel personne n'avait prêté attention jusque-là, et le compara à une jeune femme qui laisse sécher ses cheveux. Dans le couloir, il suivit avec ravissement la marche hésitante d'une fourmi le long des crevasses de la muraille, et l'horreur de Ling pour des bestioles s'évanouit. Alors, comprenant que Wang-Fô venait de lui
50 faire cadeau d'une âme et d'une perception neuves, Ling coucha respectueusement le vieillard dans la chambre où ses père et mère étaient morts.

Depuis des années, Wang-Fô rêvait de faire le portrait d'une princesse d'autrefois jouant du luth sous un saule. Aucune femme n'était assez irréelle pour lui servir de modèle, mais Ling pouvait le faire, puisqu'il n'était pas une
55 femme. Puis Wang-Fô parla de peindre un jeune prince tirant de l'arc au pied d'un grand cèdre. Aucun jeune homme du temps présent n'était assez irréel pour lui servir de modèle, mais Ling fit poser sa propre femme sous le prunier du jardin. Ensuite, Wang-Fô la peignit en costume de fée parmi les nuages du couchant, et la jeune femme pleura, car c'était un présage de mort. Depuis
60 que Ling préférait les portraits que Wang-Fô faisait d'elle, son visage se flétrissait, comme la fleur en butte au vent chaud ou aux pluies d'été. Un matin, on la trouva pendue aux branches du prunier rose : les bouts de l'écharpe qui l'étranglait flottaient mêlés à sa chevelure ; elle paraissait plus mince encore que d'habitude, et pure comme les belles célébrées par les poètes des temps révo-
65 lus. Wang-Fô la peignit une dernière fois, car il aimait cette teinte verte dont

Pendant la lecture

Notez comment Wang-Fô voit son monde.

se recouvre la figure des morts. Son disciple Ling broyait les couleurs, et cette besogne exigeait tant d'application qu'il oubliait de verser des larmes.

Ling vendit successivement ses esclaves, ses jades et les poissons de sa fontaine pour procurer au maître des pots d'encre pourpre qui venaient de l'Occident. Quand la maison fut vide, ils la quittèrent, et Ling ferma derrière lui 70 la porte de son passé. Wang-Fô était las d'une ville où les visages n'avaient plus à lui apprendre aucun secret de laideur ou de beauté, et le maître et le disciple vagabondèrent ensemble sur les routes du royaume de Han.

Leur réputation les précédait dans les villages, au seuil des châteaux forts et sous le porche des temples où les pèlerins inquiets se réfugiaient au crépuscule. 75 On disait que Wang-Fô avait le pouvoir de donner la vie à ses peintures par une dernière touche de couleur qu'il ajoutait à leurs yeux. Les fermiers venaient le supplier de leur peindre un chien de garde, et les seigneurs voulaient de lui des images de soldats. Les prêtres honoraient Wang-Fô comme un sage ; le peuple le craignait comme un sorcier. Wang se réjouissait de ces différences d'opinions 80 qui lui permettaient d'étudier autour de lui des expressions de gratitude, de peur, ou de vénération.

Ling mendiait la nourriture, veillait sur le sommeil du maître et profitait de ses extases pour lui masser les pieds. Au point du jour, quant le vieux dormait encore, il partait à la chasse de paysages timides dissimulés derrière des bou- 85 quets de roseaux. Le soir, quand le maître, découragé, jetait ses pinceaux sur le sol, il les ramassait. Lorsque Wang était triste et parlait de son grand âge, Ling lui montrait en souriant le tronc solide d'un vieux chêne ; lorsque Wang était gai et débitait des plaisanteries, Ling faisait humblement semblant de l'écouter.

Un jour, au soleil couchant, ils atteignirent les faubourgs de la ville im- 90 périale, et Ling chercha pour Wang-Fô une auberge où passer la nuit. Le vieux s'enveloppa dans des loques, et Ling se coucha contre lui pour le réchauffer, car le printemps venait à peine de naître, et le sol de terre battue était encore gelé. À l'aube, des pas lourds retentirent dans les corridors de l'auberge ; on entendait les chuchotements effrayés de l'hôte, et des commandements criés en langue 95 barbare. Ling frémit, se souvenant qu'il avait volé la veille un gâteau de riz pour le repas du maître. Ne doutant pas qu'on ne vînt l'arrêter, il se demanda qui aiderait demain Wang-Fô à passer le gué du prochain fleuve.

Les soldats entraient avec des lanternes. La flamme filtrant à travers le papier bariolé jetait des lueurs rouges ou bleues sur leurs casques de cuir. La corde 100 d'un arc vibrait sur leur épaule, et les plus féroces poussaient tout à coup des rugissements sans raison. Ils posèrent lourdement la main sur la nuque de Wang-Fô, qui ne put s'empêcher de remarquer que leurs manches n'étaient pas assorties à la couleur de leur manteau.

105   Soutenu par son disciple, Wang-Fô suivit les soldats en trébuchant le long
des routes inégales. Les passants attroupés se gaussaient de ces deux criminels
qu'on menait sans doute décapiter. À toutes les questions de Wang, les soldats
répondaient par une grimace sauvage. Ses mains ligotées souffraient, et Ling
désespéré regardait son maître en souriant, ce qui était pour lui une façon plus
110 tendre de pleurer.

     Ils arrivèrent sur le seuil du palais impérial, dont les murs violets se dres-
saient en plein jour comme un pan de crépuscule. Les soldats firent franchir
à Wang-Fô d'innombrables salles carrées ou circulaires dont la forme
symbolisait les saisons, les point cardinaux, le mâle et la femelle, la longévité,
115 les prérogatives du pouvoir. Les portes tournaient sur elles-mêmes en émet-
tant une note de musique, et leur agencement était tel qu'on parcourait toute
la gamme en traversant le palais de l'Est au Couchant. Tout se concertait pour
donner l'idée d'une puissance et d'une subtilité surhumaines, et l'on sentait que
les moindres ordres prononcés ici devaient être définitifs et terribles comme
120 la sagesse des ancêtres. Enfin, l'air se raréfia ; le silence devint si profond qu'un
supplicié même n'eût pas osé crier. Un eunuque souleva une tenture ; les soldats tremblèrent comme des femmes, et la petite troupe entra dans la salle où
trônait le Fils du Ciel.

     C'était une salle dépourvue de murs, soutenue par d'épaisses colonnes de
125 pierre blanc. Un jardin s'épanouissait de l'autre côté des fûts de marbre, et chaque
fleur contenue dans ses bosquets appartenait à une espèce rare apportée d'au-delà
les océans. Mais aucune n'avait de parfum, de peur que la méditation du Dragon
Céleste ne fût troublée par les bonnes odeurs. Par respect pour le silence où bai-
gnaient ses pensées, aucun oiseau n'avait été admis à l'intérieur de l'enceinte, et on
130 en avait même chassé les abeilles. Un mur énorme séparait le jardin du reste du
monde, afin que le vent, qui passe sur les chiens crevés et les cadavres des champs
de bataille, ne pût se permettre de frôler la manche de l'Empereur.

     Le Maître Céleste était assis sur un trône de jade, et ses mains étaient ridées
comme celles d'un vieillard, bien qu'il eût à peine vingt ans. Sa robe était bleue
135 pour figurer l'hiver, et verte pour rappeler le printemps. Son visage était beau,
mais impassible comme un miroir placé trop haut qui ne refléterait que les
astres et l'implacable ciel. Il avait à sa droite son Ministre des Plaisirs Parfaits, et
à sa gauche son Conseiller des Justes Tourments. Comme ses courtisans, rangés
au pied des colonnes, tendaient l'oreille pour recueillir le moindre mot sorti de
140 ses lèvres, il avait pris l'habitude de parler toujours à voix basse.

     —Dragon Céleste, dit Wang-Fô prosterné, je suis vieux, je suis pauvre, je suis
faible. Tu es comme l'été ; je suis comme l'hiver. Tu as Dix Mille Vies ; je n'en ai
qu'une, et qui va finir. Que t'ai-je fait ? On a lié mes mains, qui ne t'ont jamais nui.

Après la lecture

Vérifiez votre compréhension

1. Quelle est la profession de Wang-Fô ?
2. Quels genres de tableaux Wang Fô peint-il ?
3. Pourquoi est-ce que Wang-Fô n'est pas riche ?
4. À qui Wang-Fô donne-t-il ses peintures ?
5. Quels objets sont importants pour Wang-Fô ?
6. Qu'a fait Ling pour donner à manger à Wang-Fô ? Qu'a fait Ling quand personne ne lui donnait rien ?
7. Où est-ce que Wang-Fô s'est endormi ?
8. Quelle est la réaction de Ling à l'auberge ?
9. Qu'est-ce qu'ils entendent à l'aube ? Pourquoi Ling est-il nerveux lorsqu'il entend ces sons ?
10. Quelle est la réaction de Wang-Fô lorsque les soldats entrent ?
11. Que font les soldats ?
12. Que supposent les passants ?
13. Que symbolisent les salles du palais ?
14. Qui trône dans la dernière salle ?
15. Qu'est-ce qui sépare le jardin du monde ? Pourquoi?

En y réfléchissant

1. L'auteur indique que Wang-Fô « aimait l'image des choses, et non les choses elles-mêmes ». Expliquez.
2. Racontez et interprétez l'épisode avec la femme de Ling. Expliquez la phrase « cette besogne exigeait tant d'application qu'il oubliait de verser des larmes ».
3. « Ling ferma derrière lui la porte de son passé ». Expliquez la double signification de cette phrase.
4. Comment Wang-Fô voit-il les choses et les gens ?
5. Quel est l'effet produit par la traversée de plusieurs salles du palais ?
6. Pourquoi croyez-vous qu'on a lié les mains de Wang-Fô et qu'on l'a emmené devant l'Empereur ?
7. Comment le narrateur procède-t-il pour décrire la transformation de Ling ?

Perspectives culturelles

En tant qu'écrivain, et dans la lignée et la tradition de nombreux auteurs français tels que Flaubert, Marguerite Yourcenar travaille inlassablement afin de trouver le mot juste pour dépeindre une image. Le Français typique, Monsieur ou Madame Tout-le-monde vous dira qu'on ne dit pas « demander une question » mais qu'on doit dire « **poser** une question. » Et on ne donne pas des cadeaux, on les offre. Le mot juste est important dans la langue française car il permet au Français qui vous écoute de vous comprendre. Recherchez le mot juste pour trouver l'expression correcte.

1. poser	a. un discours
2. dresser	b. une solution
3. prononcer	c. une histoire
4. prendre	d. un but
5. exprimer	e. une question
6. marquer	f. un rang
7. raconter	g. un drapeau
8. occuper	h. une liste
9. apporter	i. une décision
10. déployer	j. son avis

Pour améliorer votre vocabulaire

1. **Synonymes** : Trouvez un synonyme pour chaque mot ou chaque expression de la liste. Vous trouverez ces mots dans le texte.

   a. errer (l. 1)
   b. troquer (l. 8)
   c. les noces (l. 22)
   d. estomper (l. 35)
   e. besogne (l. 67)
   f. la vénération (l. 82)
   g. veiller (l. 83)
   h. se flétrir (l. 60)
   i. frémir (l. 96)
   j. gausser (l. 106)

2. **Antonymes** : Trouvez un synonyme pour chaque mot ou chaque expression de la liste. Vous trouverez ces mots dans le texte.

   a. léguer (l. 15)
   b. délier (l. 32)
   c. fané (l. 37)
   d. le crépuscule (l. 75)
   e. dépourvu (l. 124)

3. **Définitions** : Associez les mots de la première colonne avec les définitions de la seconde. Vérifiez le contexte dans lequel ces mots se trouvent.

1. calfeutrer (l. 17)	a. un tonneau
2. l'écot (l. 40)	b. solliciter
3. le gîte (l. 41)	c. étranger
4. broyer (l. 66)	d. fermer
5. mendier (l. 83)	e. arriver à
6. un chêne (l. 88)	f. un animal
7. atteindre (l. 90)	g. l'addition
8. barbare (l. 96)	h. un grand arbre
9. un fût (l. 125)	i. briser
10. un bosquet (l. 126)	j. l'abri
	k. un bois
	l. une cravate

Réponses : poser une question, dresser une liste, prononcer un discours, prendre une décision, exprimer son avis, marquer un but, raconter une histoire, occuper un rang, apporter une solution, déployer un drapeau

Allons au-delà

Pour communiquer

A Écouter

Dans cette sélection, il s'agit d'une interview de Gilbert Vahé, Jardinier en chef du jardin de Claude Monet à Giverny, par Émilie Joulia de Canal Académie. Écoutez l'extrait audio et répondez aux questions suivantes.

1. Quelle est l'originalité de ce jardin ?

2. Pourquoi a-t-on numéroté les couleurs ?

3. Que signifient les numéros ?

4. Comment se séparent les couleurs chaudes et froides ?

5. Pourquoi l'artiste se placerait-il dans différents lieux du jardin ?

B Présentation : Si on ne peut pas aller au musée...

Travaillez avec toute la classe.

1. Choisissez un tableau exécuté par un artiste français. Déterminez ce que cette œuvre a d'intéressant : sujet, époque, école artistique, méthode, etc. Puis apportez en classe une reproduction de cette œuvre.

2. Préparez-vous à « être le guide du musée » et expliquez à vos camarades l'histoire du tableau et les méthodes artistiques qui le rendent important.

3. Affichez les reproductions dans le couloir ou dans la salle de classe.

4. Puis, visitez le musée. Quand vous vous arrêtez devant un tableau, votre « expert » vous l'explique.

C Présentation : Le téléjournal de Wang-Fô

Travaillez par petits groupes de trois ou quatre.

1. Imaginez que vous êtes des journalistes et présentateurs de télévision qui couvrent l'histoire de Wang-Fô devant l'empereur.

2. Préparez un reportage sur ces événements. Il se peut que vous parliez avec l'Empereur, Wang-Fô et Ling.

3. Ensuite, imaginez le dialogue pendant une interview avec Wang-Fô et Ling sur un point quelconque de leur aventure.

4. N'oubliez pas de leur parler de leur art et de leurs plans pour l'avenir.

5. Répétez votre présentation.

6. Présentez votre téléjournal à la classe. Comme toujours, n'oubliez pas de préparer deux ou trois questions pour votre auditoire.

D Le jeu télévisé : *Qu'est-ce qui est beau ?*

Travaillez par petits groupes de quatre ou cinq élèves. Organisez-vous pour l'émission d'un jeu télévisé qui s'appelle *Qu'est-ce qui est beau ?*

1. Vous aurez besoin d'un animateur et d'au moins deux joueurs.

2. Quel est le jeu ? Le but du jeu c'est de déterminer ce qui est beau. Il y a plusieurs moyens d'arriver à une conclusion :

   a. On peut comparer deux tableaux, deux statues, deux formes d'architecture, deux mannequins (hommes et femmes), deux morceaux de musique.

   b. Ce sera la tache du joueur de déterminer lequel est plus beau *et* d'expliquer les critères qu'il a employé pour arriver à cette conclusion.

c. Avant d'aborder votre émission, décidez comment chaque joueur gagnera des points.

d. Répétez votre jeu avant de le présenter devant la classe. (Vous pouvez également tourner un film de l'émission.)

e. Invitez la classe à proposer un joueur ou bien préparez une question pour votre audience.

Ⓔ Aux affiches ! La suite

Comment l'ingénuité de Wang-Fô et la loyauté de Ling peuvent-elles les aider à surmonter le sort qui les attend devant l'Empereur ? Comment à votre avis pourront-ils s'échapper ?

1. Imaginez la suite de cette histoire en bande dessinée.

2. Affichez les bandes dessinées pour que toute la classe les lise.

3. Ce sera à la classe toute entière de voter pour déterminer la meilleure *suite* donnée à l'histoire de Wang-Fô.

Ⓕ À vos stylos ! Essai

Écrivez un essai de cinq paragraphes (introduction et thèse, trois points et conclusion) qui réponde à cette question :

1. « Quel rôle est-ce que les beaux-arts doivent jouer dans la vie de tous les jours ? » Vous pouvez mentionner le curriculum scolaire, les bâtiments municipaux et les spectacles ou les festivals urbains.

Ⓖ Comparer

Comparez ces trois châteaux de la Loire : **Chambord, Chenonceau, Amboise.** Quel est le plus beau ? Quels critères employez-vous pour prendre votre décision ?

L'esthétique : *L'architecture, les arts visuels, le beau*

Dans cette sélection, Jacques Prévert nous donne les instructions pour nous permettre de peindre le portrait d'un oiseau.

Pour faire le portrait d'un oiseau
Jacques Prévert

Peindre d'abord une cage
avec une porte ouverte
peindre ensuite
quelque chose de joli
5 quelque chose de simple
quelque chose de beau
quelque chose d'utile
pour l'oiseau
placer ensuite la toile contre un arbre
10 dans un jardin
dans un bois
ou dans une forêt
se cacher derrière l'arbre
sans rien dire
15 sans bouger…
Parfois l'oiseau arrive vite
mais il peut aussi bien mettre de longues années
avant de se décider
Ne pas se décourager
20 attendre
attendre s'il le faut pendant des années
la vitesse ou la lenteur de l'arrivée de l'oiseau
n'ayant aucun rapport
avec la réussite du tableau
25 Quand l'oiseau arrive
s'il arrive

observer le plus profond silence
attendre que l'oiseau entre dans la cage
et quand il est entré
fermer doucement la porte avec le pinceau   30
puis
effacer un à un tous les barreaux
en ayant soin de ne toucher aucune des plumes de
　　l'oiseau
Faire ensuite le portrait de l'arbre   35
en choisissant la plus belle de ses branches
pour l'oiseau
peindre aussi le vert feuillage et la fraîcheur du
　　vent
la poussière du soleil   40
et le bruit des bêtes de l'herbe dans la chaleur de
　　l'été
et puis attendre que l'oiseau se décide à chanter
Si l'oiseau ne chante pas
C'est mauvais signe   45
signe que le tableau est mauvais
mais s'il chante c'est bon signe
signe que vous pouvez signer
Alors vous arrachez tout doucement
une des plumes de l'oiseau   50
et vous écrivez votre nom dans un coin du
　　tableau.

Questions de compréhension

1. À quoi ressemble ce poème ?

   a. À un poème de la Renaissance.

   b. À un compte-rendu.

   c. À un mode d'emploi ou une recette.

   d. À une chanson d'amour.

2. Quelle est l'idée principale du poème ?

   a. Qu'il est difficile de faire poser un oiseau.

   b. Que l'art est éphémère.

   c. Que les oiseaux sont plus beaux qu'on le dit.

   d. Qu'on peut peindre un portrait de n'importe quoi.

3. Comment saura-t-on si l'oiseau est content ?

   a. Il chantera.

   b. Il permettra qu'on lui arrache une plume.

   c. Il donnera le signe.

   d. Il entendra le bruit des bêtes.

4. Qu'est-ce qu'on fait si l'oiseau est content ?

   a. On peint le portrait de l'oiseau.

   b. On ouvre la cage.

   c. On laisse voler l'oiseau.

   d. On signe le portrait.

5. Pourquoi l'auteur se sert-il surtout de l'infinitif du verbe ?

   a. Pour simplifier le texte.

   b. Pour laisser au lecteur le temps qu'il veut.

   c. Pour imiter les instruction d'un mode d'emploi, d'une recette.

   d. Pour mettre son texte hors du temps.

6. Qu'est-ce qui mènera au bonheur de l'oiseau ?

   a. D'effacer les barreaux de la cage.

   b. Si on ne touche pas les plumes de l'oiseau.

   c. Le profond silence.

   d. Le bruit d'autres animaux.

7. Pourquoi est-ce que le poète a choisi un oiseau pour le poème ?

   a. Parce que les oiseaux sont très beaux.

   b. Parce que les oiseaux sont difficiles à attraper.

   c. Parce que les oiseaux sont un symbole pour l'amour.

   d. Parce que les plumes de l'oiseau pourraient se substituer aux pinceaux.

Revenez sur ces questions

Après avoir considéré les lectures et les discussions de ce chapitre, reprenez-en la discussion.

- A quoi reconnaissons-nous la beauté ?

- Comment établit-on les critères qui déterminent ce qui est beau ? Qui établit ces critères ?

- Comment la beauté visuelle (l'art, l'architecture) enrichit-elle notre vie quotidienne ?

CHAPITRE 27

La vie en rose

Les questions du chapitre

- Qu'est-ce qui détermine nos goûts musicaux ?

- Où peut-on écouter de la musique dans la vie de tous les jours ? Comment la musique influence-t-elle notre vie quotidienne ?

- En quoi est-ce que la musique reflète notre culture ou d'autres cultures dans le monde ?

Contexte : La musique

LECTURE Marguerite Duras : *Moderato cantabile*

Déchiffrons l'image

1. Le professeur enseigne le piano à l'enfant. Décrivez la scène.

2. Que pensez-vous de la relation entre les générations ? Est-ce un avantage ou un inconvénient ?

3. Pensez-vous que l'enfant est trop jeune pour apprendre à jouer ? Pourquoi ? À quel âge est-on « prêt » à aborder l'étude de la musique ?

4. Il est possible que la petite fille déchiffre la partition, c'est-à-dire joue le morceau sans avoir vu la partition auparavant. Avez-vous (ou quelqu'un que vous connaissez) jamais présenté quelque chose sans avoir répété ? Expliquez.

Moderato cantabile

Avant la lecture

Stratégie pour la lecture : *La musique des mots*

Le langage de la musique

Pour bien comprendre et discuter du texte qui suit, cherchez dans un dictionnaire de musique la définition de chacune de ces expressions :

> *moderato cantabile*   le contrepoint   la fugue   la voix

La musicalité de la langue

Il y a une certaine structure musicale dans une langue et Marguerite Duras s'est toujours appuyée sur la structure musicale de la langue comme on le voit dans cet extrait de *Moderato cantabile*.

La voix : Plusieurs voix se répètent dans cette scène : la sévérité du professeur de musique, l'inattention de l'élève, l'air distrait de la mère, ce qui se passe au dehors, les bateaux.

Le contrepoint : Le contrepoint entremêle plusieurs éléments pour mieux souligner l'unicité du thème : la leçon de piano, la fin de la journée de travail, l'arrivée des bateaux et le meurtre.

Pour connaître l'auteur

Marguerite Duras
(1914–1996)
Née Marguerite Germaine Marie Donnadieu en 1914, elle habite à Gia Dinh près de Saigon en Indochine, jusqu'au moment où sa famille fait faillite. Elle déménage en France en 1932 et suit des cours de droit et de sciences politiques à la Sorbonne. Elle se met aussi à l'écriture. Pendant la guerre elle fait partie d'un réseau de résistance. Son pseudonyme, Duras, est emprunté à la ville dont est originaire sa famille. Artiste passionnée, elle est célèbre dans le monde entier pour ses romans et ses films indépendants à forte tonalité personnelle.

La fugue : La fugue consiste à juxtaposer des voix et des contrepoints joués sur différents rythmes et sur différents tons : chaque élément de la voix fuit dans sa propre direction.

Recopiez cet extrait, puis à l'aide de crayons de couleur, **encerclez** les différentes voix. Ensuite, **soulignez** les contrepoints. Enfin, **tracez** les courbes ou les lignes qui relient les éléments qui composent les voix de la fugue.

> *L'enfant tourna la tête vers cette voix, vers elle, vite, le temps de s'assurer de son existence, puis il reprit sa pose d'objet, face à la partition. Ses mains restèrent fermées.*
>
> *—Je ne veux pas savoir s'il est difficile ou non, Madame Desbaresdes, dit la dame. Difficile ou pas, il faut qu'il obéisse, ou bien.*
>
> *Dans le temps qui suivit ce propos, le bruit de la mer entra par la fenêtre ouverte. Et avec lui, celui, atténué, de la ville au cœur de l'après-midi de ce printemps.*
>
> *—Une dernière fois. Tu es sûr de ne pas le savoir ?*
>
> *Une vedette passa dans le cadre de la fenêtre ouverte. L'enfant, tourné vers sa partition, remua à peine— seule sa mère le sut—alors que la vedette lui passait dans le sang. Le ronronnement feutré du moteur s'entendit dans toute la ville.*

Vous avez trouvé dans cet extrait plusieurs exemples de ce que sont la fugue, le contrepoint et les différentes voix qui s'entremêlent. Appréciez la musicalité de *Moderato cantabile* lorsque vous lirez le premier chapitre.

L'esthétique : *La musique*

Dans cette sélection, il s'agit d'une leçon de musique, d'un professeur de musique vexé, d'un enfant inattentif, d'une mère ennuyée et d'un meurtre qui prennent places au milieu d'un thème musical qui domine les pages. Ce premier chapitre de *Moderato cantabile* est poétique à plusieurs niveaux.

Moderato cantabile
Marguerite Duras

Pendant la lecture

Observez les échanges entre la mère et son fils.

—Veux-tu lire ce qu'il y a d'écrit au-dessus de ta partition ? demanda la dame.

—Moderato cantabile, dit l'enfant.

La dame ponctua cette réponse d'un coup de crayon sur le clavier. L'enfant resta immobile, la tête tournée vers sa partition.

—Et qu'est-ce que ça veut dire, moderato cantabile ?   5

—Je ne sais pas.

Une femme, assise à trois mètres de là, soupira.

—Tu es sûr de ne pas savoir ce que ça veut dire, moderato cantabile ? reprit la dame.

L'enfant ne répondit pas. La dame poussa un cri d'impuissance étouffé,   10
tout en frappant de nouveau le clavier de son crayon. Pas un cil de l'enfant ne bougea. La dame se retourna.

—Madame Desbaresdes, quelle tête vous avez là, dit-elle.

Anne Desbaresdes soupira une nouvelle fois.

—À qui le dites-vous, dit-elle.   15

L'enfant, immobile, les yeux baissés, fut seul à se souvenir que le soir venait d'éclater. Il en frémit.

—Je te l'ai dit la dernière fois, je te l'ai dit l'avant-dernière fois, je te l'ai dit cent fois, tu es sûr de ne pas le savoir ?

Pendant la lecture

Notez les éléments de répétition.

L'enfant ne jugea pas bon de répondre. La dame reconsidéra une nouvelle   20
fois l'objet qui était devant elle. Sa fureur augmenta.

—Ça recommence, dit tout bas Anne Desbaresdes.

—Ce qu'il y a, continua la dame, ce qu'il y a, c'est que tu ne veux pas le dire.

Anne Desbaresdes aussi reconsidéra cet enfant de ses pieds jusqu'à sa tête mais d'une autre façon que la dame.   25

—Tu vas le dire tout de suite, hurla la dame. L'enfant ne témoigna aucune surprise. Il ne répondit toujours pas. Alors la dame frappa une troisième fois

sur le clavier, mais si fort que le crayon se cassa. Tout à côté des mains de
l'enfant. Celles-ci étaient à peine écloses, rondes, laiteuses encore. Fermées sur
elles-mêmes, elles ne bougèrent pas.

—C'est un enfant difficile, osa dire Anne Desbaresdes, non sans une certaine
timidité.

L'enfant tourna la tête vers cette voix, vers elle, vite, le temps de s'assurer
de son existence, puis il reprit sa pose d'objet, face à la partition. Ses mains
restèrent fermées.

—Je ne veux pas savoir s'il est difficile ou non, Madame Desbaresdes, dit la
dame. Difficile ou pas, il faut qu'il obéisse, ou bien.

Dans le temps qui suivit ce propos, le bruit de la mer entra par la fenêtre ouverte. Et avec lui, celui, atténué, de la ville au cœur de l'après-midi de ce printemps.

—Une dernière fois. Tu es sûr de ne pas le savoir ?

Une vedette passa dans le cadre de la fenêtre ouverte. L'enfant, tourné vers sa
partition, remua à peine—seule sa mère le sut—alors que la vedette lui passait
dans le sang. Le ronronnement feutre du moteur s'entendit dans toute la ville.
Rares étaient les bateaux de plaisance. Le rose de la journée finissante colora le
ciel tout entier. D'autres enfants, ailleurs, sur les quais, arrêtés, regardaient.

—Sûr, vraiment, une dernière fois, tu es sûr ?

Encore, la vedette passait.

La dame s'étonna de tant d'obstination. Sa colère fléchit et elle se désespéra
de si peu compter aux yeux de cet enfant, que d'un geste, pourtant, elle eut pu
réduire à la parole, que l'aridité de son sort, soudain, lui apparut.

—Quel métier, quel métier, quel métier, gémit-elle.

Anne Desbaresdes ne releva pas le propos, mais sa tête se pencha un peu de
la manière, peut-être, d'en convenir.

La vedette eut enfin fini de traverser le cadre de la fenêtre ouverte. Le bruit
de la mer s'éleva, sans bornes, dans le silence de l'enfant.

—Moderato ?

L'enfant ouvrit sa main, la déplaça et se gratta légèrement le mollet. Son geste
fut désinvolte et peut-être la dame convint-elle de son innocence.

—Je sais pas, dit-il, après s'être gratté.

Les couleurs du couchant devinrent tout à coup si glorieuses que la blondeur
de cet enfant s'en trouva modifiée.

—C'est facile, dit la dame un peu plus calmement.

Elle se moucha longuement.

—Quel enfant j'ai là, dit Anne Desbaresdes joyeusement, tout de même,
mais quel enfant j'ai fait là, et comment se fait-il qu'il me soit venu avec cet
entêtement-là…

Pendant la lecture

Notez les couleurs et les
bruits et la façon dont ils
sont décrits.

La dame ne crut pas bon de relever tant d'orgueil.

—Ça veut dire, dit-elle à l'enfant—écrasée pour la centième fois, ça veut dire modéré et chantant.

—Modéré et chantant, dit l'enfant totalement en allé où ? 70

La dame se retourna. —Ah, je vous jure.

—Terrible, affirma Anne Desbaresdes, en riant, têtu comme une chèvre, terrible.

—Recommence, dit la dame.

L'enfant ne recommença pas. 75

—Recommence, j'ai dit.

L'enfant ne bougea pas davantage. Le bruit de la mer dans le silence de son obstination se fit entendre de nouveau. Dans un dernier sursaut, le rose du ciel augmenta.

—Je ne veux pas apprendre le piano, dit l'enfant. 80

Dans la rue, en bas de l'immeuble, un cri de femme retentit. Une plainte longue, continue, s'éleva et si haut que le bruit de la mer en fut brisé. Puis elle s'arrêta, net.

—Qu'est-ce que c'est ? cria l'enfant.

—Quelque chose est arrivé, dit la dame. 85

Le bruit de la mer ressuscita de nouveau. Le rose du ciel, cependant commença à pâlir.

—Non, dit Anne Desbaresdes, ce n'est rien.

Elle se leva de sa chaise et alla vers le piano.

—Quelle nervosité, dit la dame en les regardant tous deux d'un air 90 réprobateur.

Anne Desbaresdes prit son enfant par les épaules, le serra à lui faire mal, cria presque.

—Il faut apprendre le piano, il le faut.

L'enfant tremblait lui aussi, pour la même raison, d'avoir eu peur. 95

—J'aime pas le piano, dit-il dans un murmure.

D'autres cris relayèrent alors le premier, éparpillés, divers. Ils consacrèrent une actualité déjà dépassée, rassurante désormais. La leçon continuait donc.

—Il le faut, continua Anne Desbaresdes, il le faut.

La dame hocha la tête, la désapprouvant de tant de douceur. Le crépuscule 100 commença à balayer la mer. Et le ciel, lentement, se décolora. L'ouest seul resta rouge encore. Il s'effaçait.

—Pourquoi ? demanda l'enfant.

—La musique, mon amour…

L'enfant prit son temps, celui de tenter de comprendre, ne comprit pas, mais 105 l'admit.

Pendant la lecture

Observez la juxtaposition et le contrepoint des voix, y compris celle du narrateur.

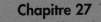

—Bon. Mais qui a crié ?

—J'attends, dit la dame.

Il se mit à jouer. De la musique s'éleva par-dessus la rumeur d'une foule qui
110 commençait à se former au-dessous de la fenêtre, sur le quai.

—Quand même, quand même, dit Anne Desbaresdes joyeusement, voyez.

—S'il voulait, dit la dame.

L'enfant termina sa sonatine. Aussitôt la rumeur d'en bas s'engouffra[1] dans la
pièce, impérieuse.

115 —Qu'est-ce que c'est ? redemanda l'enfant.

—Recommence, répondit la dame. N'oublie pas : *moderato cantabile*. Pense à
une chanson qu'on te chanterait pour t'endormir.

—Jamais je ne lui chante de chansons, dit Anne Desbaresdes. Ce soir il
va m'en demander une, et il le fera si bien que je ne pourrai pas refuser de
120 chanter.

La dame ne voulut pas entendre. L'enfant recommença à jouer la sonatine de
Diabelli.

—Si bémol à la clef, dit la dame très haut, tu l'oublies trop souvent.

Des voix précipitées, de femmes et d'hommes, de plus en plus nombreuses,
125 montaient du quai. Elles semblaient toujours dire la même chose qu'on ne pouvait distinguer. La sonatine alla son train, impunément, mais cette fois, en son
milieu, la dame n'y tint plus.

—Arrête.

L'enfant s'arrêta. La dame se tourna vers Anne Desbaresdes.

130 —C'est sûr, il s'est passé quelque chose de grave.

Ils allèrent tous les trois à la fenêtre. Sur la gauche du quai, à une vingtaine
de mètres de l'immeuble, face à la porte d'un café, un groupe s'était déjà formé.
Des gens arrivaient en courant de toutes les rues avoisinantes et s'aggloméraient
à lui. C'était vers l'intérieur du café que tout le monde regardait.

135 —Hélas, dit la dame, ce quartier… —elle se tourna vers l'enfant, le prit par le
bras — Recommence une dernière fois, là ou tu t'es arrêté.

—Qu'est-ce qu'il y a ?

—Ta sonatine.

L'enfant joua. Il reprit la sonatine au même rythme que précédemment et,
140 la fin de la leçon approchant, il la nuança comme on le désirait, moderato
cantabile.

—Quand il obéit de cette façon, ça me dégoûte un peu, dit Anne Desbaresdes. Je ne sais pas ce que je veux, voyez-vous. Quel martyre.

L'enfant continua néanmoins à bien faire.

---

1. rush in

—Quelle éducation lui donnez-vous là, Madame Desbaresdes, remarqua la   145
dame presque joyeusement.

Alors l'enfant s'arrêta.

—Pourquoi t'arrêtes-tu ?

—Je croyais.

Il reprit sa sonatine comme on le lui demandait.   150

Le bruit sourd de la foule s'amplifiait toujours, il devenait maintenant si puissant, même à cette hauteur-là de l'immeuble, que la musique en était débordée.

—Ce si bémol à la clef, n'oublie pas, dit la dame, sans ça ce serait parfait, tu
vois.

La sonatine se déroula, grandit, atteignit son dernier accord une fois de plus.   155
Et l'heure prit fin. La dame proclama la leçon terminée pour ce jour-là.

—Vous aurez beaucoup de mal, Madame Desbaresdes, avec cet enfant,
dit-elle, c'est moi qui vous le dis.

—C'est déjà fait, il me dévore.

Anne Desbaresdes baissa la tête, ses yeux se fermèrent dans le douloureux   160
sourire d'un enfantement sans fin. En bas, quelques cris, des appels maintenant
raisonnables, indiquèrent la consommation d'un événement inconnu.

—Demain, nous le saurons bien, dit la dame. L'enfant courut à la fenêtre

—Des autos qui arrivent, dit-il.

La foule obstruait le café de part et d'autre de l'entrée, elle se grossissait   165
encore, mais plus faiblement, des apports des rues voisines, elle était beaucoup
plus importante qu'on n'eut pu le prévoir. La ville était multipliée. Les gens
s'écartèrent, un courant se creusa au milieu d'eux pour laisser le passage à un
fourgon[2] noir. Trois hommes en descendirent et pénétrèrent dans le café.

—La police, dit quelqu'un.   170

Anne Desbaresdes se renseigna.

—Quelqu'un qui a été tué. Une femme.

Elle laissa son enfant devant le porche de Mademoiselle Giraud, rejoignit
le gros de la foule devant le café, s'y faufila et atteignit le dernier rang des gens
qui, le long des vitres ouvertes, immobilisés par le spectacle, voyaient. Au fond   175
du café, dans la pénombre de l'arrière-salle, une femme était étendue par terre,
inerte. Un homme, couché sur elle, agrippé à ses épaules, l'appelait calmement.

—Mon amour. Mon amour.

Il se tourna vers la foule, la regarda, et on vit ses yeux. Toute expression en
avait disparu, exceptée celle, foudroyée, indélébile, inversée du monde, de son   180
désir. La police entra. La patronne, dignement dressée près de son comptoir,
l'attendait.

---

2. van

—Trois fois que j'essaye de vous appeler.

—Pauvre femme, dit quelqu'un.

185 —Pourquoi ? demanda Anne Desbaresdes.

—On ne sait pas.

L'homme, dans son délire, se vautrait sur le corps étendu de la femme. Un inspecteur le prit par le bras et le releva. Il se laissa faire. Apparemment, toute dignité l'avait quitté à jamais. Il scruta l'inspecteur d'un regard toujours 190 absent du reste du monde. L'inspecteur le lâcha, sortit un carnet de sa poche, un crayon, lui demanda de décliner son identité, attendit.

—Ce n'est pas la peine, je ne répondrai pas maintenant, dit l'homme.

L'inspecteur n'insista pas et alla rejoindre ses collègues qui questionnaient la patronne, assis à la dernière table de l'arrière-salle.

195 L'homme s'assit près de la femme morte, lui caressa les cheveux et lui sourit. Un jeune homme arriva en courant à la porte du café, un appareil-photo en bandoulière et le photographia ainsi, assis et souriant. Dans la lueur du magné-sium, on put voir que la femme était jeune encore et qu'il y avait du sang qui coulait de sa bouche en minces filets épars et qu'il y en avait aussi sur le visage 200 de l'homme qui l'avait embrassée. Dans la foule, quelqu'un dit :

—C'est dégoûtant, et s'en alla.

L'homme se recoucha de nouveau le long du corps de sa femme, mais un temps très court. Puis, comme si cela l'eût lassé, il se releva encore.

—Empêchez-le de partir, cria la patronne.

205 Mais l'homme n'était relevé que pour mieux s'allonger encore, de plus près, le long du corps. Il resta là, dans une résolution apparemment tranquille, agrippé de nouveau à elle de ses deux bras, le visage collé au sien, dans le sang de sa bouche.

Mais les inspecteurs en eurent fini d'écrire sous la dictée de la patronne et, à pas lents, tous trois marchant de front, un air identique d'intense ennui sur leur 210 visage, ils arrivèrent devant lui.

L'enfant, sagement assis sous le porche de Mademoiselle Giraud, avait un peu oublié. Il fredonnait[3] la sonatine de Diabelli.

—Ce n'était rien, dit Anne Desbaresdes, maintenant il faut rentrer.

L'enfant la suivit. Des renforts de police arrivèrent—trop tard, sans raison.

215 Comme ils passaient devant le café, l'homme en sortit, encadré par les inspecteurs. Sur son passage, les gens s'écartèrent en silence.

—Ce n'est pas lui qui a crié, dit l'enfant. Lui, il n'a pas crié.

—Ce n'est pas lui. Ne regarde pas.

—Dis-moi pourquoi.

220 —Je ne sais pas.

---

3. hummed

L'homme marcha docilement jusqu'au fourgon. Mais, une fois là, il se débat-tit en silence, échappa aux inspecteurs et courut en sens inverse, de toutes ses forces, vers le café. Mais, comme il allait l'atteindre, le café s'éteignit. Alors il s'arrêta, en pleine course, il suivit de nouveau les inspecteurs jusqu'au fourgon
225 et il y monta. Peut-être alors pleura-t-il, mais le crépuscule trop avancé déjà ne permit d'apercevoir que la grimace ensanglantée et tremblante de son visage et non plus de voir si des larmes s'y coulaient.

—Quand même, dit Anne Desbaresdes en arrivant boulevard de la Mer, tu pourrais t'en souvenir une fois pour toutes. Moderato, ça veut dire modéré, et
230 cantabile, ça veut dire chantant, c'est facile.

Après la lecture

Vérifiez votre compréhension

1. Quelle est la scène ?

2. Pourquoi la dame est-elle exaspérée ?

3. Pourquoi l'enfant ne répond-il pas aux questions de la dame ?

4. Pourquoi peut-on dire qu'Anne Desbaresdes regarde l'enfant d'une façon différente de la dame ?

5. Pourquoi l'enfant ne regarde-t-il pas longtemps Anne Desbaresdes ?

6. Quel personnage semble s'imposer dès son introduction dans le texte ?

7. Quelle est la réaction de la dame quand l'enfant refuse de lui répondre ?

8. Comment évolue la description du coucher de soleil ?

9. Quand commence la deuxième bagarre ? Quels éléments extérieurs à la scène sont associés ? Pourquoi ?

10. Que dit enfin l'enfant ? D'où vient cette première réaction ?

11. Quels éléments de la fugue continuent à se faire entendre ?

12. Le narrateur dit (l. 95) « l'enfant tremblait aussi ». Qui d'autre tremblait ? Pourquoi ? Pourquoi l'enfant tremble-t-il ?

13. Comment définissez-vous les rapports entre l'enfant et la dame ? entre l'enfant et sa mère ?

14. Au regard de la scène qu'ils observent de la fenêtre, comment l'enfant et la dame se trouvent-ils à contretemps ?

15. Comment la dame et Anne Desbaresdes se comprennent-elles lorsque la dame dit (l. 157) « Vous aurez beaucoup de mal avec cet enfant » ?

16. Qui est-ce qui est arrivé au café ? Pourquoi ?

17. Qui est Mlle Giraud ? Pourquoi n'a-t-elle pas de nom jusqu'à maintenant ?

18. Décrivez ce que fait l'homme. Qui est-il ?

19. Le narrateur dit (l. 214) « Des renforts de police arrivèrent—trop tard ». Pourquoi « trop tard » ?

20. L'enfant dit (l. 217) « Ce n'est pas lui qui a crié ». Comment le sait-il ?

En y réfléchissant

1. Comment est rythmée la première partie de cette scène ?

2. Est-ce que la méthode de la dame est efficace ? Comment enseigneriez-vous si vous étiez le professeur de piano ?

3. Commentez les échanges entre les trois personnes au début de la scène ? Notez sa longueur et l'émotion qu'elle exprime.

4. Est-ce que l'enfant voit la mère de la même manière que le lecteur de la scène?

5. Comment le narrateur se répète-t-il dans le récit ? Comment change-t-il de scène?

6. Quel est l'effet produit par la juxtaposition du dialogue avec les descriptions de la scène ?

7. Pourquoi pensez-vous que le narrateur n'a donné de nom ni à l'enfant ni à la dame? Comment est-ce que cela influence notre interprétation de l'histoire ? Pourquoi Anne Desbaresdes a-t-elle deux noms ?

8. Montrez comment les « annonces » de l'enfant produisent des effets en dehors de la scène principale.

9. Pensez au sens exprimé par les adjectifs et par les descriptions des scènes de l'extérieur. En quoi ces descriptions ont-elle une influence sur ce qui se passe devant le piano ?

10. Cet extrait fait partie du premier chapitre d'un roman. Pensez à ce qui pourrait arriver aux personnages plus tard dans le roman et imaginez la reste de l'histoire.

Perspectives culturelles

Dans le premier chapitre, Marguerite Duras décrit la ville où se situe son roman. Essayez de trouver de quelle ville elle parle.

Si vous n'arrivez pas à trouver la ville où se déroule *Moderato cantabile*, c'est parce que ce n'est pas évident. Nous savons seulement que c'est une ville portuaire en France. Duras décrit pourtant une ville animée mais dont la description n'est pas très significative pour le lecteur.

Pour améliorer votre vocabulaire

1. **Synonymes** : Trouvez un synonyme pour chaque mot ou chaque expression de la liste. Vous trouverez ces mots dans le texte.

   a. étouffé (l. 10)
   b. témoigner (l. 26)
   c. fléchir (l. 58)
   d. les bornes (l. 55)
   e. têtu (l. 72)
   f. ressusciter (l. 86)
   g. débordé (1. 152)
   h. dévorer (l. 159)
   i. délire (l. 187)
   j. les renforts (l. 214)

2. **Antonymes** : Trouvez un antonyme pour chaque mot ou chaque expression de la liste. Vous trouverez ces mots dans le texte.

   a. impuissance (l. 10)
   b. augmenter (l. 21)
   c. atténué (l. 39)
   d. l'aridité (L. 50)
   e. orgueil (l. 67)
   f. pâlir (l. 87)
   g. éparpillés (l. 97)
   h. se mettre à (l. 109)
   i. avoisinant (l. 133)
   j. dégoûter (l. 142)

3. **Définitions** : Associez les mots de la première colonne avec les définitions de la seconde. Vérifiez le contexte dans lequel ces mots se trouvent.

   1. frémir (l. 17)
   2. ronronnement (l. 43)
   3. sursaut (l. 78)
   4. éparpiller (l. 97)
   5. impérieuse (1. 114)

   6. avoisinant (1. 133)
   7. foule (l. 151)
   8. se renseigner (l. 171)
   9. foudroyer (l. 180)
   10. sagement (l. 211)

   a. une masse des personnes
   b. une réaction de surprise
   c. frapper ; abattre soudainement
   d. le bruit d'un chat content
   e. qui est pressant, auquel on ne peut résister
   f. savouré avec des épices
   g. parsemé de petits grains
   h. avec bon sens et clairvoyance
   i. être agité d'un léger mouvement
   j. disperser
   k. qui est proche de ; situé très près
   l. découvrir quelque chose

Allons au-delà

Pour communiquer

Ⓐ Écouter

Dans cette sélection présentée par Canal Académie, on parle de la vie et de l'œuvre du compositeur Maurice Ravel. Écoutez l'extrait audio et répondez aux questions suivantes.

1. Qu'est-ce qui a interrompu la carrière de Ravel ?

2. Combien de fois a-t-il visité les États-Unis ?

3. Quelle époque de la vie du compositeur est la plus riche ?

4. Selon Jean Echenoz, qu'est-ce qui a influencé l'œuvre du compositeur âgé ?

Ⓑ Recherche : La musique d'une autre culture francophone

Travaillez en groupes de trois ou quatre élèves.

1. Choisissez une culture francophone dont vous voudrez présenter la musique : africaine, haïtienne, caribéenne, canadienne.

2. Chacun étudiera un aspect différent de cette musique.

3. Décrivez les éléments qui la caractérisent. Quels sont les instruments les plus populaires ?

4. Quels sont les artistes les plus connus ? Trouvez des photos à afficher.

5. Choisissez deux ou trois chansons de cette culture. Montrez les paroles et faites écouter un enregistrement de chaque chanson à votre groupe afin de sélectionner celle que vous présenterez.

6. Présentez les résultats de votre recherche à la classe.

Ⓒ Présentation : Le mime et la sonatine

Travaillez en petits groupes de trois ou quatre.

1. Décrivez l'action de la scène extraite de *Moderato cantabile*.

2. Mimez la scène.

3. Puis prenez des photos (ou faites une vidéo) et mettez-les sur un programme tel que MovieMaker ou iMovie.

4. Ajoutez en accompagnement, une sonatine de Diabelli (ou tout autre morceau de piano qui convienne au rythme de *Moderato cantabile*).

5. Présentez votre film à la classe.

Ⓓ Jeu de rôle : Au crime

Avez-vous déjà été témoin d'un délit ? Travaillez en petits groupes de deux élèves. L'un de vous jouera le rôle du témoin (qui pourrait être Anne Desbaresdes). Le second jouera le détective-policier qui mène l'enquête et pose des questions.

1. Qu'est-ce que vous avez vu ? Qu'est-ce qui vous est arrivé ? Comment est-ce que vous avez réagi ? Avez-vous raconté les événements à quelqu'un ? Racontez cet incident.

2. Déterminez les questions et les réponses que vous allez utiliser dans votre scène.

3. Formulez des questions qui exigent une réponse longue de la part du témoin.

4. Adoptez le point de vue de Duras dans le roman.

5. Répétez votre jeu de rôles.

6. Puis jouez devant la classe. Comme toujours, vous aurez des questions à poser au public à la fin de la présentation.

E La musique de tous les jours : L'album de ma vie

1. Imaginez que vous créez une playlist, c'est-à-dire une liste des chansons les plus importantes dans votre vie. Lesquelles choisiriez-vous ? Elles peuvent comporter :

   a. un refrain pour une publicité ;
   b. un indicatif pour une émission de télévision ;
   c. une chanson pour une fête ;
   d. une chanson pour les enfants ;
   e. une chanson qui vous rappelle une matière scolaire (telle que la chanson de l'alphabet) ;
   f. un morceau de musique classique ;
   g. et six autres chansons pour la playlist de votre iPod.

2. Pour chacune des chansons, écrivez un court paragraphe qui indique pourquoi vous avez choisi cette chanson, et ce qu'elle représente de particulier pour vous. Organisez votre playlist avec des illustrations que vous soumettrez au professeur.

F Comparer

Prenez deux morceaux de musique de genres totalement différents. Étudiez-les, comparez-les : qu'est-ce qu'ils ont de semblable et de différent ? Montrez ces similarités et différences à un groupe d'élèves et expliquez-leur pourquoi vous avez choisi ces deux morceaux.

« —Et qu'est-ce que ça veut dire, moderato cantabile ? »

THÈME DU COURS

L'esthétique : *La musique*

Dans cette sélection, il s'agit d'une interview faite avec l'actrice qui a le rôle principal dans le film *La Vie en rose*. Marion Cotillard interprète Edith Piaf, une des chanteuses françaises les plus connues. Cet article est tiré des pages du journal *Le Figaro*.

Marion Cotillard : Piaf réincarnée

Brigitte Baudin

« *Je n'imaginais pas qu'un jour, j'aurais le privilège d'incarner cette artiste, cette amoureuse au destin tragique fait de drames et de grands bonheurs* », confie Marion Cotillard.

5   César du meilleur second rôle en 2004 pour « Un long dimanche de fiançailles» de Jean-Pierre Jeunet, son talent d'actrice de composition éclate aujourd'hui dans une extraordinaire interprétation d'Édith Piaf.

10   « *PIAF est une étoile qui se dévore dans la solitude du ciel.* » C'est ainsi que Jean Cocteau, en poète, définissait son amie Édith Piaf, cette chanteuse populaire de légende qui galvanisait la foule de sa voix sensuelle, profonde, déchirante comme

15 un cri, comme une plainte intérieure. Rien donc de plus difficile que d'interpréter celle qui a chanté l'amour avec des sanglots et la passion du désespoir tout en brûlant la vie par les deux bouts.

Dans *La Môme* d'Olivier Dahan, le récit mélo-
20 dramatique des épisodes les plus marquants de l'existence de Piaf, un véritable roman populiste à la Hector Malot, Marion Cotillard joue le rôle-titre. À priori, l'actrice ne ressemble pas physiquement

au personnage, ce petit bout de femme d'un mètre quarante-sept à l'apparence chétive[4], disparue pré- 25
maturément à 47 ans, usée par l'alcool, la drogue et les amours intenses à répétition. Elle est grande, longiligne[5], le visage lisse, le regard clair, l'air sain et bien dans sa peau. Mais, à force de travail et après quatre heures trente de maquillage, l'illusion 30
est parfaite. Marion Cotillard, c'est Édith Piaf réincarnée.

Tout commence donc à Belleville. C'est là que naît, le 18 décembre 1915, à 5 heures du matin, sur un trottoir, en pleine rue, la petite 35
Édith Giovanna Gassion. Son père, Louis Alphonse Gassion (Jean-Paul Rouve), est contorsionniste-antipodiste. Sa mère, Anetta Maillard (Clotilde Courau), une ancienne vendeuse de nougat, chante dans les caf'conc' pour améliorer 40
l'ordinaire. Louis Alphonse Gassion reparti pour le front, Anita, qui n'a pas la fibre maternelle, confie son bébé à sa mère d'origine kabyle, ancienne artiste de cirque en Algérie avec un numéro de puces savantes. Couverte de croûtes et d'eczéma, 45
Édith, squelettique, vit deux ans dans ce taudis[6]

4. puny, stunted
5. lanky
6. hovel

au milieu des excréments, dans un manque total
d'hygiène. Son père la conduit alors chez sa mère
(Catherine Allégret), qui tient une maison de
50 tolérance à Bernay, en Normandie. Choyée par
les prostituées—par Titine (Emmanuelle Seigner)
tout particulièrement—qui l'entourent d'affection,
Édith s'épanouit.

Un état de fragilité

55 Mais, le malheur continue à la poursuivre. À 6 ans,
une double kératite[7] est en train de la rendre aveugle. Titine l'emmène à Lisieux en pèlerinage, à la
basilique Sainte-Thérèse. Le miracle opère. Édith
recouvre la vue. Elle gardera jusqu'à sa mort une
60 dévotion à sainte Thérèse. Quelque temps après,
son père la ramène à Paris. Elle fait la manche
dans les rues où son père se produit. Elle chante
aussi *La Marseillaise* et *L'Internationale* pour
récolter davantage d'argent. Elle découvre alors
65 l'impact de sa voix sur les passants qui s'arrêtent
pour l'écouter. À 15 ans, avec Momone (Sylvie
Testud), sa compagne de misère, elle arpente
les rues de la capitale pour pousser la chansonnette. C'est ainsi qu'au coin de la rue Troyon,
70 Louis Leplée (Gérard Depardieu), le patron d'un
cabaret chic (il sera assassiné le 6 avril 1936), la
remarque, l'engage et lui trouve son nom de scène :
la môme Piaf. Sa carrière commence, jalonnée[8] de
rencontres—la compositrice Marguerite Monnot,
75 Raymond Asso, son mentor (Marc Barbé), Louis
Barrier (Pascal Greggory)—de succès en France et
outre-Atlantique, et d'histoires d'amour passion-
nées, comme avec Marcel Cerdan (Jean-Pierre
Martins) et Théo Sarapo, son dernier mari, qui
80 l'aimera jusqu'à sa mort, le 10 octobre 1963.

« *J'ai découvert la chanson réaliste lorsque j'avais
18-20 ans, explique Marion Cotillard. J'écoutais*

Fréhel, Yvette Guilbert, Aristide Bruant. Et bien
sûr Édith Piaf. Je connaissais par cœur L'Hymne
à l'amour, La Foule et Les Amants d'un jour. On 85
y parlait sentiments purs, radicaux, absolus. Cela
me bouleversait, me donnait la chair de poule.
Cela m'aidait aussi beaucoup dans mon travail de
comédienne en me mettant dans un état de fragilité
émotionnelle, d'écoute pour approcher un person- 90
nage. Je n'imaginais alors pas qu'un jour, j'aurais le
privilège d'incarner cette artiste et cette femme si
forte et vulnérable, découvreuse de talents, et une
amoureuse au destin tragique fait de drames et de
grands bonheurs. »* 95

Afin de coller parfaitement à son personnage,
Marion Cotillard s'est beaucoup documentée.
Elle a lu de nombreuses biographies consacrées
à Édith Piaf. Elle a visionné ses spectacles pour
enregistrer ses gestes, sa démarche, sa manière de 100
se tenir en scène. Elle a analysé de nombreuses
interviews pour tenter de percer le mystère, de
mieux percevoir le tempérament de Piaf. Elle a
rencontré Georges Moustaki et Ginou Richer, des
amis intimes d'Édith Piaf, qui lui ont révélé les 105
aspects cachés de sa personnalité.

« *À la lecture du scénario, je ne comprenais pas
le côté tyrannique de Piaf, avoue Marion Cotillard.
C'est en regardant un de ses reportages que la
lumière s'est faite. Elle disait qu'elle n'avait pas peur* 110
*de la mort, mais que la solitude l'effrayait. Cela
expliquait donc ce besoin constant d'être entourée et
de régenter ainsi son petit monde. »*

La difficulté majeure rencontrée par Marion
Cotillard, la trentaine radieuse, fut de camper Piaf 115
de son adolescence à sa déchéance et de passer de
la gamine de 14 ans qui brûlait d'un feu intérieur
quand elle chantait dans les rues ou sur scène à la
pauvre silhouette fantomatique décharnée par la
maladie, au seuil de la mort, à 47 ans. 120

---

7. kératitis (inflammation of the cornea)
8. punctuated

« J'arrivais à 5 heures du matin sur le tournage car il fallait parfois cinq heures de maquillage, précise-t-elle. Je me transformais sous les doigts du maquilleur Didier Lavergne. Il devait reconstituer la texture de la peau, des veines, des rides. Un travail d'artiste ! Je portais aussi une prothèse dentaire pour avoir des dents plus en avant et le phrasé particulier d'Édith Piaf. C'était épuisant. Mais, l'aventure en valait bien la peine ! »

Questions de compréhension

1. Selon l'article, on peut décrire la voix de Piaf avec tous les adjectifs suivants sauf :

   a. sensuelle

   b. plaintive

   c. profonde

   d. harmonieuse

2. Pourquoi est-il difficile d'interpréter le rôle de Piaf ?

   a. Parce qu'il faudrait brûler la vie par les deux bouts.

   b. Parce qu'elle chantait avec passion.

   c. Parce qu'elle témoignait d'une tristesse interne.

   d. Parce qu'elle sanglotait trop souvent.

3. Quel est le premier obstacle rencontré par Marion Cotillard ?

   a. Elle ne ressemble pas physiquement à Piaf.

   b. Pour elle, le film n'est pas une priorité.

   c. Elle ne chante pas aussi bien que Piaf.

   d. Elle n'a pas la sensualité de Piaf.

4. Selon l'article, tout ce qui suit a contribué à la mort d'Édith Piaf **sauf** :

   a. L'abus d'alcool.

   b. La drogue.

   c. Ses amours répétés.

   d. Sa petite taille.

5. Qu'est-ce qui permet à Marion Cotillard de réincarner Piaf ?

   a. L'illusion.

   b. Le travail.

   c. Quatre heures et demie de fard.

   d. L'air sain et le fait d'être bien dans sa peau.

6. Où se retrouve Piaf juste après sa naissance ?

   a. Sur un trottoir.

   b. À Belleville.

   c. En Algérie.

   d. Avec sa grand-mère.

7. La jeune Piaf ne s'améliore que…

   a. après avoir déménagé chez sa grand-mère paternelle.

   b. dans un taudis parmi les prostituées.

   c. à cause d'un manque total d'hygiène.

   d. par un manque d'affection.

8. À un très jeune âge, Piaf est sauvée de la cécité par…

   a. Titine.

   b. des prières à Ste-Thérèse de Lisieux.

   c. son retour à Paris.

   d. la basilique.

9. Piaf chantait dans les rues quand…

    a. on l'a invitée à chanter *La Marseillaise*.

    b. elle a cherché une compagne de misère.

    c. Louis Leplée l'a découverte.

    d. on a assassiné Leplée.

10. Selon Marion Cotillard, quand elle avait entre dix-huit et vingt ans, elle…

    a. connaissait par cœur quelques chansons de Piaf.

    b. avait la chair de poule en travaillant pour le film.

    c. s'est rapprochée de quelques chansonniers.

    d. était émotionnellement fragile.

11. Avant de tourner le film, Marion Cotillard…

    a. a appris par cœur plusieurs chansons de Piaf.

    b. a réinventé le petit monde de Piaf.

    c. a révélé des aspects cachés de sa personnalité.

    d. a fait des recherches sur la vie de Piaf.

12. La partie la plus difficile du film pour Marion Cotillard a été qu'elle a dû…

    a. chanter dans les rues.

    b. interpréter une durée de plus de trente ans.

    c. se faire passer pour une fille de quatorze ans.

    d. perdre du poids.

13. Ce qui valait la peine pour Marion Cotillard était…

    a. de porter une prothèse dentaire.

    b. de chanter dans les rues.

    c. d'avoir une aventure.

    d. de passer cinq heures en salle de maquillage.

Après avoir considéré les lectures et les discussions de ce chapitre, reprenez-en la discussion.

- Qu'est-ce qui détermine nos goûts musicaux ?

- Où peut-on écouter de la musique dans la vie de tous les jours ? Comment la musique influence-t-elle notre vie quotidienne ?

- En quoi est-ce que la musique reflète notre culture ou d'autres cultures dans le monde ?

Les trois coups

Contexte : Les arts du spectacle

LECTURE *La farce de Maître Pathelin*

Déchiffrons l'image

1. Regardez l'image et dites qui sont les personnages. Imaginez ce que fait chaque membre du tribunal. Imaginez les circonstances qui les réunissent dans un tribunal. Servez-vous des mots ci-dessous. Cherchez dans un dictionnaire ceux que vous ne connaissez pas.

le juge	**le procureur**	**le plaignant**	**le témoin**
le juré	**l'avocat**	**l'accusé**	**l'huissier**

2. Nous avons tous vu des séances de tribunal à la télévision. Racontez un épisode qui relate un procès.

3. Connaissez-vous des principes sur lesquels sont fondées les cours de justice américaines ? Faites-en une liste et expliquez-les à la classe. Par exemple : *Innocent until proven guilty.*

4. Est-ce que vos parents ont l'occasion de chipoter ou de marchander comme on dit aujourd'hui (*barter*) avec des commerçants de votre région ? Expliquez ce qu'on fait quand on marchande.

La farce de Maître Pathelin

Avant la lecture

Stratégies pour la lecture : *Pour lire le théâtre*
....

Le théâtre est un art à la fois visuel, auditif et cinétique. Pour les acteurs il ne suffit pas de lire le texte : il faut savoir le situer dans son contexte et le transmettre à son auditoire. Pour bien comprendre une pièce de théâtre, on peut se servir d'un organisateur graphique, tel qu'un schéma de l'intrigue, un schéma des personnages ou un plan de l'histoire, ou mieux encore les faire intervenir tous à la fois.

Organiser la scène

Organisez la scène **physiquement** : *Dessinez le placement des acteurs.* Quels personnages sont dans les coulisses ou attendent leur entrée en scène ?	Quels personnages ne sont **pas** dans cette scène, mais sont importants pour la suite des événements ? Quels personnages sont conscients des événements de cette scène ?
Quelles actions se déroulent dans cette scène, surtout celles dont on ne parle pas ?	Quels personnages peuvent profiter ou peuvent être victimes de la scène ? Expliquez.
Choisissez une citation qui résume la scène. Recopiez-la et dites qui l'adresse à qui ? Identifiez le ton de celui qui parle.	Situez cette citation dans la pièce. Comment cette citation résume-t-elle la scène ?

Utilisez cet organisateur pour lire la première scène de *La farce de Maître Pathelin*.

Pour connaître l'auteur

La farce de Maître Pathelin est un texte anonyme. Elle a été probablement écrite par des comédiens qui présentaient des comédies entre les représentations de la passion ou de pièces religieuses inspirées du Nouveau Testament et de la vie de Jésus-Christ. On présentait ces pièces sur le parvis des cathédrales ou devant l'église principale de la ville. Pendant que les acteurs se reposaient, on présentait des comédies en intermèdes. Comme on « enfarçait » les comédies entre les passions, on disait qu'on les « farçait » (comme on parle de la farce d'une dinde ou d'un poulet). C'est pourquoi ce genre de comédie qui soulage et enrichit le menu principal est appelé « farce ».

L'esthétique : *Les arts du spectacle*

Dans cette sélection, il s'agit d'une farce tirée du théâtre du Moyen Âge où un drapier accuse un avocat lors du procès contre son berger. Devant le juge, on assiste à un retournement de situation des plus comiques.

La farce de Maître Pathelin

Scène 1

(Guillemette, Pathelin)

Guillemette : Nous mourons tout bonnement[1] de faim, nos vêtements sont élimés[2] jusqu'à la trame[3], et nous sommes bien en peine de savoir comment nous pourrions en avoir. Alors à quoi bon toute votre science[4] ? 5

Pathelin : Taisez-vous ! Si je veux faire travailler mes méninges[5], je saurai bien où en trouver, des vêtements et des chaperons ! S'il plaît à Dieu, nous nous en tirerons et nous serons bientôt remis sur pied[6]. S'il faut que je m'emploie à faire montre de mes talents, on ne saura trouver mon égal.

Pathelin : Personne ne s'y connaît mieux dans l'art de plaider. 10

Guillemette : Mon Dieu ! oui, dans l'art de tromper, c'est en tout cas votre réputation.

Pathelin : Laissons là ce bavardage, je veux aller à la foire.

Guillemette : À la foire ?

Pathelin : Oui, à la foire ! Belle acheteuse, vous déplaît-il que j'achète de l'étoffe ? 15 Nous n'avons pas d'habit qui vaille[7].

Guillemette : Vous n'avez pas un sou[8] : qu'allez-vous faire là-bas ?

Pathelin : Vous ne le savez pas, belle dame ? Si je ne vous rapporte largement assez d'étoffe pour nous deux, alors, allez-y ! Traitez-moi de menteur. Quelle couleur vous paraît la plus belle ? un gris-vert ? une étoffe de brunette ? une 20 autre couleur ? Il faut que je le sache.

Guillemette : Celle que vous pourrez avoir. Qui emprunte ne choisit pas.

Pathelin, en comptant sur les doigts : Pour vous, deux aunes[9] et demie, et pour moi, trois, ou même quatre ; ce qui fait…

Guillemette : Vous comptez large ! Qui vous en fera crédit ? 25

---

1. quite simply
2. worn
3. weft, threads
4. knowledge
5. brain
6. back on our feet
7. that is worth anything
8. French coin of the middle ages
9. unit of measurement

Pathelin : Que vous importe qui ce sera. On va vraiment m'en faire crédit, et je
    paierai au jour de Jugement dernier, sûrement pas avant !

Guillemette : Et allez donc, mon ami ! de la sorte, il sera bien attrapé.

Pathelin : J'achèterai ou du gris ou du vert, et pour une chemise, Guillemette, il
30   me faut trois quarts d'aune de brunette ou même une aune.

Guillemette : Dieu me vienne en aide, oui ! Allez et n'oubliez pas de boire si
    vous trouvez Jean Crédit.

Pathelin (s'éloignant) : Faites bonne garde !

Guillemette : Hé Dieu, le bel acheteur ! Plût à Dieu qu'il n'y vît goutte ![10]

35   **Scène 2**

               (Le drapier, Guillemette, et Pathelin)

Le drapier (devant « la maison de Pathelin ») : Ho, maître Pathelin !

Guillemette : Hélas, monsieur, par Dieu, si vous avez quelque chose à dire,
    parlez plus bas.

40 *Le drapier* : Dieu vous garde, madame.

Guillemette : Ho ! plus bas !

Le drapier : Et qu'y a-t-il ?

Guillemette : Par mon âme…

Le drapier : Où est-il ?

45 *Guillemette* : Hélas, où doit-il être ?

Le drapier : Le… Qui ?

Guillemette : Ha, c'est mal dit, mon maître. Où il est ? Hé, Dieu en sa grâce le
    sache ! Il garde le lit. Où il est ? Le pauvre martyr, onze semaines, sans en
    bouger !

50 *Le drapier* : De… Qui ?

Guillemette : Pardonnez-moi, je n'ose parler haut : je crois qu'il repose. Il est un
    peu assoupi[11]. Hélas, il est complètement assommé[12], le pauvre homme !

Le drapier : Qui ?

Guillemette : Maître Pierre.

55 *Le drapier* : Ouais ! n'est-il pas venu chercher six aunes de tissu à l'instant ?

Guillemette : Qui ? Lui ?

Le drapier : Il en vient, il en sort, il n'y a pas la moitié d'un quart d'heure. Payez-
    moi, que diable ! Je perds trop de temps. Ça, sans plus de caquetage[13], mon
    argent !

60 *Guillemette* : Hé, pas de plaisanterie ! Ce n'est pas le moment de plaisanter.

Le drapier : Ça, mon argent ! Êtes-vous folle ? Il me faut neuf francs !

---

10. « He who seeks not a drop is pleasing to God. »
11. dozing
12. groggy
13. chatter

Pendant la lecture

Notez que le drapier a un visage différent en fonction de son interlocuteur.

Allons, je vous en prie, sérieusement, s'il vous plaît, faites-moi venir maître Pierre.

Que le diable s'y retrouve[14] ! N'ai-je pas le droit de le demander ?

Guillemette : Hé, Dieu ! que de bavardage ! 65

D'ailleurs vous êtes toujours comme ça.

Le drapier : C'est diabolique quand j'y pense ! Si vous voulez que je parle bas, écoutez un peu : pour ce qui est de ce genre de plaisanteries, je ne m'y connais pas. Ce qui est vrai, c'est que maître Pierre a pris six aunes d'étoffe aujourd'hui. 70

Guillemette : Qu'est-ce que c'est que ça ? N'est-ce point fini ? Au diable tout cela ! Voyons…? Ha, monsieur, la corde de celui qui ment ! Il est dans un tel état, le pauvre homme, qu'il n'a pas quitté le lit depuis onze semaines. Vous sortirez de ma maison, par la Passion du Christ, malheureuse que je suis !

Le drapier : Vous disiez que je devais parler tout bas : sainte Vierge Marie, vous 75 criez !

Guillemette : C'est vous qui criez, sur mon âme ! vous qui n'avez que disputes à la bouche !

Le drapier : Dites, pour que je m'en aille, donnez-moi…

Guillemette : Parlez bas, voulez-vous ! 80

Le drapier : Mais c'est vous-même qui allez le réveiller ! Vous parlez quatre fois plus fort que moi ! Je vous demande de me payer.

Je vous demande, madame, l'argent de six aunes de l'étoffe !

Guillemette : Oui, tiens ! Et à qui l'avez-vous donnée ?

Le drapier : À lui-même. 85

Guillemette : Il est bien en état d'acheter de l'étoffe ! Hélas, il ne bouge pas. Il n'a aucun besoin d'avoir un habit. Le seul habit qu'il revêtira sera blanc et il ne partira d'où il est que les pieds devant.

Pathelin (de son lit) : Guillemette, un peu d'eau de rose ! Relevez-moi, remontez mon dos. Trut ! à qui parlé-je ? la carafe ! À boire ! Frottez-moi la plante des 90 pieds !

Le drapier : Je l'entends là.

Guillemette : Oui.

Pathelin : Ha, malheureuse, viens ici ! T'avais-je fait ouvrir ces fenêtres ? Viens me couvrir. Éloigne ces gens noirs ! *Marmara ! Carimari, carimara !*[15] 95
Éloignez-les de moi, éloignez-les !

Guillemette : Qu'y a-t-il ? Comme vous vous démenez[16] ! Avez-vous perdu la raison ?

---

14. meet
15. « Away with them! Away! » — Pathelin feigns madness
16. struggle, fight

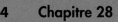

Pathelin : Tu ne vois pas ce que j'aperçois ! Voilà un moine noir qui vole !
100   Prends-le ! Passez-lui une étole[17] ! Au chat ! Au chat ! Comme il grimpe !

Guillemette : Hé, qu'y a-t-il ? N'avez-vous pas honte ? Par Dieu, c'est trop vous
       agiter !

Pathelin : Les médecins m'ont tué avec ces drogues qu'ils m'ont fait boire. Et
       pourtant, il faut leur faire confiance, ils font ce qu'ils veulent !

105 *Guillemette* : Hélas, venez le voir, cher monsieur. Il souffre si horriblement !

Le drapier : Est-il malade pour de vrai, depuis le moment où il est revenu de la
       foire ?

Guillemette : De la foire ?

Le drapier : Par saint Jean, oui, je crois qu'il y a été. Pour l'étoffe dont je vous ai
110   fait crédit, il m'en faut l'argent, maître Pierre.
       Hé, que sais-je ? Il me faut neuf francs, ou six écus[18] !

Pathelin : Par Dieu, ne m'en faites plus prendre, maître Jean, ils m'ont fait tout
       rendre. Ha, je ne connais rien de plus amer !

Le drapier : Non point, par l'âme de mon père. Vous n'avez pas rendu mes neuf
115   francs.

Guillemette : Qu'on pende par le cou des gens aussi importuns ! Allez-vous-en,
       par tous les diables, puisque de par Dieu c'est impossible !

Le drapier : Par ce Dieu qui m'a donné la vie, j'aurai mon étoffe avant d'en finir,
       ou bien mes neuf francs.

120 *Guillemette* : Hélas, vous torturez honteusement cet homme ! Hé, comment
       pouvez-vous être si insensible ? Vous voyez clairement qu'il s'imagine que
       vous êtes médecin. Hélas, le pauvre chrétien, il a assez de malheur, onze
       semaines, sans répit[19], il est resté là, le pauvre homme !

Le drapier : Je vous prie de ne pas vous fâcher, car j'étais bien persuadé… Un
125   mot encore…

       (Guillemette lui tourne le dos et s'en va. Le drapier s'éloigne et s'arrête.)
       Bon sang ! je vais aller vérifier.
       Je sais bien que je dois avoir six aunes de cette étoffe, d'une seule pièce.
       Par sainte Marie la vénérable, c'est non ! Je ne sais si je rêve, mais je n'ai pas
130   l'habitude de donner mes étoffes ni en dormant ni en étant bien éveillé. Je
       n'en aurais fait crédit à personne, si obligé que je lui sois.
       Il les a eues !
       J'en suis assuré !

---

17. stole
18. a unit of medieval French currency
19. break

Scène 3

(Guillemette, Pathelin)   135

Pathelin : Est-il parti ?

Guillemette : Je ne sais pas s'il ne reviendra point… Non ! ne bougez pas encore. Notre affaire s'effondrerait, s'il vous trouvait debout.

Pathelin : Par Dieu, pas de rire ! S'il arrivait, ça pourrait nous attirer de gros ennuis. Je parie qu'il reviendra.   140

Guillemette : Ma foi, se retienne qui voudra, moi je ne le pourrais pas.

Le drapier (devant son étal[20]) : Par ce beau soleil éclatant, je vais retourner, sans souci des protestations, chez cet avocat. Hé, Dieu ! quel racheteur de rentes que ses parents ou ses parentes auraient vendues ! Mais, par saint Pierre, il a mon étoffe, le fourbe[21] trompeur, je la lui ai remise ici même.   145

(Revenant chez Pathelin) : Et cet avocat picoleur[22], à trois leçons et à trois psaumes[23] ! Hé, tient-il les gens pour simplets ? Par Dieu, il est aussi bon à pendre qu'un petit sou à ramasser. Il a mon étoffe, ou je renie[24] Dieu ! Hé, m'a-t-il joué ce tour ?

(Devant chez Pathelin) : Holà ! où vous êtes-vous cachée ?   150

Guillemette (allant accueillir le Drapier) : Comme vous criez !

Le drapier : Hélas, j'enrage de ne pas avoir mon argent.

Guillemette : Ha, quelle sottise[25] ! Signez-vous, *Benedicite* ! Faites le signe de croix.

Le drapier : Je renie Dieu si je donne jamais de l'étoffe à crédit ! Quel malade !   155

Guillemette : Hélas, hélas, l'heure approche où il lui faut les derniers sacrements[26].

Sur mon âme, il va mourir tout en parlant. Comme sa bouche écume[27] ! Ne voyez-vous pas comme il révère hautement la divinité ? Sa vie s'échappe. Et moi je vais rester pauvre et malheureuse.   160

Le drapier : Il serait convenable que je me retire avant qu'il ait passé le pas. Je pense qu'il y a peut-être des secrets dont il ne souhaiterait pas vous faire confidence devant moi à son trépas[28]. Pardonnez-moi, mais je vous jure que je croyais, sur mon âme, qu'il avait emporté mon étoffe. Adieu, madame. Pour Dieu, veuillez me pardonner !   165

---

20. stand
21. dishonest
22. drinker
23. psalms
24. disown
25. hogwash, inanity
26. rites given to those about to die
27. froths
28. death

Scène 4

(Le berger, le drapier)

Thibaut Agnelet, berger : Dieu bénisse[29] votre journée et votre soirée, mon bon
monseigneur.

170 *Le drapier* : Ha, tu es là, coquin ! Quel bon serviteur ! Mais pour faire quoi ?

Le berger : Je ne voudrais pas vous déplaire, mais, je ne sais quel personnage en
habit rayé, mon bon monseigneur, hors de lui, tenant un fouet sans corde,
m'a dit… mais je ne me souviens pas bien à vrai dire ce que ça peut être. Il
m'a parlé de vous, mon maître… je ne sais quelle signation. Il m'a déballé,[30]

175 en vrac,[31] « brebis », « à…de l'après-midi », et il m'a fait un grand tint-
amarre[32] de vous, mon maître, un gros raffut[33].

Le drapier : Si je n'arrive pas à te traîner devant le juge, je prie Dieu que le
déluge s'abatte sur moi ! Tu ne m'assommeras plus de bête, je te jure, sans
t'en souvenir ! Tu me paieras, quoi qu'il arrive, six aunes—je veux dire,

180 l'abattage[34] de mes bêtes et le dommage que tu m'as fait depuis six ans.

Le berger : Ne croyez pas les médisants, mon bon monsieur, car, parole ! …

Le drapier : Et par la Vierge très honorée, tu les paieras samedi, mes six aunes
d'étoffe—je veux dire, ce que tu as pris sur mes bêtes.
Va, ton affaire est parfaitement claire. Va-t'en ! Pas d'accord, je le jure, ni

185 d'accommodement autre que ce qu'en décidera le juge. Eh quoi ? chacun
pourra me tromper désormais, si je n'y mets le holà[35].

Le berger : Adieu, monsieur, et bien de la joie chez vous !

(Seul) : Il faut donc que je me défende.

Scène 5

190 *(Le berger, Pathelin, Guillemette)*

Pathelin : L'agnelet ![36] Tu as chipé[37] bien des agneaux de lait à ton maître ?

Le berger : Pour sûr, il se peut bien que j'en aie mangé plus de trente en trois
ans.

Pathelin : Ça fait une rente[38] de dix par an pour payer tes dés et ta chandelle.[39]

195 Je crois que je lui damerai le pion.[40] Penses-tu qu'il puisse trouver facilement
des témoins par qui prouver les faits ? C'est le point capital du procès.

---

29. bless
30. unpacked
31. unsorted
32. uproar
33. racket
34. slaughter
35. put a stop to this
36. lamb
37. stolen
38. income
39. to pay for your gambling and lodging
40. outdo someone

Le berger : Prouver, monsieur ? Sainte Marie ! Par tous les saints du Paradis, il
n'en trouvera pas un mais dix tout prêts à déposer contre moi !

Pathelin : C'est un point qui nuit[41] considérablement à ta cause. Voici à quoi je
pensais : je ne montrerai pas que je suis de ton côté ou que je t'ai déjà vu.   200

Le berger : Non ? Mon Dieu !

Pathelin : Non, absolument pas. Mais voici ce qu'il faudra faire. Si tu parles,
on te coincera[42] à chaque coup sur les divers points, et dans de telles accusations, des aveux sont très préjudiciables et nuisent en diable ! Pour cette
raison, voici comment s'en sortir : aussitôt qu'on t'appellera pour comparaître 205
en jugement, te ne répondras absolument rien d'autre que « bée ! »[43], quoi
que l'on te dise. Et s'il arrive qu'on t'insulte en te disant : « Hé, puant con-
nard,[44] que Dieu vous accable[45] de malheur ! Canaille,[46] vous moquez-vous
de la justice ? », dis : « Bée ! » « Ha, ferai-je, il est simple d'esprit, il s'imagine
parler à ses bêtes. » Mais, même s'ils devaient s'y casser la tête, ne laisse pas 210
d'autre mot sortir de ta bouche ! garde-t'en bien !

Le berger : Je suis le premier intéressé. Je m'en garderai soigneusement et je m'y
conformerai très exactement, je vous le promets et je vous le jure.

Pathelin : Alors fais bien attention ! Ne fléchis[47] pas. Et même à moi, quoi que je
puisse te dire ou te proposer, ne réponds pas autrement.   215

Le berger : Moi ? Non, non, sur mon âme. Dites franchement que je deviens
fou si, à vous ou à quelqu'un d'autre, de quelque nom qu'on me traite, je dis
aujourd'hui autre chose que le « bée » que vous m'avez appris.
Par Dieu, exactement et mot à mot ce que vous demandez, monsieur, n'ayez
crainte.   220

(Le berger s'éloigne.)

Pathelin (seul) : Hé, mon Dieu, même s'il ne pleut à verse, il tombe quelques
gouttes. Au moins obtiendrai-je un petit quelque chose. Je tirerai bien de lui,
si tout marche bien, un écu ou deux pour ma peine.

Scène 6   225
(Le berger, Pathelin, le drapier, le juge)

Pathelin (arrivant devant le Juge) : Monsieur, que Dieu vous accorde bonne
chance et tout ce que votre cœur désire.

Le juge : Soyez le bienvenu, monsieur. Couvrez-vous donc[48].

---

41. detract (from)
42. will trap
43. "Baa!"
44. stinky rascal
45. overcome
46. scoundrel
47. don't yield
48. *Le juge signale aux avocats de se mettre la perruque.*

Pendant la lecture

Observez comment les
situations se retournent et
les rôles s'inversent.

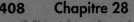

230   *(L'invitant à s'asseoir à ses côtés)*

Çà, prenez place.

Le drapier : Mon avocat va arriver, il achève une petite chose qu'il faisait et, s'il vous plaisait, monseigneur, vous feriez bien de l'attendre.

Le juge : Hé diable, j'ai à faire ailleurs. Si la partie adverse est présente,

235   expliquez-vous sans plus attendre.

                         (Le drapier hésite à commencer.)

Alors n'êtes-vous pas le plaignant ?[49]

Le drapier : Si, c'est bien ça.

Le juge : Où est l'accusé ? Est-il présent ici en personne ?

240 *Le drapier* : Oui, vous le voyez là-bas qui ne dit mot, mais Dieu sait ce qu'il pense.

Le juge : Puisque vous êtes tous les deux présents, formulez votre plainte.

Le drapier : Voici donc ce dont je me plains. Monseigneur, c'est pure vérité que, pour l'amour de Dieu et par charité, je l'ai élevé quand il était enfant et

245   quand j'ai vu qu'il était en âge d'aller aux champs, pour faire bref, j'ai fait de lui mon berger et l'ai mis à garder mes bêtes. Mais aussi vrai que vous êtes assis là, monseigneur le juge, il a fait un tel cataclysme de brebis et de mes moutons que sans faute…

Le juge (l'interrompant) : Bon, écoutez, n'était-il pas votre salarié ?[50]

250 *Pathelin* : Oui, car s'il s'était amusé à l'employer sans salaire…

Le drapier (reconnaissant Pathelin) : Je suis prêt à renier Dieu si ce n'est pas vous, vraiment vous !

Le juge (voyant Pathelin qui met sa main devant son visage) : Que vous tenez haut votre main ! Avez-vous mal aux dents, maître Pierre ?

255 *Pathelin* : Oui, elles me tarabustent[51] au point que jamais je n'ai senti une telle rage. Je n'ose lever la tête. Par Dieu, faites-les continuer.

Le juge : Allons, terminez votre plainte. Vite, concluez clairement.

Le drapier : C'est lui et personne d'autre, vraiment ! Par la croix où Dieu fut étendu, c'est à vous que j'ai vendu six aunes d'étoffe, maître Pierre !

260 *Le juge* : Qu'est-ce que l'étoffe vient faire ici ?

Pathelin : Il divague[52]. Il s'imagine en venir au fait, mais il ne sait plus s'en sortir parce que ce n'est pas son métier.

Le drapier : Je veux être pendu si c'est un autre qui l'a emportée, mon étoffe, bon sang de bon sang !

---

49. plaintiff
50. employee
51. bother
52. ramble

Pathelin : Comme le pauvre homme va chercher loin pour étoffer[53] sa plainte ! 265
Il veut dire—quel balourd ![54]—que son berger avait vendu la laine—c'est ce
que j'ai compris—dont a été faite l'étoffe de mon habit, comme s'il voulait
dire qu'il le vole et qu'il lui a dérobé la laine de ses brebis.

Le drapier : Que Dieu me plonge dans tous les maux, si vous ne l'avez pas !

Le juge : Silence, de par le diable, vous dites n'importe quoi ! Hé, ne pouvez- 270
vous revenir au fait sans retarder la cour avec de telles sornettes[55] ?

Pathelin : J'ai mal et il faut que je rie ! Il est déjà si embrouillé qu'il ne sait plus
où il en était. Il faut que nous l'y ramenions[56].

Le juge : Allons, revenons à nos moutons ![57] Que leur est-il arrivé ?

Le drapier : Il en emporta six aunes, pour neuf francs. 275

Le juge : Sommes-nous des imbéciles ou des idiots ? Où croyez-vous être ?

Pathelin : Bon sang, il vous fait battre la campagne ! Qu'il a l'air rustaud[58] ! Mais
je conseille qu'on examine un peu sa partie adverse.

Le juge : Vous avez raison. Il le fréquente, il ne peut pas ne pas le connaître.
Approche donc, parle. 280

Le berger : Bée !

Le juge : C'est trop fort ! Qu'est que ce « bée » ? Suis-je une chèvre ? Réponds !

Le berger : Bée !

Le juge : Que Dieu t'inflige une sanglante fièvre ! Hé, te moques-tu ?

Pathelin : Croyez qu'il est fou ou stupide, ou qu'il s'imagine être avec ses bêtes. 285

Le drapier (à Pathelin) : Je renie Dieu si ce n'est vous, et personne d'autre, qui
l'avez emportée, mon étoffe !

(Au juge) : Ha, vous ne savez, monseigneur, avec quelle fourberie[59]…

Le juge : Hé, taisez-vous ! Êtes-vous idiot ? Ne parlez plus de ce détail et
venons-en à l'essentiel. 290

Le drapier : Oui, monseigneur, mais cette affaire me concerne pourtant… Par
ma foi, ma bouche n'en dira plus un seul mot. Une autre fois il en ira comme
il pourra. Pour l'instant je ne peux qu'avaler sans mâcher. Je disais donc,
pour rester dans mon sujet, que j'avais donné six aunes… je veux dire, mes
brebis… Je vous en prie, monsieur, excusez-moi. Ce gentil maître… mon 295
berger, quand il lui fallait aller aux champs… Il me dit que j'aurais six écus
d'or quand je viendrais… je veux dire, il y a de ça trois ans, mon berger
s'engagea à me garder loyalement mes brebis et à ne m'y faire ni dommage ni
mauvais tour… Et puis maintenant, il me nie tout, et l'étoffe et l'argent. Ha,

---

53. flesh out
54. simple-minded
55. *bêtises*
56. bring back
57. "Let's get back to business!" The most famous line of the play. Still used in modern French.
58. tacky
59. deception

300   maître Pierre, vraiment… Ce coquin-là me volait la laine de mes bêtes, et
        bien qu'elles fussent parfaitement saines, il les faisait mourir et périr en les
        assommant[60] et en les frappant avec des gros bâtons sur le crâne… Quand
        mon étoffe fut sous son aisselle[61], il se mit rapidement en route, et m'invita à
        passer chez lui chercher six écus d'or.

305   *Le juge* : Il n'y a ni rime ni raison dans tout ce que vous débitez. Qu'est-ce qu'il y
        a ? vous entrelardez[62] votre propos d'une chose puis d'une autre. Au total, sacré
        bon sang, je n'y vois goutte. Il s'embrouille avec l'étoffe et vient ensuite babiller
        de brebis, au petit bonheur ! Il n'y a aucune cohérence dans ses propos.

    Pathelin : Je suis prêt à parier qu'il retient son salaire au pauvre berger !

310   *Le drapier* : Par Dieu, vous feriez mieux de vous taire ! Mon étoffe, aussi vrai
        que la messe… —je sais mieux que vous ou un autre où le bât[63] me blesse—
        Tête Dieu, vous l'avez !

    Le juge : Qu'est-ce qu'il a ?

    Le drapier : Rien, monseigneur. Sur mon âme, c'est le plus grand trompeur…

315   Holà, je ne vais plus en parler si je peux, et je n'en dirai plus un mot
        aujourd'hui, quoi qu'il advienne.

    Le juge : Hé, non ! et tâchez de vous en souvenir ! Allez, concluez clairement.

    Pathelin : Ce berger n'est pas en état de répondre aux faits exposés sans
        l'aide d'un conseiller, et il n'ose ou ne sait en demander. Si vous vouliez

320   commander que je l'assiste, je le défendrais.

    Le juge : Le défendre, lui ? J'ai bien peur que ce soit la dèche[64] complète : c'est
        Bourse Vide.

    Pathelin : Pour moi, je vous jure qu'aussi bien je ne veux rien lui demander. Ce
        sera pour l'amour de Dieu ! Je vais donc apprendre du pauvre garçon ce qu'il

325   voudra bien me dire, et s'il saura m'éclairer[65] pour répondre aux accusations
        de mon adversaire. Il aurait du mal à se sortir de cette histoire si on ne lui
        venait pas en aide.

    (Au berger) : Approche, mon ami. Si on pouvait trouver…

            (Le Berger regarde ailleurs et feint de ne pas entendre…)

330   Tu comprends ?

    Le berger : Bée !

    Pathelin : Quoi « bée », crénom[66] ? Par le saint sang que Dieu versa, es-tu fou ?
        Dis-moi ton affaire.

---

60. knocking out
61. armpit
62. *mélangez*
63. pack-saddle
64. lack of money
65. to enlighten me
66. a curse meant to express anger or shock

Le berger : Bée !

Pathelin : Quoi « bée » ? Entends-tu tes brebis bêler[67] ? C'est pour ton bien,   335
comprends-le.

Le berger : Bée !

Pathelin : Hé, dis au moins « oui » ou « non » !

    (Tout bas, au Berger) : Très bien. Continue !

    (À haute voix) : Parleras-tu ?   340

Le berger : Bée !

Pathelin (Tout bas, au Berger) : Plus fort !

    (À haute voix) : Sinon ça te coûtera cher, je le crains.

Le berger : Bée !

Pathelin : Allons, il faut être encore plus fou que ce fou congénital pour lui faire   345
un procès ! Ah, monsieur, renvoyez-le à ses brebis ! Il est fou de naissance.

Le drapier : Il est fou ? Par le saint Sauver des Asturies, il est plus avisé[68] que
vous tous !

Le juge : Envoyez-le garder ses bêtes, et sans autre convocation. Qu'il ne revienne jamais ! Maudit soit qui assigne ou fait assigner en justice de tels fous !   350
Voyez-vous ! Il ne va pas cesser de brailler[69].

Le drapier : Je lui demande…

Pathelin : Faites-le taire. Hé, par Dieu, c'est trop caqueter[70] ! Supposons qu'il en
ait tué six ou sept ou une douzaine, et qu'il les ait mangés : bon sang, vous en
êtes bien lésé ! Vous avez gagné bien plus pendant qu'il vous les a gardés.   355

Le drapier : Regardez, monsieur, regardez ! je lui parle étoffe et il répond
moutons. Six aunes d'étoffe ! Où sont-elles ? Vous les avez mises sous votre
aisselle ! Ne pensez-vous point me les rendre ?

Pathelin : Ha ! monsieur, le ferez-vous pendre pour six ou sept bêtes à laine ?
Reprenez vos esprits, ne soyez pas impitoyable[71] pour le pauvre berger   360
accablé[72], qui est nu comme un ver.

Le drapier : Voilà qui est changer de sujet ! C'est bien le diable qui me fit vendre
de l'étoffe à un tel roublard[73]. Voyons, monseigneur, je lui demande…

Le juge : Je l'absous de votre plainte et vous interdis de poursuivre le procès.
Quel bel honneur que de plaider contre un fou !   365

    (Au berger) : Retourne à tes bêtes !

Le berger : Bée !

---

67. to bleat or "baa"
68. shrewd
69. to yell
70. to prattle
71. heartless
72. overburdened
73. (wily) dodger

Pendant la lecture

Notez comme un personnage en prend un autre à son propre jeu.

Scène 7

(Le Berger, Pathelin)

370 *Pathelin (s'approchant du Berger)* : Dis, Agnelet.

Le berger : Bée !

Pathelin : Approche, viens. Ton affaire est-elle bien réglée ?

Le berger : Bée !

Pathelin : La partie adverse est partie, ne dis plus « bée », c'est inutile. Ne t'ai-je
375   pas conseillé de belle façon ?

Le berger : Bée !

Pathelin : Hé, dis, on ne t'entendra pas. Parle sans crainte, ne t'inquiète pas.

Le berger : Bée !

Pathelin : Il est temps que je m'en aille. Paie-moi.

380 *Le berger* : Bée !

Pathelin : Pour dire la vérité, tu as été excellent dans ton rôle ; excellente aussi la
       mine que tu faisais. Ce qui l'a achevé, c'est que tu t'es retenu de rire.

Le berger : Bée !

Pathelin : Quoi, « bée » ? Il n'est plus besoin de le dire. Paie-moi bien et
385   gentiment.

Le berger : Bée !

Pathelin : Quoi, « bée » ? Parle normalement et paie-moi, je m'en irai.

Le berger : Bée !

Pathelin : Sais-tu quoi ? je vais te le dire : je te prie, cesse de brailler et pense à
390   me payer. Je ne veux plus de tes bêlements. Paie-moi vite !

Le berger : Bée !

Pathelin : Te moques-tu ? Est-ce là tout ce que tu feras ? Bon sang, tu me
       paieras, comprends-tu ? si tu ne t'en voles pas. Ça, l'argent !

Le berger : Bée !

395 *Pathelin* : Tu veux rire ! Comment ? N'en tirerai-je rien d'autre ?

Le berger : Bée !

Pathelin : Tu en rajoutes ! Hé, à qui crois-tu vendre tes sornettes ? Sais-tu ce
       qu'il en est ? Cesse désormais de me débiter ton « bée » et paie-moi !

Le berger : Bée !

400   *Fin*

Après la lecture

Vérifiez votre compréhension

1. Pourquoi est-ce que Guillemette demande que le drapier lui parle plus bas ?

2. Pourquoi Guillemette dit-elle qu'il est impossible que son mari soit allé chez le drapier ?

3. Quels sont les premiers mots de l'avocat ?

4. Pourquoi Pathelin fait-il semblant d'être malade ?

5. Pourquoi est-ce que le drapier part ?

6. Pourquoi est-ce que le drapier est fâché contre Thibault ?

7. Pourquoi est-ce que le drapier mélange les problèmes qui le touchent ?

8. De quoi le drapier est-il certain ?

9. À qui le berger demande-t-il d'être son avocat ?

10. Quel conseil est-ce que l'avocat donne au berger ?

11. Où est l'avocat du drapier ?

12. Pourquoi le juge dit-il « Revenons à nos moutons » ?

13. Comment le berger répond-il au juge ?

14. Qui est de plus en plus confus ?

15. Que dit le berger quand il est temps de payer son avocat ?

En y réfléchissant

1. Est-ce que les efforts de Guillemette vous semblent normaux, exagérés ? Justifiez votre avis en vous appuyant sur des exemples tirés du texte.

2. Quel genre de personnes sont Guillemette et Pathelin ? Forment-ils un bon couple ?

3. Qu'est-ce qui pousse Pathelin à prendre de l'étoffe sans payer ? Qu'est-ce qui pousse le berger à ne pas payer pour avoir mangé les moutons ?

4. Est-ce que le juge vous semble compétent ? Justifiez votre opinion. Aurait-il pu mieux contrôler la situation ?

5. Est-ce que le juge aurait pu rendre un autre verdict ? Qu'est-ce que vous auriez fait si vous aviez entendu le témoignage ?

Perspectives culturelles

Le système juridique français est basé sur un code qui date de Napoléon. Le système américain, basé sur le système anglais, repose sur la jurisprudence. Faites des recherches sur le Code civil (le Code Napoléon) et sur le système juridique américain.

1. Comment les systèmes sont-ils organisés ?

2. Prenez un crime ou un délit (assassinat, vol) et utilisez un schéma en « T » pour comparer les deux systèmes et comment ils statuent sur une même faute.

Pour améliorer votre vocabulaire

1. **Synonymes :** Trouvez un synonyme pour chaque mot ou chaque expression de la liste. Vous trouverez ces mots dans le texte.

   a. élimé (l. 4)
   b. les méninges (l. 6)
   c. plaider (l. 10)
   d. l'étoffe (l. 15)
   e. assommé (l. 52)
   f. plaisanterie (l. 60)
   g. démener (l. 97)
   h. grimper (l. 100)
   i. fâcher (l. 124)
   j. l'ennui (l. 139)

2. **Antonymes :** Trouvez un antonyme pour chaque mot ou chaque expression de la liste. Vous trouverez ces mots dans le texte.

   a. emprunter (l. 22)
   b. fou, folle (l. 61)
   c. agiter (l. 102)
   d. amer (l. 113)
   e. importuns (l. 116)
   f. honteusement (l. 120)
   g. éclatant (l. 142)
   h. s'éloigner (l. 221)
   i. embrouillé (l. 272)
   j. adverse (l. 374)

3. **Définitions :** Associez les mots de la première colonne avec les définitions de la seconde. Vérifiez le contexte dans lequel tous ces mots se trouvent.

1. le bavardage (l. 13)
2. un sou (l. 17)
3. le menteur (l. 19)
4. l'avocat (l. 143)
5. le simplet (l. 147)
6. déplaire (l. 171)
7. traîner (l. 177)
8. chiper (l. 191)
9. déposer (l. 198)
10. fléchir (l. 214)

a. de l'ancienne monnaie française
b. témoigner
c. choquer
d. amener
e. céder
f. défenseur
g. la conversation
h. le naïf
i. remettre
j. voler
k. celui qui ne dit pas la vérité
l. quelque chose à boire

Vocabulaire spécialisé : Parler du théâtre

l'accessoire (m) : *prop*	la farce : *comedy*
l'acte (m) : *act*	l'intermède (m) : *interlude*
adapter : *to stage (adapter un roman à la scène)*	le metteur en scène : *director*
	la mise en scène : *staging*
l'aparté (m) : *aside*	un monologue : *monologue*
la comédie : *comedy*	les péripéties (fpl) : *plot twists*
le confident : *confidant*	la pièce : *play*
les coulisses : *wings*	le protagoniste : *main character*
le coup de théâtre : *sudden dramatic turn of events*	le régisseur : *stage manager*
	la répartie : *rejoinder*
le dénouement : *winding-up*	la réplique : *rejoinder, retort*
les décors : *scenes*	le soliloque : *soliloquy, monologue*
la didascalie : *stage directions*	la stichomythie : *rapid succession* of *dialogue*
dramatique : *dramatic*	
le dramaturge : *playwright*	la tirade : *monologue*
le drame : *drama*	tragique : *tragic*
l'entracte (m) : *interval*	

Allons au-delà

Pour communiquer

Ⓐ Écouter

Dans ce passage audio, il s'agit d'une brève histoire du Théâtre du Chatelet à Paris. Écoutez l'extrait audio et répondez aux questions suivantes.

1. Quel roi voulait installer un théâtre à cet endroit ?

2. Quelles sortes de productions le théâtre présente-t-il ?

3. Avec qui le théâtre fait-il des échanges ?

4. Quel est le but de ce passage audio ?

Ⓑ Jeu de rôle : Le théâtre vite fait

Travaillez en groupes de cinq élèves.

1. Assignez les rôles de la pièce aux participants.

2. Condensez l'histoire en une minute.

3. Répétez votre « pièce ».

4. Puis, présentez votre pièce à la classe. Vous n'aurez qu'une minute !

5. N'oubliez pas que des costumes, des accessoires peuvent enrichir une production.

Ⓒ La capsule audio

Travaillez en groupes de trois élèves.

1. Choisissez cinq phrases-clés tirées de *La Farce de Maître Pathelin*. Préparez-vous à les lire avec expression.

2. Présentez vos capsules aux autres groupes.

3. Le groupe qui trouve quel personnage a prononcé la phrase gagne un point. Le groupe en gagnera deux s'il peut situer la phrase dans l'intrigue de la pièce.

4. Quand tous les groupes auront présenté leurs capsules audio, le groupe qui aura marqué le maximum de points aura gagné !

Ⓓ À vos stylos ! Proverbes en contexte

Choisissez un des proverbes ci-dessous et expliquez-le dans le contexte de la pièce que vous venez de lire. Puis inventez une nouvelle situation dans laquelle il pourrait être utilisé.

1. « Qui emprunte ne choisit pas. » (l. 22)

2. « Allez et n'oubliez pas de boire si vous trouvez Jean Crédit. » (l. 31)

3. « Plût à Dieu qu'il n'y vît goutte ! » (l. 34)

4. « Allons, revenons à nos moutons ! » (l. 274)

Ⓔ Un entretien

Imaginez que les plaideurs de ce procès ont l'occasion de plaider leur cause au cours de l'une de ces émissions télévisés devant un juge célèbre. Travaillez en groupes de quatre ou cinq élèves.

1. Choisissez vos rôles.

2. Pensez à l'accusation, aux questions que vous poseriez, et à la façon dont sera rendu le jugement.

3. Répétez votre « émission » avant de la présenter à la classe.

4. Vous avez la possibilité de modifier les détails de l'affaire.

5. N'oubliez pas qu'on utilise un vocabulaire spécifique au tribunal.

6. Comme toujours ayez une question ou deux pour vérifier l'attention de votre public !

F Écrire un essai : La tromperie

Dans *La Farce de Maître Pathelin* tous les personnages ont l'occasion de tromper quelqu'un, mais pas le juge. Dans un essai de cinq paragraphes (introduction – trois points – conclusion), discutez de la tromperie parmi les personnages de la pièce.

G Comparer : Le Spectacle !

Vous avez eu l'occasion de voir plusieurs spectacles : des concerts, des match sportifs, des numéros de fêtes foraines, des pièces de théâtre, des cirques. Choisissez deux ou trois spectacles auxquels vous avez assisté et comparez-les. Puis discutez des comparaisons avec un autre élève de la classe.

L'esthétique : *Les arts du spectacle*

Dans cette sélection, il s'agit de la pièce musicale *Les Misérables*, avec ses aspects connus et moins connus. L'article est extrait du magazine *L'Express* en 2010, dans la rubrique culture.

Mémorables Misérables

Créée en 1980 à Paris par les Français Alain Boublil et Claude-Michel Schönberg, la comédie musicale fut adaptée cinq ans plus tard en anglais. Après un succès mondial, elle revient au théâtre du Châtelet
5 *dans sa version anglo-saxonne. Retour sur une aventure incroyable.*

On le sait

Les Misérables ont battu tous les records.
L'adaptation en musical du classique de Victor
10 Hugo par Alain Boublil et Claude-Michel Schönberg a rassemblé 54 millions de spectateurs depuis
sa création à Londres, en 1985. *Les Misérables*
se sont joués dans 38 pays, en 21 langues différentes et ont reçu 50 récompenses, dont 8 Tony
15 Awards, un molière et une victoire de la musique.
Alain Boublil a eu l'idée des *Misérables* en voyant la comédie musicale *Oliver !*, à Londres. Pour
l'adaptation anglaise, Boublil et Schönberg ont
restructuré le spectacle en deux actes (au lieu
20 de trois) et réagencé les chansons traduites par
Herbert Kretzmer, collaborateur d'Aznavour. La
production 2010, « définitive » selon eux, pro-
pose de nouveaux décors à partir de projections
de peintures et de gravures de Victor Hugo. Les
25 morceaux ont été réorchestrés. « Cela devait
sonner comme neuf », souligne Schönberg.

On le sait moins

Il n'y a pas eu de phénomène « Miz France ».
D'ailleurs, la nouvelle version qui se joue au
théâtre du Châtelet, à Paris—celle du 25e anni-   30
versaire—se donne en anglais avec des sous-titres
français. Créés en 1980 au Palais des Sports de
Paris dans une mise en scène de Robert Hossein,
Les Misérables ont pourtant été plébiscités par
500 000 spectateurs en trois mois. Les prolonga-   35
tions ont été impossibles, car la salle était déjà
louée par le Cirque de Pékin et les décors fabri-
qués exprès pour le lieu ont été détruits. « Ensuite,
personne ne nous a sollicités. Pour gagner notre
vie, nous avons continué à écrire des chansons »,   40
expliquent Boublil et Schönberg. En 1991, *Les
Misérables* sont repartis à l'assaut de la capitale, au
Théâtre Mogador, dans une adaptation française
de la version anglaise ! 250 000 fans étaient au rendez-vous. « Mais, là encore, on n'entrait pas dans   45
les formats des comédies musicales de l'époque,
comme Starmania. Et il n'y a pas eu de suite. »

On le sait

Michel Sardou a chanté dans Les Misérables. Mais
sur disque : le titre, *A la volonté du peuple*, est   50
d'ailleurs l'un des tubes du spectacle. Le double
album était également interprété par Adamo,

Michel Delpech, Rose Laurens et Yvan Dautin (le père de Clémentine Autain). Et préfacé par Pierre
55 Lescure.

On le sait moins

René Cleitman est à l'origine du spectacle. Le (futur) producteur de *Cyrano de Bergerac* était alors directeur des programmes d'Europe 1. En
60 1980, la radio a coproduit *Les Misérables* avec les spectacles Lumbroso et la LAP, « une excroissance de la CGT », précise Schönberg.

On le sait

Schönberg et Boublil ont eu une vie après Les
65 *Misérables.* Alain Boublil a notamment produit *Abbacadabra*, une comédie musicale pour enfants autour d'Abba (où ont débuté les petites Clémentine Autain et Léa Drucker). Ensemble, ils ont signé plusieurs autres comédies musicales, dont
70 *Miss Saigon* (32 millions de spectateurs), *Martin Guerre* et *The Pirate Queen*. « Nous ne sommes pas les Lennon-McCartney du théâtre musical, mais notre complémentarité est certaine. Je suis plutôt fonceur, analyse Schönberg, Alain fignole
75 les détails. » Leur méthode de travail s'apparente à celle de scénaristes de cinéma : « Nous écrivons une grande histoire durant six à huit mois en avançant dans la narration quart d'heure par quart d'heure, raconte Boublil. Pour nous, les chansons
80 doivent être au service des scènes, comme le faisaient les compositeurs d'opéras italiens. »

On le sait moins

Ils ont aussi eu une vie avant. Claude-Michel Schönberg (65 ans) a chanté l'un des plus grands tubes de 1974 : *Le Premier Pas* (1 million 85 d'exemplaires vendus), « un air sans refrain ni couplets ». Il a écrit plus de 300 chansons. Boublil (69 ans), lui, était attaché aux disques Vogue et représentant français d'Abba. Il a sorti leur tout premier 45-tours, avant que le groupe explose 90 avec Waterloo. Ensemble, ils se sont attelés à *La Révolution française*, un opéra rock français (1973). L'album, chanté par Alain Bashung, Antoine et Daniel Balavoine, s'est vendu à 600 000 exemplaires. Le spectacle s'est joué quarante-cinq 95 jours au Palais des Sports. « Mais le succès n'a pas fait tache d'huile. »

On le sait

Susan Boyle a triomphé avec I Dreamed a Dream. Son interprétation de la chanson 100 culte des *Misérables* a été vue par 100 millions d'internautes. Boublil et Schönberg ont envoyé à la star de *Britain's Got Talent* une lettre qu'elle a encadrée. C'est Rose Laurens qui a créé le titre en 1980 : *J'avais rêvé d'une autre vie.* 105

On le sait moins

Judi Dench a joué dans Les Misérables. La grande dame du théâtre britannique en rêvait. Alors qu'elle était à l'affiche dans un théâtre voisin, elle a profité d'un battement d'une demi-heure dans sa 110 propre pièce pour rejoindre la troupe des femmes sur la barricade. Avant de reprendre son rôle.

Questions de compréhension

1. Quel est le but principal de cet article ?

   a. Offrir quelques renseignements de base sur la comédie musicale.

   b. Rappeler certains faits sur *Les Misérables* depuis 30 ans.

   c. Critiquer la représentation la plus récente de la comédie.

   d. Annoncer la nouvelle production qui aura lieu au théâtre du Châtelet.

2. Selon l'article, quelle remarque à propos des *Misérables* est vraie ?

   a. *Les Misérables* a été créé en français, puis traduit en anglais.

   b. La production en anglais a été traduite en anglais.

   c. Au début, la pièce en anglais et celle en français étaient complètement différentes.

   d. La version anglo-saxonne est plus populaire auprès du public francophone.

3. Pourquoi la version qui se jouait au Palais des Sports de Paris n'a-t-elle pas poursuivie ?

   a. Les spectateurs ne venaient plus.

   b. C'était en anglais et il n'y avait pas de sous-titres.

   c. Les décors ont déjà été envoyés en Chine.

   d. Le théâtre était déjà réservé pour un autre spectacle.

4. A quoi peut-on attribuer le manque de grand succès des *Misérables* pendant les premières années ?

   a. Le public français n'était pas accoutumé aux comédies-musicales.

   b. On présentait souvent la version anglaise.

   c. Le public français était trop habitué à l'œuvre de Victor Hugo.

   d. Le public français ne connaissait pas les chansons qui changeaient de version en version.

5. Comment l'article est-il organisé ?

   a. Il offre un parcours historique de la pièce.

   b. C'est un résumé concis de l'intrigue des *Misérables*.

   c. Il présente une série de faits connus et moins connus.

   d. Il s'agit de questions suivies de réponses.

6. Selon l'article, quelle observation à propos des auteurs Boublil et Schönberg est vraie ?

   a. Ils avaient déjà connu un très grand succès avant la production des *Misérables*.

   b. Ils sont tous les deux fanas de Judi Dench.

   c. Ils avaient souvent collaboré avec René Cleitman.

   d. Ils sont aussi scénaristes au cinéma.

Revenez sur ces questions

Après avoir considéré les lectures et les discussions de ce chapitre, reprenez-en la discussion.

- Comment est-ce qu'on représente la réalité sur scène ?

- Est-ce que le théâtre reflète la vie de chacun d'entre nous ou est-ce que cet art aspire à une ambition plus noble ? Est-ce que l'objectif du théâtre a changé au cours des siècles ?

- En quoi le théâtre répond-il aux préoccupations de la vie quotidienne et comment l'influence-t-il ?

- Sur quoi repose notre perception de la beauté et de la créativité ?
- Comment l'idéal de beauté influence-t-il la vie de tous les jours ?
- En quoi les arts mettent-ils en question nos perspectives sur la culture tout en les reflétant ?

Contextes :

- **Le patrimoine**
- **L'architecture**
- **Les arts visuels**
- **Le beau**
- **La musique**
- **Les arts du spectacle**

Activité de révision
Selon moi

Grâce à vos études et vos recherches vous êtes devenu(e) un expert dans plusieurs domaines. Imaginez que le journal de l'école vous demande d'écrire une critique. Vous pouvez choisir un film, un concert, une exposition artistique d'art, un spectacle de théâtre, un roman.

Pensez à un thème qui concerne les arts, mentionné dans cette unité. Quel sera le sujet de votre critique ? Organisez vos idées sous forme d'un plan qui vous aidera à préparer votre présentation.

Première partie : Annoncez le thème et la forme de représentation et expliquez pourquoi vous les avez choisis.

Deuxième partie : Parlez des personnes qui ont produit l'œuvre ou le spectacle : qui sont-elles ? Quelles sont les expériences antérieures qui les ont amenées à la production considérée ? Comment se traduisent-elles dans l'œuvre ?

Troisième partie : Parlez du contenu, du texte, de la musique que ces personnes ont eu l'occasion d'interpréter. Les connaissiez-vous auparavant ? Avez-vous vu la pièce ou avez-vous entendu cette musique ailleurs ? Comparez l'œuvre présentée et celle que vous connaissiez précédemment.

Quatrième partie : Parlez des autres éléments (décors, instruments, techniques) qui ont un effet sur la nouvelle présentation ?

Cinquième partie : Tirez une conclusion des idées que vous avez présentées. Quelle est votre impression générale ?

Un peu d'aide

Ces questions pourront vous aider à organiser vos idées :

1. Comment avez-vous trouvé les interprétations précédentes ?
2. Comment trouvez-vous l'interprétation actuelle ?
3. Quels autres éléments influencent votre impression ?
4. Essayez de formuler une conclusion qui résume tout ce que vous dites.

Appendices: Expressions utiles

Pour entamer une discussion

Dans une discussion si vous voulez vous mettre d'accord avec quelqu'un :

D'accord.	*O.K.*	Bonne idée.	*Good idea.*
Je suis d'accord.	*I agree.*	Ça ne me surprend pas.	*That doesn't surprise me.*
Bien sûr.	*Of course.*	Cela ne m'étonne pas.	*That doesn't surprise me.*

Peut-être que vous n'êtes pas d'accord :

Je ne suis pas d'accord.	*I don't agree.*	Tu n'es pas sérieux ?	*You're not serious?*
Je ne le crois pas.	*I don't think so.*	Comment est-ce que	*How is that possible?*
Cela m'étonnerait.	*That would surprise me.*	c'est possible ?	

Si vous voulez demander des renseignements :

Quel est le problème ?	*What is the problem?*	Dis-moi…	*Tell me…*
Qu'est-ce que tu penses ?	*What do you think?*	Je voudrais poser une	*I'd like to ask a question.*
Quelle est ton opinion ?	*What's your opinion?*	question.	
Est-ce que tu peux expliquer…	*Can you explain…*	Qu'est-ce que tu préfères ?	*What do you prefer?*

Pour réagir :

Vraiment ?	*Really?*	Ça dépend (de)…	*That depends (on)…*
C'est vrai.	*That's true.*	Le plus grand problème	*The biggest problem is*
Ce n'est pas vrai !	*That's not true.*	est que…	*that…*
Ce n'est pas possible.	*That's not possible.*	Une solution serait de…	*One solution would*
Je ne peux pas supporter cette idée.	*I can't support that idea.*		*be to…*

L'opinion en générale

à mon avis	*in my opinion*	Quel est ton avis ?	*What's your opinion?*

Sans opinion ?

Je n'ai vraiment pas d'opinion.	*I have no feelings about it.*	Je n'en sais rien.	*I have no idea.*
		C'est possible.	*It's possible.*

Pour indiquer une opinion

Il paraît que…	*It seems that…*	Je suis [absolument]	*I'm [entirely] convinced*
Je crois que / je trouve que…	*I think…*	convaincu(e) que…	*that…*
		Par contre…	*On the other hand…*

Quand vous êtes d'accord

Je suis de votre avis.	*I feel the same as you.*	C'est [exactement] ce	*That's what I think.*
Je suis [tout à fait / complètement] d'accord.	*I agree.*	que je pense.	
		Vous avez raison.	*You're right.*

Je ne suis pas d'accord.	*I disagree.*	Vous exagérez.	*You're exaggerating.*
Vous avez tort.	*You're wrong.*	J'ai marre de…	*I've had enough of…*

Expressions pour la discussion et pour poser des questions

adapter	*adapt*	estimer	*estimate, assess*
agrandir	*extend*	expliquer	*explain*
améliorer	*improve*	exposer les grandes lignes	*outline*
analyser	*analyze*	extrapoler	*extrapolate*
apprécier	*assess*	formuler	*express (opinion)*
calquer	*model*	identifier	*identify*
catégoriser	*categorize*	illustrer	*illustrate*
choisir	*choose*	inférer	*infer*
classifier	*classify*	juger	*judge*
comparer	*compare*	justifier	*justify*
conclure	*conclude, come to a conclusion*	montrer	*show*
		prédire	*predict*
construire	*build*	pronostiquer	*forecast*
contraster	*contrast*	questionner	*survey*
critiquer	*criticize*	recommander	*recommend*
décortiquer	*analyze, dissect*	réduire	*simplify*
déduire	*deduce*	reformuler	*rephrase*
défendre	*defend*	résumer	*summarize*
déterminer	*determine*	schématiser	*draw a diagram*
développer	*develop*	soutenir	*support*
deviner	*guess, infer*	supposer	*suppose, hypothesize*
différencier	*distinguish*	supprimer	*delete*
diviser	*divide*	théoriser	*theorize*
dresser une liste	*make a list*	traduire	*translate*

Traits de personnalité

adroit	*clever*	bûcheur (-euse)	*hardworking*
agile	*agile*	calme	*quiet*
âgé	*elderly*	content	*happy*
agréable	*pleasant*	courageux (-euse)	*brave*
agressif (-ve)	*aggressive*	difficile	*difficult*
aimable	*kind, likeable*	distrait	*absent-minded*
ambitieux (-euse)	*ambitious*	drôle	*funny*
amusant	*fun*	d'un certain âge	*middle-aged*
assidue	*diligent*	égoïste	*selfish*
bavard	*chatty*	élégant	*elegant*
bêcheur (-euse)	*snob*	fier (-ière)	*proud*
bête	*stupid*	fou, folle	*crazy*

généreux (-euse)	*generous*	patient	*patient*
gentil	*nice*	poli	*polite*
heureux (-euse)	*happy*	sage	*well behaved*
honnête	*honest*	sensé	*sensible*
impatient	*impatient*	sensible	*sensitive*
impoli	*impolite*	sérieux (-euse)	*serious*
indépendant	*independent*	sévère	*strict*
intelligent	*intelligent*	sociable	*sociable*
jaloux (-ouse)	*jealous*	soigneux (-euse)	*meticulous*
mal élevé	*rude*	sportif (-ve)	*sportive, athletic*
menteur (-euse)	*lying*	sympathique	*nice*
méchant	*naughty, bad, spiteful*	timide	*shy*
obstiné	*stubborn*	travailleur (-euse)	*hard-working*
paresseux (-euse)	*lazy*	triste	*sad*

Les promesses et les garanties

consentir à quelque chose	*consent to something*	obéir à quelqu'un	*obey someone*
le contrat	*contract*	obligé(e)	*obligated, obliged*
convaincre quelqu'un	*convince someone*	le pacte	*pact*
d'un commun accord	*by mutual consent*	promettre quelque chose à quelqu'un	*promise something to someone*
être d'accord avec quelqu'un	*concur with someone*	revenir sur sa décision	*go back on one's decision*
garantir quelque chose	*guarantee something*	la satisfaction garantie	*satisfaction guaranteed*
Je le jure !	*I swear it!*	signer un formulaire	*sign a form*
jurer de faire quelque chose	*swear to do something*	(trente) jours garantie de remboursement	*(thirty-) day money back guarantee*
manquer à sa promesse	*break one's promise*	le vœu solennel	*solemn vow*

Pour mieux connaitre vos disputes

se battre contre qqn (physique)	*fight, wrestle*	~avec	*with*
		la lutte (~contre, ~pour)	*struggle*
se disputer pour	*argue*	la querelle	*argument*
lutter contre	*struggle*	débattre	*to debate*
militer	*contend*	discuter de	*discuss*
se plaindre de	*complain*	Je ne vais pas me disputer avec toi.	*I'm not going to argue.*
se quereller à propos de	*to quarrel about*		
la bagarre (~entre, ~pour)	*fight*	Pas de discussion !	*No discussion!*
le démêle	*dispute*	la scène de ménage	*domestic quarrel*
la dispute	*argument*	faire une scène	*throw a fit*
~au sujet de	*over*		

Les motivations

Si on est motivé par…

le succès, on est prospère	*success/prosperous*	la haine, on est méchant	*hate/evil*
l'avarice, on est avare	*greed/greedy*	la fierté, on est orgueilleux	*pride/proud*
le désir, on est désireux	*desire/desirous*	l'amitié, on est amical	*friendship/friendly*
le respect, il veut être respecté	*respect/become respected*	la confiance, on est confident	*confidence/confident*
l'amour, on cherche a être aimé	*love/be loved*	la raison, on pourrait être logique	*reason/logical*
les sentiments, on est sensible	*feelings/sensitive*	la culpabilité, on pourrait être coupable	*guilt/guilty*
l'ennui, on pourrait être ennuyé	*boredom/bored*	la gloire, on pourrait être vaniteux	*glory/vain*
le gain, on pourrait être avide	*gain/greedy*	le besoin, on pourrait être nécessiteux	*need/needy*
le contrôle, on pourrait être autoritaire	*control/dominant, authoritarian*	la pression des pairs, on est influencé	*peer pressure/influenced*
l'ambition, on est ambitieux	*ambition/ambitious*	les menaces, on pourrait être anxieux	*threats/anxious*
le pouvoir, on est avide de pouvoir	*power/power-hungry*	la punition possible, on a peur des conséquences	*possible punishment/ fear of consequences*
les conséquences, on est conscient	*consequences/aware*	l'espoir, on est optimiste	*hope/optimist*
le désespoir, on pourrait être désespéré	*desperation/desperate*	l'argent, on pourrait être avare	*money/greedy*
la satisfaction, on est souvent satisfait	*satisfaction/satisfied*	la reconnaissance, on pourrait être mal assuré	*recognition/weak*
le pot-de-vin, on pourrait être corrompu, malhonnête	*bribes/corrupt, dishonest*	l'autosatisfaction, on est suffisant	*self satisfaction/ self-important*

Des mots des conseils

à mon avis	*in my opinion*	Je donne des bons conseils.	*I give good advice.*
avoir l'intention de faire quelque chose	*intend to do something*	Je vous épaule.	*I support you.*
le but	*goal*	Je fais attention à quelque chose.	*I'm paying attention to something.*
le conseil	*word of advice*		
le conseiller (la conseillère) (auprès de quelqu'un)	*advisor (to someone)*	J'insiste pour que…	*I insist that (subjunctive clause)…*
Je conseille que…	*I advise that (subjunctive clause)…*	Je laisse entendre (que) (à quelque chose)…	*I'm hinting (that) (to something)…*
Je consulte quelqu'un (sur quelque chose).	*I consult someone (about something).*	Je recommande que…	*I recommend that (subjunctive clause)…*

Je vous suggère de faire quelque chose.	*I suggest that you do something.*	Qu'est-ce qu'il faut faire ?	*What should I do? (literally : What must be done?)*
Je suis (suivre) les conseils de quelqu'un.	*I'm following someone's advice.*	tomber dans l'oreille d'un sourd	*fall on deaf ears*
la ligne de conduite	*plan of action*		

Pour mieux écrire

Les raisons pour

à titre d'exemple	*to quote an example*	il faut compter aussi avec…	*one must also take … into account*
aimer mieux	*to prefer*	il ne faut pas oublier que	*one must not forget that*
cela dépend de	*that depends on*	il s'agit de	*it's a question of*
c'est pareil avec	*it's just the same as*	il y va de	*it concerns*
c'est tellement plus facile de	*it's so much easier to*	le fait est que	*the fact is that*
c'est une question de	*It's a question of*	mieux que	*better than*
ce qui est sûr, c'est que…	*what's certain is that…*	pencher (pour/vers)	*to lean towards*
ce qui frappe, c'est…	*what strikes one is…*	préférer	*prefer*
d'abord et avant tout	*first and foremost*	pour ainsi dire	*so to speak*
de mon côté	*us for me*	pour ma part	*as far as I'm concerned*
d'une main	*on one hand*	pour marquer une conclusion	*to sum it up*
en ce cas-là	*in that case*		
en ce qui concerne…	*as far as… is concerned*	quant à moi	*as for me*
en conséquence	*as a result*	sans parler de…	*not to mention…*
en premier lieu	*in the first place*	tout d'abord	*first of all*
et pour cause	*and with good reason*	tout dépend de	*it all depends on*

Les raisons contre

au contraire	*quite the opposite*	en fin de liste	*at the bottom of the list*
autant dire que…	*that's as good as saying…*	en réalité	*in reality*
l'aversion pour	*aversion to*	en revanche	*on the other hand*
avoir tort	*to be wrong*	il ne reste qu'à	*the only thing left to do is to*
bien entendu, mais…	*certainly, but…*		
cela a l'air d'être	*that appears to be*	il semble difficile de croire que	*it seems difficult to believe that*
cela dit	*that said*		
cela n'a aucun rapport avec	*that has nothing to do with*	l'indifférence envers	*indifference towards*
		je me demande si	*I wonder if*
cela n'a rien à voir avec	*that has nothing to do with*	je ne suis pas tout a fait d'accord	*I'm not entirely in agreement*
cela ne veut pas dire que	*that doesn't mean that*	je ne trouve pas	*I don't think*
c'est totalement faux	*that's absolutely wrong*	la pire des solutions	*the worst possible solution*
c'est plutôt le contraire	*that's rather the reverse*		
d'autre part	*on the other hand*	loin de là	*far from it*

le mécontentement de	*dissatisfaction with*	rejeter	*to reject*
on ferait mieux de	*we would do better to*	le ressentiment de	*resentment of*
pas question de	*there's no question of*	tout de même	*all the same*

Pour faire des contrastes

mais	*but*	tandis que	*while (contrast)*
cependant	*however*	d'un côté… de l'autre	*on one side…, on the*
par contre	*on the other hand*	côté	*other*
bien que, quoique	*although*	pourtant	*nevertheless*
[+subjunctive]		toutefois	*nevertheless*
pendant que	*while (time)*	néanmoins	*nonetheless*
comme	*while (non time)*		

Pour présenter des différences et l'opposition

quand même	*all the same*	par rapport à	*in relation to*
en revanche	*in return, on the other hand*	pas du tout	*not at all*
		pour ainsi dire	*so to speak*
au contraire	*on the contrary*		

Des conclusions

certainement	*assuredly*	en résumé	*in summary*
c'est ainsi que	*consequently* (lit. *it is thus that*)	en tout	*overall*
		évidemment	*obviously*
dans le fond	*basically, in effect*	globalement	*all in all*
donc	*therefore, hence*	malgré tout	*in spite of everything*
dû à quelque chose	*due to something*	nul doute que	*no doubt that*
en bref	*in short*	pour conclure	*to conclude*
en conséquence	*accordingly*	pour toutes ces raisons	*for all these/those reasons*
en d'autres termes	*in other words*	sans aucun doute	*definitely*
en effet	*indeed*	vraiment	*truly*
en fin de compte	*ultimately*		

Des mots de la narration

à ce moment-là	*at that time*	il y avait une fois	*once upon a time*
au début	*in the beginning*	jadis	*once, in the past*
au final	*in the end*	je suis venu(e) (juste) de faire quelque chose	*I had just done something*
au fur et à mesure	*little by little, as one goes along*	par la suite	*subsequently*
auparavant	*beforehand, previously*	plus tard	*later*
avant longtemps	*before long*	pour l'instant	*in the meantime*
bientôt	*soon*	puis, ensuite	*then*
dès que	*as soon as*	tout a coup	*all of a sudden*
enfin	*at last*	toute de suite après	*straight afterward*
il y a (cinq heures, trois années, longtemps)	*(five hours, three years, a long time) ago*	une fois qu'il a fait quelque chose	*once he did something*

Des mots de transition

à ce moment-là	*at that time*	grosso modo	*roughly, without going into details*
à l'exception de	*except for*		
à mon avis	*in my opinion*	par conséquent	*therefore, consequently*
(tout) d'abord	*first*	pour cela	*for that reason*
d'ailleurs	*besides*	pourtant, cependant, toutefois	*however*
de plus	*moreover*		
dans ce cas-là	*in that case*	quand même	*even though, anyway*
désormais	*from now on*	quant à (quelque chose)	*as for (something)*
en fait	*in fact*	sans doutc	*without a doubt*
en revanche	*in return*	selon quelqu'un	*according to someone*
enfin	*finally*	tout compte fait	*when all is said and done*

Pour raconter une histoire

à ce moment même	*at that very moment*	finalement	*finally*
à la fin	*in the end*	malgré	*in spite of*
cependant	*however*	naturellement	*of course*
c'est-à-dire	*that's to say*	parce que	*because*
d'abord	*first, at first*	par conséquent	*as a result, consequently*
d'ailleurs	*moreover; besides*	pourtant	*however*
déjà	*already*	puis	*then, next*
de toute façon	*in any case*	quand	*when*
donc	*therefore, so*	quand même	*all the same*
du moins	*at any rate*	soudain	*suddenly*
en effet	*indeed, as a matter of fact*	surtout	*above all*
		tandis que	*while, whereas*
en fait	*in fact*	tout à coup	*suddenly*
en général	*in general*	tout de suite après	*immediately afterwards*
enfin	*at last, finally*	toute la journée	*all day*
ensuite	*then, next*		

Pour discuter de l'intrigue d'un récit

l'action qui se noue	*rising action*	le tournant	*turning point*
l'action qui se dénoue	*falling action*	le passage	*passage*
le commencement	*beginning*	le point de non-retour	*point of no return*
le début	*beginning*	le point culminant	*climax*
le dénouement	*outcome*	le retour en arrière	*flashback*
la description	*description*	la scène	*scene*
l'épisode	*episode*	se dérouler	*to take place*
l'exposition	*exposition, set up*	avoir lieu	*to take place*
la fin	*end, ending*	laisser prévoir	*to foreshadow*
l'intrigue	*plot*		

Sources

Text

BARRY JEAN ANCELET : Pages 260–261: *"Schizophrénie linguistique"* by Jean Arceneaux. Used by permission of the author.

ASSEMBLÉE NATIONALE : Pages 278–280: *"La République, ses symboles et ses emblèmes"* from www.assemblee national.fr. Used by permission.

CONSOGLOBE : Pages 27–28: *"Le recyclage en France: on croule sous les déchets"* from www.consoglobe.com. Used by permission.

EDITIONS BAYARD : Pages 67–69: RÊVES AMERS, by Maryse Condé, nouvelle édition juin 2005, bayard jeunesse. Used by permission.

EDITIONS DE FALLOIS : Pages 318–320: *"Manon Des Sources"* (excerpt) by Marcel Pagnol. Copyright © 1988 Marcel Pagnol. Used by permission of Éditions de Fallois.

FONDS GABRIELLE ROY : Pages 224–227: *"Vincento"* by Gabrielle Roy, from CES ENFANTS DE MA VIE, Montréal Éditions du Boréal, 1993, collection Boréal Compact (no 49), pp. 7–16. Copyright © Fonds Gabrielle Roy. Used by permission.

GEORGES BORCHARDT, INC. : Pages 384–390: MODERATO CANTABILE by Marguerite Duras. Copyright © 1958 by Éditions de Minuit. **Page 81:** *"Liberté"* from AU RENDEZ VOUS ALLEMAND by Paul Éluard. Copyright © 1944 Éditions de Minuit. Reprinted by permission of Georges Borchardt, Inc. for Les Éditions de Minuit.

INSTITUT NATIONAL DE LA STATISTIQUE ET DES ÉTUDES ÉCONOMIQUES (INSEE) : Page 254: *"L'appartenance à une religion ne se confound pas avec la pratique religieuse"* from http://www.insee.fr/en/publications et services/default. asp?page=copyright.htm. Used by permission of Institut national de la statistique et des études économiques (INSEE).

L'EXPRESS : Pages 133–134: *"Tricher au bac comme un geek"* by Coline Bérard, published on 03/06/2010. **Page 194:** *"Voyage au bout du RER"* by Marianne Payot, published on 02/10/2008. **Pages 419–420:** *"Mémorables Misérables"* by Gilles Médioni, published on 05/28/2010. **Page 266:** *"Faut il simplifier l'orthographe?"* by Anne Vidalie, published on 04/18/2005. **Pages 179–180**: *"Les pom-pom girls, nouvelle passion française?"* by Natacha Czerwinski, published on 24/07/2010. All articles by lexpress.fr. Used by permission.

LEFIGARO.FR : Pages 367–368: *"La Réunion, perle de l'humanité"* by Valérie Sasportas, published in Le Figaro, on 03/08/2010. Copyright © Valérie Sasportas/ Le Figaro / 2010. **Pages 395–397:** *"Marion Cotillard: Piaf réincarnée"* by Brigitte Baudin, published in Le Figaro, on 14/02/2007. Copyright © Brigitte Baudin / Le Figaro / 2007. Used by permission.

LA HAUTE SAONE.COM : Pages 325–326: *"La Foire de la Sainte Catherine"* from la haute saone.com. Used by permission.

LAGARDÈRE ACTIVE : Pages 122–123: *"La mauvaise surprise Kindle"* from www.parismatch.com. Copyright © Lagardere SCA. Used by permission.

LE MONDE NEWSPAPER : Pages 146–147: *"Apple introduit le blocage des publicités dans Safari"* from lemonde.fr on 05/16/2007. **Pages 107–108:** *"Un appareil qui retranscrit du texte en braille consacré au Concours Lépine"* from lemonde.fr on 05/09/2010. **Page 87:** *"La lettre d'adieu de Guy Môquet"* from lemonde.fr on 05/16/2007. Used by permission of Le Monde.

LE POINT : Pages 239–240: *"Immigration—Ces étrangers, élèves modèles"* by Dominique Dunglas from LePoint.fr on 09/13/2010. **Page 74:** *"Une generation: élevée au fromage pasteurisé et au soda"* by Agathe Fourgnaud, LePoint.fr, 12/02/2009. **Pages 57–58:** *"Écologistes: le meilleur des mondes"* from LePoint.fr, 01/25/2007. **Pages 75–76:** *"Cantines scolaires: ce que l'on vous cache"*, from LePoint.fr, 01/20/2001. All articles by Le Point. Used by permission.